辽远的 相遇

自我探索之旅

张怀杰 …… 著

天津出版传媒集团

天津人民出版社

图书在版编目（ＣＩＰ）数据

辽远的相遇：自我探索之旅 / 张怀杰著. -- 天津：
天津人民出版社, 2024.5
ISBN 978-7-201-20194-8

Ⅰ.①辽… Ⅱ.①张… Ⅲ.①自我管理学—研究
Ⅳ.①C936

中国国家版本馆 CIP 数据核字(2024)第 044683 号

辽远的相遇：自我探索之旅
LIAOYUAN DE XIANGYU：ZIWO TANSUO ZHI LÜ

出　　　版	天津人民出版社
出 版 人	刘锦泉
地　　　址	天津市和平区西康路35号康岳大厦
邮政编码	300051
邮购电话	（022）23332469
电子信箱	reader@tjrmcbs.com
责任编辑	林　雨
装帧设计	汤　磊
印　　　刷	天津新华印务有限公司
经　　　销	新华书店
开　　　本	710毫米×1000毫米　1/16
印　　　张	29.75
插　　　页	1
字　　　数	350千字
版次印次	2024年5月第1版　2024年5月第1次印刷
定　　　价	98.00元

知人者智，自知者明。

——《道德经》

序　言

"能够尽自己微薄之力，帮到更多的人"，这是怀杰兄跟我说他写这本书的动因。我们同窗于东方心理研究院举办的中国文化与荣格心理分析师五年课程培训班。多年前，他给我的第一印象是有些传统、木讷。但长时间交往下来，我才真正发现他的意气风发、谦卑与真诚，有颗纯净的赤子之心。

在此书写作之初，怀杰兄就把拟定的目录发我，后来把初稿和修改的几稿陆续发给我。

作为一线心理咨询师，怀杰致力于心理健康知识的普及和来访者心理问题的疗愈，日常接触大量来访者，做了很多公益咨询和社会团体心理讲座。该书即是咨询实践的结晶。我的感受是，怀杰把西方心理学与中国文化结合起来，把古代传统文化与现代心理现实结合起来，把理论和实际案例结合起来，以核心心理学为基础呈现出"理"的深度，以临床咨询实战案例为阶梯呈现出"实"的风格。该书既知其所以然，又学以致用、知行统一；既系统介绍相关心理学知识，又蕴含疗愈的互动体验，可以说是一本"自我探索的手册"。走出佶屈聱牙的学术象牙塔，避免心灵鸡汤式的浅显，怀杰在这方面做了很多努力和探索，尽管是初步的。怀杰说"本书不算研究型论著,只能算是一个心理实战者的体会性文本",我认同他的观点。

复其见,天地之心乎。心者,天地之心,世道人心。咨询师面对的是每一个鲜活的生命,每一个孤寂的心灵。对待生命和心灵,须慎之又慎。传播心理知识,同样更需行所当行,止所当止。作者已过耳顺之年,仍孜孜以求地学习、探索和实践,写作此书实属不易。值此付梓出版之际,遵嘱作序,以此共勉。

澳门城市大学应用心理学博士　周立坚

2023 年 10 月于羊城

前　言

"我们的智识取得了伟大的成就，但同时，我们精神的寓居之地，却陷入了破损、失修的状况之中。"寻求灵魂的现代人，如何探索自我？如何修复我们的精神寓居之地？在自我探索之路上，会与谁相遇？

此时，相遇的第一个，就是"求雨者"啊。

故事发生在中国古代农村，当地居民遇到了严重干旱，于是派人到远处请来求雨者。求雨者到来之后，发现整个村子混乱不堪，牲畜濒临渴死，农作物枯萎。村子里的人也受到这种气氛的影响，个个浮躁不安。村民们围着他，急切地要看他如何求雨。

他说："请在村头给我一间茅屋，三天时间，任何人都不要打搅我。"就这样，求雨者进了他的小屋，村民们等待着。

等到第四天早晨，天果然开始下雨，求雨者从茅屋走了出来。

村民们不约而同地问："你是如何办到的呢？"

"哦，这很简单。"他说："我什么也没有做。"

村民们说："你看啊！天已经下雨了。这怎么可能呢？"

求雨者解释道："我本来已习惯于风调雨顺，自然和谐的生活。

当我来到你们村子,却感到混乱与不安,这里的生活节奏已经失调,远离了自然之道。我也受其影响,心神不定,失去了本来的和谐。这样我又能做什么呢?于是,我要有一个安静的处所来调整身心,重新恢复与道的联系。当我恢复了自然与和谐的时候,有了这种转变和调整,有了合乎自然的心境与状态,我们失去的雨也就回来了。"

这个"求雨者的故事",被瑞士心理学家荣格广为传播。他是在听了德国汉学家卫礼贤的讲述之后,产生了浓厚的兴趣,故常引用这个故事。

静下心来,净下心来。求雨者如是说。

老子曰:"专气致柔,能如婴儿乎?……生而不有,为而不恃,长而不宰,是谓玄德……致虚极,守静笃……万物并作,吾以观其复。"

庄子曰:"若一志,无听之以耳,而听之以心,无听之以心,而听之以气……气也者,虚而待物者也。"

蝉脱尘埃外,蝶梦水云乡。虚其心之功用,是将自我隔离,置身其外,澄怀方能观道。是谓"竹影扫阶尘不动,月穿潭底水无痕"。

从疗愈角度来看,"恬淡虚无,真气从之,精神内守,病安从来?"

我想通过本书,觉察生活给予我们的实用教导,进行自我观察、保持内在与外在的平衡、保持畅想与理智;超越家庭和文化制约,去意识到隐蔽的偏见和投射;对心灵能够有深刻洞见,看到个人和文化情结、原型及其影响;进而超越、转化并促进对立面整合。求雨者经历了"感知于身、应之以心、转识成智、化而为一"四个阶段,实现了与道相合。

实现整合意味着消泯界限。而充满界限的生活，就是充满冲突的生活，为排解恐惧、焦虑、痛苦，从外在寻找补偿，麻痹自己，终耗费但无得。

热爱生活吧！让我们发现生活之美，探寻生活的意义。让我们来到更为广袤的原野，来到更为高耸的山巅吧！让我们与近在咫尺的辽远相遇！

不经意间，就变得开朗起来，通透起来。

站在高处，我们会看到若干不同的路，延伸过来，散开过去；看到若干不同的溪水，汇合或分流，涌向大海。

现在，且关注当下。

把书打开，让我们一起探讨，开启自我探索之旅。

目　录

第一章　寻找我:遇到"我的" / 001

　　第一节　奇怪,怎么问这个? / 003

　　第二节　第一人称与自我概念 / 012

　　第三节　绞尽脑汁寻找"我" / 018

　　第四节　让"我"不断涌现 / 026

第二章　途遇拧巴人:三个小人搭台戏 / 035

　　第一节　身不由己的"拧巴人" / 037

　　第二节　本我,自我,超我 / 041

　　第三节　真实我,目标我,社会我 / 045

　　第四节　神我,俗我,核我 / 049

　　第五节　心灵与社会 / 056

第三章　邂逅无意识:窥见人生脚本 / 065

　　第一节　从画树开始:体会意识与无意识 / 067

　　第二节　通往地下的建筑:无意识分层 / 076

第三节 无意识的蛛丝马迹 / 092

第四节 人生脚本：无意识之作 / 103

第四章 与无意识交流：徜徉在真实的梦幻世界 / 127

第一节 无意识的隐喻传导 / 129

第二节 心灵真实性及其梦理论 / 141

第三节 意象：立象以尽意 / 154

第四节 意象重现：回到场中 / 166

第五节 与无意识相处 / 172

第五章 遇到他者：外投的内在及关系 / 187

第一节 镜中影：与他者相遇 / 189

第二节 异性缘：与伴侣相遇 / 201

第三节 化妆照：与面具相遇 / 208

第四节 替罪羊：与阴影相遇 / 220

第六章 情绪来袭：溯洄从之探源头 / 239

第一节 情绪来袭，我的情绪谁做主 / 241

第二节 情绪出口，我的身体我的意 / 253

第三节 情绪溯源，代际传承兮 / 284

第四节 情兮结兮，我心蕴结兮 / 294

第五节 惟恍惟惚，其中有象物 / 312

第七章　人格侧面:子人格与心理类型 / 321

　　第一节　我和另一些我 / 323

　　第二节　子人格:窥见众生相 / 330

　　第三节　心理类型:察人观己 / 347

　　第四节　多重视角:人格归类 / 373

第八章　无心相遇:无因果的共时性 / 381

　　第一节　共时性:无因果而意味深长的巧合 / 383

　　第二节　镜映:直截了当的隐喻 / 390

　　第三节　相遇:无心感通 / 398

第九章　返璞归真:路漫漫其修远兮 / 409

　　第一节　蝶变:炼丹之术 / 411

　　第二节　向往:英雄之旅 / 421

　　第三节　回归:自性化之道 / 433

参考文献 / 457

后　记 / 459

第一章

寻找我：遇到"我的"

奇怪，怎么问这个？

第一人称与 **自我** 概念

绞尽脑汁寻找 "**我**"

让 "**我**" 不断涌现

第一节　奇怪，怎么问这个？

关于我是谁、人生意义之类的问题，是人们最易忽略、又常思索的一个终极追问，很多人为了给这个问题找答案，费尽了一生心力，皓首穷经地去探索。下面我们从心理分析的角度，对这个问题展开自我探索的话题。

01　我不知道我是谁

19世纪德国哲学家叔本华，在沉思中走入法兰克福花园。他不知不觉踩上了花基，园丁顿时大叫起来："喂，你在那里干什么，你是谁啊！"

听到叫喊声，叔本华应声说："啊，是啊，我要是知道我是谁就好了！"

对此，荣格评论说，这就是为什么人们都宁愿有一个安全的人格面具来表明"这是我自己"，不然他们不知道自己到底是谁。"对于无意识的主要恐惧，就在于我们忘了我们是谁。"在谈到这个故事的时候，心理学家申荷永说："若是我们没有忘记我们是谁，那么，我们也就不会对无意识有所恐惧了。说到根本，所谓心理分析，便是要与无意识建立关系，与其中的情结和阴影打交道。"

在西方，不知道"我是谁"的还有古希腊哲学家苏格拉底。他曾说："我除了知道自己无知这个事实之外，一无所知。"

在现实生活中，我们可能很少考虑"我是谁"这个问题。这样的问题，在别人看来可能是"疯了""不可理喻"。但我了解的青春期学生，最想知道的就是这个问题，每每给他们上课，总是提问这类问题。不过有些人因此而钻了牛角尖。

诸葛，初冬的一天下午，这位十二岁少年来到工作室。他皱眉蹙额、垂肩低首，弱不禁风。他说："最近思考的问题是：我是谁？我为什么活着？想看书找答案，没有。问爸爸，他说：'奇怪，怎么问这个？成天脑子想啥，想这个干嘛？'最近有一个多月了，睡眠不好，肠胃不好，身体乏力，从学校请假回来一个多星期了，看很多书。那部长篇小说看第五遍了，越看越觉得人生没有任何意义。肉体是虚幻的，我也是假的。我想跟老师讨论这个问题。"

方工，建筑工程师。他说："几年前，朋友给我介绍了两本书，看完后就不舒服，觉得人活着没有意义，就辞职了。曾经抑郁。到外面去旅游了一段时间，回来后，感觉到自己可以赋予意义了，工作很卖力，但总有一种情绪出不来。前年朋友介绍我参加了一项活动，我又从情绪中走不出来了。我不知道我是谁、活着的意义。半年多了，掉头发，睡不着。我为什么要活着？"

温女士，某市级银行女高管，被医院确诊为重度抑郁。她说："我是谁？我怎么了？我问爸妈和丈夫，问领导、同学，他们说：'奇怪，怎么问这个？你不就是你自己吗？有多少人羡慕你。'可我觉得找不到我，找不到生活的意义。还被迫吃抗抑郁药。"

震总，作为从渔村打拼出来资产过亿的渔业公司老板，这个大眼短发的汉子一见我眼泪就涌了出来，说道："在当地我也算个吆五喝六的头面人物了。一下子竟然不知道我是谁，活着为了什么？当知道我家那个红杏出墙后，天就塌了。"

虹儿，大一女生。她说："我真不知道爸爸怎么那么虚伪！因为鸡毛蒜皮的小事，刚和我妈妈在走廊吵完架，电话那端却和我说刚下从新加坡回来的飞机，在广州机场。唉！我谁都不了解。唉！我都不知我是谁？"

我给六年级同学上课，当问到有什么问题的时候，他们齐刷刷地举手问："我们为什么活着？为什么要学习？我是谁？怎么知道我是我自己？"

还有诸多的梦："梦里，我找不到自己了"，"梦里，找不到孩子了，怎么喊也找不到"，"怎么也走不进教室，好不容易进去了，找不到座位，找到座位了，脑子空了"。

还有诸多的感叹："那一刻，我都不知道我是谁了"，"那个时候，我简直就不是我了"，"唉，我算什么东西"，"我的脑子里，有两个人各说各有理，我到底该听哪个？"

更多的是麻木。今天的社会尽显繁华地不断变化着，在这样一个充满竞争博弈的快餐时代、与大自然渐行渐远的信息时代，每个人都不能如陶渊明般置身于世外，都被时代大潮裹挟着。对于大众来说，无论男人的责任，还是女人的自立，以及孩子的书包，都背负着沉重的压力，尽显疲惫、焦虑，以及恐惧与烦躁。我们微笑着伤心，坚强着疲惫，有时恍然若梦，对镜子里的自己感到陌生。似乎我们总是在扮演着别人需要的样子,不知被什么追赶着。被追赶着,却总是追不上,一刻也不能停下。突然有一天,无意识的惯性,发现已经无法停下来,一旦停下来,心就空了、慌了,然后继续追赶,不停地做事。面对人生困惑,有时会自我蒙蔽,如我在修行;有时会自我慰藉,如我读了断舍离的课程;有时自我拔高、自我麻醉,如说"活在当下";有时又很佛系,在"宅"里过越来越精致的生活。

终有一天,还是掩饰不住。掩饰不如面对。掩者,隐藏自己;饰者,修饰自己。这样离真实的自己越来越远,离被压抑的症状或者抑制不住的爆发点却越来越近。

02 本能发给自我的一封信

我对那些抑郁症来访者,报以极大的尊重,因为他们真实。来找我的人,有些是在生命旅程中遇到困境,内心痛苦或出现心理障碍的人,有些是"工作生活都挺好"想要探寻自我的人。抑郁和焦虑是最常见的问题,还有强迫和恐惧,包括多动症、青春期问题、家庭情感问题、中年焦虑、老年焦虑,以及躯体症状,不一而足。

当我们开始意识到生活的痛苦,面对更深层的无意识,便有了一番觉醒,但痛苦仿佛更加摧毁了我们安于现实的幻梦,进一步惊醒了我们。当我们仔细去观察,深刻去感受,此时便不得不面对自我与世界。

一位男生说:"我在一个黑暗狭窄的小屋子里,没有窗子没有门,只有一张很小的床。"

一位女生说："漆黑的夜里，尸体成山，暴雨冲刷着一坨坨黑色白色的蛇，绿的恶心。"

一位女士说："我不知道，自己能不能活过五十岁。"

当心理咨询进行到某个阶段，当初痛苦不堪甚至试图轻生的来访者和我分享："抑郁，躁郁，还有那些往事，不过是本能发给自我的一封信。""现在，我觉得开始走出来了。如果没有那段经历，我真不知道会有那样的体验。抑郁是让我意识到低谷并且走出来而发出的信号。"

他们认识到了那时的"我"和当下的"我"。通过"生病"，看到了生命和内在灵魂，这时自我就开阔起来，也开始从分裂到部分整合。这一整合过程，因抑郁得以开展。是的，当我们对生活感到不满时，才会停下脚步，开始向内探索究竟。或许心理大咖说："对生活不满，是一种心理病态。"来访者没有感到被共情，对此居高临下的姿态感到愤怒："你站着说话不腰疼！""痛苦是最大的恩典"，这样讲的人应该是"过来人"，否则就是"心灵鸡汤"。面对过，经历过，体验过，才有说这句话的分量。

豫经理，这位蒙冤入狱后被无罪释放的朋友，对我说："缺什么，老天就给你补什么。老天通过这件事情教育我。我过去太单纯、轻信，不知道那些人黑到什么程度。这次进去三个月，老天给我补上这一课。有的蒙冤者想不开，就憋出病来。我反思自己，知道这是老天给我补课。对我来说，痛苦是最大的恩典。"以此受"训"而释怀。同样的话，亲身经历者讲出来就有说服力。

我们似乎应该欢庆，庆祝因为"痛苦不堪"而"有缘"去探索自我。可惜，并非人人能够做到。有些人沉迷于痛苦，任由痛苦摆布，认为只有痛苦才能体现自己的存在感，患有"痛苦依赖"。他仿佛在向周围说："你看，我多痛苦。"

钱女士因感情受伤，不堪忍受心灵的痛苦，难过与愤怒的情绪常常交替出现。一会说"我瞎了眼"，一会说"我杀了他"。我说："折一个小船，我们向痛苦做一次告别仪式。"她说："不，不，没了痛苦，我还能有什么？不，我不需要痛苦，可是痛苦、伤悲为什么和我如影随形？可有时，真的需要痛苦……"

03 **洗钵盂去！**

茫茫人海，芸芸众生，我们被驱赶着，一路奔波。只有出现问题了，才可能会说"我的命如何如何"。唯有青春期同学，这样直面发问；个别中年官员、老板身心疲惫，找到咨询师这个"心灵港湾"吐下槽，喘息一下在社会公众那里被压抑的情绪，出门之后擦干眼泪，又融入茫茫人海。

我是谁？在青春期家长眼里，简直不可思议，这是什么问题？可是他并没有答案，老年大学的学员，有通过前半生经验感悟的道理，仍受其困扰。人们会通过心理、哲学、宗教的各种方法，去有意或本能地找寻自我，试图参透人生。遇到诸如此类向我提问的人，我没有答案。通常会说："你觉得呢？"引导他的自我觉察：

"在问这个问题的时候，你觉察一下自己的情绪和身体的感觉？"

"放松一下，让我们看看这个问题。"

"你可以在黑板画一棵树吗？让我们看看这棵树。"

"合上眼睛，就想这个问题。一直想，然后感觉这个问题变成了一个什么画面？它是什么颜色？形状，温度，大小，硬度？"

下面我们讲一则禅宗公案：赵州洗钵。

赵州因僧问："某甲乍入丛林，乞师指示！"州云："吃粥了也未？"僧云："吃粥了也。"州云："洗钵盂去！"其僧有省。无门曰：赵州开口见胆，露出心肝。者僧听事不真，唤钟作瓮。颂曰：只为分明极，翻令所得迟。早知灯是火，饭熟已多时。

赵州"洗钵去"，指示参禅者用心体会禅法的奥妙，不离日常生活。

我对来访学生建议："洗钵去！干活去！跑步去！"

我认为对青少年的心理辅导：一是帮助他们找到人生的意义，二是帮助他们去发展核心自我，三是发展他们的自我认同。

我对那位银行女高管建议："找一棵树，或者想象中有一棵树，你注视它，也可以去抚摸、拥抱它，你把耳朵贴在树干上，听听树干会给你什么答案吗？"解决情绪上的困惑，讲道理没用，不如到大自然去疗愈。

我对那位老板建议："回去做一个梦，在梦里，看看有什么答案？"成年男子，尤其领导、老板，通常自我意识很强，进入梦中，则会放松下来。梦是智者，梦知道答案，梦知道你的意识不知道的东西。

04 未知生，焉知死？

《论语》一书中记载了季路和孔子的一段对话。

季路问事鬼神。子曰："未能事人,焉能事鬼?"曰："敢问死。"曰:"未知生,焉知死?"

孔子的意思是:一个事物,都不知道他是什么情况,又怎么能理解他呢?又怎么可能理解他的意义呢?

"我",需要被看到,被认知。幼儿园门口,囡囡兴奋地对妈妈说:"妈妈,老师表扬我了!老师说我理发了!"对幼儿来说,被看到了,被关注到了,是一件很开心的事情。对成年人来说,关在"小黑屋"(压抑状态)的那个"我"也需要被看见。对于大树来说,树根虽埋在地下,也需要被感知到它的状态,否则就会以叶枯等方式呈现。

16世纪法国哲学家帕斯卡尔说过一句话:"心有心的理由,只是这种理由并不被理性所认识。"刚刚萌芽的青少年、三十而立四十不惑的中年、耄耋老年,不同年龄段的人,自有对于将来、当下、过去的追索,共同指向:我是谁?人为什么活着?这正是通过收到本能发来的信之后,要通过进入"大学"去解决的问题。

何为"大学"?《大学》开门见山:"大学之道,在明明德,在亲民,在止于至善。"古时"小学"内容"洒扫、应对、进退、礼乐、射御、书数",学的是"知识",养家糊口之需的学问,乃"小人儒"(儒者,人之需也)之学。"大学"不是现代意义的大学,而是成为"大人",要学"穷理正心、修礼治人"的"智识"。"小学"与"大学",道与术也。《孙子兵法》曰:"道为术之灵,术为道之体;以道统术,以术得道。"道有体用之分。道体玄虚神秘,道用流散无穷。空谈道体不着边际,道用则经世济民之实用良策。"大学"乃"知生死"。

明德者,明了自己,明了自己所干之事。知道"我是谁",并非仅仅显性的自我意识部分,还要知道我的内部。"康诰曰,克明德。太甲曰,顾諟天之明命。帝典曰,克明峻德。皆自明也。"德者,甲骨文字形从彳、直声。"彳"指道路,"直"是眼睛直视向前。行直相合,本义走路的样子,引申行正道之意。甲骨文无"心"旁,更显无意识自我行为,金文加了"心",明确为"心行直"。老子认为万物皆出于道,皆由道而生,德为道是从,万物为德是从。孔子口中的"天生德于予",是说天生德给予我。德,天生的那个本来、真实的我。明德,明白向内观心,观察自己行为,面对自己内心,得到对自己生命的体验性认识,则自然真诚,活得真实。亲民者,新民也,在明德基础上,自然会跳出"旧我",产生"新我"。"汤之盘铭曰,苟日新,日日新,又日新。康诰曰,作新民。诗曰,周虽旧邦,其命维新。"止于至善也,乃自然之道,天人合一。明白自己的作用是什么,明白内在的自己,就有了使自己人生改变的可能。无论少年稚气之问,还是中年人遇到困惑而反思,抑或老年人功成名就之后的反刍,此类探索,堪比屈原《天问》。这是真正的初心之问、扪心自问,表明从茫然到自觉的转化之旅,标志着从"小学"到"大学"阶段、从"术"入"道"阶段的旅程业已开启。

再看西方认知。"认识你自己",相传是刻在古希腊德尔斐阿波罗神庙的三句箴言之一。被称为西方哲学之父的泰勒斯,在回答"何事最难为"时,答道"认识你自己"。哲学家尼采说:"我们无可避免跟自己保持陌生,我们不明白自己,我们搞不清楚自己,我们的永恒判词是:'离每个人最远的,就是他自己。'对于我们自己,我们不是'知者'。"

心理分析的本义，乃"认识自己、体验自性、成为自己"，是谓"明心见性"。《阿含经》曰："自知其心，自治其心，自净其心"；《道德经》曰："知人者智，自知者明"。

第二节　第一人称与自我概念

有一位修道之人，师父教授他应对"我是谁"的疑问："你只关注当下，迈出左脚，就想'零'，迈出右脚，就想'一'。"

终有一日，徒弟狂欢："我开悟了……我找不到自己了！"

在这里，且不论这位修道人"开悟"如何，我们听到他使用了两个代词："我""自己"。

 ## "我"是抽象概念

婴儿呱呱落地，先说"冒话"，慢慢模仿发音，最先说的一般是"妈妈""爸爸""爷爷""姨""奶奶"或其他象声字。按照母婴一体理论，这时候还没发展出自我概念。从出生后，妈妈（养育者）与婴儿玩的第一个游戏大概是"mao"的游戏：妈妈用手掌把自己脸面遮住，然后发出 mao 的声音，再移开手掌。这时候，逗得婴儿前仰后合。

在我看来，这是通过游戏让婴儿知道"我看到了妈妈，她是另一个人，不是我"。甚至当会说话一段时间之后，还不习惯说"我"。比如妈妈说：“打针不痛，宝宝勇敢。”宝宝回应说：“宝宝不打针。”

我，是一个抽象而非山川河流小猫小狗一样具象的概念。第一人称，是在自我意识已经形成的基础上，才会有的称呼。现在，我们从汉字本义开始，从心理角度来品味第一人称。

02 第一人称

当探讨“我是谁”的时候，发现在汉字中，无论是古今字典，还是方言俚语，第一人称的字词非常多。如：我、自己、本人、吾、余、予、愚、寡人、朕、老衲、哀家、鄙人、某、在下、不才、奴家、草民、奴才、兄弟、学生、本官、晚生、洒家、后学、末学、小民、小吏、老奴、俺、唔、阿拉、俄、敝、卑、窃、孤、不谷，等等。英语只有 my、me。汉字第一人称不仅数量多，外延非常广泛，内涵也非常丰富。这说明汉语对“我”的特殊态度，提供了大量关于第一人称（自我）的信息。

我。从戈。斧钺型兵器，有长柄和三个牙齿的锋刃。本义表示兵器。甲骨文字形象兵器形。𢦏“从戈者，取戈自持也”；“我，施身自谓也”（《说文》）；“观我生”（《易观卦》）；“万物皆备于我矣”（《孟子》）。“我”是上古时代斧钺型的兵器（具象），假借为第一人称（抽象）。其心理功能是当拥有武器时，就满足了最重要的本能“安全”，有了强大防卫能力之时，自我意识就产生了。通过外部力量显示自我存在，通过武力来实现。古代铸造钱币，最初也是斧钺型。“我”的心理含义是“边界感”“独立”，即“我持刀戈，你是你，我是我”，“取戈自持”，防御和攻击，亦代表本能力量，“力比多”能量，引申为“安全感”。这是汉字“我”的心理启示。

俺。"大也。从人奄声。於业切"（《说文解字》）。奄："息也"（《方言》）。站立的、大的、呼吸的"俺"。另，"阉"意为"关门"。"人"与"阉"联合起来表示"关门者"，引申为第一人称。我和俺，"俺"更有质朴乡土气息。"俺"的边界感在于不是"咱"。关门的人，体现边界感。此边界感，已不是斧钺兵器的"我"，而是一个与大的容器（房子）有关的把门。"俺"的心理含义里面多了防卫（门）的"容器"，不再仅仅是进攻。

吾。吾，口表意，张开口是说自己，五表声。甲骨文为上下各一横为天地，中间相交Ⅹ。"五"为天地相交、变化，产生万物，描述了整个大自然的演变。古人以为云的各种形状，是天在说话，告诉人们发生什么事情。文言"云"，即"说"也，上天云的交合变化，是宇宙这个"我"在说话。五行中，中央是土，数为五，中央之意。吾，在这里是建立在天地对话基础上个体化"我"的引申。"吾"和"我"相比，"吾"指向内心，更广大更原始的因素。

余。甲骨文，余，像居屋之形。上像屋脊，下像屋柱。假借为第一人称，心理象征为"我"，所谓"心房"也。房子的容器空间，与"我"的兵器不一样，有包容、和解、修养、舒展、心理成熟之意。余，亦具宇宙规律属性。"闰余成岁，律吕调阳"是说天文历法中，积累数年的闰余并成一个月，放在闰年，古人用六律六吕来调节阴阳。这里的余数，即是偶然性数字的余数，如占卜中的蓍草就是用余数定夺，看似偶然的余数，却恰恰是事情本质。余数也是"润滑剂"，贸易交往通过余数达成交易。宇宙在微观尺度上，本来就是非定域性、非实在性的。确定性、定域性、实在性，被古人看作是有悖于自然法则的。这正是"余"之心理功能所在：涵容，沟通，谦虚，化解，留有余地。文言多用"余"，这是古人生活在意识与无意识相对融洽的自然环境与文化中，才有的从容自信状态。

予。织布用的机杼，纺纱线穿梭不止，引申为给予，引申为自我。自我在相互给予、交换中成长。

自。自，原是"鼻"的本字。字形也像鼻子的形状。从心理学角度看"鼻"，脸部居中，高过额头，凸起，象征"我"，鼻子又为呼吸器官，气息的进出，是生命灵魂的象征。故用鼻子借代用作"我、自己"。

己。"中宫也。象万物辟藏诎形也。己承戊，象人腹。凡己之属皆从己"，如上述"吾"之"五"，戊己皆中宫，故中央土。象征"我"。己，形状像绳索，表示规矩限制。如"身不由己"，此处"己"为"自我""我的大脑、意识"，"身"可理解为"本我"。自、己，古文中分别用，现在两字构成一个词汇，心理指向"本能呼吸"和"伦理考量"之"我"。

谦称。谦称是华夏文化独有的现象。不仅是表达对他人"谦卑"，更内含了对"道"的"谦卑"。阅读古文时，发现绝大多数是"谦称"。古代君主、诸侯王对自己的谦称是孤、朕、寡人、不谷，"人之所恶，唯孤、寡、不谷，而王公以为称"，古代文武、官员、百姓，多使用愚、敝、卑、窃、在下、不才、鄙人之类。这是建立在华夏文明自信基础上文化无意识的表征。华夏先人知道，人为天地所生，天、地、人三才，人是渺小的，人须以谦卑姿态恭敬天地，对待自然。君子视万物为道友，以礼待人。

"谦"，就是知道"我是谁"，能"自知"，能够觉察、知晓、面对阴影，这本身就是勇者风度。仅此认识阴影，就已经足以让我们谦卑。谦者，"亨，君子有终"，"谦，亨，天道下济而光明，地道卑而上行"。谦卦为艮下坤上，为地下有山之象。山本高大，但处于地下，高大能自觉而不显扬。"我"的谦称，是基于自我本质认识局限，因为"不知、不全知"。谦非虚伪,是真实流露。卑己自牧,是也。

03 关于自我的观点

自我的分层,先从三个方面看。生物学的自我:关注于大脑、基因;心理学的自我:关注于认知、情感;文化的自我:关注于生活事件、文化。自我的形成,包含了基因遗传、养育过程、家庭环境、社会文化诸方面。

关于自我,社科词典的定义为:"自我亦称自我意识或自我概念,主要是指个体对自己存在状态的认知,是个体对其社会角色进行自我评价的结果。自我也指自己反思后纯净公正的内心世界。"

精神分析创始人弗洛伊德认为:人格由本我、自我、超我组成。自我来自人的本能,在社会生活中表现出追求各种个人欲望的满足和追求个人利益实现的特征。自我是人的理性部分,往往处于社会生活的现实要求、超我的道德追求与本我的利益追求之间,按照现实原则协调矛盾,尽可能地寻找权宜之计,是个体最终行为表现的决策者,时而管理本我,时而服从超我。只有自我知道活动的目的和方向。他认为人格中心的自我,是个人存在的根本,一切心理活动的基础。

荣格的自我概念与弗洛伊德相似:"它仿佛是'意识场域'的中心,构成了'经验人格',就这个事实而言,'自我'是所有个人'意识行为'的主体。"在荣格的著作中,把"自我"当成"意识中心"的立场是明确的。心灵内容与"自我"的关系,形成了"意识"。因为除非该心灵内容表达了某个主体的状态,否则便无法被意识到。荣格说:"我把自我(ego)

理解为一种构成我的意识领域中心和呈现出具有极高的连续性与同一性的观念情结，因此我也称之为自我情结（egocomplex），自我情结是像意识状态那样的内容，因为在我看来，只要一种心理因素与我的自我情结相关联，它就是意识的。但是，由于自我意识只是我的意识领域的中心部分，它并不与我的心理整体相等同，而仅仅是其它情结当中的一种情结，因此我把自我（ego）与自身两者区别开来，因为自我只是我的意识的主体，而自身则是我的全部心理的主体，因而也包括无意识。"

西方心理学家多以自我为人格的中心、心理动力之源。罗杰斯认为，自我是个人经验世界的中心。威廉詹姆斯认为，"一个人有多少个社会性的自我，就有多少个认识他并在脑海中承载着他的形象的人"，比如说为了攀缘上司，可以按照上司的审美来调整自我。

佛学的"我"，《圆觉经大疏》归纳为凡夫妄计我、外道所执神我、三乘所立假我、法身真我。《清净道论》定义"我"为"自在"，自己为自己存在的原因，不依赖任何条件、常恒不变的自作主宰者。《大般涅槃经》说："若法是实、是真、是常、是主、是依、性不变易者，是名为我。"佛学以我见、我执，尤其是末那识的俱生我执为意识活动及一切烦恼生起的根本。

毛泽东提出："批评和自我批评的方法，就是自我教育的基本方法。"其中的"自我"是指自己对自己的意识。批评，是来自"客体"的"社会视角"对自己的看法（包括投射），"我"在别人批评的时候，如同"照镜子"。自我批评，则是主动向内的，"斧钺型兵器"之"我"不是防御和自卫，而是对准自己，自我革命式的自我探索和自我净化。自我批评，意味着对自己的发现、探讨、检讨,用精神分析术语来讲就是以"一种内观的方式,把它呈现出来"。与儒教"慎独"的"洗心"不同之处,这里的自我批评是在一个"同志式"(非敌意,安全、受保护)的氛围中进行的,如同来访者对咨询师说出所有的"阴影"而得以共情从而疗愈。但并不仅仅于此,用意在于通过这种方式"自我教育"达到觉悟,做一个德智体全面发展的、有文化的、有社会主义觉悟的劳动者,做一个高尚的人,一个纯粹的人,一个有道德的人,一个脱离了低级趣味的人,一个有益于人民的人,即"明明德、新民、止于至善"的人。

第三节 绞尽脑汁寻找"我"

提出"我是谁"的是大脑,人们自然就会动用大脑进行思考。然而一旦进入逻辑分析,就会陷进去出不来,找不到北。

01 天哪！我不是我?

"先生,您没带身份证,不能确定您的身份,不能进报告厅。下一个！"

"我和同事一起来的,能证明我是与会人员。"

"并且,您没穿白大褂,即使穿了也不行。除非你带身份证和穿……不许进,下一个！"

"天哪！我不是我？"

此非笑话，乃现实版。此时，觉察：我有什么感受，情绪，躯体反应？当听到这位说"不许进，下一个"时，又有什么感受和反应？本能和理智的反应怎样？这些反应的"我"，有什么不同？我们先去确定由"我"来思考："我是我，还是我不是我。"

"人们一思考，上帝就发笑。"这句话看起来贬低"人们"，但并不妨碍我们用现有知识储备和社会实践得来的经验意识去探索：我到底是谁？姑且我们先用大脑做个"聊录"：

身份证是我吗？身份证在抽屉里，我在报告厅门口。身份证不是我，但身份证证明我是我。那这个肉体，是不是我？肉体不是我，因为当下情境下，不能被证明是我。

"你不要碰我"说明我是皮肤为边界的肉体，是生物组织的我，是有机体的我。

"不要动我的手！"这时候，原先整体有机体一个部分的手，就成了"我的"，被"我"剔除了。"我的眼睛很大""我的肌肉很有力"，分解开来，都成了"我的"，成为"我"拥有的。那"我"在哪里？

"我"是灵魂的、精神的吗？"我难受""我开心"，是生物有机体难受，还是灵魂开心？"我"是肉体和精神的合一？

"我病了，我很难受""他背后骂我，我很难受""妈妈病了，我很难受"，第一个"我"是肉体的"我"；第二个"我"不是肉体的"我"；第三个难受的是"妈妈"的肉体。

"他那么坏，竟然被提拔重用了，我愤愤不平"，"女儿嫁了好丈夫，我心里敞亮了"，这个"我"是哪个"我"？

"我和我的祖国，一刻也不能分割"，"想到八国联军火烧圆明园，我就胸闷"。我的祖国，祖国也成了"我"的，这个"我"是谁？为何不说"祖国的我"？牺牲肉体生命，去保卫"红旗"，"红旗"是"我"的"信仰"。我是信仰吗？

这里"我"的外延又扩大了，我和祖国是一体的，我和信仰是一体的。"为了我的祖国（信念），我（精神）愿意去牺牲我（肉体）。"

民间定情物，手链、戒指、红豆、凤钗、手帕、荷包，是那个女子吗？唐玄宗与杨贵妃吵架，将其撵回娘家，之后又派人前去探望。杨贵妃剪下一绺头发，说："我的一切都是陛下赐予的，唯有头发是我自己的，赠给陛下吧。""我"还在娘家，一缕青丝那个"我"，赠给了陛下。

夫妻吵架，妻子一气之下，把丈夫的手机、茶杯摔了。对丈夫来说"我是茶杯、手机乎"？如果不是，为何受此牵连？对妻子来说"丈夫是手机乎、茶杯乎"？ 否则为何不摔爸爸的手机、妈妈的茶杯？

我的额头，我的腹部，我的皮肤，我的身。

我的印章，我的名片，我的角色，我的名。

我的灵魂，我的精神，我的理想，我的心。

我的欲望，我的愿望，我的心愿，我的梦。

02 手印：可视化的自我

在沙盘中，有些来访者会把手放置在沙子里，留下一个清晰的手印。

手印：可视化的自我。通过"我"的手印，证明我的存在。印章、名片、职业、白大褂。"我的"又等同于"我"。"可恶！你把我的名片撕了"，

"你竟把我的帽子坐在腚底下"。不穿白大褂就不是"我"这个外科大夫，白大褂是"我"吗？"我"和"我的白大褂"构成了什么关系？

当外来侵略者侵占祖国的时候，我毅然奋起，用"我"的肉体生命，为国殉难，"英名"永存世间。当人死去，被接受祭拜的墓碑冰冷地耸立在那儿的时候，那个墓碑是"我"吗？当"我"的后代在墓碑前说"这是我的爷爷"，是孙子拥有"我"吗？指着这本书说："等我死后，这本书会流传下去。"这本书的思想是"我"吗？当有人侮辱"我"的父母、妻儿，或者侮辱敬重的领袖、英雄，为何"我"的情绪和躯体会发生反应？"我"愤怒，"我"攥拳头咬牙。

是谁触碰了"我"的肉体吗？没有啊！触碰了"我"的精神吗？好像有点啊。好像什么都不是"我"，又好像什么都是"我"。看到镜子里的我，是"我"吗？是小时候的"我"，还是现在的"我"？还是"我的"样子？

"我是谁？"一般会进入自己的记忆库，搜寻曾经做过、看过、感受过的一些资料。此刻感觉到那个独立自主的自我，完全建筑在记忆当中。我在哪里？我的过去、我的现在、我的未来、我的手、我的茶杯。我的孩子、我的妻子、我的父母、我的单位、我的事业、我的想法、我的决定、我的金钱、我的名利、我的祖国、我的世界、我的现实、我的梦、我的敌人、我的朋友。感受到共有的时候，说"我们的"地球、宇宙。

"我的"是被"我"支配的吗？是被"我"拥有的吗？是被"我"使用的吗？"我的"是"我"吗？"我"是"我的"吗？"我的"支配"我"吗？"我"能控制"我的"头发换一个发型，但是"我"不能指挥"我的"头发变黑；"我"能控制"我的"脚走路，可"我的"血压过高控制"我"不舒服。当心不在焉做了某一件事情的时候，往往会说"这是我无意做的"。这个

"我",好像要把自己灵魂当中的某一个东西区别开来,"我"变成了另一个"我"。"我管不住我",怎么会出来两个"我"?

笛卡尔说:"我思,故我在。"如果我不思的话。我到哪里去了? 叔本华认为,"人是自己意志生命的产物",突出了意志。尼采只用一句,"我在,故我思",就把笛卡尔推翻了,顺便把王阳明推倒在地。

03 "我"是边界确认的结果

儿童精神分析先驱克莱因认为,"婴儿通过投射、内摄、分裂与投射认同来建立和客体的关系。通过这些机制来控制强烈的需求、恐怖等感受"。是说生命早期,我们是透过别人如何看自己来确认自我的。那么,"我"是被参照物,还是参照物?"我的作品就是我的肉体和灵魂,为了它,我甘愿冒失去生命和理智的危险。"梵高如是说。那么"作品"就是"我(梵高)",作品就是梵高,梵高就是作品。

"我"通过哪些渠道证明? 或者通过直观的身体感官,或者通过情绪状态,再就是通过与自然和社会关系感知,或者在往事回忆中,或在投射中,或在梦幻中,找一些证据来表明"我是存在的",由此纾解焦虑感。但是由此证明的"我",是建立在"外界的认同绑定"或"自我认同绑定"基础上的。根本问题没有解决,潜意识层面便呈现对存在感丧失的普遍性恐惧、焦虑。寻求存在感丧失,现实中就演变为不断使个人岗位(身份)权限最大化、不停折腾、通过表演获取流量等操作来赋予"我"感觉。

美国整合心理学家肯恩·威尔伯早期著作《事事本无碍》从人为制

造"界限"入手，去认识和解决"我是谁"的问题，阐述了"我"与"宇宙"为"一体"。他的成名作《意识光谱》认为，生活中充满了冲突与矛盾，各种情绪都是自己在生活中妄设界限造成的。自我认识完全根据自己所说的界限，"我是谁"的所有答案可以说都是基于自己如何在自我与非我之间划分界限。人们最常认定的界限就是以自己的有机生命体外的那层皮肤为界；有时身体成了一种"异域"，身心分离后，人们便一面倒的与心理认同，有时真的觉得活在脑袋里，但身体也未必服从。他的观点非常有趣，把"自设界限"作为找到"我是谁"的钥匙。次第分析下来，起码从逻辑上是找不到"我"了，由一个肉体的、个体的"我"到了"超个人"的"大我"，与中国古代先哲的"天人合一"殊途同归了。肯恩·威尔伯的层次理论认为，"我"有五个层次：

第一个层次，角色水平的"我"。主题词是角色、阴影。他认为除阴影之外的角色部分是自我。如犯错的那个不是"我"。"孩子偷拿了同学东西不承认"，不承认偷东西，是不承认"我"偷东西，偷东西的是"非我"，"我"划了一条界线，把偷东西的列为"非我"。个人对自我的认识，通常都不把整个身体直接包括在内，只取有机生命整体中的一部分为自我，所认同的乃是脑子里的自我形象及与这形象相关的理性与情感活动，身体好似成了载体。当此人能跟自我或自我形象认同时，才觉得找到了自己。如为了某种理由否定心理的某一面为非我，把疏离的部分或压抑投射出去，有意将自我与非我的界限缩小到自我的某一倾向。当个人止于心理某种倾向认同时，其余的心理活动便被踢出自我意识。这种狭隘的自我形象为"角色"。自我心理学、认知心理学对应的是该层次心理问题的疗愈。

第二个层次，自我水平的"我"。主题词是自我、肉体。自我意识只肯与自己有机生命的一部分及心智和自我认同。但这时已经知道自己的阴影所在，走出了角色界限。不接受身体的原因，是身体欲望，而欲望在更深的道德层面是不允许的，因为本能的欲望部分不被超我接受，甚至包括疾病和死亡。身体被自我驱逐到自我界限之外。这样自我和肉体之间，就产生了对抗。首先是自我对身体的抵抗，比如要减肥、美容，不接纳有病，不接纳身体的欲望，以及视为"躯壳"的身体最终将老化。心理问题躯体化意味着"我"的内部对抗，让身体这个"非我"充当"替罪羊"来承担。人本主义、存在主义疗法对应的是该层次心理问题的疗愈。

第三个层次，有机生命整体的"我"。主题词是有机生命整体、环境。个人虽未感到与万物同体，至少也能与自己的有机生命整合为一，其自我意识为宇宙的一部分。荣格分析心理学、深度心理学及瑜伽对应的是该层次心理问题的疗愈。

第四个层次，超个人层的"我"。主题词是超个人层、部分宇宙、宇宙。体验到与宇宙一体，自我不只是这个有机生命体，而是整个宇宙的造化。

第五个即最上面的层次，一体意识的"我"。主题词是无界限的境界，也就是"无我"的"道"之状态了。

由此可见，"有机生命体层次""自我层次""角色层次"，层次越肤浅，便有越多的存在领域被个人推到自我之外。"我"与"非我"便产生了。不同层次的自我，构成了不同层次的自我冲突。

所谓成长，是指个人的眼界在内在的深度和外在的广度上扩展。

这正是意识层领域逐渐扩大，重新分配、重新划界、重新组合，是自我迈向更深、更广、更丰富之境的心路历程。

 "我"="余"= 我 + 我的 + 我们……

可否先这样认为：我是时间的相续，我是过去、现在和未来的我，我是空间的移动，我是白天和夜晚，我是面具和阴影，我是雌雄一体，我是心愿、愿望和欲望，我是冰山和大海，我是树冠、树干和树根，我是树的全部，以及天空和大地的总和，我是我和我的及我们，我心身一体，物我一体。同时，我在别人眼里，我又是不同于别人的我，我就是我。

我是"斧钺型"的"我"，有边界的独立个体；也是"余"，容器般存在，与大自然融为一体的整体之一。

我是有血肉之躯的人，我有物理特性。我的人格趋于稳定特性，并保持自身的意识统一。当我被提醒消瘦时，是我的身体遭到损耗。

我是被界定、经验、变化的意识之流，我是一个相续的过程。我是我所经历和记忆的。我保持经验上的连续意识，因为我有记忆。

我是我所从事的角色。我有见不得人的想法。我知道，为了符合伦理我会压抑和改变自己。

我是属于我的和我所熟悉的。我的意识扩展到我认为属于我和部分是属于我的领域。

我也是我的性格。我是自己描绘的人。我是我自己想象当中的人。虽然我对自己的图像可能与别人对我描述的不一致，但我总是把自己的描绘作为一个固定的参照物,是一个熟悉而稳定的标记。

我是别人眼中的人。我是关系。我在关系中显现。我是群体的。

继续逻辑推理,则:我=我+我们+……

启动大脑找"我",找到这里,好像"我"的界限原本不存在,那么"我"就没有了,或者说我融于整体了。这些仅限于逻辑分析。

第四节　让"我"不断涌现

大脑思考分析判断是一回事,莫名其妙的思绪又是一回事。如果听任思绪纷飞,那是什么样子? 无论是否符合逻辑,那也是"我"的思绪呀!

01　大脑成了旁观者

在祠堂,或遇见神圣事物,或久别重逢,我们会情不自禁潸然泪下。我们有时觉得委屈,有时觉得有愧,有时觉得无名状的情绪,一下涌出来,以这样的情感涌现。涌,是一个自动不加干涉的过程,如泉水涌动。情不自禁,是说"本能的情感"没有被"自"的意识"禁止"。面对神圣和天然母性,无名状涌出对祖先、神灵、神圣事物的情感,以及脉动的心,建功立业的图景。

白天,在太阳的光辉下,我们看到了山川、城市、村落,看到了周围的事物。夜晚，我们看到了星空、月亮。太阳，比作意识，照亮了现实生活，也遮挡了星星。星星也是一种存在呀！夜晚来临，好比"意识"休息了。它休息了，无意识的天空才能被我们看到，那些眨着眼睛的星星，遥不可及，但毕竟能够窥测一番了。当夜幕降临，圆月当空，繁忙的一天过去，躺在床上，在似睡非睡的时候，心里就浮现出许多的画面，互不相干的一些画面，一些念头，就像一块云呀，一会儿聚啦，一会儿散啦，有些模糊忘记了，有些依稀还记得。

此刻，大脑成了旁观者。冒出这些不相干的碎片。这是我的吗？

屯，六年级男生，凭印象看，是个老成持重的"小大人"，最近皮肤瘙痒，胃疼。他的爸爸妈妈离婚后分别找了伴侣，暂时都还没结婚。他向我复述睡前似睡非睡状态下的一个场景："做完作业，夜里11点了，刚躺下，不一会冒出一些想法，好像拿刀砍爸爸，追到河边，河里有个救生圈，救生圈像是一口锅，我把盛满大米粥的饭碗砸在妈妈头上，掀开她的被子，里面藏了根金箍棒。过了会，听到楼上，有两个人吵架，我疑惑、害怕。住的房子是顶楼，怎么会有吵架声？看到有一个竟然是自己，穿着格子衬衫，另一个穿牛仔裤、白色衬衫。后来两个人在吃饭，不吵架了。自己吃饭的时候，看到那个穿牛仔裤的一直在挠痒痒。"一个是"我"，另一个不是"我"的那个人，却和"我"一样"痒"。

闲，高二女生，休学。她说："那天，我刚睡下，突然冒出不好的想法，想拿刀砍妈妈卧室的门，朦朦胧胧想起床找菜刀，忽然意识到了危险，控制住了行为，知道这肯定是不对的，但是如果控制不住怎么办？"

为了满足别人，把自己的需要压抑到极致状态，很多人都有这样的体验：幻想自己有孙悟空的七十二般变化，在想象中杀人，包括性幻想。有时像是灵魂出窍。大脑思考受到主客观等因素影响,有些不易察觉的部分,也是属于"我"的一部分。我们常有这样的经历,百思不得其解的问题,有时在放松散步或走神的瞬间冒出答案。

《庄子·齐物论》说的"其寐也魂交",是指人在睡眠状态,虽暂时停止了感觉和思考,还有另外不同于感觉和思考的精神活动。"魂"者,与"形"相对,即神魂。《墨子·经上》:"卧,知无知也。"用心理学来理解就是:在放松情况下,我们会觉知到清醒时(意识控制)不易察觉的无知(无意识)。《墨子·经说上》曰:"知者也,以其知过物而能貌之,若见。"过,遇也。作者解释所谓"知",是你在它(无意识)经过时,看到它,那么就"洞见"全部。《大学》曰:"知止而后有定;定而后能静;静而后能安;安而后能虑;虑而后能得。物有本末,事有终始。知所先后,则近道矣。"这是说在达成"明明德、新民、止于至善"基础上,经过止、定、静、安、虑阶段才"能得"。

"诗三百,一言以蔽之,曰思无邪。"思无邪,即无思也。《诗经》以其淳朴自然的"天性",奠定了战争与爱情两大永恒的文学主题,揭示出情与理尖锐的冲突。"邪",助词,古同"耶",疑问词,非"邪正"之邪也。无思故"率性",率性故乐也,此"乐"为通达之乐。屏息,凝视,思无耶,只是去展现而已,让无意识情感涌现,述说出来,只去感受好了。

无论是睡前阶段,还是在咨询师守护下的放松状态,就是"止"了白天的投射性思考和专注;现实的人、事、物渐渐放下,得以"定";不动的时候,引发狂乱的状态就会停下来,心渐趋"静";处于相对封闭的安全空间,此时便能相对"安"下来,安者,在房子安详跪坐之意;此时呼吸变得柔顺,没有意识干预的"虑"便开始,此虑非思,乃"呈现"也。

"虑"引申义有度、旅之意，即让思绪不加干涉去度过、去旅行。涌现出来的念头是无序的，时间空间被打乱，跟日常清醒状态内容不一样。静下来后那么多的念头萦绕盘旋，念头生起来，不用管它，不去分辨是不是符合伦理道德，不生起喜恶之意识，不去排斥，任他如云来去，"信马由缰"。这是体验性而非思辨性的过程。

02 让场景自动涌现

上述屯的"心猿意马"两个人吵架，就是"映现"，自动涌现的，无意呈现了，又被心"接收"到。过去，大脑是主角，现在成了旁观者。这样，隐藏的、不易觉察的"另一面"得以呈现。呈现了，就开始"知道"另一个人"我"。那样清晰的画面，被意识捕捉到了：爸爸，河边，米饭，妈妈，被子，楼上吵架，自己和另一个人吵架，这就是放松之后，在不被意识压抑干扰后泛上来的沉渣，此为"无意识碎片"的浮现，即是与清醒状态下自己不一样的"另一个我"。

放松状态下浮现出来的，是自己过去所获得的这些认识的残留痕迹。浮现上来之后，它自动被觉知到"原来我里边有这些东西"，这种所获得的一个对自我内在状态的感知，就使自己知道自己的某个部分。诚心者，如实面对自己的全部，包括白天隐而不知、难以启齿的部分。

除了观察睡前或梦中"我"的念头，也可以"有意"去放松，把"我"放空。我们知道，最意识层面的是语言，个人无意识层面的是情绪、情感。更原始的是身体。方法是：找一个安全的地方，先坐定，想象身体扫描；从躯体感受开始工作，想象扫描身体每一个部位，把身体调到暖、柔、松、轻、空的状态。这个过程算是"调柔"，先把自己杂乱的个人情绪和外围环境干扰处理掉，再进入"虚空状"。空，就是容器，涵容。各种情绪自然而然被接纳。在日常生活中会专注某个特殊领域，处于紧张状态，如果自己内心很乱，静止不下来，可采取这个方式，通过关注呼吸使自己静下来。吸气时，将气由喉咙降至丹田，注满生命力；呼气时，将细微的快感透过整个身心，向宇宙无限散去。当气息满盈时，便可将思虑融入呼气，化于无限之中。进入"恍兮惚兮"遐想状态的方法还有很多，比如唱歌、听音乐、舞动、游泳、散步、爬山、遥望天空，或去拖地板，有条件的去干农活，累了休息的时候，会出现这种恍惚遐想的状态。

如果还是没有足够的定力，可以借助信任的一个人如心理咨询师，把稳定感投射到他身上，由他作为可以庇护自己心灵的"心所"来协助自己，让自己稳定下来，把内在的情绪释放出来，看到当下阶段自己内心的样子。

单羽，女，单身。大学毕业后一直在不断地考试、复习、在家、复习、考试、在家的循环中。她说："还是想考，又太累了，考出来再找工作。但是睡眠不好，情绪不稳定。找不到自己了。"我让她放松，想象一张桌子，有抽屉，抽屉里面有一张自己三十岁的照片，是未来的照片。她说找到了，照片画面上有天空，有自己。我让她"看看照片中自己的发型、上衣、下衣、鞋子及自己的表情等"。她说："飘逸的披肩发，下端有些卷曲，穿的深色西服，像是张开双臂在飞，天很辽阔，表情是开心的。我喜欢虽然挣钱不多，但是不累，还可以出去玩的工作。"这幅画面，就是她内在的"镜子"。下次来访的时候，单羽说："我回去反复回想那幅画面，觉得是告诉我自己不着地，您问了两次穿什么衣服和鞋子，我没有看到鞋子。在天上飞，不着地。在天上飞却穿着深色西服，不搭配，深色西服可能是我对现状的不安和自责，看似表情开心，其实仍紧绷着放不开。"这就是通过咨询师看到了自己，知道自己的目前状态。

心理咨询就是营造这种"止定静安虑"的空间，不管怎么"横看成岭侧成峰"，"我自岿然不动"，使来访者"自己观察自己"，识得"庐山真面目"。通过放松，自动涌现出另一种方式或者说更深层的"我"。不同于自己在卧室睡觉前似睡非睡的涌现，与咨询师在场的互动，更多是以象征方式开展的，恰似梦的表现形式，在松弛的躯体状态下，"止"住思考，"观"呈现的意象及情绪感受。由大脑思考变成无意识"观"。"旁观者清"也。正如"风来疏竹，风过而竹不留声；雁渡寒潭，雁过而潭不留影"之意境。来访者进入"止观"状态，"观我"如何呈现，咨询师陪伴并同时进入"止观"。

这种方式不仅可以帮助我们认识另一个"我"，这也是一个过滤、渗透的过程，释放情绪的过程，让自己内心的状态表露出来、宣泄出去的治疗过程。

03 离形去知

我是谁，用大脑思考，层层剥笋，似乎找不到了，又似乎掉进了陷阱，一个个"我是谁"的问号，像满天金星令人眼花缭乱。即使"想明白了""开悟"了，也只在大脑层面。在思辨中，有一个现实世界的"我"；在放松中，有一个心理世界的"我"。我们介绍了如何进入心理世界，如何"观"那个冒出来的"我"。这个过程的核心点是"离形去知"，庄子言：

"坠肢体,黜聪明,离形去知,同于大通。"

心理世界,有时是以"我"的不切实际(无因果、无时空)思绪涌现,有时以象征呈现。女孩想到心仪的男孩,会想到白马王子;看到一个人像教授,因为他戴了眼镜;看到一个衣冠不整的人,会想到脸上有灰;看到一个自卑的人会想到一只虫子;想到一个脾气很大的人,意象可能是张飞或是斗鸡。我们把定情物当成情侣,将她的头发留下来,作为"倾情"的载体;把她用过的东西留下来,当作思念;两只银色的手镯,一方为男,一方为女,这两只手镯代表两个人;我把你的照片撕了,照片成为你;打靶的时候,靶心就是你,宣泄我的愤怒。

我们生活在现实中,同时又活在自己独特的心理世界当中。在会议室,听到领导严厉讲话赶紧做记录,看到领导门牙上有一片韭菜叶,出现了狼吃小兔子的画面。那个做记录的是作为角色(部下)的"我",那个想到狼吃小兔子画面的,则是自比为小兔子的"我"。一个人在抽着烟,在网上答复其他人的提问,又对坐在前面的部下提问题,同时还挠痒。一心多用,这是哪个人? 这是几个"我"在同时完成这个事情。这两个世界是平行存在的。

下面这个小练习,是旁观者视角看"我"的一个方法。现截取一个咨询场景描述如下,以另外视角"看"自己。

来访者进门就说:"气死了,我让儿子气死了,他三十多了不找女朋友,养两只猫睡觉。他找的那个女朋友,什么玩意,我看着就不顺眼,尖下巴,还抽烟,圆脸的才有福,还整过容,就吹了。昨天,我去超市买儿子最喜欢吃的沙丁鱼罐头,他竟然一摔门去单位住了。"

我说："我听到了您说的这些。你可以把这些，用笔写下来吗？"

来访者把刚才的话，写下来。

我说："刚才您是用第一人称写的，现在情绪平稳一下了，您可以用第三人称再写下来吗？就是同样一件事情，您再用第三人称来叙述。"

来访者写道："这位中年女士说很生气，她说让她儿子气死了，她的儿子三十多不找女朋友，养了两只猫睡觉，她的儿子找的女朋友，这位女士看着不顺眼。她觉得这个儿子的女朋友尖下巴，竟然还抽烟，这位女士觉得圆脸的才有福，并且这个女朋友还整过容，就吹了。昨天，这位女士到超市给儿子买他喜欢的沙丁鱼罐头，她儿子摔门去单位住了。"

"我"以"第三人称"描述这段话的时候，就会减少情绪主观，就变成了另外视角看"我"。"我"先说一遍，这是第一重客体化，"我"把这个事件说出来，就变成了一个客体。接下来用第三人称，等于是做了两次分离，即双重客体化。写下来，是把无意识"意识化"。

读者朋友，此时可以合上书本，回想最近您经历的一件事情或一个梦，按这个方式。先按原来的视角，把那个事情或梦用笔写下来，然后以旁观者的"第三人称"，再用笔写下来。

探寻"我是谁"，是人的本能。任何拥有自我意识的人，都理所当然地认为他了解自己。但自我只知道自己的部分内容，并不知道无意识及其内容。人们通过社会环境中的普通人对自己的了解，来衡量自我认识，而不是通过大部分对他们隐瞒的真实的心理事实来衡量。

在探索自我的路上，有三个阶段：

第一阶段，首先是质疑："我是谁？活的意义是什么？"接着进入思考，无论借助书本还是对自己认知，开始对自己的过往认知和所获得资讯的真实性存疑，从而开始主动独立思考。

第二阶段，就是"如实呈现"后，逐步发现"真相"，不仅在思辨上去分析，还在无意识去探寻，逐渐发现"自我"，这是一个逐渐深入的过程，每深入一步，都会成长一步。

第三阶段，逃脱思维樊笼，成为一个真正精神独立而又合于天地、与社会溶于一体的人。此与上一个阶段相辅相成。

让我们开启自我探索之旅，不断往生命的深层走，走进心灵深层，不断从多个视角探索自己，就会有愈来愈多的发现，扩展"我"的深度和广度。

第二章

途遇拧巴人：三个小人
搭台戏

身不由己的"拧巴人"

本我，自我，超我

真实我，目标我，社会我

神我，俗我，核我

心灵 与社会

第一节 身不由己的"拧巴人"

我们经常发生这样的事情：情绪、身体不听大脑的指挥。

管不了腿。两边是高耸的陡峭绝壁，中间的玻璃栈道下面是万丈深渊。恐高者，腿抖得不行，双腿"拧巴"，甚至声嘶力竭哭喊爹妈。

管不了嘴。拿着讲稿站到讲台时，突然嘴"拧巴"了，就是说不出话来，豆粒大的汗滴下来。如此这般狼狈，此时此刻，何故何因？

01 我管不了我

不由自主，情不由己，身不由己。"我管不住我的嘴，见了烧鸡就想吃，吃撑了还想吃，医生给我开了健胃消食片，再吃"，"发生在自己身上，可是内心有两个小人在打架，我也不知道该听谁的"。或许在栈道吊桥，或许在面试现场，或许初见岳父，或许在董事长办公室，我们与"他"相遇，暂时给"他"起个名字吧："拧巴人"。

经典句式："我知道，可是我……"

看似两个小人在打架，实则三个人：一个"我"知道，一个"我"又做了，另一个"我"观察到这些。

02 三个小"人"在较劲

小奇,偏胖、腼腆的初三男生。秋季开学,去学校一个星期,就不去上学了。在咨询第五次的时候,他做了这样一个意象:看见自己躺在沙滩上。

另一个"我"(B)走过来,看沙滩上的这个"我"(A)躺着。B听到隐隐约约说话的声音。B发现A的身体上出现三个小人,分别在头部、胸部、下身。B听到头上的人与胸部、下身的两个小人说话,胸部的人叹气。后来,三个小人坐在了沙滩上,都沉默了好长时间。后来听见下身的小人说:"我腿无力,走不动。"胸部的小人说:"我有些害怕、犯愁。"再后来,A站起来。听到头上的小人说:"你应该去,不去以后怎么办?"胸部的小人说:"我知道,可,下面的腿不听我的。"躺着的时候,三个小人是相对平等的,站起来的时候,上面的小人有力量了,但是下面的小人感到压迫。小奇说:"我知道应该去上学,可是莫名地害怕,在学校门口就是跨不进去。三个小人在吵架。"

乎,大一男生。医院诊断其患有躁郁症。他说:"我不想上学,马上开学了,活着没什么意思。"我问:"刚才听到不想去上学,活着没意思。合上眼睛,感受一下,这是谁说的?"他说:"十四岁的中学生,穿着蓝色校服,躺地板上睡觉。可是他这样说,我挺着急的。"我问:"挺着急的这个人?"他说:"他十九岁。不过这样在家躺着也挺舒服的。"我问:"谁觉得舒服?"他说:"是一个七八岁的小男孩说的,他觉得这样挺舒服。"

从这里可以感受到他的内部冲突。现实中十九岁的"我",对于十四岁"我"现状"挺着急"，但是七岁"我"对此很享受。当下十九岁的"我"，被情感和本能的"我"所控制，呈现出躁郁症状。

焉，研究生一年级女生，休学。在家时而安静，时而狂躁，发作时摔碗、扔衣服，把家里东西扔得满地都是。她的沙盘中，反复出现"美人鱼"。童话中"小公主十五岁生日的时候，她悄悄游到了海面"。此案中，这位二十多岁的研一女生的心理年龄是小于"美人鱼"的，有时用"脑"考虑问题"钻牛角尖"。上来情绪的时候，她用"鱼尾巴"把"一池春水"搅得"周天寒彻"，就是"下身"的动物性本能摔东西。美人鱼，是还没有整合好的象征。

我们想象把自己分成三份：头部、胸部和下身。发现有时一致，有时不一致。身不由己，就是身体下部的小"人"不听（由）头部小"人"的指令。

下身的小"人"，表达方式是运用身体，由"身"主导。小孩得不到糖块就打滚，哭；青春期发生冲突时动手打对方身体；到了成年，喜欢某个异性的时候"我想拥抱你"。愤怒时，这个小"人"说："我想踢你一脚"，"我想把碗摔在你脸上"。

中间胸部小"人"含蓄得多，多用象征来表达情绪感受，由"心"主导。喜欢某个异性，以"好喜欢你"表达情绪感受，比如"心里堵得慌"，"我害怕"，"你就像天上的月亮"，"她就像一朵冷艳的雪莲"。

头部的小"人"由"脑"主导。文明进化的产物，经过判断做出决定。大脑运用的是逻辑语言，是经过包装的。这种包装经过利弊取舍，对自己利益最大化。

下身说："我想踢你一脚！"

胸部说:"你这蠢猪,恨死你了!"

头部说:"好的领导,我这就去做。"

其结果就是本能被压抑,得不到宣泄。得不到宣泄,就会做梦,或者出现失眠及皮肤、血压、腹部等躯体性症状。

头部说:"我明天就去上学!"

胸部说:"还真有些担心。"

下身说:"感冒了。发烧了。头疼。腿走不动了。"

其结果就是"理智我"说话不算数,"我"成了本能的奴隶,成不了"社会人"。

当感觉"拧巴"的时候,放松下来,让我们默念,感受一下:

　　我驾驭我的身体。我和身体是两回事,身心分离。回到身心合一的状态。我走在吊桥上的时候,我的心在悬崖,我的身体在吊桥上面,我的心会产生恐惧。我的心到处乱飞。我的眼睛到哪,我的思绪到哪,我的心到哪,可我的身体还在吊桥上面。没关系,我知道我的身体在吊桥上,此刻我的心知道了。

　　在我的思想内部,有一部分是我承认的,是我的。有一部分是我不承认,我不认可的。没关系,我先允许"我不承认这一部分的我"。

　　我感受身体。身体是我的,身体有需要。身体与自我的整合,我不逃避身体带来的本能,包括舒适感和病痛、死亡。我身心合一。我把驱逐在我之外的身体,再邀请回来。

第二节　本我，自我，超我

我们身上同时住着三个"小人"，在表达的时候，有时打滚，有时做梦，有时讲道理。各说各话，自动翻译，自动转换。

01　各说各话

打滚的那个小人，被称为"躯体我"，大约两三岁以前的样子，走吊桥腿发抖的那个，就是他。属于"原始认知"。

做梦的那个小人，被称为"情感我"，年龄大一些了，不是很清晰的表达，但是会比喻。情绪感受灵敏且用象征来表达："我害怕，像在黑夜里，听到怪叫。"属于"情感认知"。

讲道理的那个小人，被称为"理智我"，通过思考来表达，使用的是逻辑语言。"经过分析，我认为……"属于"现代认知"。

成年人，是交互使用的，不过在公众场合，更多是"理智我"在运行。如果一个丈夫拳打脚踢妻子，妻子披头散发在地上打滚哭喊，就是两人都退行到了"本能我"状态，用身体语言去表达。有位在主席台慷慨陈词的领导，在走出会议室后被两位警察夹住的时候，遗尿把裤子弄湿了。他也是个"拧巴人"。慷慨陈词的是"理智我"用"现代认知层"表达；情急之下大脑让位于身体，"躯体我"以"尿湿裤子"的方式做出反应,类似"那个癞蛤蟆恶心地让我想吐""我高兴得跳了起来"等。

嘴上说不要,身体很诚实。嘴上说的是大脑的小人经过思考判断做出的伦理表态,确保不被自己所认同或依附的群体舍弃,看起来更高尚;身体以本能的欲望来满足,是下身小人的选择,看起来更懒惰、贪婪、自私,讲究享受。口说、心非、行不到,就"拧巴"。由此我们看到有"理智我",大脑主导;"情感我",心主导;"本能我",身体主导。我们可以把《西游记》中的猪八戒看作"本能人",以满足本能为主;孙悟空可被看作"情感人",是以"情感"为主,敢爱敢恨,但当"理智我"发现妖精后,就既"认死理"又不"讲情"了;唐僧可被看作"理智人",是以"理智"为主,念紧箍咒惩罚孙悟空违背"杀生"戒律,其"情感我"又缺乏"火眼金睛"去伪存真进行判断,被妖精迷惑。

"拧巴"出在哪里呢? 不出在表达方式,而是出在各说各话的"不通"。原因何在? 且听弗洛伊德的解释。

02 弗洛伊德如是说

精神分析心理学语系有"超我、自我、本我"概念。按照精神分析观点,之所以"拧巴",是"本我"被压抑,来自早年创伤。

每一理论体系的产生, 都与当时时代背景和理论奠基人个人经历、感受相关。弗洛伊德是父亲与后妻的长子,下面还有两个弟弟和五个妹妹,早年生活贫困。18、19 世纪之交的欧洲大陆被称为"那不是一个人压抑的时代,是整个时代的人被宗教清规压抑的时代",弗洛伊德更敏感地感受到这种社会焦虑。"在 1915 年,弗洛伊德是以'压抑'一词,代表一系列的心理策略,这些策略的目的是将本能愿望排除于意识之外……他强调说,精神分析若是一座房子,压抑的观念便是其地基与础石,是其最关键之处。""抑郁者的自我贬抑与自我诋毁,证明了他们一部分的自我也被隔离。这是一般人称为良知的极端,甚至是病态的表现。他当时称之为自我理想,后来称之为超我。"

美国比较心理学家弗雷罗恩博士对弗洛伊德理论的发端进行了探讨,指出:"起初,弗洛伊德主要关心的是对各种对立冲突倾向直接压抑力的作用问题,在这种对立冲突中,主导性倾向竭力抵制情感性经验,或干脆迫使他们进入无意识。弗洛伊德发现神经症是从自我防御的失败企图中产生的,这一发现使他成为现代精神病理学先驱。"由此创立了人格结构模型,将人格分为本我、自我、超我。精神分析的基点在于本能引发了抑制,表现在作为力比多(性)对于人类的动能上面。他认为性本能是人类欲望第一因、唯一因,人之所以会做梦,是因为童年被压抑的性欲。弗洛伊德阐述了"性心理发展"的五个阶段:口唇期、肛门期、性蕾欲期、潜伏期、生殖期。

本我,生物本能需求。本我说:"我想,故我要。"

超我,外在规范化为内在原则。超我说:"应该,不应该。"

由于本我和超我在一人内心中互相争斗,便引发自我来调和冲突,以减轻本我的强求,缓和超我的苛严。自我说:"我考虑一下,权衡一下。"

超我胜利,产生压抑。本我胜利,就会放纵,就会沉溺,就会在关系中受到损害。本我与超我的冲突导致人的生理或精神崩溃,所以需要自我来把握度。在健康人的心智中,强大的自我不允许本我或超我掌管人格,因此三者的斗争永不停止。每个人意识下的某个部分,永远存在放纵自我、考虑现实、遵循道德标准三者的状态。

本我说:"太热了,脱了衣服凉快凉快。"

自我说:"好害羞。别。"

超我说:"那还了得? 不顾廉耻? 考虑后果! 忍! "

西游记中的人物,唐僧可类比作超我,孙悟空为自我,猪八戒为本我。

弗洛伊德后期,他的弟子荣格、弗洛姆、阿德勒、拉康等纷纷另立门户。弗洛伊德的精神分析理论,其局限性在于以意识解无意识,以分裂的概念、方法去讨论西方的精神分裂。但其理论对于自我探索的第一站是非常有意义的,从这里,我们打开个人潜意识的大门。

03 变换花样

本我、自我、超我,既是三个人,又是一个人。除了这三个名字,还经常变换花样,起一些相似的名字。如脑我,心我,腹我;意识我,前意识我,潜意识我;法统人,社会人,自然人;理智我,情感我,本能我;生物我,心理我,社会我;原初我,情结我,关系我。

三者做好沟通、连接,就合三为一了,言行一致,口眼协调,就不那么拧巴了。无论什么名字,万变不离其宗。

第三节 真实我，目标我，社会我

我是谁？我想成为什么样的人？看似简单的问题，意识与潜意识不一定吻合。还有，别人是怎么看我的？

印度哲学家吉杜·克里希那穆提说："一个人是否能够抑制自己不去做他喜欢做的事情，同时又得到自由呢？一旦你发现真正爱做的事，你就是一个自由的人了，然后你就会有能力、信心和主动创造的力量。但是如果你不知道自己真正爱做的是什么，你只好去做人人羡慕的律师、政客或这个那个，于是你就不会有快乐，因为那份职业会变成毁灭你自己及其他人的工具。"怎么了解潜意识里到底"我实际上是谁""我想成为的人"和"别人眼中的我是什么样的人"？如果真实自我与目标自我、社会自我相一致，就会比较和谐，按照需求层次理论即接近自我实现。知晓真实自我很难，往往走过很多弯路，到了中老年才知道。但不妨通过心理游戏来探知一二。

01 测验小游戏

这是我经常和来访者做的一个心理游戏：不加思考，张口说出三种动物（飞禽走兽都可以），然后再说出对这三种动物的认知。

为何张口即说？不假思索，就是本能的涌出，就是激活未知、隐藏的那个部分。如果经过了思索,必然会经过"理智人"的有意分析,就不能探寻内在的真实念头。

为何是动物?为何不说三个人物?自我意识的发展,经历生理自我、社会自我、心理自我三个发展阶段。生理自我是早期状态,动物性本能部分;社会自我是建立自我意识后相对成熟的阶段;心理自我,在我看来是指荣格理论中的"自性化阶段"。沙盘游戏疗法创始人卡尔夫在《沙游在心理治疗中的作用》中说:"自我发展阶段如下,一动物植物阶段,二战斗阶段,三适应集体的阶段,也就是说在沙游中自我会先以动物植物的形象出现在画面中,第二阶段则开始出现战斗的场面,最终他作为一个人对外界世界所接纳,成为集体的一员。"动物(生理)阶段作为人的早期阶段,处于意识阈限之下,未被意识过滤,因而更真实。沙盘游戏也佐证了这一理论。儿童做沙盘的时候,初期大多把动植物沙具摆放在沙盘上,一个阶段后就会拿汽车、房子等沙具。成年人的初始沙盘,多是集体阶段的呈现,人物组合场景等,等做一个时期咨询后,会发生"退行",回到"动植物阶段",进入更深层探索,然后再成长,就会有疗愈的效果。说三种动物,实际是把意识层面拉下来。动物基于人的本能部分,外加意识自我的认知,这个认知是基于个人过往经历产生的投射。在这里,"动物"是拟人化的,三种动物是开放性的,可以回答任何动物,包括飞禽走兽,没有任何限制。

为何有先后顺序?在开放性问题中,张口就说的第一个,一般是"真实我",本能地说出了真实面目,等到第二个的时候,下意识相对进行了"补偿",目前我达不到的那个部分,即未来我想成为什么样的人,即"目标我",最后一个说出来的时候,就是别人对自己的看法了,即

"社会我"。有时我们感到"拧巴"，看起来三者打架，实为一人在冲突：我到底是怎样的人？我到底要干什么？别人怎样看我的？弄不清楚，混乱了。

为何要经过思考说出认知？认知是你对这个事物（问题）的定义、看法、评价。同样是"狗"，既包含了普遍意义的认知，也有个人的解读，会勾起独特的往事记忆、个人感受，这部分就构成了"心理现象"。有的人对狗的认知是忠诚，有的是凶猛，有的是狗腿子。再如对蛇的认知，有的以为是诱惑，有的是冷血，有的是智慧，有的是神秘，或兼而有之。

小坤，高二男生，秀气、瘦高个。二岁时父母离异，一年后又复婚，离婚期间母亲和某男友一起短暂生活，母子均受到该男子殴打。此时小坤并不"记事"。家长反映小坤高二了还逃避学习玩游戏。小坤自述失眠严重，同学关系紧张。他说："从小就感觉他们在对我隐藏什么，我感觉别人都对我隐藏。"三种动物及认知是：兔子，弱小的；羊，成群，团结；老鹰，敏锐，有力量。小坤的真实我是弱小的，潜意识里感觉到家长有隐瞒的事情，自己不能掌控；羊群是匍匐大地的，羊也代表了与大地的接触，与睡眠相关，与安全依恋有关，这是他潜意识里的目标，是要有踏实感；在同学眼里，他聪明，精力十足，这是他内心警觉而保持如老鹰一般的状态，以免被外界捕捉到。三者互补，目标我是对于真实我的补偿，社会我是真实我和目标我向外界的传递。

小升，高二男生。在真实我和后两者之间的补偿作用更明显。他从幼儿园就受到校园欺凌，一直持续至高一。自述曾在初二忍受不了反抗时拿砖头把同学的头打破了，随之是对方更加猛烈的报复，小学和中学期间曾被老师"提溜"起来当胸挨了拳头。医院诊断为其重度抑郁。第四次咨询时,小升选择的三种动物及其认知是:狼,狼心狗肺,孤独;老虎,凶;老鼠,卑微。确如当时状态,真实自我就是被欺凌后失去"人性",状如狼心狗肺。目标是成为老虎,凶。外表又是那样的卑微。后来某次感到他走神的时候,我突然问他三种动物,他冷不丁说了,其中第三个是"老虎",经过一段时间,他的目标我成功地成为了社会我,老虎很凶猛。此时他的第二个动物是梅花鹿,认知是轻盈的,意味着不再把"凶猛"作为目标我来保护自己了。这时候其抑郁症状明显减轻,与同学关系好转。第一个动物是老鼠,接纳、转化内心的自卑、阴影,说明还需要持续的自我成长。

小丰,男生。最初的三种动物是:褐色的猫,安静;黑白相间的猫,喜欢动;黑色的猫,看起来神经质。与其实际状况完全相符。真实我,喜欢静,不想见人,封闭自己;目标我,需要动起来,可是没有能力;在别人眼里是"神经质"。第20次来访时,他开始学习了,也参加了兴趣班,并在这期间读了许多哲学科幻类书籍。三种动物:猫,冷静;蛇,神秘;狗,忠诚。第37次来访时,医院复诊,停药。三种动物是:猫,安静;兔子,爱动、活泼;狗,温顺。目标我对于真实我的补偿、真实我在外界现实的展现,都如实象征了自我发展的轨迹。这个案例是说,它不是一成不变的,而是随心理和不同情境而变化的。

 02 考虑不考虑

类似三种动物的心理测验还有,"从这些动物中选出三种动物"的测验游戏,是这样设置的:给出十种动物,按照自己的直觉,不要犹豫,依次选三个最喜欢的。最喜欢的，代表你最希望自己给别人的印象；第二喜欢的，代表别人对你的看法；第三喜欢的，代表你内心真正的样子。

此测验游戏与上面的不同之处在于：一是这个测评是半封闭式的，前述是完全开放式的，没有限制；二是这个是在限定动物之内、经过思考选定的，是思考的过程，第一个表达是自己最想呈现给别人的面具，代表最希望自己给别人的印象；三是有"喜欢"这个限制，前述则无关喜恶。两个侧重点不同的测试，虽前后顺序的结论不尽相同，但都能自圆其说。

上面介绍了可通过三种动物测试真实我、目标我、社会我。需要说明的是，仅以象征意义作为参考，具有非确定性，不能以此作为评估依据。最重要的是真诚，来访者感受到来自咨询师的保护。上述所引个案，是咨询师基于对其咨询进展和过往生活经历，在当时状况和内心感受的特定情境下，对来访者"见机"做出的"象征性测试"，并且不可短期频繁尝试。过度使用会导致强烈阻抗。可将其作为探索自我的一个趣味性游戏"玩"一下。如《易传·系辞》言："君子居则观其象而玩其辞，动则观其变而玩其占。"

第四节　神我，俗我，核我

在前两节比较具象地描述了"拧巴"之因，在于内在本能、社会公认价值,以及自我、目标、关系之间的冲突与调和。本节试图从抽象介入,探求"无形遥控"之"影子"。我们不妨把以人体三个部位居住地的三个小"人"的视角,再扩大一些,把那三个小"人"合成一个人,再看他的头顶上方和脚底下方,各有一个大"人"。为方便论述,暂其名曰:神我,俗我,核我。

01 头上三尺有神灵

《易传·系辞》曰"阴阳不测谓之神","知变化之道者,其知神之所为乎?"广义而言,变化即神,万物即神。民间之神我,肉体头顶上的我,"头上三尺神灵","头顶放光","光晕加被"。类似天狗、父亲、监督者的伦理天条,又类似于保护者、神圣、神灵、神仙、神性的超凡脱俗,还类似天空、宇宙、无限。中国文化中的神,前面会加上鬼,"鬼神"是也。"在中国文化中,鬼神通常:一是天地之良能曰神,造化之隐迹曰鬼。二是指祭祀之鬼神,主要是自然神和祖先神。三是淫祀之鬼神,指迷信活动中的鬼神。四是指精怪之鬼神,狐狸精、蛇精等妖精。"上述第一种"天地之良能曰神",我理解为"道"的外显。道,是神的名字;神,是道的运化。本节所述"神我",既有"天地之良能"的部分,也有超出俗人能力之"自然神、祖先神"的部分。即相对于"俗我"而言,"我"所具有"神性"的部分,如全能感、正义感、崇高感、神圣感,与上天有关的部分,"神奇"的部分,华夏文化中天神的"精神"。有形之正为神,无形之奇为鬼,可以把鬼比作阴影部分。

为什么人会喜欢雪?其中一个心理原因在于,雪是天上落下来的,有一种久违感、何曾相识感。雪是轻盈盈飘落人间的，高洁质雅。同样天上落下来的还有雨，"天街小雨润于酥"，即使倾盆大雨，民间也认为是天帝惩罚所赐。对于从天上落到地面的雨雪怀有亲切感，莫非我们也曾在天上待过？民间认为神来自天上。我们时常涌动起神圣的情感，在某种情境下超凡脱俗的部分，在此暂称之为"神性"。梵高曾说："天上的星光于我们是多么的触不可及，或许我们死后就能抵达星辰之上，而离开人世不过就是踏上了走向星辰的路。"

"神性"，属于华夏"专利"。世界上只有华夏民族生活的这块土地被称为"神州"。为什么是神州？因为是"神"居住的国土。古时只有华夏神州和四夷（夷蛮戎狄）之分，神州之外皆蛮夷之地。神州按照天道治理和运行。对华夏民族而言，我想神性也来自于女娲。她原本为天上神仙，"娲，古之神圣女，化万物者也"，"俗说天地开辟，未有人民，女娲抟黄土作人，务剧，力不暇供，乃引绳于泥中，举以为人"。人，因"神"而不失"神性"，故崇高；与土结合而有"土性"，故接地气。

传说中的上古，黄帝、颛顼、帝喾、尧、舜既是下界的人王，又是天上的天帝。《列子黄帝》曰："庖牺氏、女娲氏、神农氏、夏后氏，蛇身人面，牛首虎鼻：此有非人之状，而有大圣之德。"上古神话说，曾经有一段时间人和神混居在一起，没有分开，那时上天下地都极自由，神的儿子常和人间的女郎结婚，人间的英雄也可以匹配天女。可是出现了蚩尤恶神，偷偷来到下方鼓动人民跟他造反。天帝觉得神和人混聚弊多利少，便命大神重专门管理天，大神黎专门管理地。这样神人不杂，阴阳有序，人间天上都各保平安了。"上古有真人者，提挈天地，把握阴阳。呼吸精气，独立守神，肌肉若一。故能寿弊天地，无有终时。此其道生。"

这些生活在神州大地上的我们的祖先,这些"真人"岂不就是"神"?

儒教观点体现在《中庸》:"鬼神之为德,其盛矣乎?视之而弗见,听之而弗闻,体物而不可遗,使天下之人齐明盛服,以承祭祀。洋洋乎如在其上,如在其左右。"这里孔子所说的不是我们习惯认为的"鬼神",而是大道智慧。他说:"鬼神的德行大得很啊!看它看不见,听它听不到,但它却体现在万物之中使人无法离开它。天下的人都斋戒净心,穿着庄重整齐的服装去祭祀它,无所不在啊!好像就在你的头上,好像就在你左右。《诗经》说:'神的降临,不可揣测,怎么能够怠慢不敬呢?'从隐微到显著,真实的东西就这样不可掩盖!"

道教认为人体多神,以五脏神为主,故重视存思五脏神的色、形、气、服饰、姓名等。《黄庭经》"至道不烦诀存真,泥丸百节皆有神。发神苍华字太元,脑神精根字泥丸,眼神明上字英玄,鼻神玉垄字灵坚,耳神空闲字幽田,舌神通命字正伦,齿神峨峰字罗千,一面之神宗泥丸"。《内景经》认为,人体有三部八景二十四神,各部位都有神灵居住。"存思百念视节度",要求斋戒沐浴,着华丽衣服,静坐,把神的形象画出来,然后呼唤这个"神"的名字,让他回到自己身体来。因向外追求欲望,神从身上跑出去了,故"存思",思念他,让他重新回归到身上来"生神"。

"神我",指人的"神性"部分。看不见,摸不着,像"影子"一样存在,却能感受到,影响到自己的意识、情感。神当然是超凡脱俗,力大无比,神之境界非同寻常,"太平世界,环球同此凉热",追求"大同世界"而非"稻粱谋"。"神圣"相对于粗鄙,其对粗鄙"滥情"的厌恶,便有了对"神"的"神圣感"之"圣情"的暗自吟诵。

现实生活中忽然产生了好的想法，如灵感；做出了不可思议的事情，犹如"神助"；情感油然而生，情不自禁；冥冥之中，听到了老天（祖先）的召唤。这些都是"神我"的功劳。我曾采访过战斗英雄朱彦夫，他在朝鲜战场腹部被敌人炮弹击中，肠子流出来，他把肠子塞回去继续战斗；战争结束回到老家带领乡亲们改造山河；他失去双手双脚，却写出了自传体小说《极限人生》。这个"极限人生"就是"神我"，是我们亲眼见过的"神人"。那个年代，中国到处都有这样一群人，为了信仰可以承受一切苦难，献出生命，普通民众潜藏的"神性"被激发了出来。每个人都有"神性"，都有"神我"。"神性"一旦被激发，"普通小人物"也能够化腐朽为神奇，"六亿神州尽舜尧"。

02 俗人昭昭，俗人察察

"俗人昭昭，我独昏昏；俗人察察，我独闷闷。"老子站在"道"的地方，望着平民百姓喟叹："人们争相炫耀他们的光彩，我却昏昏然没有表现欲；人们精明苛察斤斤计较，我却什么都不放心上。"俗我者，食五谷杂粮者也。与天上的"神"相对应，俗，"人"在"谷"底。相对于肉眼看不见的"神灵"，这是凡间的"我"，五官感受到的，俗话说的"我这个人"。

肉体＋自我觉知（意识到的部分）＝俗我。

性相近，习相远。习得不同，就成了千差万别的个体。俗我的特点是"知"，相对于"大学"之"道"，属于"小学"之"器"。俗我者，在没有神性，也未悟道之时，属于"习我""妄我""识我""染污我"。有烦恼，也有快乐;有创造,也被困顿;有人间烟火味,也有冥想逍遥时;有迷茫懈怠状,也有瞬间开悟时。

俗我,就是一种存在。不想没关系,想时就想入非非,无果而终。有时,读书越多越烦恼,想的越多越痛苦,深陷其中不能自拔。"不自见,故明",是说如果一个人认为自己什么都是对的,自己的见识是真理,只在自己的固有观念里,跟自己不一样的都是错的,就是"全己而曲道",一叶障目不见泰山是也。如果能知道自己的局限性,不固执己见,就能绝小知、弃俗学,"则近大道也"。

03 核者,性也,道也

"神我"无论在头顶上方,在内心深处,还是天空、宇宙,无论神话中的神仙,还是现实中的英雄,我们都能感受到。"俗我"是肉体本身和自我意识到的一部分无意识,天热、吃撑、发困,能感受到。"核我"在哪里? 在内心深处,在生命源头,在地核最中心? 核我,更抽象,更接近宗教意蕴。类似于"明心见性"的"性",类似于无形的"种子",是纯真的我,内核,道。

道者,"无名天地之始;有名万物之母"。性者,"天命之谓性,率性之谓道,修道之谓教。道也者,不可须臾离也,可离非道也"。颜回曰:"有物混成。先天地生。可以为天下母……言天地人物皆受同母之也。人之受性于天而后生。亦犹受形于亲而有身也。故生于母。道。母也。天。亦母也。人与天地。一道皆为同出。"荀子曰:"万物各得其和以生,各得其养以成,不见其事而见其功,夫是之谓神。"

核我，可比作种子。天地位而万物育，天地和而万物成。在每一颗种子里面，蕴藏着宇宙天地的全部信息，包含不同变化时间的天地交合、风雨雷电，以及气的流动催生，化育万物，万物中的每一个物体里面，也都以个体的形式存储着这些信息。湿生、卵生、化生、胎生，种子遇到相应的缘而得生，地水火风皆缘。一粒种子被种下后，生根、发芽、成长、结穗、成果，都是天地的力量在推动。

核我，可类比于"纯净的本质"。逻辑是分化后的产物，用其去解释分化之前的"纯净本质"超出意识的能力。刚出生的婴儿就保持一种"纯净本质"，随心所欲，没有羁绊，仿佛整个世界都是自己的，自己也是整个世界的，"抓屎吃"与"喝母乳"仿佛都挺"一味"。挂一幅"茶禅一味"仿古画的儒商，并不一定认同婴儿的"屎乳一味"。我曾给育婴师讲过课，她们都见过婴儿"抓屎吃"，还挺自在的。

核我在实体中，是无形的，但又时刻影响着世界。只看到结果，却说不出原因，此乃不见其事而见其功。看见水，看不见"水性"，水性存在于水中。把俗我比喻为"水滴"，核我可看作是"水性"。

使用"核我"这个词，是因为"说是一物即不中"，"心有心的理智，理智对此一无所知"，实在无法从逻辑上定义，就用"核"来象征。可以描述为更广大、无限、连接前后、宇和宙，或等同于种子、种子当中的"核"。申荷永老师首创"核心心理学"，阐释曰："核"，本来寓心其中。核，包含种子与心的意象。核心之核，如心如种。核者怀其核，本身具仁，亦有心形，犹如于心种；亦如甲骨文"身心之仁"和"千心之人"的原型意象。对华夏文化而言，人内心有无穷的智慧，先天的灵性、感知觉等与生具足，正所谓"何其自性，本自具足"。然"俗我"的"知"障碍了眼睛，"核我"如影子，似有似无，便陷入"俗世"的烦恼，不得"解脱"。这一次，不是"俗我"被"核我"控制，而是被只见树木不见森林的"知"所困，不能"生慧"。总之，如荣格所言："更本质的内在，用理性分析是不能解释和理解的，只能经由逐渐发展出来的直觉智慧来获得。"

04　三我一体

其实，神我、俗我、核我是一体的。"神我"者，为"天"，为"神"，为阳，为圆；"俗我"者，为"地"，为"灵"，为阴，为方；"核我"者，阴阳合一，为体。"俗我"知，"核我"智，"俗我"为二，"核我"抱一。

为二者，有对立而无统一，矛盾尚未转化。抱一者，"是以圣人抱一为天下式"，守道不离之意。以道为天下立教。有"神性"在，"俗我"就没有被"动物性"完全支配。人之为人，是神抟土所造之物。

因此，"症状"是可以转化的。俗我经过文明阉割和培训教育得来，有习性、有修习、有思想、有形。这个形，又是变化的，从性质上讲也可视作"无形"。神我和核我无形。无形，就无所谓逃遁；无形，又能在生命进程中感觉到；无形，则无处不在。

第五节　心灵与社会

我们需要跳出去看问题，需要研究方法论，从社会现实、从心灵深处着眼。画饼不能充饥，就事论事，走不出心理"术语"的圈子，就一直在纠结中拧巴。

 ## "格"竹"致知"与"磨砖成镜"

我们从拧巴人现象观察，一路走下来，遇见了超我、自我、本我，遇到了真实我、目标我、社会我，又与神我、俗我、核我相遇。我们会发现"拧巴"源自心灵层面。心灵层面的"拧巴"是因为"离道"，分裂也。

如果仅仅从本能自然人来看待"心理问题"，恐怕是不全面的。马克思主义提出人的本质，在其现实性上是一切社会关系的总和，要把人的本质放在一定的社会中来考察。就"拧巴"而"拧巴"，走不出"拧巴"；就心理困惑而把人当成"生物人"，走不出心理阴霾；就心理而心理，陷入"自说自话"。人具有社会属性，通过关系组成，包括生存环境进而社区、国家概念，血缘关系进而伦理规范，职业阶层进而所属阶级。之所以人是社会化的，是因为需要抱团取暖，这来自远古祖先面对大自然的适应与自我保护需要，来自面对野兽、异族的侵扰攻击，以血统与价值观（意识形态）组成的群体，其社会力量尽可能保护单一个体。

当今心理问题多发，也多为现实关系问题触发。触景生情，"景"的现实因素，触发内部的"情"结。不从"景"入，对"情"无从下手。不知水，何以知水性？单纯把人以生物进行精神分析，离道也。何况弗洛伊德晚年对早期的某些观点也进行了扬弃。心理"拧巴"的问题，放到人的社会属性来考量，就完整得多。进了自己编织的笼子出不来的，一般都是不屑"常识"的聪明人。

不仅现代人"拧巴",被尊为"儒学集大成者"的朱熹、被尊为"杰出思想家"的王阳明,就以文解义,把自己"格"进了自己编的篱笆笼子。朱熹读"致知在格物",今天"格"草木,明日"格"昆虫,最后"格"出"存天理灭人欲"的"理学"。王阳明"格"竹子,想发现包含在竹子中的天理,姓钱的友人"格"了一天,病了,王阳明自己去"格",也病了。后来"格"出来主张省内,反对向外部世界探寻认识。现实社会中,他却去无情剿杀"为官府所迫,或是为大户所侵"而逃到深山"坎山耕活"的贫民,在《南赣擒斩功次疏》中向上汇报经过自己亲自指挥的战况:"上犹县白水峒、石路坑二巢,南谈至康县鸡湖一巢险峻,巢内贼属颇多,被兵四面放火进攻,贼无出路,烧死数多,天明看视,止存骸骨,头面烧毁莫辨,以此难取首级。"他从"破心中贼"到"破山中贼",直到壮年病卒于回家路途舟中。一边"省内",一边是"止存骸骨,头面烧毁莫辨"的惨象,如此"拧巴"。

唐开元年间僧人道一在南岳般若寺一旁独搭草庵,整天在庵前的石头上坐禅。怀让禅师点化道:"你整天坐禅不动,不知图个什么?"道一答:"为了成佛。"怀让就地取一块砖头,在庵前石头上磨了起来。开始道一不理睬,时间久了,不禁问:"大师,您这是干什么?""我想把这块砖头磨成镜子。"道一满腹疑虑:"砖头怎么能够磨成镜子呢?"怀让答:"砖头不能成镜,坐禅何以成佛?"拧巴,脱离实际故。

如何探究"心灵"?它并不是可触摸能够示现的实体,只能在相续的实践中感受到。心灵,在荣格语境里,是包含了意识、无意识在内的整体。道家《黄帝阴符经》认为,"心生于物,死于物,机在目",是说意识产生于人类的观测。

意识与无意识的整合，途径就是通过"实践"去连接。"通过实践而发现真理，又通过实践而证实真理和发展真理。从感性认识而能动地发展到理性认识，又从理性认识而能动地指导革命实践，改造主观世界和客观世界。实践、认识、再实践、再认识，这种形式，循环往复以至无穷，而实践和认识之每一循环的内容，都比较地进到了高一级的程度。这就是辩证唯物论的全部认识论，这就是辩证唯物论的知行统一观。"《实践论》之教言才是正道。在"俗我"不断实践的基础上，就有所进步，有所感悟，就能得天地之道。学而不思则罔，思而不学则殆。如果"四体不勤、五谷不分"，囿"知"反智，所"知"成为认识探索自我、探索世界的障碍，成为埋头故纸堆、满口术语的书呆子，"聪明"过头，就会走向反面。

拉长时间，从历史看当下，就会保持距离，有距离就能客观，就不会被自己依据当下五官感受编织出透明的网子把自己套进去。我们活在历史里，我们是历史长河中的一个节点。历史有其规律，但是人生活在历史中，往往以自己最近所看到的东西当作历史的普遍规律。

拉长空间，从当下"一亩三分地"，看到周围，看到普遍联系。格物致知，我理解就是要到社会实践中去，在社会实践当中体验，认识自己、改造自己。由"小学"的所知，再去实践，不断"自我革命"，再去破"知"，由"知识"而"智识"，达到"转识成智"，否定之否定的过程。

毛泽东说："人类的历史，就是一个不断地从必然王国向自由王国发展的历史。这个历史永远不会完结……人类总得不断地总结经验，有所发现，有所发明，有所创造，有所前进。停止的论点，悲观的论点，无所作为和骄傲自满的论点，都是错误的。"纸上得来终觉浅，绝知此事要躬行。不仅去思考,去做放松状态下的涌现,还要回到社会实践中去感悟,三者不可或缺。在这个不断通过社会实践和思考的自我探索过程中,就会得到成长,不断觉悟起来。

"符号化认知"与"直接认知"

上面通过"格物致知"讨论了"方法论",如何工作,涉及认知方式的不同。肯恩·威尔伯认为,道教的解脱学将两种认知的通常形式称为"常规知识"和"自然知识","以通常被命名与定义的形式被认知的宇宙万物的知识"与"以实际的形式(道)被认知的宇宙万物的知识"。换句话说,第一种是符号化的认知模式,第二种是"非常规的知识,(旨在)直接理解人生,而不是通过抽象的、线性主义思维的术语来理解。"对于人类的行为,包括"拧巴",越是受过教育训练的人群,越是习惯使用"符号化认知模式",认为"只有能够将某样东西通过文字,或者一些其他的常规符号体系呈现给自己,才算真正地认知了这样东西",而缺乏"直接认知"的非常规形式。

西方心理学所谓"直接认知",实际是华夏文化流传至今的"取象比类"。我们人类知道的(意识、知识)比不知道的(无意识、未知)永远要少,且少得多,所以说"科学无止境"。而"取象比类"是我们祖先研究自然界规律所普遍运用的一种朴素认知方法,"人法地、地法天、天法道、道法自然",以此直取事物本质。中医药的"取象比类"就是在"物从其类、同形相趋、同气相求"原理指导下进行的,如"皮以治皮,节以治骨,核以治丸",从而使中医认识疾病直指本源而治疗更加精简有效。

作为一个现象（症状），发生"拧巴"问题，仅仅从"本我受到超我自我压制"来解释，是完全没问题的，但是当探索到某种深度的时候，就要从心灵整体性来感受。"符号化"认知，就不如"直接认知"更符合"心灵"。

关于认知产生的知识（智慧），《瑜伽师地论真实义品》认为，"真实义品类差别"有四种：第一层为"世间极成真实"，即以五官感受到的现实世界的认知，第二层为"道理极成真实"，即一般意义上被称为"科学"的内在物质现象和社会现象的，相对于单纯五官感受认识而更本质的规律性认识，上述两类属于带有个人（团体）投射或目的（利益）性的对于客体的认知；第三层为"烦恼障净智所行真实"，第四层为"所知障净智所行真实"，此两者指去除烦恼投射和自以为是的知识投射，得到的本来面目。望文生义，往往发生在用朴素的第一和科学精准的第二层知识，来阅读、评判第三和第四层智慧的著作（事件）。第二层所谓"真理"，成为限制自己进一步开拓无意识进入意识的"天花板"，固守在已有认知里面不能突破，形成"所知障"。比如以现代眼光来读先秦经典，需要摈弃当下时代的烦恼和投射，回归先秦时期的语境、先贤们的"感受方式"及内在智慧。

如何认知并与心灵、精神、灵魂打交道呢？原始人擅长使用"直接认知"，他们没有烦恼障碍的投射和固有成见、利益得失的束缚。在那里精神表示与躯体不同的"存在"，与"灵魂"同一。荣格说："在我对无意识结构的研究中，我不得不对灵魂与心理两者作出概念上的区分，我把心理理解为所有心理过程意识和无意识的整合，而把灵魂理解为一种能被恰当地描述为人格的得到明确界定的功能集丛。"我们可否这样感受，凡有生命者皆有心灵，即万物有灵。除了人、动物，植物的授粉、种子萌芽到成熟，包括四季轮回，这个生死循环的过程，作为生命体自然有内在的心灵。

心灵的整体性，意味着从春天到冬天，从生到死这样整个的循环过程。万物有灵，可涵盖整个世界，所有动物、植物、大自然、天地宇宙，有这样的一个心灵存在。道家语境为"道"，在社会、科学领域求证探寻中，相似于"规律""数"。心灵伴随整个生命过程。

精神，表征是主动，意象为快速、火、风、阳刚、垂直、上升、粉末、干燥、刀锋锋利、阳具、活跃、确定，并作出明确的区别，正所谓"人要有精气神"。灵魂，则相对被动、安静、隐秘，是相对于精神之火的水。至于魂魄，荣格依据中国道家哲学作了分解："魂是阳性的，人死后魂上升成为神。魄是低层次的，是世俗的和肉体的，是阴性的，人死后或下降为鬼，通常被定义为回归的幽灵或者说鬼……但我有十分重要的理由将魂翻译为理性，因为他表达理智和意识的阳性，更为清晰。"灵魂产生的意义是在爱中交流，为了健康的生活，我们需要通过灵魂和精神之间的和谐关系，实现心灵的完整性。

 ## 03 "创伤"与"生乐"

下面稍稍展开，通过"创伤""生乐"，在探索灵魂之痛、心灵整合方向上，来鸟瞰自我探索的路径。

对华夏文化而言，人之初，性本乐。宇宙运转，如光电之启，植物、动物以乐为动力，生生不息。否则，何以解释人和动物的贪生怕死？"莫春者，春服既成，冠者五六人，童子六七人，浴乎沂，风乎舞雩，咏而归。"夫子喟然叹曰："吾与点也。"如此率性，何"拧巴"之有？贪生之"乐"，"俗我"之乐，并无不妥。继续"率性"，而通过社会实践得以觉察参悟，待"朝闻道"即"夕死可矣"，这时便了生了死，视死如归了。无论是"烈火中永生"的烈士，还是涅槃示现的行者，以及心无牵挂驾鹤西去的寻常百姓。无论生者，抑或逝者，以自己的体悟明了生命真相，便如此。

西方文化是建立在掠夺"欲望"基础之上的。亚当·斯密理论假设人就是理性经济人，认为人的本质都是自私的。欲望会向外扩张，占有或毁灭，依从动物本能。故西方心理学过于彰显创伤，屡屡在原生家庭找创伤，在抑制本能中找寻解决方案。

华夏文化是建立在"心愿"基础之上的。我们祖先作为生理个体，当然有欲望和创伤，但也有荣耀与"生乐"。华夏文化注重香火延续和珍惜生活。心愿是一种更广阔、更符合天道、与生俱来的夙愿。在心理咨询和个人成长中，既要面对自己动物性生理本能欲望，同时又要兼顾"天道"所带给自己的心愿。明白自己的心愿是什么，欲望是什么，就能够更好地协调自己，走出"拧巴人"困境。当不带有任何心理流派的视角放松下来，心无旁骛去体察的时候，就会平和很多，而不仅仅是"创伤"。当然，无论创伤，还是生乐，因人而异、因时而异，均具自我探索价值。

之所以荣格在探索人的心灵层面走得更彻底，就是因为他认为道家思想是"他所见过的对于宇宙真理最完美的表述之一"，在东方文明找到了"根"。分析心理学最大的秘密便是中国之道。《金花的秘密》译者在译者前言中说："荣格与弗洛伊德开始有了分歧，最终导致了决裂。决裂后的一段时间是荣格的苦闷期,他甚至怀疑自己的发现是否有意义。正在这时,他收到了卫礼贤翻译的中国经典《太乙金华宗旨》,他在古老的东方智慧中找到了知音,这是他一生的转折点。"

在本章最后,且听《庄子》所述颜回和仲尼的对话。

> 颜回曰:"回之家贫,唯不饮酒不茹荤者数月矣。如此则可以为斋乎?"曰:"是祭祀之斋,非心斋也。"回曰:"敢问心斋。"仲尼曰:"若一志,无听之以耳而听之以心;无听之以心而听之以气。听止于耳,心止于符。气也者,虚而待物者也。唯道集虚。虚者,心斋也。"

孔子认为,不饮酒、不吃荤是祭祀所谓的斋戒,并不是心斋。心斋是专心一志,不仅用耳去听,更要用心听,不仅要用心听,更要用气听。耳朵的功能仅止于听物,心的功能仅止于合物,唯有气,才能虚灵而待物。唯有道,才能聚集虚灵之气。达到虚灵之境,就是心斋了。

通,因透,而自然。"掬水月在手,弄花香满衣","如何不湿衣,直取海底石"。停下脚步,谛听,彻底聆听。暂时离开物理环境,离开固有绊篱,以免惯性情境诱发干扰,来体验全新感受,觉察内心。以第三方位置、第三只眼睛,看"拧巴人",观自己的影影绰绰。不能超脱,必受其困。走出原来循环,觉察过去惯性、习性,好好与心灵、精神、灵魂待一段时间。

"是谓深根固柢,长生久视之道。"老子此"久视",比荣格所言心理治疗更高一层。因根深、本固、须臾不离道,见独守一,同于大道,则能与道同,同者同永恒,此谓久视。

第三章

邂逅无意识：窥见人生脚本

从画树开始：体会 意识 与 无意识

通往地下的建筑：无意识 分层

无意识 的蛛丝马迹

人生脚本：无意识 之作

第一节　从画树开始：体会意识与无意识

我们先从"树"意象的显性与隐性两个视角，讨论西方心理学与中国古代相关理论，对意识、无意识有个直观感受，依次打开探索自我的大门。

01　画树，观树

在心理讲座或沙龙中，我经常让学员根据自己的想象，画一棵树。学员询问怎么画，我答道："没有任何限制，想怎么画就怎么画。用什么颜色，画在哪个地方，完全听从你的手，随意画就好了。"画的是心中的、意象中的树，没有规定和标准。

青春组：某七年级 43 名同学，有 13 名同学画的树，除了树冠、树干，还有树根。六年级的 45 名同学中有 16 名同学，画了树根。

中年组：某机关 38 名工作人员，除 1 名孕妇外，均没有画树根。另一银行 60 名员工，均没有画树根。某茶艺协会 28 人，有 9 人画有树根。

老年组：某老年大学（平均年龄 62 岁）20 名学员，7 名学员有树根。某养老院（平均年龄 85 岁）21 人，全部画有树根。

世界是外界和我们的心相互作用的产物。客观世界，作为客体被"我"作为主体感受到。感受，就带有个人主观性。有两个世界存在，除了我们和其他众人所共同生活和感受到的物质现实世界,同时还存在心理世界。心理世界是自己独有的。如在现实世界中,和别人打交道的时候,你感觉那个人像牡丹花一样漂亮,另外一个人感觉只有梅花才称得起美,同样面对一个人,可能有人感觉她是一朵枯萎的花。这就是心理世界的感受。在放松状态下画的这棵树,就属于个体心理世界,或说是象征"自画像"。

让我们"观"树:树根意味着什么?为什么关注树根?

我们大多数人会"忽略"夜晚的存在,即使夜晚也处于白天的工作状态。我们会重视白天的人、事、物,思考、分析、判断、决定,对夜晚的梦境则熟视无睹。如果把白天比喻为树冠和树干,它是显露可目测的、可触摸到的、现实的。树根是看不到的、隐藏的、暗处的,却是存在的,且树根状况,直接影响树干和树冠。树冠的叶子、花蕾、果实,是树根状况的外显。可以把树根比作夜晚,夜晚休息好,白天就有精神;树根没有病虫害,水分、养分适中,树冠才会茂盛。

青春期,正在独立转化过程中。一会情绪化,一会又试图自我控制。他们从早期的躯体本能、意象表达向逻辑思维过渡。在画树的过程中,是向本能的树根做告别,越来越显性化、意识化。也是分离过程,树根可以理解为母体,他要走出地表来呈现,成为自己。

中年人,意识化程度高,这是保证社会生存发展的基础,工作促使在"白天"投入更多的能量。他们画树呈现的状态,就是粗壮的树干和蓬勃的树冠,但是没有意识到"树根"的存在。他们说:"有树根,没画,树根需要画吗?"竞争行业,如银行,几乎没有时间考虑"夜晚"和"树根",茶艺从业者能停下匆忙的脚步"用心听"。作为孕妇,母亲与胎儿一体,能感受到树根部分,且画得细腻、用心,像是和子宫中的胎儿在对话。

老年人,是另外的风景。他们开始回归,由青春期的分离,到了历经岁月后的"整合",对他们来说,树冠、树干加上树根,才是一棵完整的树。在老年养护院会议室,其中一位抱着婴儿娃娃模具的老人表情呆滞,养护院人员介绍说:"他给这个娃娃起名叫牛郎,只要抱着牛郎,他就安静。"他们开始说"不知道怎么画",后来全都画开了。特点是树冠单薄,有的只画了树杈,但是都有树根。抱婴儿娃娃的老人,在纸上画了一点,养护人员说:"爷爷,你给牛郎画一幅。"他认认真真地画了一棵歪歪扭扭没有树叶的树。他们可能听不懂你讲的是什么,但在绘画过程中可以把内心呈现出来了。看起来痴呆的老人,也画出了"很像样的树"。这些老年人经历了人生漫长的过程,他们对整个生命有更深的感悟。

 西方心理学之见解

弗洛伊德分为三个层次:意识,前意识,潜意识。一种是潜伏的但能转化为意识的潜意识,即前意识;另一种是被压抑且不能用通常的方法使之变成意识的潜意识。他认为,潜意识是人类心理真正的活力之源,有自身内在的驱力,又易于接受生活的影响,在压抑作用下不断向其衍生物转化,而与前意识保持着千丝万缕的联系,相互合作。它持续不断地对前意识施加影响,反过来也能接受前意识的影响。一个潜意识观念,在经过了第一道检查机制的压抑,以变形的方式跻身于前意识层后，还要努力冲破意识与前意识间第二道检查关口的束缚，最终以面目全非的样子出现在意识中。弗洛伊德在界定潜意识概念时认为，潜意识"在动力学上只有一个，就是指被压抑物"，压抑理论是精神分析整体结构得以建立的基石。他认为童年时期的不良体验、记忆，压抑下来构成了个人潜意识。

在荣格看来，所有意识下都是无意识，没有好坏之分。分析心理学的"无意识"概念有别于精神分析的"潜意识"，潜意识是位于我们意识层面之下的一些东西，无意识的概念，不仅包含个人经历中被压抑的部分，还有曾经被意识到而后被压抑（遗忘）的经验或开始时因不够生动不能产生意识印象的经验，不仅有压抑产生的负能量，还有潜能的正能量。无意识从四面八方涌来，与我们相遇。荣格更精确地阐明了这个观点：无意识不只是未知的事物，更是"心灵层面的未知，我们将其定义为我们内在事物的全部，它们一旦浮出意识，便与已知的心灵内容没有任何不同"。无意识包括所有意识外的心灵内容，不论造成它们处于意识外的原因为何，也不论处于此状态的时间有多长。实际上，这是一个浩瀚伟岸的心灵世界。无意识是深层心理学研究的主要领域，也是荣格最有兴趣探索的领域。不过他后来的兴趣则不止于此。

无意识并不仅仅指"树根"。无意识更为广大，包含有两个部分：个人无意识和集体无意识。个人无意识是个人经历的沉积，集体无意识是整个人类的历史沉积，是一个无边无际的精神领域。荣格将其视为"一切潜能的发源地"，一种具有自我生命力的流动状态。它的活动是自发独立的。

对于意识与无意识的关系，荣格认为："意识与意志力越强，潜意识就埋得越深……潜意识无时无刻不试图推翻意识的价值观……具有自主性的潜意识心理内容是非常普遍的经验，这些潜意识心理对意识有着瓦解的作用。""根据我的观点，无意识是一个心理学的分界概念，它包括所有非意识的意义，即在任何可知觉的方式上与自我不相关的心理内容或心理过程。"

03　志隐、神藏、神蛰与无意识

对华夏圣贤来说，意识是什么？无意识是什么？在古代使用的"志隐（明王夫之）、神藏（南宋毛晃'寐，昧也，目闭神藏'）、神蛰（南宋朱熹'阴用事，阴主静，故魂定神蛰而为寐'）"诸多词语中，便可探寻到古人对"无意识"状态的表述，加上"形闭""无接""缘旧"等在释梦中阐述的概念，大大超出了弗洛伊德潜意识概念的范围，既看到"主"与"藏"两种精神状态的区别，又看到二者的联系与转化。

《黄帝内经》所言"心者，生之本，神之变也"，"得神者昌，失神者亡"。此心，非肉团心，实指"意识心"，其中的"神明""精神之所舍""神之变"，指人体的神志活动。古人认为，"心神"主宰全身，指挥身体各个部位，说明了"神"的重要性。《黄帝内经》所阐述的"心理学名词"，可跟西方心理学名词对应，如"生之来谓之精；两精相搏谓之神；随神往来者谓之魂；并精而出入者谓之魄；所以任物者谓之心；心有所忆谓之意；意之所存谓之志；因志而存变谓之思；因思而远慕谓之虑；因虑而处物谓之智"。诸如"怵惕思虑者，则伤神，神伤则恐惧流淫而不止。因哀悲动中者，竭绝而失生。喜乐者，神惮散而不藏。愁忧者，气闭塞而不行。盛怒者,迷惑而不治。恐惧者,神荡而不收"等。

老子提出"观""明""玄览"。"观"就是直观或直接观察,与现代心理学感知、观察相当。这个"观"就是没有主观意识参与的客观之观,与现代心理学术语"镜映"相当。"明"就是明照和"明白四达",以求了解事物的本质,"明"的过程与现代心理学的思维过程相当。"玄览"就是深观远照,就纷纭对立现象,进行总体统观以探求整体,表示由浅入深、由偏到全的过程。以物观物,知常曰明,一以贯之而至知大道。

管子《心术上》曰:"心之在体,君之位也;九窍之有职,官之分也。心处其道。九窍循理;嗜欲充益,目不见色,耳不闻声……世人之所职(志)者,精也,去欲则宜,寡则精也。"这是说在认识过程中,"心"处于最关键的地位,耳目等九窍各司其职。心,即现代心理学"意识","九窍"躯体本能部分,心(意识)如果不参与(主导)视听的活动,视听器官就自行其是了。"欲"与现代心理学被压抑的"力比多"类似,无意识因意识未处其道而开小差了,意识开小差,掉"魂"也。说的是心思纯一,心情才能平静专一,实质讲心与九窍(欲)的关系,意识与无意识的关系。

墨家提出情感的动力功能问题。《经上》"为,穷知而于欲也","穷"于"知"而受"欲"的宰制,就会出现失德的"为",即"不道德行为"。"欲"是指人的"本能欲望"。这段论述与弗洛伊德力比多理论类似。古代关于本能和意识关系的成语,如"张协本意无心娶你,在穷途身自不由己","步月如有意,情来不自禁"。

某天,老子、弗洛伊德、荣格三个人相遇,同时看到一棵树。

弗洛伊德:"我看到了压抑的部分——这棵树早年的创伤。"

荣格:"我看到了这棵树的根,以及根所连接的大地;看到了这棵树内在的情结,以及所有树木共有的集体无意识以及树的神话及其原型。"

老子:"树可树,非常树。合抱之木,生于毫末。我看到树及相关的大地、天空,看到了水、太阳、宇宙及一切普遍联系。道生之,德蓄之。"

 04　无意识的特点

教科书将无意识列为五个特点:相互不矛盾性、贯注的活动性、无时间性、以心理现实替代外界现实性(即主观性)、非词语性。我理解如下:

一者模糊性。"惟恍惟惚。惚兮恍兮,其中有象;恍兮惚兮,其中有物。窈兮冥兮,其中有精;其精甚真,其中有信。"

二者无限性。"绵绵若存,用之不勤。"微妙,却无处不在,连绵不绝;若存,却视之不见,听之不闻,搏之不得;又生生不息。

三者并存性。我们谛听无意识的时候会发现,这些浮光掠影般的意象流,共存并列,即便在两种看起来目的各不相同的欲望冲动同时被激活,也不会相互冲突或势不两立,而是结合在一起,达成居间或妥协。

四者贯注性。"千言万语都在酒里",依靠嘴巴说不清楚需要通过酒来表达。"千言万语涌上心头",却一句也说不出来。在无意识系统中,贯注的强度变幻不定,一种观念连同其全部贯注配额转让给另一个,还通过"凝缩"过程,把属于多个观念的全部贯注集于一身。

五者无序性。忽东忽西,古今粘合。无意识系统的进程不按时间顺序进行,也不因时间推移而改变。欲望不会因时间改变而改变。旧情复燃,真情未变。此即无意识的无时间性。

六者非现实性。很少顾及现实,遵循快乐原则。对于文身者来说,"与其自残,不如文身",对在胳膊上划痕的青春期同学来说,"与其内心苦痛,不如胳膊划痕出血更具快感"。

七者天然的良知。荣格自传中讲道:"行医期间,我总是被人类心灵的无意识所犯罪行的回应方式深深触动,毕竟那位年轻妇女最初并未意识到自己亲手杀害了自己的孩子,然而她却变得仿佛在表达强烈犯罪意思似的。"无意识存有天然的良知。"观天之道,执天之行",古人不用讲理,因为古人相信"天惩",认为不管什么事都是天定的才算数,无意识不讲理,因为理本来就在那里。

八者破坏性。"无意识冲动具有一种显著的特性,当由于意识认识的缺失,而导致能量被剥夺时,就会呈现出一种破坏性特征……此时此刻,无意识冲动成了一种阻碍,在每一方面都与意识态度相对,即真正的存在导致了公开的冲突。"荣格如是说。

九者非词语性。无意识,往往以意象呈现。对于婴幼儿来说,他听不懂"不",妈妈说"不要把茶杯弄掉",他就认为"弄掉"。无意识无法识别"不"。在某学校的宿舍里有标语:"拼搏不怕吃苦,若不毁灭前途。再苦再累不掉队,再难再险不放弃。"无意识会感受为"吃苦""毁灭前途""掉队""放弃"。

05 进入树的意象

在对意识和无意识做了初步讨论后,再回到"树"。树的画作,可表达三个方面：一是画者无意识感到的自我形象，二是表达了画者个人与环境的关系，三是具有画者本人生命意义的象征。

从画树冠、树干、树根的次序看，如果先画地线再画树，表明有可能依懒性强，希望得到保证；先画树冠，可能内心不安。观察画作的主题，是以固定的树为主，还是以落叶、树枯、新芽为主。树干，指生命力、冲动等内在素质。树皮，指与外界或他人接触的部分。树干的伤痕、污点、洞穴与创伤有关。树枝，象征着在与他人的交际中，实现目标的力量、可能性与适应性。树根，表示与现实的关系，对自己支配现实能力的认识。

第二章提到的小丰，在抑郁症状明显改善恢复上学前，在沙盘沙子上"划"了一幅画：梧桐树枝繁叶茂，树根扎得很深。小丰说："这是小时候在院子门外乘凉的一棵树，很多人在这棵树下聊天。"这棵树无意识里有"人际交往"的用途。"春末开紫色繁花，甜丝丝的香味传到街头巷尾，秋天树头的小铃铛叮叮当当响。梧桐成长快，树枝烧火做饭，树干做家具，有幸遇到大师，可做古琴。更有幸的话，凤凰来仪。"在之前，小丰在意象中是没有树的，只有冰天雪地，后来一次做梦，梦到坐在树枝，摇摇欲坠，落到无底洞，被吓醒了。而这次的"梧桐树"，正是当下状态的写照。

如果把树比喻为人，以此连接天地（顶天立地）、连接意识与无意识是贴切的，也具有了疗愈价值。在自我探索的旅途中，我们从画树开始，找属于自己的那棵树。在咨询实践中，我经常使用"树"的意象。

如"栽树意象"，用于早年缺乏安全感、缺乏内在生命力的来访者。受伤于胎儿期间，根就在母胎里，重新从子宫里找到安全感，通过胎儿与子宫的触碰,增强安全边界。栽种这棵小树,意味着从母婴一体到分离、独立。

如"感受大树意象",用于紧张、焦虑、烦躁状态。对于考试焦虑紧张的同学有助于放松,增强稳定感,减轻压力。包括与大树合二为一、感受大树的光合作用、从树叶的光向下流到树根、树根水分养分向上流到树叶的上下通畅感和大树的稳定感、力量感。

如"找树意象",用于对创伤的疗愈。在女性情感创伤和银行营销人员培训团体中使用过,也适用于一般团体沙龙。在一对一咨询过程中,会涉及更深的创伤,需要根据来访者情况把握尺度。这是一个相互陪伴的过程,包括大树周边环境的支持系统。内容是找到属于自己的那棵树,之前可能忽略过它,它孤独受过伤,在意象中去与之对话。

如"落叶与发芽意象",用于经过一个阶段心理成长,与过去告别,开启新的生活。在对情感创伤康复、抑郁疗愈,以及青春期从小学到初中、高中阶段的顺利过渡,有较好的效果,也曾在某国有银行新员工培训中使用过。

第二节　通往地下的建筑:无意识分层

荣格超越弗洛伊德的一个重要方面,就是发现了个人潜意识以外的世界。看看我们会遇到哪些不曾谋面的无意识? 首先从荣格的一个梦谈起。

01　荣格的梦

我在一座我不认识的房子里，房子有两层高。它是"我家的房子"，我发现自己身处二楼，那是一间讲究的客厅，当时有洛可可的风格。精致的陈年木材，墙上挂着一些珍贵的古画。我奇怪，这竟是我的家。不过心想"这倒不错"。然后我突然想起，我还不知道一楼是什么样子呢，于是我走下楼梯，来到一楼，这里的一切东西更为古老。我意识到，很可能建于 15 世纪或 16 世纪，室内陈设皆是中世纪的风格，地上铺着红砖。整座房子相当阴暗，我从一个房间走到另一个房间。心里想："那我可得探究一下这整座房子。"我来到一扇厚重的门前，用力推开它。在门后边，我发现了一道通向地下室的石砌楼梯。我便走下去，来到一个有着美丽拱顶的、看起来极其古老的房间里。环顾四壁，我发现在普通的石块之间，砌有一层层的砖块，用于黏合的罗马砂浆里，满是砖块碎片。我一看便知，这些墙壁，可以上溯到罗马时代。于是我兴趣盎然，更加仔细地观察起地板。地板由石板铺就，我在一块石板上发现了一个拉环，拉动这个环，石板应声而起。下面又是一道逼仄的石砌楼梯，通往更深处。我再度顺着石阶走下去，进入了一个在岩石中凿出的低矮洞穴。地上覆盖着厚厚的一层灰尘，灰尘中散布着零星的骨骼和陶瓷碎片，就像是某种原始文明的遗物。我还发现了两个人类的头骨，显然年代久远，几乎一触即碎。这时我从梦中醒来。

荣格的梦
1909

辽远的相遇：自我探索之旅

这是荣格在 1909 年的梦，当时他刚刚与弗洛伊德分道扬镳，对其来说是一个转折年份。此后他发现了"地下室、洞穴"，"一目了然，房子所表现的是心灵的一种意象。也就是说，代表了我当下的意识状态，以及迄今为止的无意识附加物……我的梦把答案告诉了我，它明确指出心灵的根基是文化史，那环环相扣的意识，我的梦勾勒了一幅人类心灵的结构图表"。这个梦暗示着意识所经过的时代和阶段。

二楼客厅：代表着意识，尽管它样式陈旧，却有着人居住的气息。

第一层楼：从二楼到这里是走的楼梯，象征无意识的第一个层次。"更为古老""中世纪风格""显得陈旧"，很多房间。

地下室：推开厚重的门，在"门后面"，沿"石砌楼梯"，发现"罗马时代"的古老房间，象征无意识的更深层次。

低矮洞穴：通过"拉环"，"逼仄"的"石砌楼梯"，"岩石中凿出的低矮洞穴"，"我向下走的越深，景象变得越是陌生和阴暗。在洞穴中，我发现的是原始文明的遗骸，那是我体内的原始人的世界，这个世界几乎不曾被意识或抵达或启发。人类的原始心灵与动物的心灵生活很是接近，正如史前时期的洞穴一样，在被人类占有之前，常常是野兽的栖居之所"。

02　无意识分层

人的心理，由意识和无意识构成。意识只占很小的一部分。无意识对意识有很大的影响。在无意识中，由个人无意识和集体无意识构成。与个人无意识和集体无意识相关的概念是"情结"和"原型"。"只有通过能够意识到的内容,才能认识心理的存在。因而我们可以言说的潜意识,也只能是局限在其能够显现内容的范围之内,个体潜意识主要是由具有情感基调的情结构成,它们构成了心灵生活个体和私人的一面。心灵另一面,集体无意识的内容则是原型。"

03　第一层:个人无意识

　　我受邀为某跆拳道同学讲授心理课。跑操休息时,他们东倒西歪瘫在操场。突然教练表情严肃地大声喊道:"这帮兔崽子,偷什么懒! 滚起来,跑! "反应最快的本能地爬起来就跑,次一点的跟上跑,还有几个慢腾腾地起来跟在后面跑。还有一个在哭:"我没有偷懒,呜呜呜教练骂我。"另一个则跟教练较劲:"你什么态度,我妈花钱送我来,是让我受罪呀? 我歇一会怎么啦? "同样的教练,学员不同反应。人的情绪直接受个人无意识影响。个人无意识是母胎受孕以来除意识分辨之外所发生的全部经历(包括幻想),它是一个巨大的储存器,其中创伤经历是引起心理问题的重要部分。对于人类共同普遍意义上的如分娩的天然"创伤"引起的自卑,以及母婴一体时"无所不能感"带来的优越,我们看作是集体无意识。

　　个人无意识跟个人经历有关。换了物理老师后,被称作学霸的某男生成绩急剧下降,出现抑郁症状被迫休学。我在为他做自由联想时发现"物理老师"与"某一黑影"有连接的画面。在同家长反馈时证实了我的直觉,母亲在怀孕时,曾经被一男子恐吓,该男子的身高、气质、表情,均与"物理老师"有相似之处。这位男生是在高考压力这个"刺激媒"唤醒下，来自母亲怀胎时经历过的无意识"复活"了。还有一位尖子生，高三开学就"躺平"。男生记起最早时的一个片段，妈妈带自己旅游，站在最高处山峰失足掉在一个隙缝里，他经常做类似恐惧的梦。其母对此一无所知，当我向她谈起此事，说"有这事，我都忘了，那又怎么了，难道小时候的失足，能成为现在躺平的理由？"当下的"尖子生"与早年"站在最高峰"何其相似，紧张的高三生活唤醒了过往的恐惧感受。个人无意识来自于"记忆画面"，并不一定真实发生。某女士坚称自己"在三年级的时候被那些女同学关在教室里一整夜"，其母和老师均说没有。这来自早年被校园欺凌时所产生的"幻觉"而"执幻为真"。虽是"幻觉"，但对于无意识来说，创伤等同甚至更烈。有些家长听了一些心理讲座，说孩子的问题都是父母的问题，那为什么我的孪生儿子，一个抑郁一个正常，他们可是生活在同样的家庭呀！我的回答是，不是所有的危险都会成为创伤，问题是发生后有没有被看到、安抚到，这首先来自于个人无意识，来自心智化程度，来自个人对于某件事情的不同"信念"。不能一概而论。

上面所谈个案多是创伤性的。其实"创伤"只占"储存器"的一小部分，还有无尽的宝藏。我们意识记住的东西是有限的，如同我们的眼睛像探照灯，照亮一个地方的同时，会把之前照过的地方留在黑暗中一样。虽意识遗忘了，但被遗忘的事物并没有消失，它们被置于潜在状态中，留存在记忆阈限之外。遗忘事情司空见惯，然而无意识注意到了它们，这种潜在的感官知觉在日常生活中占据着重要地位，在意识范围之外，依然在影响着我们待人接物的方式。如第一次来到一间教室有40人，我注意到有一个大声说话、穿蓝色上衣的男生，我的"意识"记住了他，其他的人及其场景就留在个人无意识"储存器"了。过了好多年，路遇一人，个人无意识使我"觉得他很面熟"，可总记不起来在哪里见过。

04 第二层：文化无意识

　　文化无意识概念最早由荣格的学生汉德森1962年提出，以此增补个人无意识和集体无意识之间的环节。人不仅仅由遗传决定，也不仅仅由个人生活决定，而是由各方面的因素决定。作为人类集体中的一员，生活在一个个具体的文化之中，在耳渲目染的文化中受到浸染，由此看出文化无意识是如何影响每一个具体的人的文化构成。文化无意识小于集体无意识，是大的或某类集体潜移默化的内容，它在集体和个人无意识中间区域，文化无意识是部分人所具有的。文化无意识能被感知，有个人环境的色彩，有相互交叉影响。每个国家(集团)和人民都有自己的意识形态、自己的历史、自己的生活方式，有这个国家独有的传说、歌谣、食物，所有这一切都组成了这个国家独特的文化，在这样的文化中，有我们不愿意看到的部分就会进入文化无意识当中。以下四个方面，是我对于文化无意识的扩充理解。

　　(1)家族无意识。狭义仅包括某区域内或家族近几代的家族家风传承，暗含着生存密码。通过血缘，祖先传承到"我"，秉承了祖先能够把生命传承至今的所有密码。祖先好像在冥冥之中保护引领着自己。这一密码就是作为人生脚本的传承，是人生脚本的最底色，包括家族的、祖先的、种族的、人类集体的生存密码。品行、性格，甚至职业无不受其影响。如明代文学家公鼐（山东蒙阴人），从高祖公勉仁开始，代代蝉联进士，到公鼐一代，"五世进士、父子翰林"，为明代著名进士家族。他们或文治，或武功，多有建树，一时彪炳海内。家族兴衰因素对后代的影响，可称作"代际传承"。这些都受家族无意识影响。

（2）种族无意识。"组成种族心理的主要是无意识的因素，这些因素在这个种族的每个人当中都是相同的，而他们的区别主要在于有意识的因素，那是教育的结果，尤其是不同遗传的结果。"游牧与农耕、西方和东方文化不一样。农耕文明遵循大自然规律，春种秋收，仰观天象，俯察地理，天、地、人三才相生相长，人们长久居住在这里，对自然环境、社会秉承负责任态度。游牧民族居无定所，便有了到哪都是家的无意识。可见种族文化无意识与生活方式有关，这些也塑造了民族的性格。中华民族是由家庭放大组成的大号家庭，互称同胞，有共同的祖先，都是一家人，每一寸国土都是先人用鲜血换来的。在以民族为单位的生存竞争中，残酷的生存要求我们每一个人都参与到集体生存、繁衍、自卫和集体尊严与荣誉之中。这就构成了中国人的文化无意识，这是融入血液里的本能。

（3）地域、时空无意识。一方水土养一方人，小到农村村庄的村东村西，大到省际之间、南方北方之间，三里不同俗，十里改规矩，说的就是地域无意识。我考察过鲁中地区某村庄，该村中间有一条河，河西岸村民淳朴，农耕谋生；河东岸村民精明彪悍，采购、加工、销售一条龙羊皮专业村，多出商人。战国时该村西岸属鲁国，东岸属齐国，现虽同为一行政村，鸡犬相闻，但文化差异很大，婚丧风俗也不甚相同。地域的山势水向也造成文化无意识差异。鲁中南的蒙山山脉，山阳之地，人精明灵活讲实惠;山阴之地,人本分固执讲死理。山区人诚实、重交情;平原人包容、眼界开阔。行政区域也造成文化无意识差异,江苏东海县与山东郯城县山水相连,但口音、风俗有明显差异。某地历史上是匪患之地,抗战时期此地多出土匪,如今多出黑社会。城乡之间、地域之间的鄙视链现象,也来自文化无意识。如南方某省各城市之间的鄙视链现象就很严重。无意识本来就是超时空的,但是文化本身有空间线、时间线。清代"万马齐喑究可哀",新中国"六亿神州尽舜尧"。文化无意识有延续也有变化,同样一个村落不同时代也不一样。过去"不孝有三,无后为大",没有后代被贬为"绝户",当下"丁克族享受生活";过去贬称"光棍子",现称呼"单身";"同性恋"以前被贬为"二椅子";过去被骂"杂种",现被尊崇为"混血儿"。

(4)阶层、职业无意识。不同阶级、阶层,所处社会地位不同,立场自然不同。立场即是本能的无意识站队。庞勒在《乌合之众》中认为,"组成阶级的人是出于某种利益,某种十分相像的生活和教育习惯,如说资产阶级、农民阶级等。现实利益把人分为不同的阶层是社会事实,不同阶层之间的无意识不能有效连接,便造成隔阂和矛盾,所谓草根更容易理解草根,站在草根利益既是如此。"职业无意识更加明显。长期的职业行为,成为一种惯性,惯性乃无意识使然。如在银行,前台营销岗位和后台审查部门的性格、脾气都不一样,使本来的性格、脾气适应了职业岗位。企业文化体现了整个企业长期浸润出来的文化无意识。人以类聚,物以群分;近朱者赤,近墨者黑。在什么环境下,就形成什么文化,符合入乡随俗的文化无意识,才具备生存之道。

文化无意识的塑造

审美：非理性感觉。近年我做青春期咨询发现，胖的女生容易成为校园欺凌的对象。这除了青春期"以另类显示特立独行而实现青春期分离"的无意识外，还受到时代大众的审美影响。非理性的感觉，与年代环境息息相关。唐代以胖为美，如今以瘦为美。我接待的青少年来访者中，因节食造成厌食症者呈逐年增加趋势。有些是因胖成为校园欺凌对象而为此节食减肥试图改变的个体因素，但文化层面审美影响的共性因素更普遍。审美文化无意识，潜移默化影响人的心理。时尚流行，并没有意识和理性。"审美"有时被"商家"为了利益设计塑造得以流行，"受众"得以被无意识引导而跟随，从开始到结局，都被无意识所"淹没"。

宗教：超越性价值。人无信不立。这个信仰是广义的，无论宗教，还是祖宗、天地，还是所谓"科学"。这里是指被某种投射"意象"而"信"所产生和裹挟的情绪，以某类人群的"参与驱动"组成"信"的团体。如某团体成员之间的心照不宣，是建立在相互默认共同价值观的"共信"基础之上的。"信"乃前提。如烧香文化，就是相信"香"的信史、供奉功能。烧香成为宗教意义上人和被供养（祭奠）之间的对话方式。祭祀文化无意识，其祭祀通天的原理是至诚，故能通神，为表崇敬和虔诚就要斋戒、沐浴、焚香，由此渐成无意识，没有原因，就这样做。

逻辑：概念化。意识总是有限的，以自己经历、立场所投射的"逻辑"，会不断指导影响你看待这个世界，惯性地"我对你错""非黑即白"。

由此形成的文化无意识,陷入看似理性实则非理性的循环中。病理性自恋的逻辑是"不支持我就是敌人"。文化逻辑的不同导致争端,如"中医,不做 CT 摸经络,有实验数据吗?""西医,没有机器就不会看病,先投毒再卖药再开刀。"概念使文化无意识具有价值属性。这是个体无意识在某种情境下的无意识呈现,一种类似于乡规民约,后代人潜移默化为文化无意识,如"你当汉奸就得开除你的祖籍,没什么可说的"。一切都被社会权威所规定,成为约定俗成的常识和被广泛接受的经验,继而驱动着我们的无意识行为。再一种就是"商家"利用个体的从众心理,将"逻辑"包装成潮流加以推广。如商家推销某婴儿饮料,包装某"专家"为"权威",发布"数据",以直观的数据(对其数据背后因素刻意掩盖)予以论证发布,就会起到"无意识洗脑"作用,给婴儿服用该饮料成为时尚主流。

社会:关系的惯性。文化无意识是建立在社会化人际关系之中的,关系是在相应情境中的互动,这种互动是在本能与理智交互作用中形成的,进而习以为常,形成自然状态。不同行业、不同阶层的人群,有不同的文化无意识。中国文化与西方相比,自古以来我们生活在高度集体主义的社会,集体意愿高于个人利益,即使在信息时代,也深受华夏文化浸染的文化无意识依然在内心深处。联系到心理咨询"测评量表",完全套用西方标准诊断中国人,会得出"心理障碍"结论,如祖父母看孙子、留学生春节回国看望长辈,按照西方标准就可能定义为"人格不完整""未分离"。

民俗:文化活化石。民俗作为文化无意识的载体,以耳闻、目睹、身入和全体参与的仪式,以象征性的行为艺术方式,向天地表达、呈现,实现此时此地人与天地的对接,即在文化无意识层面,向集体无意识、宇宙无意识对接,达成天人合一的意象。如过年放鞭炮;清明节上坟、打秋千、吃鸡蛋;中秋节吃月饼、赏月;长辈亡故要祭奠、圆坟等。只要按风俗去做,无论是否知道风俗的本初内涵都没关系,相信都会得到老天和祖先保佑。如只要过年了,就在这民俗文化里面了。

叙事:脉络延续。古代有专门记录皇帝言行的"官","盖史之建官,其来尚矣。昔轩辕氏受命,仓颉、沮诵实居其职。至于三代,其数渐繁"。这是汉民族"信史"文化无意识。社会所发生于时间空间的经历,最终以故事的形式呈现。故者,"十"人用"口"说话,"文"勘误、编辑为也;事也,打猎也,泛指事情。第一,需要故事来体现"我"的存在,人的本能需要故事来稳定自我,因为在里面找到自己的投射,表达自己的爱憎,使自己置于道德品评高位。第二,故事需要编织,即叙事。如果自己也是这故事中的个体之一,就会"相信"自己的编织而口口相传。故事本无真伪,在于叙事风格和取向。某地山林砍伐、地下文物遭抢,本发生在20世纪八十年代初期,却被志书写在发生在20世纪六十年代。村民为当时短视哄抢集体财产而惭愧,亦回避真相而口口相传说发生在某个时代,这样的叙事,在当事人那里就无意识地"信以为真"自我免责了。第三,认可。"十人成虎",除非较真者回到"当时语境"做甄别,基本被未经历者"想当然"认同。第四,成为文化无意识,默认这件事情。叙事的故事,不一定是真实的,但是深层流动的无意识是真实的。野史、戏曲影视等文艺作品最为典型。"历史像个'千依百顺的女孩子',是可以随便装扮涂抹的。"

文化无意识的形成条件是被催眠,被渲染,进而植入的。有些无意识可以被人为植入,如广告,如"叙事"方式。从某种程度上说,人是被文化无意识塑造的。但文化价值观最终受到集体无意识的制约。纵观人类历史,贫富悬殊扩大,两极分化加剧,往往导致政权灭亡。新政权开始休养生息,还权于民,随之又开始盘剥,新革命的原因,还是因为两极分化加剧。而革命,则是对于压迫盘剥所爆发出的本能,是集体无意识原型的力量。可惜历史不能假设和重来,可惜历史总是任由人来解释,甚至被错误解释。正因此最终不得不靠历史周期律来纠正错误的"叙事"。"天之道,其犹张弓与?高者抑之,下者举之;有余者损之,不足者补之",最终靠天道来"补偿"。"人世难逢开口笑,上疆场彼此弯弓月。流遍了,郊原血。"往往是来自潜意识里本能对压抑(剥削压迫)的反抗。本能行使了"天道"作用,它对于周而复始的谎言"叙事",是一种天敌。"歌未竟,东方白。"

06 第三层:集体无意识

"我最大的发现之一,是发现了人们的心理有多大的不同。尽管我们有我们的个人意识,这种集体的心理相同却不容置疑地作为集体无意识而继续存在——就像那负载着自我之舟的大海一样……个人意识置身于阴险的无意识海洋的包围中。我们的意识表面上显得稳定可靠,实际上却十分脆弱并建立在极不安全的基础上。往往一种强烈的情绪就足以把理智的平衡推翻。"这是源自《荣格全集第10卷:过渡时期的文明》中关于集体无意识的一段话。荣格认为:"有一个先验的集体,存在于个体心灵的背后。一开始我把集体看成是初期的机能模式遗留下来的印迹,后来随着经验的积累,亦有更加可靠的知识作为支撑,我才发现所谓集体其实是本能的表现形式,即原型。""个体无意识主要由那些曾经被意识到但又因遗忘或压抑而从意识中消失的内容所构成的,而集体无意识的内容却从不在意识中,因此从来不曾为单个人所独有,它的存在毫无例外地要经过遗传。个体无意识的绝大部分由'情结'所组成,而集体无意识主要由'原型'所组成。"简言之,集体无意识是人类共有、共通的,是人类漫长的积累,是跨文化的,几百万年进化的积累。其包括本能和原型两个层面。本能主要是行为模式,是行为的推动力;原型是领会和构筑经验的方式。

集体无意识跨文化。如对于黑暗的恐惧是普遍意义上的,不怕黑是后天的训练。对于原始人来说,黑暗意味着无从掌控的危险。此先天的恐惧经由遗传带来。再如相对于两条腿、四条腿的动物,人们更害怕没有腿或多于四条腿的动物,对蛇、蜈蚣、蚰蜒、百足虫等令人毛骨悚然的动物。如对蛇的恐惧,从心理分析来说,蛇是一种原型意象,它直接与人的惊愕、恐惧、焦虑等原始情绪相连。其原因来自人类早期的共有体验:先人在洞穴中生存,他们能够发现和躲避目光所及的两条腿和四条腿的动物,没有腿的蛇和多于四条腿的蚰蜒等不易发现,易遭暗袭。这样的经历以画面记忆、躯体感受的形式,存储在祖先的无意识中。为了种族延续,蛇类这种代表危险的意象就在人类无意识里留存下来,残存在集体记忆中,成为集体无意识。即使从来没有见过蛇的孩子,但当见到蛇或类似蛇形状的物体时,哪怕一只蠕动的虫子,都会引发内在储存的这些来自远古的记忆,引发面对危险的各种情绪体验和行为反应。上述举例,只是从普遍意义上讲,当然有例外。

早期人类的归属感,是因为居住于洞穴等天然遮身处,无论外出狩猎,还是近处采集果蔬,晚饭前都要回来。人死了,埋在土里,回到大地。现代人"好男儿志在四方",无论多么壮怀激烈,在遇到挫折或节日,特别是到了老年,便有"独在异乡为异客"的"漂泊感"。"青山处处埋忠骨,何须马革裹尸还",是因"男儿立志出乡关,学不成名誓不还"。虽"处处埋忠骨",内心深处"魂归故里"。于佑任老先生在《国殇》中说:"葬我于高山之上兮,望我故乡!故乡不可见兮,永不能忘!葬我于高山之上兮,望我大陆!大陆不可见兮,惟有痛哭!"从婚姻关系看归属感。男性对配偶精神上拥有蓝颜知己的容忍度,要远远高于配偶的婚外性行为。早期男人外出狩猎,配偶有了孩子,无法辨别是否为自己"种子",只能以"确保配偶身体不出轨"增强自己的安全感。女性对于孩子是自己生的确信无疑,她的关注点在"男人要爱这个家",捕获了猎物要回家,便更加注重"确保男人情感不出轨",相对于丈夫嫖娼的妓女和情人,更不接受后者。

集体无意识是巨大的宝藏,当臣服于它,就给你以馈赠。精神分裂症画家梵高,就是意识下降了、隐没了,与集体无意识接通了,但这是危险的。其名作《加歇特医生》,除了眼神忧郁,最明显的就是本来凸起的头部凹下去了,象征性表达了在自杀之前意识很弱的状态。荣格有两个获得诺贝尔奖的病人,其中一位是1946年诺贝尔文学奖得主的黑塞,他经历过300余小时的心理分析。小说《德米安》除了黑塞的个人磨难和心理治疗体验,便是由集体无意识或原型所触发的创作。在放松状态下,获得集体无意识"馈赠",这样的案例俯拾即是,如缝纫机被发明、苯分子结构被发现等,均可视为集体无意识在某个人身上的

"露面"。我们每个人都有"灵"机一动、眉头一皱"计"上心来、百思不得其解而梦中开"窍"等诸多体验。对于集体无意识，百姓日用而不知，"君子之道鲜矣"。

 07 第四层：宇宙无意识

荣格未提此概念，搜索文献，当代多人提出"宇宙无意识"。顾明栋曾作《宇宙无意识的瞬间回归——禅宗及禅悟的本质新解》讲座，提出禅悟是主体在出生前的身心状态，当胎儿在母体中感知世界的时候，并没有通常所说的"意识"，其感知世界的心理活动是一种最原始的无意识，但这种原初的无意识却是宇宙性的，其心理状态就是庄子所说的"天地与我并生，而万物与我为一"。这种物我为一的出生前感知堪称"宇宙无意识"。禅悟的本质就是宇宙无意识在特殊情况下的瞬间回归，在那一瞬间意识和无意识均完全消失，大脑短暂地恢复到出生前的心灵境界。日本铃木大拙亦提出"宇宙无意识"，认为它是一切事物的根源，不仅包括日常经验的感觉领域，而且包括过去、现在、未来的一切实体，充满宇宙十方。

《道德经》曰："人法地，地法天，天法道，道法自然。"因"宇宙无意识"，故老子提出"希言自然"，希者，听之不闻；自然者，万物因任天运而自化。自然者，非今人"自然界"，而是"自己本来的样子"，即宇宙无意识。

上面我们分别从四个层面进行了讨论。在心理分析师指导下，可以对自我进行深入探索，在意识层面做一个初步的整合。

我们可以先和自己的个人无意识、家族无意识对话,通过一些不易觉察的蛛丝马迹,看到自己隐藏的无意识,与之对话。同时也可以邀请自己的家人、自己家人的无意识跟自己对话。家人无意识,可以通过"具身"感受觉察,自己的无意识与家人无意识对话。

在此基础上,我们可以与文化无意识交流。我们可通过自身随众参与的习俗民俗,以及职业阶层、地域时代的文化无意识,也包含种族神话传说和道儒法家等代表性人物,自己的意识、个人无意识分别与其对话交流。

集体无意识,涉及整个人类的共同潜意识,先和与自己关联较深的面具原型、阴影原型、母亲原型、自性原型、英雄原型等交流对话。

在此基础上,我们可以进行宇宙无意识的探索。《道德经》《易经》及以先秦诸子百家为代表的民族文化典籍都有相关的深入论述,这需要进入先哲语境去感受,与大自然对话。

第三节　无意识的蛛丝马迹

无意识在哪里?就在生活里,就是生活事件。一见钟情,就是无意识内容的呈现,不是看不见摸不着,而是被它所支配,但却不理解它。在第一章讨论过"让思绪自然涌现",从而发现无意识。

在这一节里,我们搜寻日常生活的场景,这些看似"习以为常"的"无意识",有些来自个人无意识表层,有些是深层的个人无意识,有些是文化无意识层面,有些是更深层的集体无意识层面。

 ## 从他人那里发现无意识

"他人"就是"我"的无意识。法国精神分析学家拉康说:"主体的无意识就是他者的话语。"他认为,婴儿从开始学会照镜子起,母子之间就逐步开始异化、分裂与整合,并由此形成父、母、子三元组的三角关系。别人引发我的情绪,别人就是无意识。更彻底的观察,在佛教看来,整个世界山川大地都是人的阿赖耶识贯注、投射出来的,都是无意识的呈现。我们可以在自己喜欢、讨厌的人那里,想见的人、不愿见的人那里,想听的话、不想听的话那里,发现自己的无意识。

 ## 从日常行为、生活事件发现无意识

(1)消费。平时所说的非理性消费,即无意识作祟。如前文举例"婴儿饮料"的无意识。且停下来,看看在哪个时段、哪个方面易出现非理性消费? 消费的什么? 其中无意识的蛛丝马迹是什么?

日常话语中的潜台词。"医生你把我的病看好了,我一定好好报答你。"潜台词是自己作为老板把赏赐给予员工(医生);拿自己的病和医生摆擂台赛,无意识里我的病别人治不了,"看,没治好吧,嘿,我又赢了"。

(2)醉酒状态容易显现无意识。除非醉得一塌糊涂不省人事,一般醉意朦胧之下会出现非理性言行。平日里前意识的守门功能暂时关闭,仗着酒劲说一些平常压抑的话,"酒后吐真言",这个真言指的是无意识的想法，做一些平时碍于面子不能做的事情，如醉后"一夜情"，醉后也敢骂领导了，发泄已久的怨恨。也有的醉后"上帝原型"出来，大言不惭"老子天下第一、谁敢动我一根毫毛"云云。李白斗酒诗百篇，就是通过饮酒把无意识激发出来。

（3）身体动作的无意识表达。某位来访者受困于半年来一直不由自主挤眼而前来咨询。做词语联想测试发现其感觉配偶有出轨疑云，又不想去证实。用"不由自主挤眼"来表达无意识"不想看到"。被称为"睡王"的美国总统这样的"下意识动作"就频频被媒体捕捉到，如讲话时突然抠鼻孔；在会见以色列幕僚长拉维茨时，突然跪在拉维茨面前。

（4）事故。某分居两地的妻子，在小区到小超市买菜时被车撞致头颅轻伤，呈现抑郁症状，多方打听心理咨询机构，但并未实际咨询。以事故形式象征萦绕脑中（头颅受伤）的分居痛苦情绪。再如开车追尾与被追尾。无意识通过事件象征了另一方面的攻击与被攻击。追尾，可能是无意识提示生活节奏太快了，也提示你有说不出来的一些感觉，无意识去攻击，现实中需要有觉知宣泄。觉察现实中哪些事情有这种情形？被追尾，如果预防前面的车突然慢下来而被追尾，是提醒你原本节奏太快了，后面的人没适应你变慢的节奏。你不去攻击别人，但是别人无意识攻击了你。但你没去攻击前面的人使自己前面（面具）受伤，默认可以屁股受伤。一直匀速被后面追尾，有可能告诉你有些事情无法躲避。

情急之下发现无意识

在理性思维下，无意识被压抑，需要经过审查。情急之下审查机制暂时失效。如"突然发问"，是因为"不经过意识"，张口就说的一般是无意识。咨询中，我有时会突然打断来访者，让在他在出其不意的情况下回答问题。意在让他打破循环"固着"，发现内在被忽略的无意识，这是非常重要的疗愈线索。没有意识的压抑，就会以本能的方式涌现出来。利己无意识，如撞车一刹那，司机会无意识左打方向盘以保护自己。利他无意识，如来自母爱的"以生命换生命"无意识。我在某自然博物馆看到一组鹦鹉嘴龙古生物化石，一只母鹦鹉嘴龙，八只小鹦鹉嘴龙。它们正在安享天伦之乐，在刹那地质运动的"情急之下"，母亲用身体抵挡，小鹦鹉嘴龙本能趋向母亲，神态栩栩如生，使之成为永恒。再如刹那危机中，解放军战士欧阳海舍身推开铁路上的骏马，王杰舍身掩护战友。

情急之下不仅发现无意识，还使潜在能量瞬时爆发。我奶奶在世时讲过躲鬼子的经历："鬼子大扫荡，都往山里跑，那时女的都裹脚，我踮着小脚，扛一袋子粮食，领着你大爷和你爸往山崖跑，那么陡的磨石岭不知怎么就爬上去了。"求生本能，把无意识的巨大潜能，淋漓尽致地发挥出来。

04　口误、掉魂、走神

越是无意的,越是"真实"的。无意识反映了内在的"真实",日常说话是经过了意识的"过滤",有时"言不由衷",口误则是"风雨初经社,子规声里春光谢"。美国总统拜登频频在公众面前出现的口误,真实是内心认为的那个样子,不小心把盘旋在内部的真实意图说出来了。外甥在老太太面前,老太太本来是喊外甥,却喊了孙子名字,无意识流露出对孙子的偏爱。此时,明确的思想已变成无意识,或者至少是暂时与意识相分离。注意力不集中,飘到别的"时空"。意识主体的生物自我尚在此地,但无意识引领思绪到了彼处的"海阔天空"。当正要把朋友介绍给别人时,竟突然忘了名字。很多同学问"上课老是开小差怎么办?"掉魂了,吓着了。意识下降之时,自我防护也会下降。走神当下,一阵风就能惊吓一身冷汗。经常有这样的情况,当自己走神的时候,突然过来一个人,就会一激灵"妈呀(老天呀)!吓死我了!"妈,老天,就是无意识中最主要的安全寄托。

05　来自视觉、气味、声乐的无意识线索

荣格举过一个例子,有位教授和他的学生在乡村小路上边走边谈话,谈话内容几乎吸引了他们全部的注意力。忽然,教授注意到他的思路被突如其来的童年记忆打断了。他不知道这是什么原因,他们谈话的内容中没有任何与这个回忆有关的事。然后他发现,是在经过一个

农场时,童年的回忆涌上来了。于是他折回到回忆涌现的地方,在那里,他闻到一股鹅的气味,他意识到是这种气味触动了他的记忆开关。他小时候住在一个养鹅的农场,鹅的气味给他留下了深刻的印象,虽然这种印象早已被意识遗忘。当他经过那个农场时,他的潜意识注意到那种气味,然后唤起了早已被遗忘的童年记忆。他对气味的知觉是潜在的,因为当时他的注意力集中在别的事情上,味觉刺激也不太强,不能使它直达意识。然而,这一潜在的知觉把被"遗忘"的记忆唤醒了。还有一个例子,一个姑娘正在办公室里忙着,她的情绪和身体状态都不错。不一会儿,她感到头痛,心情也很不愉快。原来,她无意识中听到了远处轮船的汽笛声,这使她想起了与恋人分手的时刻,那是她想极力遗忘的不愉快记忆。

声乐,唤醒、引发情绪。《黄帝内经》有"五音疗疾"之说。《荀子》曰:"声乐之人人也深,其化人也速","乐者,出所以征诛也,人所以揖让也"。音乐对外能反击敌人,对内能加强团结。"国际悲歌歌一曲,狂飙为我从天落。""音乐是一个普世的存在,不光存在于我们人类的世界中,动物世界尤其充满了各种各样的音乐,它们通过歌唱与彼此交流,联系彼此。在心理分析层面,音乐也会成为人格面具的一部分,我们通过它来掩盖并且远离现实生活。音乐也是我们通向存在的桥梁,是通向灵魂、通往内在世界、通向无意识的桥梁。"日本社会心理学家人谷敏男在《日本人的集团心理》中,专门列出"以音乐统一集团"一节,剖析日本军国主义精心打造《月月火水木金金》歌曲,以影响日军神志。不同的音乐可以"操控"人的情绪,不知不觉受其影响。如庄严的会场,神圣的投票,《团结友谊进行曲》热情滂湃,节奏感强,豪迈奔放,旋律优美,洋溢着朝气蓬勃的情怀,在无意识里使人感到崇高而神圣的责任,站姿、行姿、仪态,必定是崇高而神圣的。而有些音乐节奏凌乱,腿会不由自主随音乐鼓点颤动,行进散乱像赶大集,在严肃的气氛中显出滑稽的轻浮感。子曰:"居上不宽,为礼不敬,临丧不哀,吾何以观之哉?"是说居于上位的人不宽厚待人,举行典礼时不严肃认真,参加丧礼时无悲戚之情,这样的人我怎么能看得下去呢?

06 服饰、发型与面相的显露

服饰:感物应心。无意识总想露脸,因为被意识压抑感到"憋屈",露脸了,就舒服一些。服饰是合适的方式,内心隐藏的无意识通过服饰呈现出来。越是无意穿的服装,就越有无意识价值。

芳,中年妇女,发现丈夫手机有陌生电话而失眠、情绪失控。来访时穿着水晶拖鞋,蓝色牛仔裤,膝盖上下破洞,白色露背背心,后背脊柱部分用黑色粗线勾勒,露出后背部分。这显示了她情感上的"贫乏"。她说今天"随手"穿的。其无意识是想让咨询师看到这个部分。因缺爱,故呈现在外表,因缺爱,故看丈夫手机以找到证据而证实自己"缺爱"。多年前的某月有四位自闭症孩子的妈妈到访,巧合的是全部穿了有破洞的牛仔裤,当然这并不意味着穿破洞衣服就有问题。服装的功能之一是遮掩,对衣服的破洞打补丁是质朴节俭,反映了内在真实。

霞,曾轻生的九年级女生。经过一年咨询,在接近疗愈时,穿了一件前胸是黑底白色的 T 恤到访。她说:"今早走得急,随手把这件穿上了。"我了解到这件衣服,是她曾想轻生的那段时间买的,一直没穿。当时"相中"这件衣服，无意识是"以恶制恶"，以自己这件带有象征死亡符号的衣服，对付自己死亡的"想法"。这次穿上它，意味着"让咨询师看到"这个过程。

侠，高二男生。喜欢穿黑色风衣，即使在梦中"炎热夏天的南京写字楼"，也穿这件衣服。我们讨论了衣服透露出来的无意识：风衣的功能，首先是防冷和防风，象征防御。风衣也是一种面具，象征了风度、时髦、体面，不觉使人联想到佐罗、高仓健、将军的大氅。风衣这个防御功能是因为有不安全感，黑色象征夜晚，隐藏潜伏。黑色，分量重，庄重，贵重，凝练，藏。以黑色风衣来隐藏、防御自己某个部分。黑色风衣不像棉布那样随意自然，给人以距离感、高冷感。这表明高冷背后有脆弱的东西需要格外保护。

服装除了呈现个人无意识，服装设计也会"设计"文化无意识，对受众进行诱导。某服装品牌，就曾以色情、变态、血腥、恐怖的儿童服装设计出圈，而受到公众质疑。

发型、额头：从头开始。人的头部，是理智和自我的象征。发型给人以第一感官的"视觉冲击"。作为女性，头发过长的一般"依赖性"较强，短发的女性，一般通达干练，属于事业型。透过发型改变可观察心理进程。

柳儿，处于情感危机的女士，长发及腰。自述从小就留长发，遇到情感危机的时候，听人家说"从头开始"，就留了短发，可是觉得不自然，又把头发留起来了。这里"觉得不自然"，就是无意识的感觉。只有长发及腰才与内心感受相匹配。头发总是与情感相联系。

遮盖额头，成为某个时期的审美文化无意识。早些时期有些综艺节目中的男生多为重发垂额肤白貌美，神态举止多阴柔，言语呼唤类妇人而少雄声。某个时段我所接待的十例初高中男生来访者,全部是"刘海遮额头",甚至遮到眉毛。我和他们进行了交流:额头是人类起源、进化的象征,反映了人类的本质。由额头会联想到头盖骨,会联想到坚固,联想到老寿星,额头是智慧的象征。人的身体,脸面和两只手是外露的。身体阴部和脚是隐藏的。额头,象征了显露。额头在身体的上方、脸的上方,也代表天。如果头和脸为"天",那么中间是"人",下肢是"地"。如果把脸再分为天地人,那么额头就是"天"。额头与天沟通,如羚羊的两只角连接天,脚与地连接。额头也象征父性,担当,权力。额,脸面的招牌,"题额"是也,运气的象征。额手相庆,额头还象征思维、理性。刘海,显然是对额头"阳"的遮蔽,挡住了额头的智慧之光,遮住了理性,处于封闭状态。所以"宅家里不去上学"。遮掩,来自于自卑、羞怯、内向,借此远离显性的社会化。某些网红公众人物额头遮掩,表明无意识不敢面对自己,更不敢面对公众和未来。

面相:凝固的无意识。面相,遗传天生部分,加上后天情境应对,相由心生,固化为某个阶段的"面相"。常说眼睛是灵魂的窗户,但眼睛隐藏不了什么。人们常用"嘴脸"做贬义词,是因为嘴巴是用于"吃"和"说"的,五官中最重要的欲望工具。嘴巴是贪婪和欲望的黑洞,人的丑陋大部分都是因为嘴巴。另外看肌肉顺不顺,会看脸上是否长有"横肉"。

07 称呼:无意识的命名

身份证的名字,除了内涵宗族身份和长辈意识层面的寄寓外,重要功用是作为特指符号在社会公开宣示自己与他人的区别。除此之外的称呼,如学名、乳名、昵称、笔名、网名、外号等,都赋予了不同的含义和适用场景,带有无意识的诸多痕迹。

称呼内涵了时代无意识。诸如夫妻,近二十年的"老公"称呼席卷大江南北。唐代夫妻以老太公、老太婆互称,清代时期称呼太监"老公"。现在"老公"复出,是否无意识"认同"男人有些太监无能味道? 是否无意识里影射、感应男性被阉割的趋势? 名字的时代无意识非常直观。某三线城市户籍部门发布 2021 年度新生儿名字统计,2.3 万男童起名"沐宸",女童起名"若汐"的有 1.8 万人,反映出城乡"审美无意识"趋同。时下流行以食品如橙子、奶茶、糖果做乳名,与当下追逐"舌尖味道"是否互为表里?

外号,具有特殊心理暗示,是一种社会层面的象征符号。有些外号描述状态,本无褒贬,如村里邻居,给开拖拉机的人起外号"不着地的",给会计起外号"不出门的"。有些外号具有"能量"。某户养鸡发财,周围村民嫉妒且嫌弃臭味大,有人给养鸡户后面的邻居起了一个外号"黄鼠狼",这户邻居不明就里被叫起了"黄鼠狼"。巧合的是,不到一年养鸡户的鸡全都死了。养鸡户周围是此起彼伏"黄鼠狼"外号的"无意识"。那位被叫"黄鼠狼"的人,竟然眼神也变得怪怪的,他盯你一会儿就会发慌。

最能体现无意识的是自己起的"网名",尤其是秘而不宣的"网名"。我会默默关注来访者网名的变化。冷梦,大二女生,心理发生转变的同时,发型变了,网名也变成"风梦龙"。她之前不接受爸爸妈妈,经过一段时间的咨询,关系正常了,妈妈姓冯,爸爸名字里有"隆"字,故以其谐音,中间加自己原来的"梦"字。

符号：象征的无意识之波

符号是静态的，当引起你的联想，有了象征特别是有了某类集体人群的象征，就意味着内在就有了反应，个体无意识和文化无意识就产生了。比如，我们看到五星红旗，就引起内在的神圣感、自豪感，红旗成为我们为之献身的祖国象征。再如某企业更改了商标后，经营效益下滑，除了经营管理问题，在商标设计上给人带来"脱离"感受，用户莫名产生不舒服感。看一件标识，尽量不用大脑意识去想，只需静观。比如，我们把某标识放在那里，什么也不想，只管盯着看，会看到这幅单纯的画面所传递的无意识，各种心态都在画面里了。在众多设计中脱颖而出，表达了某种主流集体心态，通过某些活动的举办，对自我感知的自卑做心理补偿。无意的创作反映了真实的现实、征兆与趋势。

建筑符号。如坊间备受调侃的有关大型建筑物的外观，非常直观的象征了某个阶段的主流文化无意识，在外观与华夏文化审美相左的建筑里面工作、生活，自然也会对居者的情绪潜移默化。20 世纪 50 年代的人民大会堂，则体现了那个时代的精神风貌，端庄、大气，具有人民当家作主的自信和鲜明的民族特色。

广告符号。某些"商家"利用五官浸透感受而进入无意识的特点，进行"洗脑"。如妈妈的形象为中国人，爸爸的形象为外国人，儿童读者无意识认同异族为"父"。还有某教育品牌在楼宇电梯广告"狂轰乱炸"，"作业不会做，就用某某某"，这些少儿在潜移默化中就出现了"令人头疼"的"作业不会做"等现实问题。

术语。词语带有强烈的社会意识形态属性，其文化内涵显而易见，只是隐没在惯常无意识中。哲学家马尔库塞说："任何语言都包含有无数不要求发展其意义的术语，诸如指称日常生活中的客体和器具、指称可见本质、根本需要和欲求之类东西的术语。由于这些术语得到了普遍理解，所以单是它们的出现便能产生一种符合于讲述它们的实际语境的反应（在语言上或操作上）。"

上面所列，只是无意识在生活方面的冰山一角。我们还可以通过心理分析的方法，去发现更多隐藏的无意识。发现的越多，就对自己认识越深刻、越全面。发现无意识，就等于找到了自己的另一半。

第四节　人生脚本：无意识之作

荣格在《回忆梦思考》一书中开门见山："我的一生是一个无意识自我实现的故事，无意识中的一切，都在寻求着外在的表现，而人格也渴望着从无意识状态中发展起来，并作为一个整体来体验自身。"当我们说到无意识的时候，实际是说"意识"。无意识是指没有被意识到的"意识"。这个"意识"是作为一种意志的存在，主导着天地万物，主导着人的命运。无意识不仅仅是来自所谓的"本我"的"原欲"，而是人的整个精神生活的积淀，包括自觉意识的积淀。在自觉意识与无意识之间并没有一条鸿沟，他们的关系正如同太极图，阴阳有别又阴阳互补。"大多数人在他们生命的历程中，逐渐体会到自己无法控制外在的世界,但是很少有人能察觉到,内在心灵的过程也不受自我的控制。"我们的人生,是可控的吗? 什么是命运? 有人生脚本吗? 本节将从无意识角度,对此作一讨论。

 ## 一切都是无意识的安排

"一切都是最好的安排",作为心灵鸡汤"劝人方",用心理咨询术语来说,就是让当事人"接纳"所发生的"一切"。此"一切"即是"结果",一般而言是"不好的结果",因为这句话多是用来劝慰"失意者"使用。结果是由事物的普遍联系之中而发生的,有果必有因。从哲学观点看,"安排"就是万事万物的普遍联系和矛盾对立统一。一切都是最好的安排,好像成了一种被迫承认自己的问题(失败),成为带有自我暗示、麻醉、欺骗的自我慰藉,或者自甘认命的托词,以此承认"宿命"。这句话里面包含了接受现实,承认已经发生的那些东西。尽管"道理"上接受了现实,但在其表象下,还是隐藏着不接受,所以只能归罪于"安排"。一切都是最好的安排,并没有说是谁安排的。好像内隐了一切都是"时间"的安排,或者一切都是"命运"的安排。另一句据说是荣格说的,"除非你意识到你的无意识,否则你的无意识将主导你的人生,而你将其称为命运",这句话也被广为流传。

我的体验是:一切(大的事件或曰命运)所发生的,都是无意识(从个人无意识到集体无意识)的安排(选择)。

我的定义是:现状,即无意识所赐。现状是你与生俱来的心愿,与外部环境逐步磨合后形成的个人观念,并再次参与到外部环境后相加所产生的综合，这些基于你和外界意识与无意识互动模式所产生。我们说"心想事成"的心，不是大脑意识的心，而是无意识的心。

南子，中年妇女。中等个头，短发，西服工装，浅灰半高跟皮鞋。自述：

感觉现在的生活平淡无味。我和丈夫的关系，像陌生人一样，表面维持还算客气的感觉。我总是拒绝他的那个要求。内心里感觉丈夫像大哥一样，的确他也比自己大五岁。

最近，因为在南方工作的高中初恋同学回到我的城市有笔业务洽谈。当时，我们高中的五六位同学相聚了。他们都知道我和他早年的恋情。

聚会过去一个多月时间了，现在还处于情绪当中。有对他愧疚的情绪，据说他夫妻感情也一般，如果当初不拒绝他，和自己结合的话，他不会像现在这样。我为此感到后悔。大二的某天，没什么原因，我就把他的信全部烧掉了，神使鬼差跟他说不合适，就断了联系。如果和他在一起的话，我也不可能像现在这样过着鸡肋一样的婚姻生活。

现在的丈夫，就知道抽烟喝酒，工作那么多年了，也没出息，整天闷闷的也不说话，他挣到的钱，大部分给了他妈，收入还不如我高。

回想起来，当初把初恋男友的信都烧掉的时候，是无意间的。那天晚课后，突然想到他什么事情都和自己商量，把自己当成他的依赖一样。现在想来，就会感觉到这位比自己小一岁的初恋，像弟弟一样依赖自己。自己并不想让别人依赖自己。

后来大学毕业,我留在省城,他去了哪里,也没关心。

之后一个偶然的机会,我认识了现在的丈夫。因为一个恶意投诉,我受到委屈,他替我主张权利,感到像老大哥,后来一聊是校友,他开始陪伴我。我喜欢闻他身上的"蜂花牌"香皂味,小时候爸爸衣服就是这种味。然后就结为夫妻。其实,两个人的心理类型并不相同。原生家庭也不尽一致。但是结为了夫妻,生活平平淡淡。这不就又遇到了初恋男生,从此情感走不出来。

南子,某省属国企部门主管。举手投足带有男性气质,果断、干练,也透出固执己见的性格。正因为具有大姐大特质,在高中时被小自己一岁初恋男生的恋母情结感应到,南子的母亲情结使然,也关心这位性格温顺的男生,两人度过了从高二到大二期间"相映成趣"的恋情时光。

南子有独立的一面,也有作为女人脆弱的一面,也希望有自己的依赖。"所谓伊人,在水一方",她内心需求的不是温柔型男生,而是长者型的,或许没有名利但是敦厚的人。作为大姐大,南子是调动了精神上一些元气的,需要滋养和依靠。所以在当时没有什么理由就和初恋男生断了关系。冥冥之中遇到了这位校友学长,正是他具备南子无意识的需要。

当我分析了这些的时候,南子感觉到了无意识的"操纵"力量。好像无意识总是比自己(意识)更懂自己,虽不符合逻辑。之后,因为这一次和外地初恋同学聚会引起的情绪波澜就被放下了。再后来和这位同

辽远的相遇:自我探索之旅

学联系就正常化了，再后来就没有联系了。那种愧疚感和后悔感觉完全没有了。一切都是最好的安排。所发生的这些，是无意识的选择。无意识信号被意识接收到了，对南子来说，经过了"纠结与释然"。此时，她体验到了"一切（婚姻、工作）都是无意识（最合适）的安排"这句话。

　　无巧不成书，我后来在西安参加某心理沙龙，遇到一位看起来比较清雅的男士。他分享说："我可以公开这段经历。人生就是不断分离与整合、投射与收回投射的过程，有些分离是无意识做出的决定，但是意识却很痛苦，不能自拔。我与高中初恋分手是第一次情感分离，等偶然机会再次见面后，又陷入自设的情网不能自拔。一方面尝试恢复关系，另一方面感到对方的疏离，觉得不该这样。但还是忍不住想念十几年前那甜蜜的时光。我知道她喜欢传统文化，在立冬前一日发给她'四绝日'小知识，据说不要的东西在这一天扔掉就可以根绝，有些讨好似地建议把不要的诸如疾病烦恼等东西扔掉。谁知聊了几句就聊不下去了，此后就断了联系。现在想来，看似神使鬼差的举动，实际是无意识做出了断自己后路的决定。通过使对方'抛弃'我，倒逼自己走出陷在情网的念想。感谢她的拒绝，虽使我很痛，但促使我收回投射，回归自我。"我并不臆测该男士就是南子的高中同学，但在这里又一次佐证了无意识无处不在，并对命运起到决定性作用。

02　人生脚本总是时隐时现

　　从一个受精卵开始，到出生，再到长大成人，一次次地作出意识和无意识的自我选择。在这个过程当中，有种种的情境合并到一起，影响、决定了自我选择和自我塑造。我想这样，我想那样，是由于先天内在的特质。外界对其有影响，但是最终还是这种真实自我的部分起决定作用。无意识的影响是广泛而深刻的。荣格在论及无意识时说："当某个事物从我们的意识中溜走时，他并不是不存在的，就如同一辆轿车驶过街角，失去踪影一样，他只是离开了我们的视线而已。"所经历的事情被遗忘了，但是"被遗忘的事件"在一定情境下会被激活，作用于我们的生活，甚至在关键时刻，昭示着命运里程。

小冈，七年级男生，恐惧。自述不能去上学，天天害怕，一个人在家需要关门。来心理咨询的路上，怕路过的桥断了，到楼下怕楼塌了。在与小冈做冥想时，我直觉到"走失"画面。在我与其母反馈时，她想了好久才记起在他两岁时走失过。其母忘了，是无意识不愿记住当时的受惊情绪，在进入青春期遭遇突发疫情下，小冈的恐惧记忆就复活了。

小昆，七年级男生，恐惧。小昆说五六岁的时候，看见外面路上一辆车翻了，出来一个人站在客厅，像爸爸，喊他不说话，过去就不见影了，后来出现过两次。其父母说："这是孩子的幻觉，没有的事。"其母回忆，她在受孕七个月时出过一次车祸。当时车祸现场记不清了。惨相不记得了，是无意识对"自我"的保护。可这个隐去的"事件"，还在影响着十多年后当时还是胎儿的小昆，只不过换了一种象征方式来重现那种恐惧情绪。

"被遗忘的观念并未失去存在，他们不能随意再现，而是处于阈下状态，刚好超出了回忆的阈限，并在任何时候都可能自发浮现，尤其是当其尘封多年之后。"好像逃不脱无意识对于命运的把控。除了遗忘被激活，无意识还有巨大的潜力。不仅意识的内容通过遗忘藏入无意识，尚未被意识到的新内容也能从无意识中产生。荣格将其形容为"那些从未被意识到的思想和观念，它们从心理的黑暗深渊中成长起来，如同荷花一般，形成阈下心灵的一个最重要的部分"。

如果仅此个别事例，就说"人的命运由无意识支配"，未免太不严谨了。命运总是不可捉摸，或者不期而遇的垂青，或者屡屡受其愚弄。所谓"生死有命、富贵在天"，表达的是人不能自我"控制"自己的命运，意即命，非"意识"控制，而只能遵从于"天"（无意识）。人过中年之后，会经历很多事情。看到自己，也看到周围一些人，时而感叹人生是一个大舞台，感觉冥冥之中好像有"人生脚本"，每个人的命运都按照"设定"去走。

作为咨询师，我接触了大量来访者，目睹到他们各自不同的"人生脚本"，悲欢离合在我面前如实呈现。看到匆忙行进的脚步下，是不断地在这些人生脚本当中的徘徊、重复、循环，目睹过深陷其中的折磨，也看到过脱胎换骨般新生的喜悦。人生脚本，总是时隐时现地影响着我们的取向、选择，进而陪伴、校正、验证着我们的人生历程。它是无意识的，有时也是意识的。如果探寻人生脚本的编程、运作，无意识是如何干预的，意识是如何应对的，这需要理论上的支持和咨询实践的验证。

意象对话和回归疗法创始人朱建军教授提出了"命运脚本"理论。对命运形成的解释是，基本心愿遭遇基本境遇，基本境遇做出基本应对，基本应对及其效果、对效果的解读生成基本信念，基本信念和基本应对之间又循环反复加强，大致定型之后，对整个心理现实世界形成固定的基本感受，上述因素及关系相加，即命运脚本。意象对话命运脚本的核心词,包括基本心愿、基本情境、基本信念三者。基本心愿有三种:爱、行动、体验,相应便为"我爱(行动、体验)故我在";基本情境,包括婴幼儿时期的养育者及其环境,心愿与情境相加,产生基本信念,这个基本信念便是"印刻",在早期属于"印刻"的"软泥期",之后成型,就形成了带有个人特点的 "信念""我是可爱的""我是不可爱的""我能行""我不行",等等,由此又衍生出基本应对,成为一种无意识模式,在未来人生中不同的环境下,去套用并发挥作用。在《人格:一生一剧本》中对生命早期人格的形成作了阐述。

《人生脚本》是美国沟通心理学创始人艾瑞克·伯恩的经典之作。在他看来:"每个人的命运如何,取决于他在面对生活中发生的事件时,脑中是如何运作的……每个人在幼年时就决定了自己将如何生活,如何死亡。无论走到哪里,他都会在头脑中把这个计划带到哪里,这就是所谓的'脚本'。对一些不重要的事,他可能会理智的做出决定,但对一些重要的事,他其实早已决定好了,他想和哪种人结婚,他会有几个孩子,他会死在何种床上,当他死时谁会在他身边。这一切可能并不是他喜欢的,但却是他无形中希望实现的。"他认为,脚本是幼年时便做好的计划。脚本形成需要符合五个条件:父母的指令;在指令下的人格发展;童年时期的决定;总是以某种特定的方式成功或失败;确信的态度。

艾瑞克·伯恩所述"人生脚本"是基于沟通分析理论的,我想结合案例和其观点,回到无意识是如何参与甚至主导"人生脚本"而"操纵"其"命运"这个话题上来。

通过两个案例，了解脚本运作

生命之树常青，而理论总是灰色的。让我们结合案例，来探寻无意识对"脚本"起草、修饰、成型、实施等诸多环节的运作。

网名:onlooker，看客，乳名可可，女，银行职员。自述:

离异，离异原因也没多大事，那人还挺好的。离婚后，我遇见了一个，怎么看怎么好，半年这个就露馅了，骗钱骗色的"小白脸"。当时我死的心都有。命运真是不济。我什么也不行。我一无是处。我还能干什么？

小时候，爸爸妈妈老是吵架。记得三岁时，我在餐桌旁，他们又吵架，把碗摔在我脚下，一块碎瓷片扎得我脚出血了。当时想与其天天吵架，不如离了算了，弄的一家老小都难受。可是他们并没有离，直到父亲去世。

网名:Coptis chinensis，男，中年，学者。自述:

我从小被母亲舍弃。还不如舍弃，舍弃的话，她不见面，还不能害我。

我刚出生一岁多，母亲就怀了弟弟。弟弟刚出生就得了重病，全家人特别是母亲，把心都给了弟弟。记得两岁的时候，我看见妈妈给弟弟喂奶，我凑过去，她一把把我推开，我的头磕破了。我连名字都没有，我有三个哥哥，母亲很强势，本来想生个女儿，却生了我，三个哥哥叫我小四，这么叫起来的，现在的名字是小学老师起的。我瘦得皮包骨，但是学习好。记得八岁时母亲恶狠狠地对我说："你说我脾气不好，你以后找个老婆，比我好不到哪里去！你就是个苦命！"

母亲从来不管我。生活不管我，可是我谈了女朋友后她却来干涉，弄散了我的初恋，初恋女友文静、白皙、脾气好。母亲给我找了一个泼妇，她在卫生所做保洁，跟母亲认识了，我稀里糊涂就跟她结了婚。这个泼妇是个文盲，脏、丑、懒、黑，比我大三岁，天天吃她气。我是被苦水泡大的。

剧本运作的四个过程。以上述个案为例，来看人生脚本是如何在无意识下运作的。

运作之一：设置。三岁的可可看到父母吵架，想"与其吵架不如离了算了"。Coptis chinensis 早期的母亲是不好的，自己没有爱。

运作之二：脚本发作。可可结婚之后，因为几次吵架，没多想就离婚了。Coptis chinensis 被迫与初恋分手，跟"泼妇"结婚。

运作之三：结局。可可离婚后，情感再次被骗，开始自我攻击。Coptis chinensis 受困于"泼妇"妻子，可一直"承受"，让其母亲看到自己这样苦，证明母亲是多么不爱我。

运作之四：最终的赦免。可可和 Coptis chinensis，同样都生活在自我否定中，上一个事件结束，下一个以象征方式再次出现，持续循环。

名字的重要性。姓名包括姓氏、辈分排序，包括乳名、昵称，承自了大量家族无意识、个人无意识内容。可可经过两年咨询，有了较好的自我觉知。她分析道："我的网名，看客，不就是'坎坷'吗，都是无意识起的名字。乳名可可，是不是父母无意识给我了坎坷的坷？"Coptis chinensis，我与他进行了持续三年的分析。他说："我的人生脚本就是用苦水做墨、用苦楝树皮做纸写成的。为何出版了专著也不开心？为什么当初做的是中国近代史研究？每当想起近代史丧权辱国的条约和八国联军炮舰，我的心都在滴血。冥冥之中有什么感应吗？"他的确是一副受虐的样子，花边眼镜使其看起来更显文弱，可以想象与一个彪悍女人在同一屋檐下生活的别扭。Coptis chinensis 自述是"黄连"的意思，还用过"苦楝子"。用英文网名，除了显示学者身份，还表明不与"泼妇"俗人为伍，是对父母不给起名字的攻击。

上面案例，看到了脚本的设置至关重要。这个设置，使我们不加思考就按照某种模式去反应，即使思考，也有某种倾向。这确保"我就是我"，是我和别人相区别，"我是共性人群当中有特性的单一个体"。

 无意识介入脚本诸环节

从谋划到设置、试验、调试，经过多个环节，均在无意识下完成。

(1)基因，天性部分。现在有些家庭重视父母对于孩子影响了，但又过了。有些离异父母过于检讨离婚对于孩子的影响，甚至因参加某些心理课程后针对孩子出现问题过于自责而自身出现心理障碍。有些家庭教育宣讲师过度强调早期"创伤"，致使家长缩手缩脚，对孩子的要求片面"无条件接纳"而形成溺爱，以致其长大之后弱不禁风。凡事不可偏颇。在儿童心理教育方面,有天生禀赋决定论、生长环境决定论、交互理论。环境论认为,孩子会按照我们的塑造而成长,"不要输在起跑线上",孩子的发展掌握在家长手中。荀子就认为:"故枸木必将待檃栝、烝矫然后直;钝金必将待砻厉然后利。"天生论认为,我来教你,就是剥夺,要遵照孩子的天性去放养。荀子又说:"凡性者,天之就也,不可学,不可事。礼义者,圣人之所生也,人之所学而能,所事而成者也。不可学,不可事,而在人者,谓之性;可学而能,可事而成之在人者,谓之伪。是性伪之分也。"意思是说,本性是自然形成的、不必学习的。礼仪是圣人制定产生的,人们只要学习,就能够通过人为(伪)做到,这就是"性"和"伪"的差别。其实,外在内在都很重要。遵照天性,同时教外在品德;遵从内在,需要引导。每人的心智化程度不同。大量事实是我们既被童年所影响,但似乎又没有完全被童年所局限。天生不同,如性格方面,有的像爸爸,有的像妈妈,有的天生胆大,有的天生懦弱。

关于"天性","儒家之议,以为人死有命。言有命者,见子夏言死生有命,富贵在天",汉代唯物主义思想家王充认为,万物不同,在于禀受元气的厚薄粗精不同,因而其形体和属性也存在差异。故"禀得坚强之性,则气渥厚而体坚强,坚强则寿命长,寿命长则不夭死。禀性软弱者,气少泊而性羸窳,羸窳则寿命短,短则蚤死。故言'有命',命则性也。至於富贵所禀,犹性所禀之气,得众星之精。众星在天,天有其象。得富贵象则富贵,得贫贱象则贫贱,故曰'在天'……人禀气而生,含气而长"。天生不同,首先从貌相便可分晓。"人曰命难知。命甚易知。知之何用?用之骨、体。人命禀于天,则有表候于体。察表候以知命,犹察斗斛以知容矣。"在王充看来,人之命运不同,非迷信也。不同"禀赋",是受到不同时空情境下的天地，与"天地之精微"元气无意识共同作用而成。"夫天地合气，人偶自生也；犹夫妇合气，子则自生也。"这个基因，就是种子，如梧桐树、椿树、柏树之种子。也可比如为给人生脚本提供的纸张，或者牛皮纸，或者宣纸，或者铜版纸，或者树皮、瓦片等杂物代纸，或者各种颜色、大小不等的纸。天性部分，已有人类集体无意识内含其中。

（2）胎儿：原始印刻。胎儿天性部分与接收到的消息（家族、父母状况）等周围关系互动，形成个人无意识早期"储存器"。每个人都背负着自己的脚本。早期设置比较关键。开始是胎内生活。胎儿可以感受到子宫是"天堂"，也可以感受到子宫是"地狱"，一个被强奸怀孕的母亲与一个幸福美满的母亲，一个生活拮据、营养不足的母亲与一个养尊处优的母亲，一个刚怀上孕就吵架要离婚的母亲与一个备受爱滋润的母亲，母亲的自身感受和胎儿的感受都是天壤之别的。甚至追溯更早的家族，家族的荣光与凄惨，以及家族对其创伤的认知，通过家族无意识传递给胎儿，这形成"人生脚本"最初的"印刻"。接下来的分娩，是第一次分离，也是第一次与外界交往。其间肉体分娩的创伤性体验与寻找"替代子宫"成为又一次"印刻"。离开母体后，孩子无意识里寻找"子宫"，第一个遇到的接生员如果是欣喜、平和、温柔的，便像"回到子宫"状态，获得"天堂"的美好印刻；如果跟接生员不相应，假设这位接生员当时心态不好，对于刚分娩的胎儿来说就是"地狱"印刻。这个时段的脚本，如同在已具备的纸张中勾勒粗线条的框架进行"描红"，由父母特别是母亲及家族来完成。那颗种子，在最初的土肥水中，会长成什么样子呢？

ange，女，青年。自述："活在痛苦中，又离不开这个痛苦。即使没事，也想找件事情使自己难受。"与其母访谈得知，母亲怀孕期间离婚。我在与 ange 咨询时，使用了"心理退行技术"。回到早期胎儿状态时，她感觉到痛苦，与当下痛苦感受类似，具有无名的痛苦感。脚本发作：在日后的人生当中，她会觉得只有痛苦才是正常的。她不断进行自我攻击，即使没有伤害自己的事情，也会去找一件这样的事情。网名分析：ange，天使，痛苦的"补偿"。

哎呀，高一女生。自述："二年级时有一天我觉得活着没意思，有从教学楼跳下去的念头，那天中午放学后我最后走出教室，太阳火辣辣的。后来我用圆规划破过几次手腕。八年级时我写了遗书又烧了。"其母介绍："她爸爸重男轻女，当时计划生育。B 超结果是女孩，她爸爸让做掉，我不愿意就打我。一天中午，太阳火辣辣的，她爸爸一脚踢在我肚子上，差点流了。后来她爸爸看我真想要，就没再打我。"很多轻生来访者，有此类"胎内印刻"。

望山，男，时年十二岁。因惊恐不安导致不能上学。做"飞机失事"沙盘，梦境多是逃跑、窒息、地下室。其母介绍，作为二胎超生，当时一直在躲避，自己躲在冬天储藏地瓜的山洞里。生下后寄养到亲戚家没奶喝。诸如此类作为社会化某阶段的"胎内印刻"，野蛮、暴力、残忍的画面，植入孕妇、胎儿无意识，形成家族无意识。

（3）印刻：依恋、习得与心智化。无意识发生的依恋关系模式，以及在玩耍和模仿中对于外境做出反应，在社会化初期习得一些经验，与天性部分、原始印刻互动，储藏在无意识中，成为人生脚本的雏形。"人之初，性本善，性相近，习相远"，"近朱者赤，近墨者黑"，说的是无意识影响。王充在《本性篇》指出"初秉天然之姿，受纯壹之质，故生而兆见，善恶可察……夫中人之性在所习焉。习善而为善，习恶而为恶也"。当"胎内印刻"与现实感官所获得的直接感性经验相交互，会强化或修改已有的脚本印刻。王充说："如无闻见，则无所状。凡圣人见福祸也，亦揆端推类，原始见终，从闾巷论朝堂，由昭昭察冥冥。"

最初两年，由父母编制"程序"并构成了脚本的基本框架。在同周围情境的关系中，三岁之前最为重要的是依恋关系的建立。动物行为学家康拉德·劳伦兹提出了"印刻"理论，即"年幼者天生就能学会跟随并依恋一个活动的目标"。她观察到的小鸭被孵出后，天生有跟随第一眼看到的动物走的本能。小鸭也可能是跟踪一个箱子，只要是移动的，一周之内出现谁就依恋谁。这是本能发生的。依恋的印刻特征是"非习得、自启动"，12个月左右是形成依恋风格的关键期，形成后不可逆转。如妈妈给孩子拍照片发朋友圈求点赞，而不回应孩子，孩子就把不被关注感受储存在无意识。妈妈厌恶婴儿的大便（婴儿认同大便为自己的创造力），做出洁癖般的夸张言行，孩子就会把不被接纳的感受储存在无意识。良好的母婴间强烈持久、积极而充满深情的情感联结，作为正面的相互关系，会带来安全感的脚本底稿。

习得，主要发生在无意识中，发生在与父母、同伴和照料者中，包括衣食住行、言谈举止、游戏各方面，主要方式是模仿。婴幼儿在后天习得互动中建立起"安全模式"，内化到行为能够引起母亲回应，学会笑或哭、捣乱等方式，建立起内在工作范式，逐渐形成一套有关自己与照料者互动关系特征的模式图库，由此形成安全依恋、不安全依恋（包括焦虑–回避型依恋、焦虑–矛盾型依恋、混乱型依恋），植入早期人生脚本。如妈妈说："放学后，妈妈在幼儿园门口等"，结果过了好久才来。在脚本里就有了"妈妈说话不算数"的印刻，在成年后，会对别人说话产生不信任感。早期家庭成员的互动，成为孩子未来成年之后人际交往的范本。

同时，婴幼儿在与养育者互动的过程中，也发展出一种从自己和他人的心理层面去看待自己与他人心理与行为的心理功能，即心智化。心智化功能的基本类型包括，对自我和他人心理状态之基本特性的认识；能为自己和他人的行为从心理状态层面寻找原因；意识到自己和他人心理状态具有发展变化性；意识到心理与自己和他人之间的互动背景有关联。心智化在人生的前几年发展起来，在安全依恋互动关系中更容易发展起来。婴幼儿能够区分内外现实，能够区分自己和他人，能够区分自己和他人的心理。一对双胞胎，表现不一样，除了天性部分有差异，还在于心智化发育程度的差异。

"我妈妈总是很强势，什么她都管。"此为没有心智化水平。

"我妈妈她就是要折磨人。"此为敌意的，反心智化的。

"我妈妈骂我，是因为我把弟弟推倒了。"此为稳定的心智化。

心智化程度差异，自我对"经历"的态度和看法，比经历本身更重要。

观察："我崴脚了，妈妈才停下工作照顾我。"

信念："我失败了，妈妈才爱我，现在我又失败了……我打滚，妈妈才答应我再看一集动画……我把胳膊划伤了，爸爸才能单独和我说会话。"

脚本模式："我伤害自己，你们就害怕，就答应我。"这是基于不安全依恋模式、缺乏心智化而习得，综合形成的人生脚本草案。

让我们从下面案例，完整看一下"印刻"阶段脚本的执行。

豆豆，女，大学毕业，待业。自述七岁后跟父亲和继母生活，之前关系一直很好，最近一年来总感到继母对我不好，时常发生冲突。

脚本信念：没人爱我。我很苦。我是一个被抛弃者。他们都对我不好。

延伸发展：继母不好。她和我抢爸爸。我被抛弃了。她对我不好。

脚本实施：对继母说了很多刻薄的话，把她给自己买的衣服剪了。

脚本验证：你看，继母真的对我不好。我很苦。

脚本强化：你看，继母真的对我不好。我很苦。

咨询师目测：打扮时尚，名牌服饰。属于衣食无忧之家，公主感受。

脚本分析：豆豆的信念是七岁之前，尤其三岁之前在脚本草稿里就有了"我是一个被抛弃者"人格。现实中，通过七岁至最近一年前这十五年"一直很好"和"公主"感受来看，不像受继母虐待的"弃儿"，是豆豆在无意识中认同自己"弃儿"角色。父亲之于离婚给孩子带来的创伤愧疚而有些"惯养"，继母格外疼爱。生母在离异后相安无事。在最近的冲突背后，是无意识脚本的作用。时机发生在"不想找工作"的状况下，一方面意识知道应该就业，一方面感到"无力"，想"躺平"。其内心冲突，向外投射，继母成为"靶子"。

后续咨询：豆豆能够真实面对自己，渴求自我成长。在咨询16次后，做了一个梦，闺蜜生了一个孩子。从此，她的自知部分开始成长。

（4）最早记忆与父母咒语、火星语。婴幼儿自有一套自己对于五官所发现事物的解读，作为图像留存于无意识，成为以后的人生模板。这个模板是脚本的主体。以后有调整，但不影响这个基调。在咨询实践中,有关早年的记忆是最重要的访谈内容,从中可以发现至关重要的"命运密码"。最早记忆影响一生,成为一种循环,在不同情境下以不同的象征来重复这一"模式"。阿德勒认为:"人类的早期回忆特别重要,我们可以从记忆所显示的生活模式的根源及其最简单的表现方式中,判断一个孩子是被娇纵宠惯了,还是被抛弃遗忘……儿童时代便牢牢记在心的东西,必定和他个人的主要兴趣非常接近。至于记忆的正确与否,倒是没有什么关系。"最早记忆的画面,可看作整个一生命运脚本的"缩图",一般情况下,在不做干预或个人成长情形下,会持续以不同方式循环那个画面。

删节号,八年级男生。轻生计划未实施。自述:最早记忆是在幼儿园二楼被同学推了下去。还有一次记忆是爸爸和妈妈吵架,把大衣橱的玻璃打碎了,把门踢了一个洞。其母反馈那时候是经常吵架,但没这么严重。"我们家住的房子没有门被踢坏,他爸爸当时把床头柜踢到了。孩子在幼儿园也没有从二楼被推下去,是在下台阶时崴了脚。"

但"记忆"是"心理的真实"。在我的全部来访者中,最早记忆与当下心理现状、现实生活模式密切相关。这些最早记忆,平时作为无意识存在,到了心理咨询室这个"安全、自由、受保护的空间",这些画面、场景的记忆才会"不知怎么就冒出来了"。有位女士,正在谈与婆婆的争执,我突然提出让她回想最早记忆,她瞬间泪流满面,说"不知怎么,一下子想起了……"有一些来访者,看起来问题很严重,但在他最早记忆中有安全依恋的场景,说明一定程度上他的"脚本"是明丽的底色。婴幼儿早期,会经历非常多的事情,而他记住并刻印在脚本的,好像只有那么几幅画面。

　　父母的言行,在孩子心目中除了模仿,还有一个功能就是"指令",在早年作为"咒语"呈现。使用"咒语"这个词,是因为反复重复父母的模式,潜移默化为外在施加进入无意识。这期间逻辑思维并没有建立起来,自然是以无意识为主。"人的命运通常在他三岁时决定。每个人在头脑中都背负着自己的脚本及'应该脚本',他们以父母的声音的形式存在,告诉他们要做什么,不要做什么,他们的渴望存在于儿童勾勒出的图画中。"每个人都像藏在一张网里,与他人的脚本交织在一起。特别二至六岁是脚本发展的关键时期,之前的脚本基础更加牢固,几乎每个人都能记得这个阶段发生的一些事件或印象。耐心、坚毅、温柔、机敏及整洁,在这个可塑时期,由父母教授并编写程序。

　　父母作为成年人,使用的是逻辑语言。小孩使用的是无意识语言,艾瑞克·伯恩将之称为"火星语",指揭示事物原本面貌的语言,例如梦的语言就是一种火星语。两种"语言"相遇,就产生了"误读"。通过下面艾瑞克·伯恩描述的场景,我们来看孩子是如何对父母的咒语进行解读,进而主导人生脚本的。

　　　　布池,高中男孩。严重酗酒。六岁时,母亲看到他正在用力吮吸威士忌的酒瓶,然后说:"你太小了,还不能喝威士忌。"

　　　　母亲的意思:"我不希望我的孩子喝威士忌。"

　　　　旁观者分析:"她当然不想让孩子喝威士忌,只要是个懂理的母亲都不会让孩子这样做。"

　　　　六岁男孩的推理:"母亲字面的意思是,你太小了,不能喝威士忌。真正的意思是,喝威士忌是男人的事,你还只是一个小孩儿。"

六岁男孩的理解："当你证明你是一个男人时，你就能喝威士忌了。为了让母亲高兴，我长大了会喝威士忌。"

从无意识角度解读，"你太小啦，还不能喝酒"，这句话出自一个暴饮暴食的母亲之口，意思是说快快长大，开始喝酒，这样我就可以表达反对了。儿子将母亲的愿望理解为自己的使命。"火星人"的思考方式，能够使孩子知道父母真正想要的是什么，以确保自己的生存，并通过实现父母的愿望表达对父母的爱。

可可，试图修改名字，如"柯""珂珂""轲"，似乎总逃不出父母咒语的法力。Coptis chinensis 母亲的咒语是："你找个老婆比我好不到哪里去！你就是个苦命！"改变了自我状态和特定的说话方式，就意味着开始修正脚本。

（5）社会情境。进入幼儿园，意味着步入社会，小学高年级之后思维能力得以发展，社会规范以驯化方式进行。个人天性部分在与原始印刻、婴幼儿习得、父母咒语、社会集体情境一步步交互中，"印刻"逐步成型，即无意识的"应对模式"，亦即较清晰的"人生脚本"。

空气，六年级女生。自述：两次写遗书，胳膊有划痕，每天只睡四到五个小时，无食欲。受到校园欺凌，第一次是幼儿园中班，被同学推倒在卫生间，第二次是小学二年级持续到六年级。二年级的时候，老师把我的作业当全体同学面（关系、面子）撕了；我爸爸当我姥爷（心目中高贵象征）的面把我的作业撕了；那几个同学朝我的茶杯里吐唾沫；网暴我……这样的经历，无疑植入了"应对模式"，再一次"修饰"人生脚本。那些在孩子两三岁时吵架的父母，后来不再吵架了，这个时期的脚本也会得以重新修改印刻。受到校园欺凌的学生，在青春期之前得到疗愈，脚本也会相应在无意识层面"改写"。

（6）自发的创造。除了父母、社会情境无意识影响到脚本，天性部分在青少年时期再一次发挥作用，本能地对已有应对模式进行修订，以适应现实。在早期与外在情境的互动中，初步形成信念与决定，形成基于自身的四种心理定位：我+你+（成功），我+你–（自大），我–你+（抑郁），我–你–（无望）。

人们不情愿改变心理地位，因为这好像是拆掉了房屋的地基。试图改变只会强化，当内心真正接受之后，改变才能从内在产生。或是自发，或是通过专业的心理治疗和爱。让我们以"独生女"为例讨论这种自发创造。重男轻女文化的无意识下，在前期政策无法生育二胎情况下，女孩家长"被迫"接受了独生女现实，当作男孩养，继承家族的"父权"，寄寓家长厚望。独生女长大成人，反而较少有"重男轻女"留下的心理问题。因为没有过重的重男轻女，就过得比较自在，家里资源属于自己独有继承。因为是女孩，又没有家族子承父业的心理包袱，所以没有必要干出人头地大事的无形压力，反而在事业上游刃有余。在此大背景下，许多家庭把女孩当男孩"用"，把男孩当女孩"娇"。心理咨询中，男性独生子出现心理问题的概率高过独生女。因为是男孩，被长辈当作"掌上明珠"溺爱娇惯。长大以后，在力不从心的时候，选择"躺平"，成为"巨婴"。

05 裹挟：社会变迁对命运的塑造

上面说了这么多，不能说得太绝对。我们说，"人生脚本"由无意识草拟、创作、改写、成型、循环，更多是从个人无意识、家族无意识而言。其实，人具有强烈的群体属性，群居才能在大自然中生存下去。人之命运，受制于时代环境、社会制度、社会变迁。社会中的人无不打上了时代烙印、阶级烙印，无不被时代所塑造。解放前的旧社会"把人变成鬼"，解放后"把鬼变成人"，劳动人民有了主人翁地位，打倒了剥削阶级，穷人翻身了，命运就变了。旧社会的"妓女命"，解放后也成了社会主义劳动者。

对历史进行观察，会发现我们个体的有限生命在无限历史中，只是其中的一小段。这一小段能折射出完整，但毕竟是一小段。在现实生活中，每个人都被一种大写的命运裹挟而不察，人们对于大命运浑然不觉，因被裹挟其中，被异化而不自知。法兰克福学派哲学家马尔库塞创作于 1964 年的《单向度的人：发达工业社会意识形态研究》对此有深刻洞见。他认为，当代发达工业社会是一个新型的极权主义社会，因为它成功地压制了这个社会中的反对派和反对意见，压制了人们内心中的否定性、批判性和超越性的向度，从而使这个社会成了单向度的社会，使生活于其中的人成了单向度的人。该书译者认为："单向度的人，即是丧失否定、批判和超越的能力的人。这样的人不仅不再有能力去追求，甚至也不再有能力去想像与现实生活不同的另一种生活。这正是发达工业社会极权主义特征的集中表现。"正如马尔库塞所言："如果没有一切广告、没有一切灌输性的新闻媒介和娱乐媒介，个人就将陷入创伤性的空虚之中；在那里，他会有机会去惊奇、去思考、去了解他自己（毋宁说他自己的否定）及他的社会。失去他那些虚假的父亲、领导、朋友和代表之后，他就一定会重新学习字母这些基础知识。但是，他将构成的那些语词和句子可能大不一样，他的愿望、担忧也会大不一样。诚然，这样一种情况将是一个难以忍受的噩梦。"

时间虽已过去六十年，但随着信息化社会的到来，这种"压制"正在全球蔓延，且大众已经浸润于"单向度的社会"和"单向度的思想"中，社会文化早已对众人形成了大写时代命运的塑造与操纵，变成群体性"单向度的人"。身居其间，难以觉察和"出离"，不被左右的幸免者寡，即使"知天易"，终会"逆天难"。大众已经习以为常，见怪不怪。

"君不见黄河之水天上来，奔流到海不复回。"

"天若有情天亦老，人间正道是沧桑。"个人命运淹没在历史长河中。

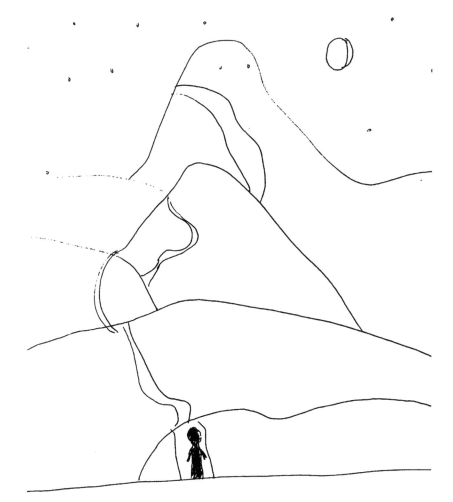

辽远的相遇：自我探索之旅

第四章

与无意识交流：徜徉在
　　　　　真实的
　　　　　梦幻世界

无意识 的隐喻传导

心灵 真实性及其梦理论

意象：立象以尽意

意象重现：回到 场 中

与 无意识 相处

第一节　无意识的隐喻传导

　　无意识作为心灵整体性一部分的存在，总是记挂另一部分"自我意识"，想方设法把意识不到的东西传递过去。除了前面提到的"无意识的蛛丝马迹"，梦是最主要的"传递"方式之一：以隐喻的方式梦给你看。"人类无意识的原始材料主要是情绪、冲动和意象。"当我们从梦、幻象或幻想中选择一个意象并专注其中，一种主动的期待和积极的参与将会引导意识的能量与无意识的原始材料相遇，就可以开始一段认识自我的旅程了。

　　容我以两位来访者和一组孕妇的梦为例，看看梦的隐喻与传导。

01　追杀的梦

Mermaid 复述昨晚的梦：

　　在梦的前半段，发现一个男人，他就是，可能是，这个学长 a 的亲戚，这个男人的死，跟这个学长 a 有一定关系。

　　后半段的梦，我只记得我们一群女生，被带到了一个教室里面。这个教室是很空的那种，地面上铺着黄色的木地板。这个学长 a，拿枪打死了很多人，就是跟之前那个男人的死有很大关系的人。

我也中枪了，就是没有射到我的要害部位，就没有死。

之后他要带走那些没有杀死的人的时候，听见他跟手下说，为了封锁现场，要把这个门给锁住。我就在他开门的瞬间，赶紧跑，跑下楼的时候，在第一层那个大厅里面有很多老师，相当于一个班，前面有一个老师。我就跑出去，跑出去以后是一条很窄的公路，我打了一辆出租车，这个出租车正好停在我的旁边，过来时正好是碰见我的，我就上了车。

出租司机是女的，这个女人什么也没问。我就让她一直往前开。这个女人什么话也不说，冷冰冰的，带着那种镜片是长的那种眼镜。我就往前走。后面有人追，走到一条岔路口，有一条大路和一条小路的这样的一个分岔口，我选择了小的这样的一条路。我走着走着，到了一片像乡下的地方，比较偏的一个地方，全是土路。

然后我在车上的时候，已经打了报警电话。在走到这样一条路的时候，司机让我打这个电话。电话里面警察问我的车牌号，我就下车去看车牌号，这个车牌号我记得很清楚，是JB006。在念这个车牌号的时候，后面一个男生，暂且称他学长b，看见我在读这个车牌号的时候，鬼鬼祟祟就拿出手机，可能是打算通风报信的感觉，我余光瞟了瞟，见他掏手机的时候，就拿我的行李箱砸晕了他，我赶紧上了这辆出租车。这辆出租车，就带我到了一个被茂密叶子遮掩，像一般小区的那种小门儿。

我就拨开这叶子，走到了这个小门儿。进去以后是一个小学，是完小。铺着红色的砖，我的右手边儿就是老师办公的区域。我拿着我的手机，跟这个警察通话的时候，就进了这个地方，进了政教处，跟他们阐述了刚才发生的事。他们就让我躲在一个木制的办公桌子底下。我就等着警长过来，等到警长过来以后，我就去做了笔录。

这个警长，手上就拿着一个白色茶杯，陶瓷的，里面泡着绿茶，笑嘻嘻的脸，脸的肤色呢，就是那种偏黑偏红的样子，很慈祥、很安心，又很有趣的感觉。他的身边还有一群穿着蓝色制服的警察，我做完笔录跟他们出去的时候。正好看见这个学长 a 被缉拿归案，有两个警察吧，就拖着他。他穿着一身白色的衣服，裤子也是白的，是那种纯棉的布料的感觉，他就喊着什么，我也不记得他喊了什么。

他是被拖着走的，一只手就这样拖着走，然后他的表情呢，就是那种非常悲痛的啊，又被拖进可能就是警察局里面。我的心里有一个感觉，怕他没有被判刑，出来害我，心里非常害怕，然后我就醒了。

Mermaid，大三女生，休学在家，服用抗抑郁药物，医生建议辅助心理咨询。在沙盘游戏过程中，她时常拿"美人鱼"沙具。后来发现她的微信昵称换作了这个名字。早年经历过多次身体疾病和心理创伤，之前因情感问题"轻生未遂"，后冒出除掉伤害男同学的念头，"除害"未遂。担心"万一控制不住真的做了"，便求助咨询师。

在第 22 次咨询后，她做了这个梦。经过这个梦的展开治疗工作，其现实生活发生了转折性变化：医院诊断其抑郁因子分在正常值之内,她便回到学校开始正常学习,自述心态好了,有自信了,父母和同学对自己的评价也满意了。

我以积极想象心理疗法解释这个梦。梦里出现了躲避他杀的"我"、杀过亲戚又来杀我们的学长 a、出租车女司机、试图打手机谋害"我"的学长 b、用行李箱打晕学长 b 的"我"、警察等。一方面,这些梦中的人物,都是 Mermaid 的某一侧面,如自己轻生(学长 a 杀我)、念头杀人(打晕 b)、求生躲避、内在生命力(出租车司机、警察)等;另一方面,这些人物也部分出现在现实生活中,只不过是以象征方式进行了"隐喻",学长 a、b 是曾经校园欺凌和伤害自己的同学,"出租车司机"联想到母亲,总是冷冰冰的,不通情理,可一步步都在保护自己,也是母亲介绍认识了咨询师。Mermaid 说,梦里的警察长"喝绿茶、和蔼、安心、有趣",仿佛有咨询师的影子。

Mermaid 即美人鱼,"她"是身心还未完全发育好的十五岁女孩。其有大脑,没有脚,有时大脑理智发挥作用,有时鱼尾巴(本能)动起来,就在"我死、你死"一念间。如今,她的微信头像是一棵"榕树",我们做过好多次有关"树"的心理意象。五年过去,现在已是一名优秀设计师,也有了心仪的"白马王子"。

当内在发生变化时,现实也随之发生变化,无意识就把内在的变化以隐喻的方式,通过梦传递出来告诉意识。无意识主动和意识连接。如果意识接收不到或接收有误,无意识就持续做相关梦,如果意识还是"破译"不了,无意识可能换一种方式或暂时作罢。

02 钱包的梦

在心理咨询过程中，一周一次来访，来访者会有预期，在有所感之时，会在来访前一天做一个很清晰的梦。这类梦往往有特别含义。

羽，高二男生。来访之前，已经十三个月不上学了，肠胃不适，失眠，情绪波动大。此后开始了四个月的咨询，在第 10 次咨询时，他从高一文化课开始复习，生活开始有规律了，其间进行了包括个人沙盘、家庭沙盘、梦的工作、意象分析等咨询。第 15 次咨询时，他报告了如下梦：

> 家是两层楼，自己在二楼，发现地板都是沙。
>
> 我出去旅游，女友穿红色衣服，个子不高，长头发、长辫子。在船上，鞋子掉在水里，被打捞上来。一个小偷，抢走了她的钱包。我去追了回来。回来后，她把我拉黑，我的资料都没有了。后来我找到她的联系方式了。

羽说："这是昨天中午午休的梦，我没有女朋友，好像感应，醒来时天气恶劣，情绪低落，浑身不舒服。最近进入一对一补课复习，我跟老师、父母的关系融洽了，喜欢上了物理老师的幽默。"接下来，开始梦的工作。

（1）咨询师与羽同时重新进入梦境。看到这个穿红色衣服的女孩子，面目平静，熟悉而陌生的感觉。发现是羽想出去旅游的时候，遇见她的。

（2）感受梦中的情绪。当初做梦时心情不好,细分情绪,发现有惋惜又略带庆幸的情绪,无奈和失落的感觉,有力量和无力感交替出现,总体是低落的情绪,再次分辨,有后悔的情绪成分。

（3）"倒带子"。对于重点片段,回放梦境。看看梦中的自己、女朋友、小偷,以及鞋子、钱包、船、房间、沙子、周围的场景是什么样子。

（4）看看他是谁? 咨询师和羽同时感悟:"女朋友"是"愿望","女朋友"特征是长头发、长辫子。羽说梦里是依赖这个"女朋友",怕出个闪失。"红色衣服"联想到热血、活力、勇气、吸引。"小偷"偷走"钱包","钱包"是"时间","时间就是金钱"。"小偷"是自己之前的懒惰行为。"鞋子"是走路的,是"女朋友"的,幸好在船上临时不用,到了陆地就需要,这是必须的"路径"。船,在"水"上,"鞋子"掉"水"里,实现"愿望"必备的行走的"鞋子"被潜意识吸走隐匿。船,象征载体、路径。水,象征无意识。

（5）让无意识的梦继续飞。发现了梦的主题是失而复得。但还有悬念未确认。鞋子被打捞上来,失而复得;钱包被抢走去追,追了回来,第二次失而复得;她把我拉黑,没了资料,找到联系方式,第三次失而复得。但是这一次没有得到"女朋友"的原谅。答案或许是意味深长的。梦留下了启示,待梦者来参。

（6）领悟梦的启示。这个梦和此阶段的咨询相吻合。是在重新回到学校、开始补习的一个关键点上的"梦的启示"。虽找到"联系方式",但没有被确认恢复关系,就需要去努力了,不再荒废时间,向愿望出发。

（7）看看我是谁。自己,在二层楼睡觉,地板的沙子舒服,出去游玩,和喜欢的女朋友一起,找回东西,有担当,失去女朋友很伤心,依赖女孩。女朋友，需要被别人保护，被保护又离开，被追求。小偷，偷东西，逃避，懒惰。钱包，时间。梦中的每一个人物，自己、女朋友、小偷，都是自己的某一个侧面，展现给自己看。

这次梦的工作之后，他又做了两次咨询便暂停了。高考时又来了一次，羽的状态非常好，穿着朴素，清秀而成熟，完全是高考备战的状态。他内心成长了，高考成绩理想是很自然的事情。

03 孕妇的梦

孕妇的梦，是另一种隐喻传递。我对来访者和志愿者征求了 38 个孕妇梦，通过研究得出的结论如下：

一是部分孕妇梦多为胎儿梦。孕妇和胎儿一体，胎儿的梦通过母亲的梦传达出来，分娩之后就再也没有这类梦了。据某志愿者回忆，几十年前怀孕时做的梦，梦见的场景非常奇异，现实生活中根本没有，从怀孕到分娩，一直都是这样的梦。现在想那就是胎儿梦，孩子出生几岁就喜欢画那些梦里出现的场景，现在他做与当初梦境相关的职业。中国古代典籍中有关皇帝出生时其母生子梦的记载甚多，如"梦日入怀""梦神捧日以授己""梦日而以裙承之""梦两龙与日并随，以衣承之""梦日坠于庭，以手承之"等。

二是象征性告诉孕妇胎儿性别。无意识会把母亲最想知道的胎儿性别，以隐喻的方式通过梦呈现。这类梦占比最大。《诗》云："维熊维罴，男子之祥；维虺维蛇，女子之祥。"此谓象之梦也。梦见熊罴，是生男孩的吉兆；梦见虺蛇，是生女孩的吉兆。其因是熊罴威猛，象征男性气质;虺蛇委宛,象征女性气质。梦见其他事物,也可采用取象比类的办法。精神分析对此类释梦最为简单。某孕妇说:"很奇怪做了一个梦,只有两个苹果,一个玉米棒子。"梦用原始人的表达方式,画了一幅男性生殖器的图形,两个苹果是睾丸,玉米棒子是阴茎。无意识用意象方式,把性别告诉了梦者。

三是预测梦,早产儿中多现。胎儿祖母的梦:"孩子出生前三天,做了一个梦。我和儿子来到西南方向一个小山村,一个卖鸡的,这只鸡身子被尼龙丝网子罩着,只露出头。卖鸡的老太太说190元。儿子就掏钱,我看他拿出190元,把鸡买下来抱走。"鸡头,男性器官隐喻。身子用尼龙网罩住,还没成熟。尼龙网,意寓子宫、胎衣。西南村子,西南坤卦,在这里成为母亲、子宫的象征。出现两次190元,说明此数字重要。从受孕到早产正好190天,与梦中190元吻合。无意识通过梦告诉祖母胎儿早产。

四是感应家族无意识。孕妇"退行"到"婴儿"状态,会感应到家族中先祖或人类早期的一些情境。某高龄孕妇,婚后一直未能受孕。某日梦:"梦见爸爸给我买了蓝色小车礼物。"其父在其三岁时去世,基本没有记忆。其间丈夫也做了一个梦:"一个很强壮的男人,到了我家客厅,坐着不走。"孕妇梦后体检受孕,生下健康男婴。胎儿期间,祖母的梦往往伴有家族无意识。某胎儿祖母,她说:"昨晚梦见空中大鸟抱着小鸟回巢,并帮助它们筑巢。梦里有点小激动,高兴。"当时我并不知道她儿媳有孕,从梦境得出,祖母是那只大鸟,小鸟是孙子,因为还在飞(回巢),感觉是儿媳怀孕了。小鸟意象,表现为男性生殖器。我说"给孙子起名的话,可以名字里有 péng 的音"。后来反馈说:"真的生了小孙子,他爷爷就姓彭。"

五是孕妇情绪的梦。某银行女员工:"和父母一起睡觉,有一堆蛇,我把它们摆到一边,其中一只咬了我的右腿。"梦者头绪多、压力大,包括工作业务指标、胎儿性别等压力。蛇咬右腿,感觉是对未来"行走"的担忧。

 04　探索自我从梦开始

首先,了解梦的运作。梦是自己最好的分析师,通过做梦者的一个梦,看梦是如何把现实与梦象结合起来得以运作,从而进行呈现的。

> 我在公司,我同事(大学教授)的侄子来找我聊天,发现他坐在我腿上,我想他都七年级了,看来心理年龄小于实际年龄。教授推门而入,送我一包茶叶,说下次再来。

当时白天发生的事情是,同事介绍亲戚来做咨询。我觉察到有些属于"双重关系"。"坐腿上、推门而入",象征了"咨访关系边界感"不严谨;"茶叶",一般认为心理咨询就是"喝茶聊天",茶叶也代表了同事的感谢方式。我不想把这个咨询继续下去,梦中以"下次还来"表达了"我"的担心。梦中所现,部分改变了白天清醒时的经历,选择了表面上将无关紧要事件的感受,编织到一个新的叙事当中,梦把经历和意图联系了起来。

心灵具有把日间经历反思为夜间叙事的能力。外部世界的物体变成了象征。实际经历的现实部分,都成了梦中象征的部分。日间残留的无意识,使得我们能注意到我们在清醒的时候也是在做梦。我们的注意力同时既向内看,也向外看。如何看梦中的"我"?日本心理分析师河合隼雄说:"梦中的'我',不是现有的'自我',但表达了自我所具有的可能性,或者梦中的'我'表示潜在的自我形象。人的一种特长就在于可以将自己当作观察的对象。自我可以把自我当对象,给出适当的判断。梦中的我先行体验了未来的可能性。梦中的我也有可能是过去的我。从这一点来看,我们大概能够理解梦中的我,展示了自我发展的可能性。"碎片化的梦,是散落的珍珠,把它们串起来,就会发现那是无意识多么珍贵的馈赠。

其次,多重视角下看梦。从几个视角看梦,来探索"我"与梦。如这位中年男士的梦:

> 我在街头散步,看见高中女同学,与她丈夫在一个很高烟囱的房子旁,她丈夫被一个人踢倒在地,过来一只瘸腿的黑狗,踢他的人没看清。她丈夫是一个官员。

我们可以从以下几个视角来审视这一梦境。

(1)客观视角。梦中的我与做梦的我,是同一个人。如果梦到的人与自己确有密切关系,通过这种观点看梦很有必要,因为他可能指出你目前无意识中对他的感知。也许真的女同学丈夫有可能会发生什么。某来访者说:"连续三天同一个梦,我家猫被妈妈浇了开水,猫成秃头了。第四天妈妈就撞了车。当时小猫就在副驾驶位置,那个地方都撞烂了。"

（2）主观视角。梦中的我，是我所惯于认同的那部分人格。既然梦中所有出现的元素都是梦者整个梦的一部分，那么梦中每个元素，包括我、女同学、她丈夫、踢他的人、瘸腿的狗，也都是梦者的一部分。如前面引述 Mermaid 的梦，梦中的"我"、学长 a、学长 b、出租车司机、警长都可以看作自己的某一侧面人格。

（3）精神分析视角。烟囱象征男性器官，狗象征伦理。这个梦是与梦者本人的性压抑有关，通过梦中一个人踢了女同学丈夫，而获得愿望达成："我想占有女同学"，"我嫉妒她丈夫"，"我报复了她丈夫"。

（4）象征视角。认为梦中的意象指向另一个世界，因为它完全不可直接表达，但却可以通过象征来被感知。这是一个预言性的梦吗？这个梦象征了什么？象征与隐喻有所不同。隐喻把意象理解为形象化的比喻。隐喻是对意象之内涵的深度回应，不需要外部知识如查找象征词典之类就可以了解它的意义，凭直觉就可揭示隐喻内涵。

（5）现象学视角。梦是纯粹想象力的产物，梦发生过的"历史"，关注在梦中的体验是什么，而不会关注象征之类。此即"意象体现"，在第四节中作专题讨论。

以上几种视角不是对立的，可以并行。主观解梦，可以看作我们内在的部分出了问题；客观解梦是做梦者与"梦中其他"的关系出了问题，"梦中其他"对梦者客观地回应，是解梦有"趣"的部分，如"女同学丈夫真的被人踢了一脚"，对做梦者而言，那该多"有趣（神奇）"。如果执着在主观水平解梦，会丧失与现实的连接，孤立在内在世界里；执着在客观层面，则丧失了梦本身的象征性。

再次，梦有话要说。梦是做梦者内在心灵世界的展现，是梦者内在心灵的剧场。梦是无意识有"话"要向"我"说。因何而说？因为梦有一些"我"不知道的东西，包括个人无意识、集体无意识，里面含有无穷无尽的储藏，可供"我"使用，过去没意识到。因何要说？因为要"通"，如同树冠与树干、树根的连通，如同地下的水分、养分，通过树根吸收、通过树干往上输送。因何隐喻？这是无意识的特征，它是原始认知方式，使用非逻辑语言，只不过用的是"画面"语言，用弗洛伊德话来说就是梦做了"伪装"。

梦都说些什么？一般而言，常见的梦，如被追赶，按照弗洛伊德理论，象征自我与本能间的冲突，伴之焦虑情绪。战斗的梦，也是自我冲突的象征。总是迟到或赶不上，意味自己的意识和行为受到了潜意识阻挠。考试的梦，多是面临考验，需要做出抉择。裸体，可能象征了一个人的表里如一，也可能象征了人格过于单纯，或者隐藏的东西怕被人知晓。上下楼梯的梦，象征了现实中的社会关系，如果被困住，则可能现实中受困于某种情绪或环境，梦中可能会提出解困线索。除了象征表达，梦也有提示身体症状作用。这在《黄帝内经》有详细论述。

在咨询师与梦者共同进入梦境的时候，此时梦工作中的"梦"，不完全等同于当初彼时的梦了。这是梦在新的情境下，自然而然在原来梦境上"随缘变化"，这时的梦会有扩展、延伸和改造，这来自于重新入梦时，咨询师和来访者共同进入，在关键画面"倒带子、回放""此时躯体感受和情绪"等，让来访者觉察。这也是咨询师之所以存在于梦的工作中之关键所在。

梦是无意识的真实，如同现实生活的真实存在。当下梦就与过往梦有了连续性,有必要与当下现实生活、早年经历、其他梦进行连接,让其自然发生,或许会有"花开见佛"的感觉,这是无意识馈赠的珍贵礼物。

第二节　心灵真实性及其梦理论

既然梦是无意识馈赠给我们的礼物,那么首先需要确认其"真实性"问题。梦的真实性,首先涉及到心灵真实性问题。

01　现实真实性与心灵真实性

我们讨论过,肉眼看到的树冠树干及天空大地是一种存在,肉眼看不到的树根及地下部分也是一种存在。白天和黑夜都是一种存在状态。白天公职人员开会上班,农民考虑土肥水种密保管工,是一种存在;晚上睡觉做梦,在梦境里发生的事情,也该是一种存在。

一个是"理智人",白天用"意识"忙碌在现实世界;一个是"梦游者",夜晚以"无意识"出没于心灵世界。好像井水不犯河水,实则不然,结合起来才是一个昼夜。如隼和海豚,它们感受这个世界的方式不一样。它们受制于摄取外界的器官不同而造成主观感受不同,互相感受不到对方的存在,但都是一种真实存在。对人来说,意识这个"人"和无意识这个"人"的认知方式不同,使用"方言"不一样:白天说人话,晚上说梦话,造成白天、黑夜两个"人"互不承认对方的存在。猫说"喵"语,狗说"汪"腔。从梦的角度看,梦中的意象是真实的,只不过梦的视角和清醒时视角不一样,清醒的视角来看这些都是象征,从梦本身的视角来看这些都是真实的。

心灵的真实性,一方面是指梦中的"情绪"。即使依然认为梦是不真实的,但做梦时的情绪是真实发生的,有时还伴有躯体反应。常见如被追赶、飞翔或坠落、丢失或找不到、裸体、跑不动或楼梯断了、情绪失控等,在梦中都有真实存在的着急、恐惧、兴奋、愤怒等情绪。无意识想把它的"真实"传导给"自我"。另一方面,躯体也想通过梦,把躯体感受(如病症)通过梦传导给"自我"。有时做好多梦都记不住,有时只记得一星半点儿,有的记忆深刻经年不忘,有的梦反复做,有的连续做像连续剧,有些小时候的梦记忆犹新。有些是浅梦,有些是清明梦(知道自己在做梦),有些与最近琐事或日有所思有关,有些与较深层个人无意识相连接,也有更深层与家族无意识、集体无意识相联系的梦。所有这些,都体现了"心灵真实性"。

站在现代人立场,以"理智人"视角,可能无法理解"原始人"的"原始认知"。就像"人之眼睛"看不清夜晚一样。我们可以从原始人"绘画作品"中,尽可能还原"原始人"的"语境",认可这些古代"语境"的呈现方式。以"龙"为例。龙这种神与动物兼备的形象,到底有无? 学界、民间各有解释。从心理学角度来理解与"龙"相关的"原始认知"方式。先看其意象,如内蒙古出土的新石器时代红山文化"盘龙",距今约五千年,其形头部如猪,身卷曲如钩。"召云者龙,召风者虎","龙是水畜,云是水气,故龙吟则景云出,是云从龙也"。古人看天吃饭,云动天幻,望天观云，以云喻龙，把不可测而主宰大地的这种"天象"演绎为主宰之"龙"。我以原始认知方式推导之所以发音"龙"，龙为云也，云聚雷起，云散有风，尤以雷声"隆隆"入耳，故以音取义命名，曰"龙（隆）"。每到农历二月初二，东方苍龙七宿从地平线向南中天上升，呈现"龙抬头"意象。华夏古人仰望星空，发现了天道运行的规律。惊蛰前后，开始打雷。在原始人心目中，龙，就是真实的存在。

再以石器时期洞窟图画为例，二万多年前人类已经懂得制作记号和图像作为仪式之用，保护他们免受环境、动物及不可预知的力量所伤害，艺术被做为治疗疾病和减轻身心压力的一种方式。《艺术的故事》一书的作者认为："在原始人中，就实用而言，建筑和制像之间没有区别，他们建造茅屋是为了遮身避雨、挡风防晒，制像则是为了保护他们免遭其他超自然力的危害。换句话说，他们制作绘画和雕塑用来行使法术……除非我们能设法体会原始民族的心理，弄清楚到底是什么经历，使他们不把绘画当作美好的东西去观赏，且当作富有威力的东西去使用，否则我们就不能指望会理解艺术的奇特的起源。"假使从今天的报纸上得到一张自己心爱的冠军的照片，我们愿意拿一根针去戳他的眼睛吗？我们能像在报纸别的地方戳个窟窿一样无动于衷吗？无论清醒的头脑怎样明了我对照片的所作所为，无伤我的朋友或英雄，还是对损坏相片隐然感到不快，似乎觉得对相片的所作所为就是对本人的所作所为之想法感到很荒唐。在原始人那里，经常把心理当成现实。无论古人还是现代人，都会把尊崇的人物画像悬挂起来，把敌方的国旗焚烧。把门神贴在门口让他们"站岗"保一家平安，从古至今依然如此。这样我们可以看到原始认知的方式和与之相关的心灵真实性。

02　梦,显得很固执

人能够在白天控制以达到某个目的,但在梦中,除非部分修行人或清明梦,只能任由梦境发生。

(1)列子:役者的国王梦,富豪的仆人梦

> 周之尹氏大治产,其下趣役者侵晨昏而弗息。有老役夫,筋力竭矣,而使之弥勤。昼则呻呼而即事,夜则昏惫而熟寐。精神荒散,昔昔梦为国君,居人民之上,总一国之事。游燕宫观,恣意所欲,其乐无比。觉则复役。人有慰喻其勤者,役夫曰:"人生百年,昼夜各分。吾昼为仆虏,苦则苦矣;夜为人君,其乐无比。何所怨哉?"
>
> 尹氏心营世事,虑钟家业,心形俱疲,夜亦昏惫而寐。昔昔梦为人仆,趋走作役,无不为也;数骂杖挞,无不至也。眠中啴吔呻呼,彻旦息焉。尹氏病之,以访其友。友曰:"若位足荣身,资财有馀,胜人远矣。夜梦为仆,苦逸之复,数之常也。若欲觉梦兼之,岂可得邪?"尹氏闻其友言,宽其役夫之程,减己思虑之事,疾并少间。

此文饶有奇趣又颇具哲理。篇中老役夫梦中为国君,姓尹的富人梦里为奴仆。尹富人整天苦心经营,殚精竭虑,心力交瘁,为钱所控制;老役夫虽劳累不堪,却心安理得。紧接着,列子又讲了"蕉鹿梦郑人有薪于野者,偶骇鹿,御而击之,毙之。恐人见之也,遽而藏诸隍中,覆之以蕉。不胜其喜。俄而遗其所藏之处,遂以为梦焉"的故事,表达了"梦即是醒,醒即是梦;梦即是真,真即是梦;人生即梦,梦即人生"的哲理。这可否说"梦是无意识的真实"? 相对于我们惯常使用的"意识","无意识"是一种深层的真实,也证实了"梦是一种补偿",以虚补实,虚实相当,就成了太极图,就完整了。

(2)庄子:梦蝶与梦的觉知

　　昔者庄周梦为胡蝶,栩栩然胡蝶也,自喻适志与,不知周也。俄然觉,则蘧蘧然周也。不知周之梦为胡蝶与,胡蝶之梦为周与? 周与胡蝶,则必有分矣。此之谓物化。

突然间醒过来,惊惶不定之间方知原来我是庄周。不知是庄周梦中变成蝴蝶呢,还是蝴蝶梦中变成庄周呢?

其一,梦中自己的一部分,以不同形象出现。心理学家冯建国认为,"从局部来讲,梦是冲突的,充满矛盾的,但是产生冲突和矛盾背后的力量是完整的。所以一个冲突的、充满矛盾的梦也暗含着治愈之道,也有解决问题的线索和钥匙。"

其二,梦具有"心灵真实性",又有别于日常现实。"其寐也魂交,其觉也形开","魂交"指梦象的交错变幻,"觉"指清醒意识,分别说明它们的特征。睡梦同醒觉的特征是什么? 按庄子分析,醒觉的特征是"形开",相对应睡梦的特征是"形闭"。

其三,两者相互作用。庄周即是蝴蝶,蝴蝶亦是庄周,但又相互不是,然相互又有关联。世界是普遍的联系存在,梦自然包含了意识部分,有我们现实生活所思所想、见闻觉知,还有本能和原型层面的部分。

（3）荣格：端详地图，梦到了何方

在心灵真实性方面，荣格走得更具体，延展到日常心理分析的具体操作中。且听荣格的弟子阿德勒的访谈：

我还记得我与荣格的第一次精神分析经历。这一次精神分析对之后的整个分析起着决定性作用。我最初的梦里给我留下了深刻的印象。我在梦中着陆。我认为是在东海岸，并且出发去西藏。荣格是怎么回应的呢？他本可以直接分析这个梦，也可以做各种各样的分析性解释。但他只是站了起来。取了一张大地图集。把它放在椅子上，跪在地图册前。我也和他一起跪着，这是一位伟大的精神分析师，而我是在一旁焦虑的初学者。我们一起看这地图。他问："你去了哪里，你去了哪里？"他教会了我一些东西，在我的精神分析中，以及对荣格的理解力变得越来越重要。这就是荣格所说的心灵真实性，就是你会怎么理解他。

我还有另外一段经历，向我展示了荣格是怎样理解心灵的真实性的。荣格在一次谈话中被一位病人的紧急电话打断。那个病人显然被大量涌入的原型意象淹没了，她不知道如何处理在精神分裂状态下的感受。那位病人说："我翻来覆去的漂泊，我在大海里的一只小船上，在海上颠簸，我不知道我该怎么办，我很无助。"你知道荣格是怎么说的吗？他说："请你收起你的船帆，然后你躺在船底，等待暴风雨平息。"就是这样。当然，她活了下来。荣格把他们看得多么真实。这太令人印象深刻了。

与此相似的还一个案例，某位女病人一直认为自己是从月球来的，为回不去而苦恼。荣格饶有兴趣地听她描述月球的种种经历，荣格经常是经由故事去理解一个人的内在体验，自己仿佛就是这个病人，这种感受是真实存在的，真的是生活在月球上。荣格真诚地说："月亮真的很美，但回不去了，其实地球也很美。"这位女病人欣然接受了荣格的意见，就安下心来，回归家庭生活。这便是心灵真实性。

接下来的思考是，当我们治愈了过往的创伤，那么我们现在所过的生活是我们所期待的吗？因为这位女病人后来抱怨荣格的治疗，切断了她与精神世界月亮之间的连接。对她来说，生活在月球的那一段生活是非常美好的，但是随着自己的现实感恢复，她不得不回到现实。月亮的心灵世界也具有神性所在。对于每个自我探索的现代人来说，当然不是仅停留在那些糟糕的经历与超现实的幻觉当中，心理分析师也不仅仅为了帮助病人回归现实世界，顺应这个世俗社会，更宏大的主题，是借由心灵真实性，去探索我们内在真实的那个未知部分，由此体验到更加富足、圆满的内心世界，有更深入的探索，更多的连接，自然会有更多的潜能可以开启。

荣格自述："我的一生是无意识自我实现的故事"，身体力行地与无意识打交道，深谙无意识的真实存在，眼睛所及、随手触摸，以及开小差、毫无逻辑的梦境，皆体现为心灵真实性。梦的真实性还体现在它是一种关系呈现。如某种关系特别是现实事件刺激引发了内在反应，主客观相互作用产生了梦。既与现实冲突相契合，也与内在心灵结构相契合，作为内在世界的一种呈现，帮助我们从另外的视角去认识内在世界和心灵。

既然是与现实相关的某个部分，那么你就如实面对现实世界；既然是无意识的自发涌现，那么你就用无意识去交流；既然它是真实的，那你就去真实面对它。某位官员问："你是做心理的，知道我想什么吗？"我回答："只要你随手画一幅画，或者告诉一个你的梦，我就知道，并且还能知道你意识不到的那些。"某位老板说："那年我……测谎仪都没测出来。"我让他在沙盘摸沙，讲述一个梦。当讲到梦见了故去的姥姥，泪水就出来了。

当我们进入深度分析时，经常进入"无我"状态，处于宇宙中没有自己的死寂状态。这时候很多人会恐惧，觉得自己不正常。实际上，那个状态正是心灵最真实、最本质的状态。如果没有这方面的知识，就想逃离，也就错失了一次进入内心深处的机会，当然这需要心理分析师的陪伴。

最后提醒：不要弄"假"成真。说"梦是无意识的真实"，但不可偏执一端。梦有梦的真实，现实有现实的真实。有人说："我们在现实中是执幻如实。"这里的"幻""实"都是有不同含义的，望文生义往往"南辕北辙"。每种观点都是在当时语境发生的，有针对性。某咨询师说："我做深度成长一年了，一直固着在骷髅和溺水女鬼意象里。"我的答复是："保持觉察，保持现实感。"如果长时间持续在某负面意象里，会脱离现实感而"弄假成真"。即使说心灵是真实的，那么结果就是"无处安放"，因为都被那些"骷髅女鬼"占满了，如同在卧室挂了"骷髅女鬼"画，当你现实的心被这些占据，"容器"满了盛不了的时候就会外溢，就会生病。

怎么办呢？虚其心。有容乃大，有足够的容器，才能够去呈现这些意象。无意识的漆黑洞穴里面，有无尽的宝藏，是真实的宝藏，但也是未知的，充满了风险。

弗洛伊德和荣格关于梦的理论

对现代西方心理学来说，"梦的分析是分析治疗中的一个核心问题，因为这是开辟通向无意识的大道最重要的技术手段"。由弗洛伊德开创的精神分析学，即是以梦为理论内核。他在《梦的解析》一书中说："我们要使病人有两种改变：一是增强对精神感受的注意力；二是减少那些对每天滤过自己头脑中各种思想的批判。这样他才能全力以赴地进行自我观察，这时最好心平气和地躺在床上并闭上双眼。这时必须做到对一切感受到的想法放弃批判……正是因为他平时总抱着一种批判态度才使他不能对他的梦、强迫观念或其他什么病症做出满意的解释。"这就揭示精神分析流派释梦的观点，基于"自我批判"而产生的压抑形成了梦因，"因此梦的内容乃是一种愿望的满足，而它的动机就是愿望"。对弗洛伊德来说，关注的是个人潜意识。"我们注意的对象不是梦的整体，而是它的各部分的内容。如果我们问一个不了解这方面知识的病人：'你想到了什么与这个梦有关的事？'一般情况下，他的精神世界是一片空白。但是，如果我把他的梦分割成一个个片断，他就会说出许多与它们有联系的事情，这些联系就可以称为与某片断相关的背景思想。"梦是被压抑的愿望，以伪装的方式所获得的满足。释梦的核心是探索因梦中被压抑的愿望。使用的方法是自由联想，即梦中事物的含义，在于它能让我们想起什么。

荣格关注的是集体无意识。他认为梦没有伪装，梦的工作围绕着意象本身进行解读。他说："梦是不由自主的心灵活动之一，所具有的意识，不多不少刚好够清醒状态时复制……因为大部分的梦的意蕴与意识的倾向变为重合，反而有其他的歧异，所以我们必须猜测，潜意识及梦的源头具有自主性的功能。"荣格认为，梦是自然而然的现象。梦没有说谎，也没有歪曲与掩饰，它们总是在尽力表达其意义，只是它们所表达的意义不被意识自我所理解。如果我们把梦的分析当作一种机械的技术，做梦的人将会失去他的心灵和人格。荣格将梦看成更有智慧、更古老的存在，不需要被解释。不是尝试去发现梦被压抑的愿望，而是围绕梦意象本身去进行，尝试走近它，向智者请教，更像一种艺术，而不是一门技术。梦是发生在两个人格之间辩证式的意象对话，直抒胸臆，不像意识那样委婉。梦的主要功能是补偿。荣格理论中的补偿是指补偿自我暂时性的扭曲、对自己有更全面的了解、调整自我以跟上自性化的历程、改变情结结构的一种努力。换句话说，就是通过梦，对意识自我的局限以补偿。补偿不是补充。补充是填充缺少的部分，补偿是填充相反的部分。通过补偿扩大意识视野，有利于人格改变和成长，包括恢复心灵的平衡，以微妙的方式建立整体心灵平衡的机制。

荣格式分析梦的三个步骤：第一，对梦完整的细节有清晰的了解；第二，在个人的、文化的和原型的水平上，逐步收集联想和扩充的材料；第三，将梦置于梦者生活脉络和自性化历程当中，个人联想要优先于文化或原型扩充，有些梦只能放置于超个人材料中去理解。

"我不做梦，我被梦见。"对荣格来说，梦是藏在心灵深处最隐秘角落的小小通道，它通向宇宙的夜空，这个空间早在自我意识出现之前就是心灵。无论自我意识如何延伸，它依然是心灵。在梦里我们看起来更统一、更真实、更永恒，我们栖身于原始的黑暗中。在那里人是整体，整体即是人，人没有和自然分离，也不存在自我。梦就诞生于这集结一切的深处。

04　中国古代对梦的探索以及睡梦瑜伽

　　对于梦的研究，在中国远古洪荒时期人们就已经开始了探索。占梦最早的是黄帝。"黄帝梦大风吹天下之尘垢皆去，又梦人执千钧之弩驱羊万群。"从殷代开始，甲骨卜辞有"庚辰卜，贞多鬼梦，不至田"等。周代时，帝王的占梦活动日益频繁，并且有了专职占梦官的设置和梦的分类，而其时占梦之法，也较之殷王朝的朴素原始有了极大的推进。

　　根据甲骨学家胡厚宣的归纳，殷王在卜辞中所占问的梦景或梦象，有人物、鬼怪、天象、走兽，还有田猎、祭祀等。在人物中，有殷王身旁的妻、妾、史官，有死去的先祖、先妣。在天象中，既占问过下雨，又占问过天晴。在走兽中提到过牛和死虎。殷王的鬼梦特别多。《黄帝内经》有专题对病例梦相的论述。如"阴气盛则梦涉大水而恐惧；阳气盛则梦大火而燔烤；阴阳俱盛则梦相杀；上盛则梦飞、下盛则梦堕；甚饥则梦取、甚饱则梦与"。据刘文英《梦的迷信与探索》介绍，中国古代对于梦的本质和特征，包括梦同睡眠的联系、睡梦和醒觉的区别，关于梦的原因和机制，包括梦的生理病理原因和机制、梦的精神心理原因和机制及两种梦因的关系和联系，都做了不懈的探索。中国古代学者把梦作为科学探索的对象，因而很早就有潜意识概念的思想萌芽。到宋明时期,在"醒制卧逸"和"神蛰""神藏"思想中,已出现了现代心理学有关梦及潜意识的雏形。

其寐也魂交。(战国庄子《齐物论》)

心卧则梦,偷则自行,使之则谋。(战国荀子《解蔽》)

卧,知无知也。梦,卧而以为然也。(战国墨子《经上》)

人之梦也,占者谓之魂行。(东汉王充《论衡》)

眠,泯也,无知,泯泯也。卧,化也。精气变化不与觉时同也。
(东汉刘熙《释名》)

梦,寐而有觉者也。(东汉许慎《说文》)

梦者,人精神所窹,可占也。(东汉郑玄注《周礼》)

梦者,寐中之心动也。(南宋朱熹《答陈安卿》)

寐也,昧也。目闭神藏。(南宋毛晃《增韵》)

梦,觉之对,寐中缩肩事形也。(明代《郑韵》)

梦者,人智所现。醒时所制,如既络之马,卧则逸去。然务过,
即脱亦驯。其神不昧,反来告形。(明清方以智《药地炮庄》)

唯物主义哲学家王充以"精神依倚形体"为大前提,提出了"梦之精神"概念。在《论衡订鬼篇》中认为"觉见卧闻,俱用精神"。"觉见",是人在清醒时耳目知觉有所见,为精神活动的结果。"卧闻",是人在睡眠中有所见、有所闻,即《墨经》说的"卧而以为然也"、《说文》讲的"寐而有觉者"。关于梦的种类和释梦方法,中国古代也进行了探索。

梦的种类有哪些? 先秦时期,《周礼》分"六梦":正梦、噩梦、思梦、

寤梦、喜梦、惧梦。东汉时，王符著《潜夫论》有《梦列》一篇，把梦分为十类：直应之梦、象兆之梦、意精之梦、记想之梦、人位之梦、感气之梦、应时之梦、极反之梦、病气之梦、性情之梦。

释梦方法，主要有直解法、转释法和反说法三类。其中转释法，包含象征法、连类法、类比法、破译法、解字法、谐音法。这些解梦的方法与现代心理学释梦方法类似，其中有弗洛伊德学派的自由联想方法，也有荣格学派的扩充分析、积极想象方法。

北宋《太平御览》记载了一则运用综合解梦法破案的故事，颇为有趣。

秦符融为司隶校尉。京兆人董丰，游学三年而返过宿妻家，是夜，妻为贼所杀，妻兄疑丰所杀，送丰有司，丰不堪楚掠，诬引杀妻。融察而疑之，问曰："汝行往还，颇有怪异否？"丰曰："初将发，夜梦乘马南渡水，反而北渡，复自北而南，马停水中，鞭策不去，俯而视之，见两日在水下，马左白而湿，右黑而燥。"融曰："吾知之矣。易坎为水，马为离，乘马南渡，旋北而南者，从坎之离，三爻同变，变而为离，离炽女，坎为中男，两日，二夫之象；马左而湿，湿水也，左水右马，冯字也；两日，昌字也。其冯昌杀之乎？"于是推验，获昌诘之，具首伏。

古代占梦，有迷信占梦，也间杂对无意识的分析。从《黄帝内经》对病理梦的分析，到民间《周公解梦》，还留下了唐明皇梦中得《霓裳羽衣曲》、苏轼等文学家梦中得诗等典故。古人对梦的思考，属于人对自身的一种"反观",因而也是人类的一种自我认识。然而在人所接触的各种物质现象和精神现象中,没有任何东西像梦这样一直纠缠着人的头脑。刘文英教授指出:中国古代的梦说,有自己特殊的范畴和特殊的理论。其中关于梦的生理心理特征及其同醒觉意识的种种界限,关于"梦之精神"和"神蛰""神藏"的东方观念,关于生理病理和精神心理两个方面的梦因及其关系,确实有很多精辟的见解。

在西藏修行人那里,是把睡梦瑜伽作为主要修行内容的。《西藏的睡梦瑜伽》一书认为,所有轮回体验都是有业迹造成的,在梦中业迹显现在觉识中,不受理性约束。睡梦瑜伽为我们提供了一个在梦中燃烧未来业种的方法。该教法将梦分为普通梦、明觉梦、净光梦三种。"轮回梦从个人的业迹和情绪中生成。明觉梦包括更为客观的知识。这种知识从集体业迹中生成,当不与人业迹交织时,觉识能够辨识它……净光梦不是由梦的内容决定的,它是一种净光梦,因为梦中没有主观的梦者或梦自我,也没有与梦或梦的内容处于关系中的自我。尽管梦会生成,但意念的活动绝不会干扰修者在净光中的稳定。"

第三节　意象:立象以尽意

《系辞》曰:"书不尽言,言不尽意。""圣人立象以尽意。"《论衡》曰:"梦者,象也。"《说文解字》曰:"古者包羲氏之王天下也,仰则观象于天,俯则观法于地,观鸟兽之文与地之宜,近取诸身,远取诸物,因此始作八卦，以垂丽天之象。"

01　象征与意象

探索自我，需要了解无意识，与其建立关系。与其建立关系，就要以它的方式交流。如跟一个聋哑人打交道，就需要用手语。与无意识打交道，需要了解其运作方式。在前面部分，我们已了解到音声、画面在内的场景，这种原始认知就是无意识的认知方式，意象是其主要特点。荣格说："一般情况下意识是偏执的。它的对手是共同潜意识，潜意识不能理解意识的语言，因此需要象征的力量通过最简单的比喻才能与潜意识对话。潜意识只能通过象征来获知和表达。这也就是没有象征则自性化过程就不能完成的原因。象征是潜意识的简单表达，但是同时它也是意识所产生的最高级的直觉。"刘文英提出："梦以意象作为基本要素，意象之不同于概念，主要在于它在形式上是一种'象'。它对任何意念、思想和欲望的表示，都必须化之为'象'。在原始思维中，只有极少数的场合，意念可以用'象形'来表示，外'象'和内'意'大略一致。在绝大多数场合，则要通过联想和想象，借用象征、比喻、类比、暗示等方式来表示。于是在外'象'和内'意'之间，不同程度地都有一定的距离。"

象征，是普遍存在的状态，日常生活比比皆是，民俗更是浓重的象征仪式。以生孩子为例，《礼记内则》载："生子，男子设弧于门左，女子设蜕于门右。"弧者，示有事于武也；蜕者，事人之佩巾也。现在民间一般在门口挂带根的秀谷和红布之外，生男孩要配以弓箭和大蒜，生女孩只挂蒜不挂弓箭。如用"花岗岩脑袋"来表示顽固不化,用"大山一样的父亲"形容坚强,用"祖国的花朵"形容少年儿童,以鞋喻"婚姻",生活作风不好的女人被嗤为"破鞋",以"傻瓜"象征脑子不开窍。过年放鞭炮、耍龙灯、端午划龙舟、中秋赏月,都是"象征"仪式。象征具有浓厚的文化差异和个人色彩。对于被象征的"物",有人类通用的象征性解释,也有不同民族的文化认知,更有个人的无意识感受。同样一只兔子,就有可爱、胆小、咬人、食素、跑得快、毛茸茸、月亮、白、灰、自由、原野、笼子、听力、英语、性、同性恋、兔崽子、作妖等不同感受和个性化象征。

意象,不同于象征。意象是表征,是自我呈现,是它本来的样子。客观具象的外在物,演绎成内含主观的意象,即意象为具象的象征物和场景经过独特的情感活动,在意识和个人无意识的共同作用下加工而成。意象是具有独立"生命"的存在,不受自我意识的主导。"象"是外在呈现,"意"为意识的主观认知和无意识认同。意象具有两大特点:一是意象的生命力,它是活生生的,出现在梦中、积极想象当中的意象,有其内在的生命,不受意识支配。如"我不想去想骷髅,可是经常出现。赶走,又回来了"。心灵具有真实性,意象必然具有独立性。二是意象的象征性,是指在我们心里感受到的形象,对事物的图解,有象征性意义。

当象征物存在于关系中,就显示了场景、过程与感受的浑然一体。象征物不是单一的存在,无意识往往是以画面的、动态的场景涌现,这就包含了象征物之间的关系,包括氛围、色调、音色、气味、触感等。在来访者进入情境时,我会让他"身临其境":"你在想象中,感受一下,在这个地方,听到了什么,看到了什么,嗅到了什么?"通过体验,唤醒内在感受,觉察日常意识不能感受到的象征物及其场景内含所在。如同梦中的人都是梦者本人的一部分，我们感兴趣或梦到的某一象征物,则是某个阶段与自我相关的部分。

现代人已经远离了从自然、文化的视角看世界的方式,更多是以功能性、目的性为导向观察事物。当以一颗安静的心,用自然、文化的视角去看,长时期安静去看的时候,象征会很自然地激活,意象就自然涌现。如果用功能性、实用性看待事物,那只是符号(商标),不是象征,但这并不意味着文化无意识不存在。一对情人买一对戒指,一人一枚,既是诺言,也彼此找到信任的感觉,确保这就是"我要找的人"。一分为二的信物,缺失的那部分,如同我们的无意识,象征会引领我们去寻找。找到原初的、治愈的那一部分,补充缺失的另一部分灵魂,从而得以实现整合。对于现代人来说,不仅要处理显性部分的自我,还要链接超个人的部分,这是我们存在和意义的来源。

 遇见象征物

象征书籍汗牛充栋。下面仅就我在咨询过程中,出现频次较多的象征物作一介绍。其他如农作物、植物、矿物质、山川大地、鬼、仙、神,以及婚丧、爱情、战争等诸事物(事件)象征,这里不作赘述。

猫、狗、马。《猫狗马》一书,是追随荣格三十年的英国分析师芭芭拉·汉娜女士在 1954 年的讲稿,讲述了猫、狗、马的象征意义。

猫,是人可以放在自己被窝的唯一动物。天真,乖巧,讨巧,漂亮,慵懒,还捉"坏蛋"老鼠,馋,喜欢吃腥。女人像猫,好多女士在朋友圈

"晒"猫，无意识以猫喻己。当下养猫者众，特点一是收养流浪猫和买价格昂贵的猫，成为教授与富家子女的两极；二是男生养猫者众。除去宠物经营者的推介，还与当下"父性"缺失呼应。文化无意识中"猫命金贵""猫有九条命"，生命力顽强。与此相仿的还有具有两次生命的"鹰"。

狗，如果说猫像女人，狗便是男人。子不嫌母丑，狗不嫌家贫，狗通人性。猫、狗都认路，猫千里、狗万里。狗受伤，躲在角落一言不发，舔伤口自我疗伤，猫让主人哄。狗由狼驯养而成，包含了驯养、看门、朋友等含义。由看门引申为把住不道德的欲望，"天狗吃月"。当说狗的时候，会想到什么样子的狗？小时候被狗咬伤过的会恐惧；有些想到宠物狗，有的想到藏獒；有些说狗很阴险，冷不丁背后咬你；有的说汉奸狗腿子；有的说警犬，忠诚卫士；还有丧家犬、落水狗之类。宠物狗、土狗、牧羊犬，总之，象征各有不同。

马，在男性来访者出现的意象当中，黑马频率最多，尤其休学的同学快要回到学校时，就会出现"黑马"意象。有位同学平时英语成绩不好，在积极想象中英语变成了"黑马"。在黑色(不被注意)环境下，一下子展现出来。有位同学一年没上学，竟然中考冲刺成功，的确是"黑马"。在面对现实困境时，也有来访者出现"马困圈"受阻意象。

鸟，群鸟；鸡、鸭、鹅。相对于陆上生命，鸟超凡脱俗，代表自由和精神层面。不同的鸟有不同的象征。七年级班会，某同学说："我觉得我是啄木鸟，嘴太贱了。"对于"宅"在家不上学的中学生来说，自感是一只索然离群的小鸟。做过一段时间咨询，不谋而合都会出现"群鸟"意象。在家里孤单，学校是森林，所谓"倦鸟归林"，意味着想回到学校。

鸡、鸭、鹅，三者皆是群居家禽，协作、依恋、生蛋、飞不高。鸡，被称为"五德之禽"。"头上有冠,文德;足后有距能斗,武德;敌前敢拼,勇德;有食物招呼同类,仁德;守夜不失时,天明报晓,信德。"但是鸡不能涉水。鸭、鹅水陆两栖。有男同学认同自己是"麻鸭",认为自己不仅学习好,游泳也好,颇感自豪。水陆两栖,意识思维和无意识直觉功能都挺好。鹅,让人联想到天鹅,颜色洁白高贵。鹅声音很大,粪便有一种物质,黄鼠狼踩了烂爪子。在山里人家,在鸡棚、兔窝,养几只鹅看门。鹅和鸡,据此有辟邪功能。

蝉、青蛙、蝴蝶、蛇。上述此种,皆华丽转身,转化之相。蝉,幼虫会在地下呆几年甚至十余年,才能脱壳蝉鸣;青蛙,从蝌蚪变形,亦能水陆两栖;蝴蝶,化蛹成蝶。一般认为虫子是自卑的象征,只能依附于土地或枝叶,丑陋、卑微、苟且,成为蝴蝶能飞翔,行动不再受限,且有自由、灵性、精神的象征,也有飘忽不定、死亡的象征。蛇,意象最为丰富的动物,包含智慧、冷静、神秘、引诱、贪婪、恶毒、冷血、邪恶、堕落等,象征转化,来自蜕皮。某男生,早年校园欺凌受创伤,社会化功能受限。第一个阶段出现"冰蛇"意象,琉璃做成的蛇塑像,冰封固化的感觉;第二个阶段出现"游蛇",小心翼翼地游动爬行;第三个阶段蛇的意象是草绿色"盘蛇",盘成一堆,蛇头俯瞰下面。随之现实层面由最初来访时身体表情僵硬到身神自然,跟同学关系基本正常。某男生看到沙盘室有蛇沙具,捂着眼睛说:"快拿走,快!"他严重便秘,依靠药物催便。蛇,象征了大便。精神分析认为在肛欲期受到创伤,表现在大便上,进而对蛇恐惧超出常人。

龙、羊。龙有天龙、海龙、地龙,无论在哪,都非同寻常。羊,非常普通。两者放在一起,是因为很多来访者,同时有这两种动物意象,他们的共同点是不接地气,好高骛远。我在黑板上画一个圆圈,让他们把龙和羊写在任一个地方。他们大都把龙写在上面,把羊写在最下面。认同自己是"龙",把羊放在无意识阴影里。恰恰"羊"的存在,具备了以其"接地气"而实现"天地对接"的疗愈可能。羊,群居,象征了依恋关系。还有领头羊、替罪羊、献祭、智慧(山羊胡子)、调皮、温顺、乌合之众等诸多象征。

草、樱花、梅花。草,卑微。草根,阶层卑微。草也有生命力,野火烧不尽。草相对粮食,为杂草。春风吹又生,故斩草除根。樱花,当今较为时尚的园林木本植物。中学生来访者多现此"意象"。樱花与富士山有"意象联姻"。樱花颜色淡粉、花团锦簇,具有哀婉情调,花期转瞬即逝,意味生命短暂,易产生飘忽的幻觉,如鬼魂游荡,与岛民在汪洋大海远离陆地特有的不安全感有天然呼应,自怜自伤。枝头堆云叠雪,漫天花瓣粉雨,落樱粉嫩倾城,孤恋哀叹自赏。樱花与樱桃,不可同日而语。樱花只开花不结果。在严寒盛开的梅花,象征风骨,中国人乐天知命、豁达爽朗的人生观。

蝙蝠、蜘蛛、老鼠、蚰蜒。此类多为阴影部分。其中民间以蝙蝠发音引申为"福",年画图案中多有表达。蝙蝠,巫婆。蜘蛛,负性母亲意象,意寓对他人,尤其是子女的控制。老鼠,脏,小偷。蚰蜒,阴,有毒。

船、车、房子、桥、路、栅栏、坟。交通工具一般代表自己的本能部分,躯体。开车方向盘不能掌控,找不到刹车闸,意味当下不能控制自己的情绪,或现实中有不能把控的事情。车是陆地交通工具,意识层面象征多一些。船是水上交通工具,水代表无意识。"涣"卦,说了船的状态。桥、路,通,具有沟通意愿。栅栏,边界,保护,阻拦,障碍。一个有栅栏和一个没有栅栏的房子，安全感受是不一样的。房子，心房也。坟，死，生，回归。

酒。酒首先是液体，水在心理分析中与情绪、无意识相关。酒是有烈度的水，便增添了"一酒解千愁"的功能。生活中的事情，出于本能不想去做，但归于责任、伦理、权威，又必须去做，就会不自觉地去喝酒，所谓"饮下一杯苦酒"，以此象征行为，实现了与现实不尽人意的交互平衡，这是喝酒的无意识动因。烈度的酒代表了攻击性，酒桌上的"敬酒、罚酒"就是明显的攻击性象征。酒的攻击性形成权力、权威，领导逼迫下属喝酒就是一种权威，平辈喝酒，尤其男生面对女生时，酒就是能力和面子。酒的度数高，自然与纯净水不同。这就是权威。自然就有了壮胆、饯行、宣誓的意蕴，"临行喝妈一碗酒，浑身是胆雄赳赳"，"喝了咱的酒，见了皇帝不磕头"。酒的交往功能来自于分享和交心，酒与食物有关，民间说"酒是粮食精"，食物的分享总是伴随酒的"推杯换盏"，总是让别人多喝便是一种分享。而最希望别人醉倒，这不仅仅是攻击性，而是一种测试"对方交底"，酒多了自然意识下沉让位于无意识，无意识就把内心呈现出来，大家都呈现出来，就是"一伙"的便不相互防备，就有了建立在本能酒肉上的归属感、安全感，酒席上的"清醒者"则是具有异己感的另类，因为他没有通过醉酒把"无意识"本能的阴影与大家交互，即使不是敌人，但绝不是"同伙"。酒能激活潜意识，故"醉酒诗百篇"。喝酒宣泄情绪和感到放松的原因也在于"本我"出来，把平时压抑自己的"超我"，以醉酒为借口暂且扔在一边，甚至有了"老子天下第一"的上帝全能感，陶醉其中。酒能带来人际交往的平等感，酒桌上制造出不分彼此贵贱的假象。酒也会成为"借酒撒泼"的工具，有一帮人去闹银行领导,喝了酒壮胆来到行长办公室。行长见状把旁边一瓶酒(装的水)喝了一大口,拿起大葱大口咀嚼,再拿起另一瓶酒(真酒)摔在地板上,顿时葱酒味四溢,那帮闹事的人见状,满脸堆笑点头哈腰离开了。这说的是"醉人不醉心"。酒还有性的象征,某新婚后两地分居的女性来访者,沙盘中呈现酒瓶及渴求饮用烈酒的意象。

中医。人体 365 个穴位,每个穴位名称与功能都具象征性,与太阳的周天运行 365 天对应,确定在人体的特定部位,数量与天文现象契合。《神农本草经》也是 365 种药。如"忘忧草"在中国文化意象里代表母亲和孝亲。"萱草生堂阶,游子行天涯。慈母倚堂门,不见萱草花"。《本草纲目》载萱草"令人好欢乐无忧,轻身明目"。

汉字。汉代学者把汉字构成和使用方式归纳成象形、指事、形声、会意、转注、假借六种类型。基本特征是内"意"外"象",即形象与抽象的结合。有人以为,汉字的简化割断了传承,实际历史上汉字一直有简体、繁体之分。简体字称为俗体字,主要在民间流传,繁体字则作为正统文字来传承。新石器时代的刻划符号乃汉字的原始阶段,至殷商时代,甲骨文多是简体字。后来士大夫创作了极繁的大篆,而后出现的新字体都是对繁体字的简化。汉字历史是从简、到繁、再到简的演变过程。新中国为普及群众文化对汉字简化,采取草书楷化和简化偏旁的简化方法,绝大部分之前已流行了。如简体字"莫"见于殷商,从日在草中,示日将冥,引申为否定词。

色彩。"赤橙黄绿青蓝紫,谁持彩练当空舞",在中国传统文化中,色彩深深嵌入文化基因。上古易经体系就有五正色"青赤白黑黄"与五方"东南西北中"的对应关系。《中国传统色》一书为我们还原了中华文化瑰丽多姿的色彩意象。作者认为,任何一个颜色词都是"象"的表达,初始局限在具象,随后扩展到意象。"性曰采,施曰色。未用谓之采,已用谓之色。"《彩雅》按照"五正色、五间色"编目来记录中国文献中的颜色词,以青赤黄白黑为经,绿红流黄碧紫为纬。中国古代色彩意象之丰富,从这些颜色词就感受到,如松花,黄白游,缃叶,苍黄,缥碧,沧浪,天缥,青骊,龙战,栗壳,流黄,珊瑚赫,缥黄,海天霞,紫茎屏风,苏梅,水红,盈盈,玄天,老僧衣,黄埃,葭灰,库金,黄河琉璃,欧碧,等等。

从无意识层面探索自我,可以问自己:我喜欢(讨厌)什么颜色? 我是什么颜色的人? 看看我所"在意"哪款颜色? 色调? 亮度? 饱和度? 然后进行"色彩联想"。您可以在下面的所列联想,进行添加:

红色:鲜血,美丽,鲜艳,创造,太阳,花,火,血,热情,活力,恋爱,玫瑰,狐狸,欲望,危险,战神,革命,东方,南方,攻击,本能,愤怒,焦虑,离卦,文化,证书,心脏,红灯,夏天。

黄色:西方,夕阳,香蕉,柠檬,光明,希望,愉快,明快,透,谦卑,黄裱纸,疾病,皇上,黄袍加身,尊贵,父亲,乾卦,金条,财富,玉米,黄豆,秋天,结束(秋叶),淫秽,大便,暂停,安全帽,黄土。

蓝色:无限,永恒,遥远,真理,和平,奉献,纯洁,贞操,怜悯,爱神,大海,天空,高冷,距离,天堂,水,湖泊,冷漠,医疗,执勤,平静,理智,深远,智慧,震卦,巽卦,东方。

白色:白云,面粉,雪,纯洁,童贞,超然,清白,神圣,清净,虚无,胆小,冷漠,医生,瘟疫,死亡,亡魂,飘,生,圣人,敬畏,畏惧,虫子,蛆,冬天,穷,雪,种子。

黑色:眼珠,高贵,贵宾卡,VIP,夜晚,墨,煤炭,严肃,刚健,崇高,绝望,恐怖,死亡,葬礼,压抑,抑郁,黑社会,特警,水,坎卦,北方,肮脏,冬天,潭,山洞,神秘。

绿色:东方,和平,宁静,生机,草原,青草,树叶,禾苗,田野,春天,希望,生命力,安全,生长,新鲜,森林,消极,被动,哀伤,发霉,呕吐物,恶心,绿毛,绿帽子,绿灯,通过。

橙色:橘子,灯光,秋天,晚霞,温暖,欢喜,辉煌,裙子,亮丽。

粉色:少女,单纯,花,淡雅,飘,虚荣,装饰,梦,萌,朦胧。

紫色:葡萄,丁香花,优雅,高贵,神秘,钻石,水晶,压抑。

灰色:乌云,水泥,烟,阴天,忧郁,失意,抑郁。

03 成见与呈现

用自己的成见,去解释这些象征物,会导致先入为主。上面举出的象征物,多为日常咨询较多的出现者。套用象征词典会被"意识"的"成见"套牢。意象,在人们生活中是随时出现的。有的转瞬即逝,有的很长时间聚焦某个意象。某位中学生说,一个月了,一空闲下来,就出现"车祸"场景。还有一位同学说"好几天了,脑子里有个蜜蜂飞来飞去落不下"。我们该如何看待这些呢?

首先,以"成见"去看,即"那个意象,象征了什么?"如果说"不用意识去思考",可还是习惯性去思维到底象征什么?这个"象"的"意"是什么?那就索性分析好了。就像上面说的,从个人无意识、文化无意识、集体无意识层面,看看那个"车祸""蜜蜂"象征了什么,看看你对"樱花""狗"有什么感受。用"看山"来套用的话,这是"看山是山,是我认为象征的那个山"。

其次，让它呈现。既然已经思考过它的象征意义了，也就放下了，那就让无意识自然涌现、自然流动、自然呈现即可。就像做沙盘，来访者问："这个代表什么？"我说："根据你的感觉就好，不执着于象征什么。"这个就是"看山是山，但我不管他象征什么山"。

再次，待在里面，会发现深层的"自己"。"我怎么会想这个意象呢？"这时看到的是既有"意"、又不"在意"的"象"。很放松的时候，发现这个"象"就"活"了，自己和这个"象"互相成了"镜子"。这是"我发现，我被山看到了"。

焦女士，八年级女生母亲。诉说女儿十恶不赦，把自己气得住院。她说："她整天锁着门不让进，她爸爸用螺丝刀打开门后，女儿简直疯了。昨晚因为螺丝刀开门的事，说要离家出走。我说你从小到现在，吃我的、喝我的、穿我的，你要离家，你把衣服脱了再滚。结果她真的脱了衣服，我哀求她才穿上衣服，扭头走了。她就是忘恩负义的狼崽子。""狼崽子"是象征物。这是情绪下的主观"成见"的意象。我让焦女士放松下来，就看"狼崽子"意象的样子，过了一会开始流泪，说"看"到了"女儿七八岁时可爱的样子"。这个新的意象，可以视作她潜意识的"女儿"，意味着她是在无意识用对待七八岁女儿的方式，处理当下与八年级女儿的关系。在这位家长"看清"意象后，对待女儿的方式就发生了变化，母女关系也和谐了。

律先生，中年，公务员。自述深受妻子与其他男性有失边界交往之苦恼，意欲离婚又不忍。他说妻子就是"狐狸"，这个意象是意识层面的"成见"。平静下来后，让无意识自然流动，呈现的意象是"猫"，这便找到了难以割舍的深层原因。

第四节　意象重现：回到场中

回到意象本身，不去分析它，只需体验、觉察。这一节我们通过意象重现，讨论自我探索的方法。

01　导出性与导入性

提到梦，一般会想到《周公解梦》，还有弗洛伊德对梦的"解析"，按照潜意识运行规律，用"意识"进行推理分析，市面上的书多是"析梦""解梦"之类。

对于梦的工作，一种是导入性的，一种是导出性的。导出性，就是解释性的工作，包括弗洛伊德、荣格等心理学家大部分对梦的分析，以理性思维来分析梦里面每个元素的含义，是站在观察者的位置，对于梦者梦的分析。如同岸边的公鸡分析母鸭在水中游泳的"含义"，当然也能分析出一些东西。"我们把梦看成愿望的达成，还是原型或潜在人格的表征，还是看作隐喻、象征或随机生成没有意义的胡言乱语，我们都是在用醒来以后的眼光判断梦。即使是最普遍最受青睐的、认为梦有意义的观点，也是一种外部的观点。"

怎么办呢？回到梦中，让意象重现，让身体感受，用身"体"去呈

"现"。体，包含体认、体会、体现、体验、体悟诸过程。意象体现，以心灵真实性为前提，是认识自我、自我疗愈的重要方法。导入性梦的工作，即我们无需去理解梦，去感受就可以了。回到梦本身，回归梦境来获得梦意象的能量。其依据是，对于庞大的无意识来说，用我们的意识永远不可能度量，甚至没有答案，何况咨询师是面对来访者这个外人。意象体现理论创始人是荷兰荣格分析师罗伯特·伯尼克。我受教于他的课程。他说："感官让我们部分接近真实。通过感官我们不可能完全知道事实，但我们的感官信息也不是虚假，意象体现是基于现象学的工作方式……我们不是对梦进行工作，是对梦的记忆进行工作，梦的记忆和梦本身是有区别的，因为梦已经过去了，但我们能做的是闪回梦中。"

02　场域：意象重现与体现

梦中，清醒的自我是被动的，跟随梦境飘，可以看作是意识被动下的无意识呈现。在日常白天清醒状态，跟着感觉走的情形也时常发生，如开小差，如一心多用。这种状况与梦境性质一致。

如第三章介绍的豆豆家的一个生活场景：

第一组镜头：豆豆、继母、父亲，共同坐在沙发。

意识层面，豆豆没有表情；无意识层面，想"你们倒是怪好，我和亲妈不在一起"。继母和父亲意识层面维护面子，继母无意识层面想"这孩子从小拉巴这么大，越来越不懂事了"。三人之间除了相互意识层面交流,自己的意识还和自己的无意识交流,同时相互之间也进行无意识交流。

第二组镜头:豆豆摔茶杯,摔门,大声吼;继母无语,收拾狼藉一片;父亲站在窗前叹气。

这就形成特定"场域"。仿佛置身"梦"中。

在一种特定关系氛围中有互动,包括情感、身体动作,有本人意识和本人无意识互动;本人意识与他人意识互动;本人意识与他人无意识互动;本人无意识与他人无意识互动;他人意识与他本人无意识互动,等等。在这个特定时空中,形成相对闭环的一个场域。

第二组镜头更像一个现实版的"梦"。为了叙述方便,暂且将"场域"以"梦"统称。等发生的场景成为过去式,就像梦已做完。但由此产生的心理问题没有消失。需要"倒带子"以"重现"当时的情景,包括当时的情绪、躯体感受。这便是上面说的"导入性"工作。回到场中,意象重新浮现出来。这个场,既包含梦的全部,也包含某个现实场景。把它浓缩成一个小剧场,再把某个场景固化,像雕塑一般凝固下来,以便于仔细觉察。步骤是先作为观众外观,再进入某个个体。意象体现,即通过梦境中的情绪、身体感受转化,直接同我们的内在情结进行无意识层面工作。在意象体现当中,把一切体验看作"具身化"体验。从这也可以看出,无意识的力量是如何直接影响到我们的身体部分。

首先,充分沉浸在梦中。回到当时场景中,感受过程中身体的感受。此时,意识徘徊在将要睡着的状态,处于睡眠的边缘。方法就是再次进入梦所留下的真切记忆里,可使用放松或催眠技术进入。

其次，"具身"。当我们有积压的情绪感受，或者突然遭受巨大的冲击而没有得到很好地处理时，这种情绪就会沉浸在身体的某个部分。可能这部分身体会感觉到疼痛、僵硬，甚至没有感觉等症状。当在梦中经历了强烈情绪波动时，就是触及了沉积在身体上未处理的情绪。如哪个部位的体验最明显，体验到了具身化的感受，并找到意识自我协调的状态。通过梦，找寻情绪与身体的连接，找到并重现对身体的感受。

再次，"自居"他人，同时"具身"。梦中出现多个视角，包括梦中的人、动物、植物等场景，各有视角，但是一般只认同体验梦中自己的情绪和身体感受。在用身体"具身"体验梦中自己的感受后，再观察梦中"他人"。通过仔细观察，开始共情，试着"转入他人的视角"。对于不同的梦中他人，重复这项活动，当能够深刻自居于某个梦中他人的时候，看看能否"从他的视角定位和观察梦中的自己"。伯尼克提出，"自居"就是在梦工作的时候，分别进入另外的视角逐一感受。"自居"不是换位思考，是真正"成为"那个人。

以"豆豆与继母冲突"为例。豆豆对继母充满"偏见"（在别人眼里），认为继母就是对自己不好。咨询中，我使用了"自居"这一方法。让豆豆回到"家庭生活中的一幕"，先是"自居"，然后转换成"继母"，以"继母"视角去看豆豆，感受当下"继母"的情绪及躯体感受。当豆豆进入坐在沙发的继母"自居"时，躯体感受是"心里堵得慌，想站起来，站不起来有些头晕"，"自居继母"一言不发，收拾一片狼藉时，"情绪难过，伤心，手无力，鼻子发酸，眼眶发热"，看到"豆豆"摔门离开的样子，对"豆豆"的情绪是"这孩子……"充分使用每一个点，如体验"心里堵得慌"时,在这里停下来,"倒带子"回到受伤时点,帮豆豆去觉知,体验受伤,将受伤之处当作一个场景。她感受到那个地方像一块褐色石块,咨询师就是在此"点"进行工作的。

其间有一个自发的转换,意识从一个个体的内部转换到另一个个体的内部。现在她(豆豆)可以感受到她(继母)内在的自我。就像演员可以感受到自己所扮演的角色一样,她(豆豆)成为了媒介,角色塑造了她。这些来自他人(继母)的精神占据了她(豆豆),同时她(豆豆)仍保持着绝对的意识,知道这是来自他人(继母)的意思。她(豆豆)成为了她(继母),同时她(豆豆)也知道她是自己。这样,梦中会经历自我的视角,也会经历"他者"的视角。当梦者通过"自居",转化到他人的视角,就有了全新的感受。梦中的自我和清醒的自我有很多相似的地方,一旦体验到梦中他者的视角,会很真切地感受到心灵的自主性和真实性。梦会向梦者的核心自我提供一个更为全面的角度。与身体意象联系在一起的时候,就可以把身体作为一个容器来感受这个意象。这便使整个系统发生转化,使得心理治疗取得的效果,不仅仅体现在躯体上发生变化。

为什么以身体感受作为重点呢？伯尼克说:"关于情感的研究,发现情感最先是被身体所感知的,如果你在森林里散步,突然看到一只熊,那你是因害怕才跑呢?还是因为跑才害怕呢?很多人都会回答是因为害怕才跑。但这个问题回答是错误的,当今的神经科学研究表明,在你感觉到害怕的时候,你已经跑了很久。所以身体首先作出反应。我们在梦工作的时候,对身体感兴趣。是因为通过身体,我们可以发现情感。所以我们先是感受身体,然后情感浮现出来,最后才是意义,所以我会让梦者持续关注身体的感受。""自居"到"场域"中的他人，难度很大。在梦者感到安全放松的时空里，才能渐次进入。

我在咨询实践中，探索了"倒带子、慢镜头、特写"和"模仿、形似、神入"的方法，帮助来访者进入。让来访者想象先穿上"他"的衣服，再模仿其动作，先达到形似；想象自己的衣着、发型、动作和"他者"一致，进而"神入"，从形似到神似。对于关键点，让来访者把某个场景来回播放、反复倒带子，使用慢镜头、停下来、看特写等方法。这期间可能会产生新的意象，也可能把遗忘的意象回忆起来。

总之，这是一项对于职业伦理和心理技术要求很高的方法，特别是"具身""自居"等工作，深入到较深层次情结甚至原型层面。咨询师必须受过专业培训，否则会带来危险。在咨询期间，作为咨询师，我在来访者躯体感受的同时，即刻感受到来访者感受。以豆豆一案为例，她还没说"心里堵得慌"，我就感受到了。有次结束咨询后，发现后背衣服被汗水濕透，此时来访者也是后背湿透。伯尼克反复强调："我们从事的是一项危险的职业。我们处理很强烈的移情，病人对我们有很多的期望，我们会有反移情，这些都会有危险。我们应当了解这一点。我们自己就是工具，外科医生的工具是手术刀，内科医生的工具是药物，我们的工具只有自己。我们的职业充满危险。"

第五节　与无意识相处

我们知道,很多现实问题是我们内在无意识推动的结果。对自己的性格不满意,可"山难改性难移";熟悉的情绪配方,一再循环;在过往关系经验中形成的桎梏,一再复制;总是走不出命运怪圈,一再重复;习惯的力量总是牵引着某个方向,一再画圈,所不同的是在不同的时空所画的圈大小而已。无论是否愿意,无意识如影随形。无意识无处不在,它是深邃广大的智慧之源,充满了未知,也充满了危险。我们该如何与它相处呢?

01 态度:臣服于无意识

人们通过社会环境中他人对自己的了解,来衡量自己的自我认识,而不是通过大部分对他们隐瞒的真实心理实施来衡量。所以了解自己也好,探索自己也好,首先是对"固有观念"之外的因素"无差别对待",如实面对,以诚待己,才能听到"真正自我"的内在声音。

如果说无意识是大海,我们的意识就是站在岸边的人。我们不是大海的主人,也做不了大海的主人,只能臣服于大海。面对无意识,需要谦卑和真诚。内在的诚,外在的谦;内在的纯,外在的净。诚,不是外在的道德行为,是内心不受外在邪念进入的一种纯净心性。《中庸》曰

"至诚不息""至诚如神""至诚能化"。修德本来是为了自己，不能把德性当工具。谦和诚互为表里，把自己放在最低的地方，效法地道的孕育万物精神。对待无意识，亦如此。心灵是真实的，用有限的意识去对待无意识，跟无意识耍花招，伤人害己。低下"意识"高高的头颅，放下"自负"，放下"我执我见"，自然而然就会自内而外散发出"谦卑"。

与无意识建立关系的前提，是真实面对自己。我们遇到的困扰，问题多出在意识与无意识不能有效连接，如果我们不能臣服于无意识，或缺失"真诚"，自然不能与无意识相通。对待无意识不得有一丝一毫的虚假。俯下身子，与大地融为一体，更为广阔的原野就会呈现出来，就能获得远超自我意识的无意识大智慧，就可以达到天人合一，隔阂消融，渐次走向整合，疗愈即刻发生。

02 与无意识互动

通过对于行为、情绪、躯体的觉察，与无意识建立连接，进行会话沟通，是自我探索的重要途径。下面讨论几则方法，便于自我探索尝试。

其一，向梦寻求答案。当语言无法表达的时候，自然会借助于手势、绘画、音乐、舞蹈等意象辅助表达。意象世界就是心理层面的现实版。对于大脑逻辑思维始终无解陷入困顿之时，可以尝试向自己的无意识提问题。

（1）请求无意识(梦)给一个答案。问题须单一、清晰、明确，每次只能问一个问题，不能多次和连续提问。

（2）开放性态度，倾听内心的声音。因为逻辑思维无果拿不定主意，既然向无意识请教，就要虚心接受答案，而不是看是否与自己的倾向吻合。

（3）等待。意识决定行为，是即刻发生的，无意识需要一个过程。安静等答案就好。

（4）逐级呈现画面，冒出答案。这个答案可能是通过梦"冒出"来的，也可能通过某件事物，灵光一现给出的答案。

（5）验证。这是必须的，否则就会陷入"现实感失控"状态。

我们来看一位女士"向无意识提问"，得到的"答案"是：

前几天有个机会，我可以做那款产品了。我过去做过，后来不做了。现在又有一款比那还好的产品，我很动心。现在公务员管得紧。虽然这也没什么，可是拿不准。就想问问潜意识，看看这件事我是否会成功。我就在睡前，向梦提出了这个问题。

昨天的梦：梦见鼻顶长出粉色新鲜的肉，有一块疤痂未掉，还有一点点血丝。当时情绪有些害怕，害怕会流血，又有点高兴，结疤了。

她很有悟性："梦告诉我这个直销不能做了。我作为公职人员，上次的伤疤还没褪去呢，事关我的面子。"这就是无意识的回答：不做。梦还给出了"画面"分析：鼻子，脸的中心位置且最高，象征脸面、自我、权威、事业。第一次直销，血止住，已结疤，但尚未脱落。现在刚长出新鲜的肉，还有一点点血丝。无意识象征性告诉：做这个直销有碍面子（你是公务员身份）。结痂，是说过去做过。不做了，很放松。

关于无意识的答案，一是以无意识去感受意象，无意识是以象征方式回应提问者。二是问了之后保持"无欲"状态，无意识就可能涌现。有时突然冒出一个念头，通常说的"来了灵感"，好像无意识不请自来。实则是白天的意识惯性一直在持续，专注在这个问题上，到了放松的时候，或者做了一个梦，就出来了"答案"。所谓放松状态，就是"无欲"状态，从紧绷的思考转为松弛。三是答案不限于梦。当有所悟的时候，"得来全不费工夫"，所见之物都会给你答案。《景德传灯录》记载智闲禅师对沩山大师"父母未生时，试道一句看"懵然无对，"而后一日因山中芟除草木，以瓦砾击竹作声，俄失笑间廓然惺悟"，讲的是在语言文句上索解毫无所得，而在除草劳作时，天机触动，内机潜应，击竹闻声廓然自悟了。这便是"答案"。可谓"一枝一叶总关情"，"众里寻他千百度，蓦然回首，那人却在灯火阑珊处"。

其二，积极想象。积极想象是荣格分析心理学技术的要点之一。积极想象从一个具体的意象进入心灵世界，通过有形的意象来唤醒无形的力量，让那些被压抑、沉睡、处于大海深处的无意识内容被意识化。一旦如此，意识内容就会增加，容器被扩大，人格也在更深层次慢慢地发生变化。荣格说："当我们专注于一幅内心里的图画，并小心地不去扰乱事件的自然之流时，我们的潜意识将会产生出一系列的完整故事的意象。"

积极想象与梦境不同的是，梦境是非清醒状态下被动的，积极想象的发生在阈限状态，即濒临意识和无意识两者界限的状态，意识下沉到地表（尚有意识）、无意识接近地面（无意识浮现）的"契合点"之时。在这个点开启积极想象。所谓"想象"，是无意识自发涌现，"积极"则有主观意识去诱发，在意识参与下形成。其间，仅仅只是看就够了，感受意象，感受情节和细节。一旦这样做了，就会唤醒无意识，也有可能唤醒我们的情结，唤醒情结背后可能包含的原型。

冯·法兰兹在《荣格心理治疗》中，提出了积极想象的四个阶段。一是放空。清空头脑，去除一切理论预设，以便迎接无意识能量的种种表现进入意识，以各种自发的显现形式。当我们"让它发生"的时候，来自无意识的意象便会不断出现。二是观注赋形。头脑放松了它的控制，自我也不再试图挑起更不再试图造作什么，对于所发生的事既不阻止，也不操纵、捏造。任务是迎接意象的浮现，仿佛出现在我们面前的是真真切切的存在，而非审美或智力活动的对象。三是与意象展开真正的言语交流。将无意识意象当作是真正的存在一般，与之展开对话。内在想象中的对话经由书写过程，得到客观化。四是以充分的觉察，遵循来自无意识的指引，从而"将内在想象中的体验转译为生活中的经验"。

积极想象不同于"幻象"，幻象来自于自我满足，被动想象是跟随自我的渴望，通过幻想来满足自我需要缓解内部的张力。在积极想象中，自发的意象有它们自主的生命，象征性事件按照其自身的逻辑发展，做积极想象的时候，我们听到的是来自自性的声音。

需要控制风险。要健全意识自我功能，然后才能去做，否则有被无意识能量所淹没吞噬的危险。"要防止一个很常见而致命的错误：带着一个虚拟自我，而不是一个人真正的自我，进入这个内在的游戏。"就像前面提到的"女鬼意象"，让它发生，但又不能被其控制且长期在其意象之中。必要时需要心理分析师的守护。

其三,意象对话。意象对话技术是朱建军教授主创的本土心理疗法。"以意象为媒介,用原始逻辑的方法进行深层交流,强调体验和互动。临床上由意象对话心理师和来访者两个人进行。当双方处于意象对话状态时,意象对话心理师和来访者的对话有时是在潜意识层面进行的,即使没有在理性的认知层面挑明,来访者当时的潜意识也完全听得懂,所引发的改善终究会发生。"即建立在"下"(咨询师潜意识)对"下"(来访者潜意识)基础上的心理咨询技术,来访者和咨询师在人格的深层进行,以原始认知的方式,在象征层面展开,既不"单纯处在无意识状态自然流动"而被无意识吞没,又不去通过意识干预而急功近利。相对于与无意识互动来说,意象对话更加体系化,更适合中国文化。这些年来,意象对话得到蓬勃发展,无论对于个人成长,还是咨询实践,都有很切实的效果。

其四,绘画涂抹。为什么我们阅读文学、听音乐、看电影和去画廊?是因为我们渴望隐喻象征和美丽。我们希望我们的情感世界变得生动,我们的内心世界重新被校准。这种重新校准与更广阔集体无意识普遍主题的提示有关。荣格认为:"创造性的过程……包括无意识地激活原型意象,并将这个意象细化和塑造成完成的作品。通过赋予它的形状,艺术家将其翻译成现在的语言,这使我们能够寻回通向生命源泉的道路。这就是艺术的社会意义:它不断地在教育时代精神,召唤出时代最为缺乏的形式。"艺术疗愈是个很大的话题,本节重点讨论心理绘画部分。通常人们会说我不是画家,心理分析理论认为这不是画风美不美、是否专业的问题,而是受困扰的人可以用画来表达。

我的方法是，通过深呼吸等方式做放松，可以合一会眼睛使自己放空，如果脑子纷乱，不用去刻意清空，就停在纷乱的意象上面。用平时不怎么用的那只手去画。如果你用常用的手，可能自我就会干扰去感受那个情绪情感。当然也可以用习惯的那只手去画。画的时候，尽量随意，手到哪就算哪，想用什么颜色就用什么颜色，想怎么画就怎么画。也可以有选择的主题，如平时你一直在想的事情或感到困惑的事情；梦中遇到的事情；无意随便联想到的事情，都可以。用于疗愈康复方面，有一种交替描绘编故事法。事先准备好画纸。咨询师在来访者面前，用笔将图画纸四周加上框架，也可以让他画两条竖线、一条横线，形成六个格子。双方猜拳决定先后顺序，赢的一方先随意挑选一个方格涂鸦（发球），另一方仔细观察画出来的线条像什么，用彩色笔涂上颜色，描绘出具体的图形（接球）。以此步骤双方来回操作，逐渐将其余的方格填满。最后，当只留下一个格子时，结束接发球的来回步骤，重点回到来访者身上，治疗师指示他，用刚才双方投射出来的各个图案项目编成一个故事。现实中，开会或接电话的时候，一边听，一边漫不经心用笔在纸上画画戳戳，接完电话，发现有些蹦出来的字词、曲线、符号等，这便是当时呈现的无意识。

其五，沙游：手与沙子。沙盘游戏疗法，是卡尔夫基于荣格分析心理学理论与东方文化命名，运用意象（积极想象）进行治疗的形式，被称为"对心身生命能量的集中提炼"，在咨访关系和沙盘自由而受保护的空间，把沙子、水和沙具运用于意象的创建。沙盘中所表现的系列沙盘意象，营造沙盘游戏者心灵深处意识和无意识之间的持续性对话，以及由此而激发的治愈过程和人格（及心灵与自性）发展。"情绪和情感被掩藏得越深，就越远离我们的意识记忆和人格的一部分，我们也越难找到语言去表达他们。既然无法言明，我们仍然有其他的表达方法，通过舞蹈，唱歌，绘画，或者用我们的手来塑造其他的媒介，可以表达我们内心的激荡……我们把沙盘作为一种治疗的方法，是因为手可以给无意识中活跃的能量以形状，手可以连接我们的内在和外在，连接精神和物质。"

在这里，沙盘成为表达内部感受的象征性工具。无法言语的情绪，更深层的情结，会在沙盘游戏的象征性表达中呈现出来。以沙子和水为沙盘基底，沙具的摆放形成沙画，内部的心理感受得以表达和释放。因为表达了内心，所以沙盘游戏首先具备"诊断功能"，但是只作为"诊断工具"，相当于在一张桌子断了其中一条腿后，把钢琴搬来当桌子腿使用，尽管它当然能够充当桌子腿。通过沙盘游戏与自然、文化（沙具以及象征的原型）建立链接，疗愈便会发生。沙盘游戏在走向心灵、疗愈与自我成长方面，远比我们以为的要深刻得多、有效得多。

这里特别指出的是，必须严格秉承职业伦理。国际沙游学会强调："沙盘游戏治疗是一项强而有力且价值无限的治疗模式。强而有力，意指它既能治愈，但也能致伤。所以，若你是想要开始运用沙游，即便是对其他治疗方法已甚熟练的资深心理治疗师，仍需在合格的沙游治疗师的协助下，成为个案来亲身体验沙游治疗的深刻历程。分析师除了要求具备治疗和临床的经验外，还要求具有最重要品质是心灵的稳定性、贯注性和创造性。"

其六，游戏：回到天真。游戏是与远古的对接、与自然的对接，也是与童贞的对接。当年荣格"玩石头"自愈，在分析心理学领域被传为佳话。在游戏里看到自己的本真部分，这是游戏的疗愈价值之因。游戏是象征性表达，耳熟能详的"过家家"，儿童模拟成年人过日子，模拟相互关系；"老鹰捉小鸡"，老鹰、鸡妈妈、小鸡三方的职责，包括进攻、守护、依恋不同角色带来的心理体验，扮演"老鹰"的儿童便能"自居"到老鹰上面，体验"鸡妈妈"时，担当守护的部分就出来了。以躯体运动为特色的户外游戏，如"碰拐"，两个少年支起一条腿碰向同伴时激发起斗志。户外游戏本身就是与天地的连接，玩泥巴捏小人，手与泥土的触摸与对泥巴的把控，手眼耳脑并用的创造，与室内玩橡皮泥不可同日而语。在充满童趣游戏中看到自己所扮演的角色，觉察在放松下突然涌动的情感和行为，本能的行为，在这样的角度，细细慢慢地窥测自己，端详自己的另一面。我们说游戏是与远古的对接，是因为游戏规则作为仪式化，伴随着诸如过年等仪式流传至今，它的心理意义蕴含在文化无意识和集体无意识中。

在西方关系心理学看来，游戏不仅仅指上述狭义描述，而是指向"游戏关系"，其概念被定义为："游戏是一系列朝着一个明确而可预测的结局连续进行的互补式隐藏沟通。"艾瑞克·伯恩在《人间游戏》中提出了游戏分析的理论要素：主题、目的、角色、沟通、范例、步骤、获益及报偿。1972 年他提出了一个描述游戏的基本公式：C=R->X->P。即饵+猎物=反应一>转换->报偿。"饵"（Con）是游戏发起者（A）开始的第一步或发出的邀请。"猎物"（Gimmick）是第二个人（B）的弱点，这个弱点导致 B 对饵做出反应。转换（X）是指发起者 A 的自我状态转换。报偿（Payoff）则是他获得的报偿，一种突然产生的感觉。

03　保持意识觉知

"如今我们看到威胁着我们每一个人的前所未有的危险，它并非来自自然，而是来自人类，来自个人的与集体的心灵。这一危险，来自人类心灵的扭曲。一切都取决于我们的心灵是否正常的运作。若是某些人此时此刻失去了理智，没准一颗氢弹就突然引爆了……病患的治疗始自医生。只有在医生懂得了如何对付自己和自己的问题之后，才有可能要病患也做到这一点，只有这样才行。"这是荣格的告诫对于内部未知的无意识而言，请记住这句话：若是某些人此时此刻失去了理智，没准一颗氢弹就突然引爆了。对于外部堪称"无形的手"支配的环境，也请记住：人，是随时随地可以被"谋略者"操纵的。"谋略者"操纵策略的行之有效，是通过网络媒体、娱乐资本等各种耳濡目染的"轰炸"，建立在把人变无觉知的基础上，通过普遍洗脑、定向塑造，进行驯化把人变得扭曲，成为"无知的激情者"。这是前几章讨论了无意识之非凡作用后，在本章结束时重点探讨保持意识觉知之因。

首先，保持觉知，对内避免被无意识劫持。如果无意识过度泛滥会导致现实感缺失，就会生活在自以为真实的幻象中，这便是精神分裂的特征之一。常听到有些"掉魂"的人，所谓"掉魂"，就是意识没有占据支配地位，无意识在不安全时涌现出来受到"惊吓"。人在发烧时往往会出现幻觉，身体虚弱之时如果"走神"就是意识功能下降。深入内心世界是一个非常复杂的过程，会有各种现象发生，无意识的力量非常强大，需要非常谨慎。要读很多通达的经典，要体验，尤其要向过来人请教,这个非常重要。即使荣格这样的人物,当初因为与弗洛伊德观点不同分手后,也陷进无意识陷阱。通过"玩石头游戏"依靠与自然的接触,同时保持强烈的现实感才走出来。他说:"在我从事幻象分析的时候,我格外需要在这个世界里有一个支撑点。而我可以说我的家庭和职业工作便是我的支撑点……尼采失去他脚下的根基,因为他除了思想的内心世界之外,一无所有,他的思想反而顺手控制了他。比他控制思想更甚。他断了根,徘徊在大地上,因此他屈从于夸张和虚幻……今生无论我是如何全神贯注或是如何漫不经心,我始终知道我所体验的一切,归根结底是要为我的现实生活所用的。我决意要履行生活的义务,实现生活的意义。"

其次,保持觉知,防范外部风险。外在充满了不确定性,既有广义上种族、国家意识形态的渗透攻击,也有狭义个体诈骗。保持意识分辨是防止受到影响失去判断。无论传销还是邪教,还是商家的"叙事方式",都可能会使用"愿景、画面、音声、场景组合"进行洗脑。甚至自以为理性客观的"理中客"更易捕获,往往他们"科学宗教化",不相信常识,更相信某些支微末节表象的"数据",看不到实质。对于某些人的警惕,先听"话术",如有人总是把"夏虫不可语冰"挂在嘴边,让你放弃思维,去"悟"他所暗示的"图景"。

我们常常理想化投射于"美好目标物"。这个目标物可能是你所希求的财富、健康、名誉、地位、关系,也可能是白马王子,也可能是公益、成长、"修行",甚至所谓"无为"。高智商不一定保持意识状态,因为有"企图"产生的"投射",恰恰是无意识相信了猎手,因"信(投射)"而信,懒得动脑,习惯于被催眠。被"专家"(实为与商家深度绑定的准商人)

的光环催眠,被重复的话催眠,被排他性的定义催眠,被"一锤定音"的人催眠。在催眠状态下,逻辑思维退位,如果带有画面,无意识就去"看"画面,被声情并茂感染或被"最新研判"之类蒙蔽,直接"扫码(画面)"进入无意识,开启盲从模式。

放弃思维的另一表现是"随大流"。流者,无意识流动也,随大流,盲从,羊群效应。很多人习惯于随波逐流,认真思考且占有材料者寡。随波逐流,就被"叙事者"制造的幻觉"染"了。把自己的大脑安在别人头上,以别人言行作为参照,正是"意识"偷懒,给"诈骗"留下可乘之机。"那么多人都使用了应该没有事","人家局长都使用了这个产品","上面还能坑咱吗",还有"求仙算命"。这个过程中,意识决策权再次让渡给"他人"。当今"看图、刷短视频"成为"流行快餐",阅读思考成为"末流",不加分辨盲目"追网红"成为常态。当大家都不再行使"自我意识"责任之时,也就意味对集体不必担责。我们拥有理性能力,但绝非时时刻刻在运用意识,总有一种被唤起的无意识激情在推动。随大流者,乌合之众也。群体心理创始人庞勒深刻洞见在于"群体总是游走于无意识的边缘,很容易受暗示的影响"。他说:"心理群体所表现出来的最惊人的事实如下:不管是什么人组成了这个群体,不管他们的生活方式、工作、性格、智力相似与否,只要他们形成了群体,他们就拥有了一种集体心理,这种心理让他们换了一种方式来感觉、思考和行动,这与他们一人独处时的感觉、思考和行动的方式完全不同。"乌合之众,在智力上总是劣于独处的个人,在特定氛围下,做事情不经大脑,被动或主动被潮流(事件、主张、流行)裹挟,且法不责众,群体人数越多,越感到自己无比强大。

当智慧刚刚醒来，愚蠢已吃完早餐。在随众"车间"，大家对世界处于理解力匮乏的状态中，不相信自己看到的是来自别人操纵。对于以刷短视频消磨时光者来说，还没有对视频意象做出分辨，其思想就已被标准化了。这便是媒介(机构、商家)通过音画组合的重复刺激，塑造人类的秘密。有些后知后觉者发觉中计了，但心存侥幸不愿承认，继续蒙蔽自己，对于当初的网红"权威"爱恨交加，希望他是正确的。认同他是骗子，等同于承认自己智商有问题。有些至今未觉察，依然遵从网红，谁"非议"网红，就跟谁拼命，无意识里以此维护自己名义上的智商。曾经独立清醒的个体，也很难独善其身，后知后觉者视醒者为异己而将其吞没，对其"清算"。

再次，保持觉知，分清现实与巫术。《论语》曰："子不语怪力乱神。子曰：三人行，必有我师焉。择其善者而从之，其不善者而改之。子曰：南人有言曰：'人而无恒不可以作巫医。'善夫！'不恒其德，或承之羞。子曰：不占而已矣。"从上下语境联系起来，可理解为孔子并非不用"巫"，而是提醒要"则其善者""恒其德"。中医之所以不是玄学，在于它是建立在物质属性以及配伍之中的。《扁鹊仓公列传》曰："信巫不信医，六不治也。"窃以为，之所以"信巫者不治"，其一，乃因黄帝时期与上古真人时期相比，经过人类文明进化，与最初天人合一状态渐行渐远，当初"巫"的生存土壤已不复存在；其二，如果没有足够"德行"，这个巫术会伤人伤己。当某"我信"之物，变成被"不恒其德"之人利用之时，便会失去分辨能力，陷入其中不能自拔，甚至走到癫狂状态。上节讲到"向无意识提问"，对于答案也有"检验"环节。首先要有现实感，基于自主的逻辑分析。人在遇到不能承受之重时，祈求非自然力的"神灵"也是可以理解的。《论语》载："子疾病，子路请祷。子曰：有诸？子路对曰：有之。诔曰：祷尔于上下神祇。子曰：丘之祷久矣。"孔子都不例外，有重病去"祷久矣"，但没发生效果。

最后，保持觉知，整合自我。如果无意识"太过"，停不下来的时候，我们的意识自我要有所作为。要有一个强大的意识自我，跟这个内在的力量去对质、去辩论，整合成一个新的自我。保持觉知，去综合归纳，分析，体验，验证，确认。独立思考，是建立在阅读大量经典和社会实践检验、自身体验、明了社会矛盾及其规律运行前提下的，经过失败、反思与反复探索而来，不是通过阅读心灵鸡汤和"时髦书籍"鹦鹉学舌，也不是轻浮的任性，固执己见的杠精，更不是把大脑交给别人。

真正意义上的心理分析、心理治疗，与灵修等神秘主义是不一样的。

探索无意识，起点是意识，终点是回到意识生活中来。意识是治疗的起点和终点。现实生活没有改善，症状没有消失，生活没有更完整，很难说是有疗愈的。意识与无意识在一个合适的"度"，就像那棵茁壮成长的大树。

第五章

遇到他者：外投的内在及
关系

镜中影：与 **他者** 相遇

异性缘：与 **伴侣** 相遇

化妆照：与 **面具** 相遇

替罪羊：与 **阴影** 相遇

第一节　镜中影：与他者相遇

有心理伤痕实验。实验方对志愿者说："实验的目的，是观察人们对面部有伤痕陌生人的感觉和态度。"每个志愿者都被安排到不同的小房间，由化妆师在他们的左脸画出一道伤痕，让志愿者用一面小镜子察看化妆后的样子，之后化妆师说要在伤痕表面上涂一层粉末，以防被不小心擦掉。实际是化妆师抹掉了痕迹。毫不知情的志愿者被带到医院候诊室，观察人们对他们面部伤痕的反应。志愿者返回后，无一例外地叙述了相同的感受："人们对自己粗鲁无理、不友好，而且总是盯着他们的脸看。"实际他们的脸上与往常并无二致。

这个实验说的是：一个人在内心怎么看待自己，外界也能感受到。别人成了自己的镜子，外界以你自己看待自己的方式看待你。

01　镜中的"他者"

做"镜中的我"意象体验。我对参与者说："关注自己的呼吸。放松下来。现在我陪着你。想象你的面前有一面镜子。刚开始，可能有些模糊，慢慢就会看清楚，看看在镜子里，都有些什么？"

Q，中学教师，中年妇女："怎么是一个脏兮兮的小女孩？有点慌。"

K，洗涤日化老板，中年男性："七十岁老女人，很瘆人的脸色。胃疼。"

J,物业经理,中年男性:"半截墙。怎么出来一个猴头猴脑的土匪?"

O,居委会妇女主任:"就是我的样子,短发,今天穿的这件衣服。"

这是建立在我对来访者充分评估、确保安全的基础之上,分别与其面对面所做的一个意象体验。从这个意象可以了解我们平时觉察不到的"内在"。这是借用"镜子"来看"意象"。其实在现实生活中,你所面对的"那个人",就是你的"镜子"。在对 Q 第一次咨询访谈中,她谈到自己"烦躁、失眠",我讲了与"降心火"有关的冥想方法。她说:"你讲这些的时候,我觉得你的神态,可像某某某了,又觉得像我奶奶,她去世好多年了。"就是说,我作为咨询师,被 Q"镜映"或"投射"。

某次,在某证券营业部。我事先想了一下我某个"内在"的"样子",然后说:"你们现在看着我,然后合上眼睛,放松,会出来一个什么样子。感觉到了,可以睁开眼睛告诉我。"答案五花八门:"和蔼的老人""我爸爸年轻时""我二姐""脾气很凶的大客户""狮子""历史老师"。在某校六年级,我走到讲台:"你们看我,是什么?"他们回答:"向日葵""狮子""猴子""老寿星""农民""考古的"。在团体沙龙中,因为放松,自然会把"心理老师"当成镜子。在特定的镜子里,看到的大多是投射,也有"镜映"到的对方真实的部分。

镜映,是在心很清净的时候,看到了对方的"真实"。镜映者,看"透"了作为"镜子"的这个人。镜映,是客观显现。

投射,是把自己过往的经验内化成自己的一部分,无意识投到对方身上。投射者,通过"镜子",看到了自己。

镜子里看到的是"无意识的自己",正像明明站在营业部员工面前的是一位五十多岁的男性心理咨询师,可有的看成是"我二姐"。如"情人眼里出西施",是否西施不重要,在我眼中"是"就行。如疑邻窃斧"视其行步,窃斧也;颜色,窃斧也;言语,窃斧也;动作态度,无为而不窃斧也"。如庄子"鲦鱼出游从容,是鱼之乐也",可看作是庄子将自己的情绪投射于鱼。在某银行客户经理培训班的体验课:"当我说'客户'的时候,你心里浮现的是哪个客户? TA 是什么样子? 联想到什么?"由此引发了"他者"的讨论。在"镜子"里,在与客户的交往中,遇到了"他者"。

"他者"概念,出自当代精神分析家拉康。他提出了一种既有别于现象学又不同于存在论的主张绝对他性地位的"他者"理论。自我意识形成之后,看待别人的眼光,被主观带上了"他者"的色彩,当"他者"的角色威胁到自我角色时,自我就会为了维护自我特性而建构出一个"他者",一个自我眼中的"他者",这个"他者"不一定代表真实的"他者"。拉康镜像理论中的"我"与"他者"相应而生,"自我"是在由无意识决定的新的主体布局中根据"他者"而构成的,自我其实就是伪自我,他者就是自我的缺失。

他者,我们只看见以为自己出发点所最易见到的东西。荣格在《回合:阿尼玛与阿尼姆斯》中指出:"关于某个人的观念,是由他已经获得的真实的人的极不完全的图像组成,第二,由他强加于这幅图像的主观修改组成。"他说:"我一生的外在性事件的记忆已经模糊或是消失了,但我与'他者'的遭遇却是事实,我与无意识的较量却不可磨灭的刻在我的记忆里,那个王国里总有无尽的宝藏,相较之下,其他所有的一切都失去了重要性。"他人是自己的镜子,镜子里看到的是"我"看到的,无论以什么意象出现。"他"是动态的,或内在的,或显性的,或抑制的,或隐藏的"我"的"映现"。如果感觉"他者就是自己"的结论有些"武断"，那么可否这样理解："我"在放松状态（无防备的意识）下作为主体的"无意识"，在对方身上看到的是另一个状态下我的无意识。"他者"，是自我的"投射"。我的无意识把自己的认知想象，投在某个事物上。

"夫以铜为镜，可以正衣冠；以古为镜，可以知兴替；以人为镜，可以明得失。"今可否说"以他者为镜，让无意识出镜，使投射显影？"

02 投射为何物

我们先从 2021 年轰动北美华人圈的一则社会新闻中，感受从"镜子"里看到的"他者"。S 和 L 两名华人中年妇女移民加拿大，网上互骂 16 年。现实生活中几乎不认识的两人，L 被对方称为"骗子、荡妇、泼妇、诈骗犯"，S 被对方称为"上海最著名的贱女人"。后来上升到暴露对方隐私，甚至进行人身威胁。两人由于争议提起了诉讼，发生了法庭上 S 捅 L 的暴力事件。法官说："这两名女性的行为是明目张胆和极端的，原因至今仍是个谜。其中很多都可以被描述为强迫性的和近乎非理性的。她们每个人都声称对方的行为对她造成了严重伤害，都没有意识到，在很多方面，他们是彼此的镜子。"彼此的镜子，就是一种投射。

其一，何为投射？"投射把世界变成了个人自己未知面的复制品。"投射概念最早由弗洛伊德提出，作为一种防御机制来对待。最初是指有精神官能症的人，把情绪冲突转移到其他对象身上，使自己摆脱情绪冲突。就是说，自我（ego）将不能接受的冲动、欲望或思想在潜意识中转移到他人或周围事物上，使之脱离自我，以减轻内心的焦虑，避免痛苦而得到一种解脱。弗洛伊德认为，人的个性结构的主要部分和真实特征，都存在于人的潜意识中。面对不明确的刺激情境时，常常无意识地把隐藏在潜意识中的欲望、动机、观念等泄露出来。防御机制运作的范畴，可以从无害地使用幽默来掩饰紧张感，到破坏性地攻击一个当前所爱的人。分析心理学语境下，防御机制属于自我（ego）功能的一部分。"借着对他们自己的病理性防御机制和感受的足够洞察，人们可以更加清楚地了解他们自己的不理性行为、症状和态度的含义和来源。"投射是自我意识理解内在世界的一种手段。自我和这些无意识内容相遇具有重要意义。克莱因提出儿童心理机制，婴儿通过投射、内摄、分裂与投射认同来建立和客体（乳房）的关系，通过这些机制来控制强烈的需求、恐怖等感受，通过幻想把自己内在世界强加到所幻想的外在世界上，然后再内化这个被投射了的幻想世界。拉康认为，别人引发我的情绪，别人就是无意识。"我思他，故我在"，是对"我思，故我在"的修正，说明"自我"通过"他者"建构自身。

其二，投射来自哪里？来自早期记忆，如"一朝被蛇咬，十年怕井绳"。冯·法兰兹说："投射所描述的特征往往是未被处理过，而又不符合事实的。其来源是早年同期，这是弗洛伊德和荣格一致同意的。"更为准确地说，投射的内容不仅仅是个体早期经验的记忆意象，而是个体总体的人格特质，包括后期经历、驯化。投射出去的是基于无意识的"信念"，有好的，也有坏的，某种感受的。这种信念是天性加上早期养育情境共同形成的"成见"，古老的、无理由的、无意识的看法。想当然，就是不去深究且固执，无意识突破前意识防线，进入实施。团体的、时代的某些不用动脑就认同的概念（命名）、时尚（如以瘦为美），也被赋予个体,成为投射的来源,如固有的属于个人或文化无意识的印象,表现为自以为是的信念。投射只对准"目标物",其他则视而不见。

其三,因何被投射?无意识"隐藏"在"成见"背后。荣格以"钩"为例,解释因何被投射。他的观点是,所有我们尚未意识到的心灵内容都会以投射的方式,成为外在客体被假定具有的特质。从这个观点来看,投射是在非故意且不自觉的情况下,也就是在没有受到注意时,把主观的心灵内容转换到外在的客体身上。在这个过程中,投射者的潜意识并不是随意选择任何对象,而是选择具有一些(甚至大量)被投射性质特征的客体。荣格说这是客体身上的"钩",让投射者可以将他的投射对象像外套一样挂上去。V,初中女生。"粉"W歌手,投射的是"他(W)从来不像其他明星那样偷税"。当媒体报道W因"吸食毒品"现行后,V依然以为"他吸毒那是他的自由,是他自己的钱,他从来不偷税"。V的继父偷税被罚,以此投射出去"报复"继父得以"心理补偿"。投射的每一个过程,都有一个发送者,还有一个接收者,就是被投射的人。被投射者也不是无缘无故被投射,是有内应的。上述V的男同学D,无端被V攻击。V的继父长得白矮胖,D也是"白矮胖",因内心不接受继父,D莫名其妙成为V投射的接收者。

其四,被投射者的"幸与不幸"。被投射的人会受到影响,尤其是意识尚在分化阶段的婴幼儿和自我意识薄弱的人。投射出去的是无意识,接收到的是"鲜花"或"炮弹"。被别人投射了,意味"被绣球抛中"。成年人把"不好"投射给孩子,孩子认同,就会出现问题。如"我小时候数学不好,儿子数学也总是学不进去""我女儿是早产儿,到现在三十多了还在担心她"之类。

根据真实事件改编的美国电影《恶行》，剧情是这样的：

母亲迪迪的原生家庭有创伤，中年时与十七岁男子产下吉普西，后男子离家。迪迪母女受到飓风侵袭无家可归。迪迪对外说丈夫酗酒吸毒离异，以女儿吉普西"身患多种重症、必须依靠轮椅、导流管和各种药物维持生命"等说辞获得大量捐助，包括一栋粉色小别墅。在吉普西十八岁的某晚，她突然站起来了，发现自己可以走路，吃喝都没有任何问题。她开始怀疑并证实母亲说的一切都是谎言，之后与网上认识的男友杀死了母亲迪迪。

吉普西说："我以前和妈妈在一起就像是在监狱，我不能走路，不能吃东西，不能出去，不能交朋友。在监狱里，我觉得比和妈妈在一起更自由。因为我现在可以像正常女人一样生活。"

这里并行两条投射线。一条是女儿吉普西作为幼儿，接收到来自母亲对于自己"染色体缺陷、肌肉营养不良、智力低下、癫痫、严重哮喘、睡眠呼吸暂停甚至是白血病"的投射，直到十八岁的某一天；另一条线是社会公众对迪迪"伟大母亲"的投射，进而被感动，纷纷捐款捐物。

其五，处处皆投射。通过观察，会发现投射普遍存在于日常生活中。

命名，即投射。如某商家有意将某种概念植入受众无意识，便对其"命名"，发明一个新词且只有自己有解释权。受众接触到名称（概念），便无意识投射到某类事物，进而影响现实世界。人们对于自己不懂之"洋物"，往往投射出"仰慕"，如商品的"洋名"、官员"秀英语"，往往获得大众青睐。

艺术作品,即投射。中国传统山水画中,古人投射了天人合一的无意识,其圆融思想正是这种心理诉求被意识主动接纳的体现。艺术作品呈现的爱恨情仇,无一不是创作者的投射,观众读者则再次投射。"一千个读者眼中,就会有一千个哈姆雷特",即读者对作者投射的投射。

人际关系,即投射。人际交往产生的问题,显然是个体内部心理冲突的外化和投射。其过程就是内在的某个动机,本来是向外进发的,而投射出去之后,就变成了外界对自己而发的一股冲力,自己被自己所射出的能力击倒。如前所述,伤痕实验的志愿者把自己以为"脸上有伤疤,别人会粗鲁无礼、不友好",投射到外部人身上,发现外部人"果真"这样对待自己。

印象,即投射。某女士自爆"我被厅级干部玩弄五年",网友甲对"某厅级干部"义愤填膺,后来调查实为发文者"构陷",即某甲原来的想法是其投射。这是自发出现的投射。某乙车胎被扎,只看到某媒体发布的某丙"专业劳作"照片,就把"补胎者"光环投射给在附近撒钉子的某丙,某丙照片引起某乙内心美好投射。投射不仅仅属于个人,也来自群体。某甲、某乙都可作为群体看待。有些是布局者有意策划与群体无意识呼应而形成的。

 ## 03　投射与移情

在论及投射与移情时,荣格说:"我们可以区分消极的与积极的投

辽远的相遇:自我探索之旅

射,前者是所有病态的和许多正常投射的惯常形式,是无目的的纯粹自主的出现,后者是移情活动的一种主要构成成分。从总体看移情是内向投射的过程,因为它把客体带入与主体的密切联系中。"我们看无意识是如何通过投射、移情,进而付诸情感表达或行动的。

一米阳光,女,西南某省人,在北方某省读本科三年级。到北方求学,是为了躲避姥姥。她哭诉:"姥姥像强迫症,每周至少打两次电话,跟我说爸爸坏。就因为春节放假,我爷爷生病住院,我听说了去看他,姥姥就疯了一样骂我忘恩负义,诅咒我像他(生父)一样没好下场。现在还是不依不饶打电话,我知道他确实不好。我都受不了了(哭)。我都不知道该怎么做了。我想把自己捅上一刀,把他的血液从自己身上放出来(哭),放干净,我身上为什么有他的血。他和妈妈都离婚15年了。我15年没见过他了。他早不知去了哪里。我妈妈都放下了。姥姥还是不依不饶(擤鼻涕),姥姥竟然还委屈地哭。"因为一米阳光的爸爸离婚后"失踪",姥姥对前女婿的怒火找不到出口发泄。对女儿心疼"不敢说",而外甥女跟她爸爸姓,无意识就把对前女婿的愤怒情绪移情于外甥女。一边是意识层面心疼照顾抚养外甥女,一边是无意识把外甥女当成前女婿而鞭挞。

移情概念,起始于弗洛伊德在维也纳分析治疗过程当中。他发现某女性病人退行到了一个心理童年状态,她把坐在躺椅后的治疗师想成了父亲,进而产生非常强烈的情感链接。弗洛伊德定义的移情,形容在治疗过程中病人对医生所产生的心理层面的情绪反应。在此过程中,荣格体验到来自本身作为分析师的移情。他建议以后接受精神分析训练的分析师,首先要进行个人体验,在这个分析过程中会发生什么?如果他理解到就是反移情。病人投射到医生身上是移情,医生发现自己对别人同样也会有非常强烈的情绪反应,这就是反移情。

投射类型包括:一是孪生投射,认为两个人之间是没有任何分别的。如来访者觉得咨询师跟他是双胞胎一样。他知道的事情,咨询师也该知道。或者在人际交往中,认为"我讨厌的,你也应该讨厌"。二是理想化投射,把对方看成是理想化的男神或女神,认为是无所不能的。现实中有些受骗的人,往往会把"骗子"投射成"大神"。"情人眼里出西施"就是理想化投射。三是个人性投射,将自己童年时期跟父母亲之间的某种正向或负向体验,投射到与周围人的关系中,从而引发与对方的正性或负性移情。

移情类型包括:正性移情和负性移情、理想化移情、镜映移情和情欲移情。镜映移情是想在对方身上感受到母性部分,比如想要被对方抱持或被对方滋养;情欲移情是希望跟对方融合到一起,充满爱的关系。

中国古代对于"移情"多有表述。韩非子曰:"去好去恶,臣乃见素。"是说君主在决策中要去掉主观好恶的投射移情,大臣才会展示真实的自己。"感时花溅泪,恨别鸟惊心",是杜甫对于"国破、烽火"的移情。"花溅泪"是杜甫单方"投射移情","花"并没有感受到,故没有产生"反移情"。因投射移情而病者,如"杯弓蛇影",杜宣受邀饮酒见"北壁上有悬赤弩,照于杯中,其形如蛇。宣畏恶之,然不敢不饮。其日便得胸腹痛切,妨损饮食,大用羸露,攻治万端,不为愈",直到知晓"此壁上弩影耳,非有他怪。宣意遂解,甚夷怿,由是寥平"。

投射测验

心理投射为自我探索提供了重要工具。有一些经典心理投射形式，可在心理咨询中使用，也可作自我探索参考。投射测验是个人把自己的思想、态度、愿望、情绪、性格等无意识反映到对事物的解释中的心理倾向。常用的有如下四种：

（1）词语联想测验。这是荣格早期探查"无意识和精神活动"科学研究的尝试，经由这一方法发现无意识的自主性，进而发现"情结"。方法是提供100个单词，当分析师说出一个词语的时候，请被试者尽可能快速地将自己脑海中对这个词的第一反应说出来，此时，被试者会对某些词产生诸如口误、伴随情绪等干扰性反应，分析师对这些受到干扰的词予以特别关注，发现几乎都涉及私人问题，致病的情结很容易被找到。这些词包括：头、绿色、水、歌唱、死亡、长的、船舶、计算、窗户、友好、桌子、提问、村庄、寒冷、枝条、跳舞、海洋、生病、骄傲、烹饪、墨水、邪恶、针头、游泳、旅行、蓝色、台灯、罪恶、面包、富裕、树木、棍棒、同情、黄的、山脉、死去、盐巴、崭新、道德、祈祷、金钱、愚蠢、杂志、鄙视、指头、昂贵、鸟类、跌落、书籍、不公正、青蛙、离婚、饥饿、白色、儿童、出席、铅笔、悲伤、修剪、结婚、房屋、亲爱的、玻璃、争论、皮毛、巨大、萝卜、绘画、部分、年老、花朵、击打、盒子、野蛮、家庭、洗涤、母牛、国外、欢乐、撒谎、端庄、关闭、兄弟、恐惧、仙鹤、错误、焦虑、亲吻、未婚妻(夫)、纯粹、门口、选择、干草、满意、轻蔑、睡眠、月份、美丽、女人、责备。

（2）罗夏墨迹测验。以瑞士精神病学家罗夏的名字命名的心理测验方法，通过向被试者呈现标准化的由墨渍偶然形成的模样刺激图版，让被试者自由地看并说出由此所联想到的东西，然后将这些反应用符号进行分类记录加以分析，进而对被试人格的各种特征进行诊断。

（3）主题统觉测验（TAT）。是由 H.A.默里 1935 年为性格研究编制的一种测验工具。全套测验共有 30 张内容隐晦的黑白图片和一张空白卡片，图片的内容以人物或景物为主。测验进行时，主测者按顺序逐一出示图片，要求被测者对每一张图片都根据自己的想象和体验，讲述一个内容生动、丰富的故事。测验分两次做，在第二系列测验完毕后，主测者与被测者作一次谈话，了解被测者编造故事的来源和依据。

（4）绘画技术（HTP）。意象前置于语言，允许无意识得以展现，不需要借助语言就可以感受对方内隐的情感和无意识流动。心理投射绘画，包括房树人绘画、家庭绘画、家庭动力绘画等多种形式的绘画测验。心理分析流派认为，创造力是基本的本能，而且创造力的释放和有创造力的能源对心理健康是必要的，鼓励来访者运用绘画等艺术创作将内心情绪、感受表达出来，视艺术作品为"整合的功能"。对于作品，分析师不作诠释，共情感受绘画过程及其作品即可。结束后可与其讨论："你能说说这幅画吗？然后呢？细节，能说说这里吗？"

第二节 异性缘：与伴侣相遇

你是我看到的"样子"，我们在投射中相遇。在投射中，人际关系中遇见的众人映现了内在关系。第一章介绍的"震总"，自述"当知道我们家那位红杏出墙后，我的天就塌了"，就是"情人眼里出西施"投射找到的"伴侣"，"我的初恋女友长得和这个一样，不怕您笑话，这个女人离过两次婚了。当初就看她好看，被迷住了"。他自我调侃："听说演艺圈某个导演找的女人，也一个类型。"我说："可能与阿尼玛有关。"他问："阿尼玛是什么？"我说："每个人心中都有一个异性，简单说，男性心中的女性就是阿尼玛。"

本节讨论阿尼玛部分，以期与这一未知部分相遇，以新的路径，开启自我探索之旅。阿尼玛，即男人心目中女人的集体意象，是男性无意识里的女性因素和内心的女性人物。阿尼姆斯，是与阿尼玛对应的概念，即女性无意识里的男性因素和内心的男性人物。

01 关于阿尼玛、阿尼姆斯

"女儿爱上女同学"，近些年来，我经常收到此类家长求助。

士毅，高一女生。目测：短发，眼神坚毅，黑色T恤，黑色长裤，蓝色球鞋，十足的"小子"。来访原因："失恋"。自述："小翼同学长得娇小玲珑,受人欺负,我保护她。她一笑俩酒窝,特别让人怜爱。可她现在不理我了。我给她的礼物都被她退回了。我整夜失眠,上课注意力不集中。"其母介绍说,其生父在她三岁时因公去世,携其再婚。她与继父关系还可以。

咨询中,了解到"内在父亲"没有建立起来,与继父关系处于表面"伦理关系"。士毅从小活泼,幼儿园就是"孩子头",异性部分的男性气质阿尼姆斯日渐发展,在其生父这个"男性"离开自己后,除了保护自己,阿尼姆斯部分还"担当"起了"保护母亲"的职责。在无意识里,她与妈妈既是母女关系,也是"夫妻关系",与其继父,呈现出特有的阿尼姆斯部分,表现为"两个男性"竞争母亲的关系;与同学小翼交往,也是过度发展的阿尼姆斯部分主导。咨询过程中,强化自我性别认同,包括重塑"心理父亲",达成生理性别与阿尼姆斯的合适尺度。在接受咨询两个月后,她开始穿有颜色的衣服了,与那位女生也达成和解。

通过这个案例,介绍异性气质过度发展造成的心理问题。我接触到大量中学校园的"同性恋""双性恋"同学,大多属于此类家庭变故导致的异性气质过度发展。两位男生之间的某一方过度认同"阴柔女性",美甲、描眉、涂口红、烫发;两位女生之间的某一方过度认同"阳刚男子",典型的表现是穿男性衣服、不拘小节、仗义执言、打抱不平。此类青春期"同性恋",可通过自我探索,找回自己,效果较好。

阿尼玛、阿尼姆斯这一对概念是基于原型理论。荣格认为,阿尼玛和阿尼姆斯是两个原型形象,它们一方面属于个体意识,另一方面又扎根于集体无意识,因此就成为个人与非个人、意识与无意识内容之间的连线或桥梁。由于其中一个是女性而另一个是男性,所以分别将他们称为阿尼玛和阿尼姆斯。他将这两个原型形象看作是功能性情结，以及与外显人格相补偿的方式运作。仿佛是内在人格一样，展现出外显人格中缺乏，然而却又能够表现意识人格的特质。通常来说，这二者在一定程度上都是一直存在的，但是却不会在一个人对外部世界的功能中露出痕迹，因为它们将会对个人的外部适应和已经建立起来的理想形象造成混乱。莫瑞在《荣格心灵地图》中说："抽象而言，阿尼玛与阿尼姆斯是对人格面具补充的心灵结构，也是连接自我与心灵最深层之本我意象与经验的心灵结构。阿尼玛是男性内在的女性人物，女性与此同等的内在人物，称作阿尼姆斯，则是男性的。"

02 阿尼玛的形成与发展

我们以阿尼玛为例，阿尼姆斯类同。

阿尼玛的形成。第一个来源是遗传中获得的女性集体意象及来自集体无意识层面，如温柔、包容、细致等部分特质本来就有。本初原本就一个整体，盘古开天地，一分为二。每个男人心中都携带着永恒的女性形象，是镂刻在男性有机体组织内的原始起源的遗传要素，是我们祖先关于女性全部经验的印痕或原型，仿佛是女人所赠予过的一切印象的沉淀。阿尼玛作为女性形象是群体，但每个男性具体属于自己的阿尼玛，却是具象的。

第二个来源是母亲成像与个人的女性经验。女性作为主要照料者，男性最初是来自母亲和所有在他成长经历中像妈妈一样照顾他的女性，后来到了幼儿园，同龄女伴都会影响到男性的独特塑造，从出生到青春期阶段接触的所有女性,都有成为自己阿尼玛的可能。俗话说"媳妇随婆婆",意思是"儿子找的妻子总是像自己的妈妈"。某医师的妻子是小时候家里保姆的女儿,早年他妈妈患抑郁症,保姆是主要养育者。这位医师同化了相濡以沫保姆的异性特质,包括她的形象、性格,内化为自己的异性部分,在成年之后寻找伴侣的时候,内在的异性部分投射到了保姆女儿那里,与保姆女儿结婚。前述"震总"回忆说:"我小学一年级语文女老师,梳着长辫子到腰间,瓜子脸,那时隐约听说她离婚了,就爱怜他,想保护她,有和她结婚的冲动。现在想想,这位小学老师和后来娶的这女人,长得还真挺像。这就是我的阿尼玛?"伴侣,就是找自己"缺失"的那一部分。男性被压抑的女性特质成为阿尼玛,通过投射找到建立亲密关系的女性。

第三个来源是本人身上的女性特质。理解了太极图阴中有阳、阳中有阴,就体会到了我们生来即有双性气质。从小被教育开始了与生理性别相应的过程,男孩不被社会鼓励的特质就是阿尼玛。如小男孩穿粉色衣服的念头就被压抑了。这个男孩长大之后,将阿尼玛投射给想建立关系的某个女性身上,从根本上说是无意识的。由于这种心象本身是无意识的,所以往往不经意地就投射给一个亲爱的人,它是造成情欲吸引和拒斥的主要原因之一。

阿尼玛的发展历程。一般经历母性特质(小学生阶段)、情欲吸引(青春期)、拯救与救赎(完成与母亲的分离)、整合(雌雄一体)四个阶段。整合意味着不再把阿尼玛、阿尼姆斯投射给异性,而是收回来成为自己。如男人的中年晚期和晚年,既有男性的理性、智慧、力量,也有像女性一样慈祥和蔼,在情感上面支持照顾别人,变成真正意义上的"雌雄同体"。整合是悦纳自己的异性特质状态。当然不见得都出现整合，很多停留在某一阶段，如有的通过不断向外投射而离婚、外遇，不断去拯救外在的那个"阿尼玛"。"震总"所述"离过两次婚又出轨"的妻子，即在拯救和救赎这个阶段，总想去结识新的异性得以再次结合，在选择伴侣的时候，意识层面喜欢温柔宽容的阿尼玛，无意识层面，自己被其控制又是如此强烈。有些男性，吸引他的不一定漂亮美好，脆弱无助受伤的女性，往往会吸引男性英雄的拯救情结，在外部寻找需要他帮助的阿尼玛。男性的阿尼玛一般是美神、爱神、母亲、智慧女神，女性的阿尼姆斯一般是情人、英雄、诗人、智者。按照自己内心的某一类型，在现实中寻找。

03　藉由阿尼玛探索更深层的自我

我们先看正面的阿尼玛、受伤的阿尼玛。我们在第三章介绍过 Coptis chinensis 的遭遇。他早年研究生毕业到了社科部门工作，初恋女友"白皙、文静、端庄、留着长辫子，不笑不说话，小学教师"，可是在其母"逼迫"下，鬼使神差跟这个"泼妇、文盲、黑、脏、丑、懒，比我大三岁，天天吃她气"的女人结了婚。正面阿尼玛是智慧、灵感、创造力的来源，自己的初恋就是。阿尼玛，投射出的永远是正面美好的一面。可建立亲密关系，却可能与意识层面南辕北辙。受伤的阿尼玛，则是其阴影。Coptis chinensis 现在结婚的妻子，当然不是理想的异性，受她欺负可一直没离婚。后来他领悟到"阿尼玛的阴影，也是阿尼玛的一部分"。虽意识层面喜欢纯洁无瑕的阿尼玛，无意识层面，阴影部分又是如此强烈地吸引他,在其母"逼婚"权威下,完成自己的"受虐脚本"。

此外,阿尼玛还是男性情感功能的表征,作为情绪载体作用在身上。阿尼玛的投射,不管是积极的还是阴影的,都是在与意象建立关系,而不是与活生生的人建立关系。在这种情况下,往往不是把伴侣当成一个真正的人,而是当作了阿尼玛意象的载体。阿尼玛只是考虑如何满足自己的诉求,受伤的,就能够满足照顾的愿望,满足了之后,就找下一个继续。大多情况下,男性在向外寻找、投射阿尼玛,但是如果被阿尼玛占据呢?此时就转化为自己阿尼玛的阿尼姆斯,我们就会看到这个男人以女性化的方式争吵。

婚姻中,男性的阿尼玛被投射在妻子身上,看到"异己"部分,从而实现内部整合。如在现实生活里爱上一位女性,她就代表了男性阿尼玛的意象,男性就借由现实中的关系,连接到了自己的阿尼玛,他爱上现实中的女性,也是在爱自己的阿尼玛,阿尼玛发展不足的部分,借由现实生活实现联通,人格也借由现实关系得到进一步发展。当我们感到现实生活里的异性关系面临挑战的时候,也代表自己与内在阿尼玛进行联通的时刻。在关系中,不仅要看到自己与他人的关系,也要看到自己与自己内在的关联如何,如我们与自己性格完全相反的伴侣在一起,会很痛苦,但能帮助我们去连接和熟悉我们原来不熟悉的部分。在第七章,会谈到两位心理类型完全不同的夫妻之间的婚姻关系,要么互补,要么视对方为阴影,阴影是如此另类又被吸引,难以调和,又说不清。

阿尼玛是建立关系的意愿。没有投射,就不会建立关系,仅仅投射是不够的。能够投射出去,需要再把投射出去的收回来,收回投射不是对现实的伴侣不闻不问,而是更尊重她,不是要她成为你想成为的样子,是当成活生生的人。向内心发出整合,把阿尼玛作为一部分整合。整合是承认自己是有弹性的我,既内在和谐又外在和谐,认可自己性别又接受异性特质,整合目标是成为自己。整合是意识的、流畅的、和谐的、内在的。

04 婚内阿尼玛的投射与收回

俗话说"清官难断家务事",家庭是没法讲理的地方,家庭的主干是夫妻关系。被誉为西方流行文化一代宗师的约瑟夫·坎贝尔,在《遇到女神》一节中谈及婚姻,颇为有趣也接地气。兹摘录如下：

婚姻是一个非常重要的决定,因为它要求你在两个人的关系中完全顺从。我曾告诉那些对此感到担忧的人,不要认为你在为对方做出牺牲,其实你在为你们的关系做出牺牲。如果夫妻俩都能从双方关系出发,那么你们就会合二为一。当任何时候你在判断行为和做决定时都能考虑到双方的关系,那么你就可以结婚了。

在观察周围人时,我真的发现浪漫的爱情就是这种理想"阿尼玛"。阿尼玛是你内心的理想形象,你把它投射到外部不同的人身上,与之结合。很快你会识破这种投射。接下来会发生什么?婚姻的严峻考验就在于使这种投射消失,接受现实。当这样做了,你就会拥有长长久久的丰富的爱情关系。如果你和这个人结婚,其实你是把自己的理想伴侣投射在她身上,这个人会开始显露出真实面貌。你将面对这个问题。你要怎么办?收回投射,接受现实,因此我称之为严峻的考验。

同情是让婚姻维持下去的唯一方法。激情则不同,激情使你想要占有。从激情到同情的变化就是婚姻的所有问题。

你的阿尼玛投射对象与你期望的不同,你不得不应对这个显露出来的事实。婚姻的问题就在于此:你和投射阿尼玛的对象结了婚,但他或她有真实的自我。你认为自己得到的和你实际得到的不同,我们称之为幻灭。也就是说,你必须收回阿尼玛。你可以离开,把它投射到其他人身上,然后你会再一次遇到相同的问题。

纯粹的阿尼玛将会消失。你与之结婚的人并不是你期望的那个人。在生活中,典型的做法是默认,我们称之为成熟。

第三节　化妆照:与面具相遇

每只猫都有三个名字:第一个名字人人皆知,第二个名字亲朋了解,第三个只有猫自己知道。

当猫独坐远眺时,它在做什么呢? 它是在对只有猫自己知道的,非凡的、独一无二的,仍旧对其他人隐藏的神秘名字进行冥想。

这是 20 世纪英国诗人艾略特的一首诗。默瑞·史丹在荣格分析师课程授课中说:"作为人类,我们也有三个名字,第一个所有人都知道,它是公共场合下的人格面具;第二个只有你的好友和家人知道,它是较为私密的人格面具;第三个则只有你自己知道,它体现的是你内心深处的那部分自己。你知道你隐秘的名字吗,那个非凡的、独一无二的、只属于你的名字? 这个名字远在家人和社会给予你其他名字之前就已经存在了,这是你不应丢弃和遗忘的名字。"

你知道它是什么吗? 如果不知道,如何找到它呢? 绝大多数情况下,我们都有被认可的、正式的、有约束力的"模范公民",这是向外界展示的"脸",即我们的"人格面具",一张被认可的、好市民的面孔。

此时,我们可以放下书本,想一下:自己的标准照(化妆照)使用的是哪一张? 自己最常穿的衣服是哪一件? 自己在别人眼里是什么样子? 自己是什么样的人? 想成为什么样子的人? 且看下面一组"视频":

视频 1:某男士想竞选总经理,结果有人"空降"。回家愁眉苦脸。其妻骂道:"多大事? 回家先把那个核桃皮脸,摘下来挂在楼道。"

视频 2:书生在树林中遇美丽女子被迷惑。道士点化发现乃丑陋凶恶鬼怪正画一张人皮,人皮上的人像正是那女子。孰不料终被恶鬼所害。

视频 3:孙悟空与二郎神搏斗,变成庙宇,尾巴无处藏,变成旗杆。

视频 4:中年妇揪一女郎撕打:"看你人模狗样的!还有脸吗?"

视频 5:婴儿,赤身裸体,自得其乐。幼儿,穿开裆裤。

视频 6:某女副市长,齐耳短发,身着米色外套,素雅纱巾,随从跟其后,视察某居委会。回家后,她系围裙做饭,切东西不小心切到了手,疼得嗷嗷叫。

视频7:微信头像中星空,楼宇,海,日出,森林,樱桃,老鹰,狗,孩子小时候的照片,半边脸,紫色钻石,动漫,标准照,腿和脚,全身照。

看以上画面,我们怎么想,是我们的投射,而他想展示给我们的,就是他的人格面具。我们会创造一些人格面具和展现出这些人格面具,也包括别人投射给我们的。

01 人格面具:衣服或化妆

以"面具"示人,是无意识很自然的事情,甚至本人都感觉不到。前面列举了 Coptis chinensis 的案例。他第一次来访,是以咨询儿子"网瘾"而来,说了不到五分钟,就开始寻求对自己的心理分析。很多来访者是以"孩子青春期不听话"等"咨询理由"前来做本人心理分析的。这可以视作来访者运用"人格面具",在第一次面对咨询师时的"自我保护"。通俗来说,人格面具可以比喻为我们合身的衣服,表示呈现给世界的面孔,如果这个衣服合身,就是与内在自我有很好的连接,能够体验到内在的真实部分。

人格面具,首先供社交使用。在对外交往中,"面具"是希望被别人看到的样子,这里面包含了意识层面的主导。其次,与自己的社会角色密切相关,即在自己身上显示的职业形象,如农民,官员,市民,职员。同时也是自我与外部世界相关的形象,有与集体适应部分。有时人格面具能够更为深刻地揭示出我是谁,但有时又会隐藏我们的感受和情绪。在传统文化中,年轻人被赋予一个需要他们适应的人格面具,需要适应家庭和社会所赋予的形象,且在一生中都比较稳定。人格面具把人们置于不同的社会分类中。当个人需求改变且人格走向成熟时,人格面具也会相应调整。

以分析心理学术语来定义人格面具,是指一个关于个体意识和社会关系的复杂系统,适应某种面具,一方面是为了向他人展示出一个确定的印象,另一方面隐藏了个体的真实本性,如果后者的功能过剩,那么这个人会太过于认同他的人格面具,而不再知道自己是谁;如果没有前一个状态的话,这个人将会对他的真实本性,以非常无意识的状态对待。

广义来说,人格面具就是我们理想自我的个人特征,是经过美化的形象,是我们自己为自己匹配的形象。它表明我们把自己看成什么样,或者喜欢把自己看成什么样。人格面具不仅仅是指个人的,也有某个族群的文化人格面具,是数代人提炼和调整的结果,在世代更迭中逐渐发生改变,但在我们有限的生命中,很难觉察到这一点。人格面具是我们的保护层,从而使我们与他人进行有边界的社交互动。

02 人格面具的产生与发展

面具的自我形成,是"成为自我"的必经之路。"人格面具的两个来源:符合社会条件与要求的社会性角色,一方面受到社会期待与要求的引导,另一方面也受到个人的社会目标与抱负的影响。"第一人格面具,来源于父母、家族及社会的教育方式。幼儿基本没有人格面具的表现,但随着羞耻感的产生,儿童从三到六岁开始表现出人格面具行为,这是教育的必然结果。少年是人生关键期,树立什么样的志向,以什么样的人为榜样,会决定未来的人生成就。在青春期出现"追星",即是自我面具的一种塑造。"榜样的力量是无穷的",此时需要发展出一个合适的人格面具和自我,以适应社会。人格面具是意识的产物,是与父母分化而得以成长的结果。

　　每个阶段,无论青春期还是中年、老年期,都要发展出独特的人格面具,因为它同时包含了自我认同部分,倾向认同在生活中所扮演的角色。如某位十七岁的高二男生,受到过两次校园欺凌,他的面具是"老鼠",猥琐而自卑无力,坦言"毫无脸面"。对于面具缺乏和负性面具两类情况,需要强化面具的作用,培育发展心理年龄与生理年龄相适应、作为一个社会人存在所需的面具。我采用的方法是,由他找寻一位敬佩的"榜样",包括宗教、传说、历史和现实中的英雄、敬重的人物、影星,甚至动漫、动物、植物等都可以作为模仿对象。如模仿崇敬的年级主任,变得越来越像那位老师(阳光、人缘好、认真、聪明)。方法是想象"他"在自己这个年龄的样子,同时模仿他的衣着、神情,进而神入,此刻感受情绪和躯体。

　　合适的人格面具,如同合身的衣服,增强穿着者的真实身份,而不是为了适应虚假自体而量身定制与穿着者真实身份不相符甚至冲突的衣服。需要避开陷阱,如为了完美地融入环境,避免给自己贴上不必要的标签。人格面具显示了我们想要表现的东西,以及我们人格中应该让他人看到和承认的一面。来自外界的印象实为一种需求投射,也调节着自我价值观,进入"以假为真"的模式。如某些短视频等快餐文化,声画取代文字,大众成为受众,独立思考的逻辑思维能力下降,受"视听感官"操纵,思维巨婴化成为常态,面具的油彩越来越媚,面具的材料越来越脆,面具离本真越来越远,往往会情不自禁地按照好莱坞的桥段来呈献面具。

03 黏连与匮乏

人格面具有时往往凝固在一种角色上,不能够觉察到活生生的人格。太过于认同面具,会与皮肤连在一起,混淆"外衣"与内在"肉体",从而活在面具里。人格面具可以概括为个人与社会间的妥协。在各行各业中,人们都能看到某些荒谬浮夸的人,他们陶醉于角色赋予的假想权力之中。某市局长手握审批权力,自然在官场如众星捧月,回老家兄弟爷们也笑脸相迎巴结他,自然而然习惯了这一面具。他回老家给其父亲过生日,无意识会流露出"颐气指使"的言行,父母也习惯了这一面具。后来他"出事"了。其"局长"面具,让他人感到膨胀虚伪,外部恭维只是逢场作戏。即使小区物业人员,偶尔穿上某种服装也会"拿着鸡毛当令箭",充分利用"面具权力"肆无忌惮。正像德国作家雷马克《西线无战事》中的一句话:"给狗一块肉的话,它肯定会叼走,给人一点权力的话,他肯定会变得野蛮。"

对职业面具来说,经常更换工种的人,有多副面具,相对于单一职业经历的人黏连就轻;不同职业间,如执法部门和保险营销职业面具各异。某退休官员即使在日常生活中,与亲友说话也是使用刻板僵化的公文语言,如"秉持、践行、应啥尽啥"之类"公文腔"。某青春期男生来访者的父母均为执法行政官员,从小就被训斥体罚,经常置于被审讯的位置,到青春期开始寻求独立的时候,又遭到更加严厉的管教,其父母的面具已相当职业化,内在自我与外在面具已经深度黏连。

"假自体",是以一种更防御的方式对社会角色的过度认同。如果主体(自我)与客体(父母、环境)未分化好,会形成虚假自我。此情形下,人格面具相当于认同"假自体"(虚假自我),即用坚硬的"外衣"(人格面具)遮住他真实的"皮肤"(自我)。由于过度认同社会角色,过度认同刻板和僵化的人格面具,相当于自己一直沉浸在角色扮演当中,表演和表现的特质使其走不出来,使人感觉不到真实的部分。此类面具黏连情形,在无意识中会得以显露。如做梦,梦中出现不能脱衣服,困在很重的盔甲中,或者穿花哨的外衣,或者裸体,尤其在群体中不穿衣服,要么穿着破衣烂衫很寒酸,要么穿着很刻板的正式制服。现实中,有些下班后也穿制服,以确保"面具"的存在,正像蜗牛把嫩肉藏在硬壳里面获得安全感一样。

过度黏连但内在又不适应,容易导致躯体疾病。某高二女生讨好型人格面具,内在却很委屈,内部冲突导致终有一天跟妈妈说"不想活了",其母却疑惑"她一直很乖呀!"某来访者自我介绍中,罗列了十八项职务,每一"职务"都把自己装饰一番,像一把枷锁把自我封闭起来,就像烫伤的皮肤只有瘢痕而无汗毛,内在与外界没有了沟通交换,则现皮肤"不出汗"问题。这些"名片"的面具,每一列展示,都如同一顶头盔把自己压垮。

与过度认同面具相比,面具匮乏相对较少。在一些问题少年和黑社会成员中较多出现,其特征是自卑或不负责任,摈弃社会规范。黑社会成员没有适应社会得以认可的动机,其面具不同于一般情形,如崇尚"我是流氓我怕谁",其面具是"又臭又硬"。故作"另类"面具,以此宣誓自己的反叛与桀骜不驯,造成没人敢惹的效果。

04 人格面具与真实自我

如果一个人长时间戴着人格面具,这样的生活会使人感觉很辛苦。而那些被迫被别人戴上桂冠面具的人,为了应对、回馈这种外在的奖赏,只能更加严苛自己,甚至不允许自己有一点失手,被迫处在高光下。这样离自己的本真也越来越远。有的领导一方面承载了很多人的投射,有些把他理想化,当成品德高尚之人;有的把他恶魔化,往往不堪重负。当人格面具认同于灵魂时,这个人格面具就是原型层面的,与灵魂认同就会有一种优越感,相信自己是一个很大的神,丧失掉与他人的情感连接。还有一种口碑很好的人,在年纪不大就得病或去世了,"好人不长寿",为了维护"口碑"消耗太大,内在压抑未有宣泄,应了那句"死要面子活受罪"。

人格面具恰当其实,此时跟内在的真实性有了一定的连接,能体验到真实部分,收放自如的人格面具容易戴上,也容易摘下,又不会去认同工作场合的人格面具。若一个人呈现真实,表明他有能力整合内在的阴影,敢于承担自己的唯一性和个体性,可以说是进入了"真诚"的生存状态,并意识到此状态的含义。真诚连通着个人的未来和过去,使自我具有连续性。

人格面具作为一种心理、生理和社会性行为，连接着内心世界和外部世界。尽管它是一种对社会要求的适应，但也表现出最深层的某些本质特征，从内在和外在都表现出某种统一性，且始终贯彻于种种变化之中。这也是人格的稳定性之因。

05 从政者与公众人物面具

在人格面具中，"从政者面具"耐人寻味，也是最惹公众关注的话题，在此单独做一讨论。从政职业的突出特点就是社会服务与管理。按照天道，按照人伦，其面具要素，首先是"品质"要素，"德才兼备"德在前面。从政者，必须要有服务大众的"心愿"，有坚强的意志力。这是从远古至今镶嵌在集体无意识之中的"标准"。

某日，一名叫"千鹤"的大一学生询问，可否"文身"？

千鹤：老师，文身在心理学上有什么特殊意义吗？

我：你觉得呢……主要是一种自我认同宣示吧。或者是另类面具。让外界看到自己，表明自己的独立性，尤其在青春期年龄段。还有被动的，是与羞耻联系在一起的，如古代在犯人脸上或额头上刺字图，使受刑人蒙受耻辱。在纳粹集中营，法西斯在中国女孩后背文法西斯鹰徽。

千鹤：文身也没有什么特别不好的寓意，为什么考编、考公务员面试的时候要求不能有文身？

我：文化无意识中，文身是羞辱惩罚，自然不被主流认同。况且，文身者本来就是以文身来与主流划清界限，通过文身与主流告别。文身是个人行为，但公务员是行使管理职能的，很难想象一位女市长文身示众。

千鹤：我原本觉得这个好看，结果被文身师拦住了，说会影响找工作。

我：可以在想象中完成。想文身哪个部位、什么颜色、什么形象……通过想象完成，包括文身准备，到店里，过程，完成，出门，自我展示，社会展示，自我欣赏，照片存档等过程。

从心理动力角度来说，有了文身的"念"，被"道理"压下去，但"念头"还在。所以需要通过"意象"去"完成文身"这件事情。上面的对话，运用了逻辑思维表达和意象"完成未完成"表达的方法，对这件事情进行了初步处理。想文身的念头，特别是文身部位和"某图案"，很清晰地呈现了千鹤在高中阶段一直压抑的某问题，当高考结束放松下来后，原有的情结又冒了出来，以"文身"来表达这一诉求。

作为一个从政者，要有强大的心理力量，有非同寻常的自控力约束自己，这是选择这一职业时就已经确定的。2022 年有则新闻："36 岁的芬兰总理马林因热舞视频、官邸不雅照陷入争议。她含泪回应：我也是人，也需要寻找快乐，希望人们关注我们在工作中做了什么，而不是我们在业余时间做了什么。"她显然忽略了"业余时间"与众人热舞时依然是戴着"总理面具"这一"从政者面具"的。

社会公众对于从政者予以更高标准的"戒律"，来自远古时期的先民，首领必须表里如一且坚强，只有奉献大众且不为个人本能所驱使的人才能胜任。华夏文化要求从政者"爱育黎首、遐迩一体"。荀子认为，"君者，善群也"，"君者何也？曰：能群也"，"故有社稷者而不能爱民、不能利民，而求民之亲爱己，不可得也。民不亲不爱，而求其为己用、为己死，不可得也。民不为己用、不为己死，而求兵之劲、城之固，不可得也。"如果从政者以"个人本能叙事"或成为某势力的"代理人"，就偏离了面具所要求的社会赋予的职能。见诸报端的某官员，飞扬跋扈，公开霸占下属妻子，乱伦亲侄女、外甥女，升官告别时花钱买千人送行场景，既要"乱伦本能"，又要"好官面具"。此类失去约束的官员，从非理性到疯狂，只需属下听话；从疯狂到猖狂，只需自己任性；从猖狂到猖獗，只需有打手配合。以其职业面具做背书，刚愎自用，为非作歹，鱼肉百姓，祸害社会。

类似的还有"公众人物面具"。作家、艺人、网红、医生、专家，有了公众人物的"名"，就要履行社会的"责"。从某种意义上，他们很大一部分已经"身不由己"地不属于狭隘意义上的自己了，起码代表他所在那个阶层的品端和智识。他们拥有巨量"粉丝"，一举一动，非同小可，对社会稳定、价值导向等都有巨大影响力。

部分从政者之所以感到"压抑"，真实自我与面具遭遇"淤堵病症"，除了自身素质，还受到不良政治生态的影响。一般来说，在风清气顺的环境中，在"一个又有集中又有民主，又有纪律又有自由，又有统一意志、又有个人心情舒畅、生动活泼，那样一种政治局面"和"团结、紧张、严肃、活泼"氛围下，总体是健康向上的。面具，对于从政者来说，起到紧箍咒作用，对外、对内都有敬畏，才能发挥应有的作用。

咨询师与来访者面具

符合道德规范的职业面具,首先是为了保护自己。作为咨询师,我觉察到自己的人格面具。我把专业证书放在醒目之处,表明身份面具;工作室环境清新,也是一个面具;穿正装,保持严谨、职业、中性的面具,减少来访者对咨询师的非职业投射;工作之前至少半小时进入放松状态,给来访者看到的面具,首属"治愈者"面具。在青春期来访者眼中有"亦师亦友"面具,他们把我当成"大同学"。工作之时,用的是真实人格的面具部分。

咨询师接待来访者,如感受到来访者的私人攻击,触及咨询师内在情结时,会发生面具瞬间"脱落"的现象,咨询师呈现了真实的自己,表现出厌恶或是愤怒、羞愧等情绪,此时是分析修复的"发生时刻",但也正是与"真实"的"相遇时刻"。当职业面具与真实人格面具相匹配之时,疗愈就启程了。之所以是"治愈者"的真实人格面具,自然与职业相关,是与自己的成长经历、基本心愿、所受教育,以及文化无意识熏陶相关。面具与真实的自我大体匹配,与内在相吻合,但又仅仅等同于内在的那个部分。"治愈者"首先来自曾经的"受伤者"的经历或体验,以其阅历和修行为其背书,才会共情,通过咨访关系的建立及分析的深入,促进双方成长。

在心理咨询中,我会分别使用"三双眼睛"与来访者探索。一者婴儿的眼睛(镜映),或者说雌雄一体的视角,亦即"求雨者"无为的状态,虚空般的感受;二者鹰的眼睛(理性),或者说父亲的视角,即"面质",

通过觉察感受而犀利地直达本质,"鼓之以雷霆";三者如沐春风的眼睛(共情),或者说母亲的视角,"润之以风雨",此为日常咨询师的面具。

来访者的面具,被咨询师感受到,是疗愈的开始。作为对外展示,来访者面具的功能首先是保护。他来到陌生的工作室,见到陌生的咨询师,面具保护功能自启动。需要经过一段时间,才能建立起健康的咨访关系。有位大一女生,每次来都是矜持的微笑,知书达礼的"面具"。她幼年受到过很多创伤,外表"乖乖女"面具下,实则内心缺乏安全感,呈现出恐惧和强迫行为。在第四次咨询快要结束时,她忽然潸然泪下,哽咽着说:"爸妈都不爱我,没有一个人在意我。"同日,一位六年级男生,有一副"很懂事有礼节"的面具,也是开始矜持,说情绪、学习、人际关系等都好,在接近结束时,突然嚎啕大哭。之前那个面具荡然无存。当放松下来,触动到情结,感受到咨询师"治愈者"面具的时候,真实的自己就涌现了。

这需要等待。如同荣格说的,"我什么也不做,除了等待,我什么也不做"。让假自体面具慢慢脱落,等真实的自我出来。意识的面具,唯有通过无意识去融化。

第四节　替罪羊:与阴影相遇

人格面具是外显的,阴影是内隐的,两者均与"羞耻"有关。羞耻更接近本能,是无意识的。面具和阴影与道德相关。

如果说太极图中的黑白部分，分别为阴影和面具，那么中间的曲线可视作"羞耻"，是羞耻因素产生了这一对概念。古代耳环曰"羞耻"，左"羞"右"耻"，为规范女子走路姿势之"边界"也。羞者，贡羊也，羊，味美诱惑也，丑表音，亦表意。耻者，难为情也，耳听则止，知耻近乎勇。有耻方知耻，耻者，阴影也。因"耻"而"羞"，因"羞"而"面具"。亚当、夏娃吃果子，知道了"羞耻"，拿无花果树叶做裙子，面对阴影使用面具遮羞。作为社会人，面具是为遮掩羞耻以建立安全感、参与社会化，呈现出外界看到的样子，而意识化的"化妆"（盔甲、盾牌、衣服、车子、名片、脸谱），自然也是按照风俗教化，有意选择形成了对于"羞耻"部分的把控，同时又是无意识的，形成面具后，往往会成为"惯性"而不自知。

01 光与影：起舞弄清影

背对太阳，影子在前面；面向太阳，影子在身后；太阳直射，影子在脚下。试图用光亮驱散阴影徒劳无益，阴影由光亮引发，影子躲不掉，有光就有影。民间说"鬼没影子"，所以都怕鬼。由此说来，阴影也具有了"真实感"，且从某种程度上带来安全感。

苏轼低吟"起舞弄清影，何似在人间"，李白浅唱"我歌月徘徊，我舞影零乱"。在诗人意境里，阴影被描述为清影，是何等优美。现实生活中，阴影却往往令人深恶痛绝，使人躲之不及。涉及羞耻、有违社会公众普认之伦理道德的部分，常常被刻意隐匿无从发现，即使有所觉察，亦秘而不宣。为何对阴影躲之不及？阴影有的藏在内心，有的根本就没觉察到。某人办公桌后背书橱的书、个人和家庭照片，可看作面具展示,在隐秘处藏匿的东西则可看作与"羞耻"有关的隐私。

阴影概念,可以涵盖所有无意识内容。分析心理学认为,阴影包括个体阴影、文化阴影、集体阴影。它由情结组成,带着基于动力和行为模式的个人属性,是人格结构一个确切的"黑暗"部分,是"我们想要隐藏的所有不愉快的特质的总和",是"一个人不愿意成为的样子",既是我们隐藏起来不想让别人看到的一面,也是我们没有充分发展的功能和个人无意识的内容,有好的,也有坏的,自我要么将其压抑,要么从未意识到它的存在。那些不符合自我形象,害怕并且宁愿隐藏的情感,当事情进行的顺利时,负面的东西处于休眠状态,当危机来临,就跳出来对自我施加力量。

个体阴影让我们自身不舒服,团体阴影让我们的团体、社会不舒服,原型阴影更是深邃又阴暗,最具穿透力。阴影是难以启齿的、集体共有的羞耻感。个人生命的成长,集体层面社会的发展,需要给力比多(本能冲动等)以边界。规范产生了秩序,也留下了影子。

阴影表现为非理性的情绪行为。总体看,阴影主要来源于人对自身动物性本能的恐惧。20世纪西方思想家本雅明在《单行道》中说:"人对动物感到恶心时,居主导地位的感受是害怕与它们接触时被它们认同。人内心深处有这样一种灰暗意识非常令人吃惊:意识到人的举止与使人生厌的动物并没有多大差异,因而能被动物认同。人无法否认自己与这种造物之间存在的动物性关联,他的恶心感就来自于此。所以,他必须使自己成为动物的主人。"比如,我们都讨厌病毒、疾病,这实际是人所共有的死亡恐惧阴影,以这些病毒疾病的方式呈现发作。"致男人们,劝说是不会有成果的",这也是本雅明的名言。我从心理分析角度解读这句话,是说阴影是一种情绪性存在,如同"情绪不听道理"如出同辙。

 ## 02　被梦见:陌生人与黑衣人

我们常常把自己心灵中不熟悉的、有吸引力的东西,投射到陌生的东西身上。这来自人类早期对于未知的恐惧。陌生的事物往往具有威胁性,甚至足以威胁到生命。"在所有陌生中,我们把等待着我们的死亡看成或最终想象为我们一生中最陌生的东西。人总会死亡这个事实具有阴影的特征,而这里所涉及的并非是个人的阴影。"(维蕾娜·卡斯特《人格阴影》)

阴影部分,通常以象征意象,出现在梦里。

小颖,女,本科毕业,待业。她的梦:

　　有个陌生人,看不清身份,大约像警察,很正派的样子,发现他有人命案。他知道我知道了这些……有天晚上,我和几个同学在电影院出来后,我落单了,远处站了一个黑衣人,还有两个黑衣人正试图向我这里跑,我和朋友拼命跑,跑到了我小时候住的一个小区保安室里躲着,还是被发现了。接着又到了爸爸家门口,黑衣人追上来了,离我很近,我心里想着我肯定马上就被杀掉了……然后就醒了。

小颖自述与其父母及妹妹发生严重冲突,医院心理科诊断为双向情感障碍。小颖说："两个妹妹太懒了,太娇惯了。老二上高三了,放学还得爸爸去接,老三初二了,一说学习就说头疼。她们反过来说我不去上班,在家啃老。二妹要手机,爸爸给她买了,我要买一只折耳猫,爸爸说贵,就是不给我买。"我让小颖把梦画下来。一幅是警察很标准的大盖帽,没有五官;另一幅是黑衣人在保安室门外透过玻璃窗向里面看,小颖和一个小伙伴抱头躲在门后。黑衣人就是看起来像戴了警察大盖帽的人,犯有命案。小颖给人第一印象的"面具"大方得体,但是在家里一点小事就暴怒摔东西,想成为独生女,独享父母的爱。独享爱的"方式",就是通过"命案"来实现。画中的黑衣人,看起来轮廓、发型和刘海都很像小颖。小颖说:"奇怪,画出来的黑衣人怎么像我?"在和这个黑衣人的"意象"对话后,她感受到"三个黑衣人",都是自己的"阴影",一方面不想努力,上班很辛苦,一方面内心又对这种啃老不接受,就把懒惰、娇惯的阴影投射到两个妹妹身上。发生在"小时候住的小区保安室",也说明自己的"巨婴"现状,还没长大,且与两个小妹妹在爸妈面前争宠。当无法面对自己的阴影时,就压抑在心里,以梦的形式呈现出来,或者对自己的阴影千方百计加以掩饰,但是对别人的阴影又表现出浓厚的兴趣。小颖善于发现两个妹妹的懒惰、娇惯例证,好像与自己无关,还站在道德制高点去评判。此案例说的是把自己不接受的部分,作为阴影投射到"他者"身上。梦中的黑衣人是陌生的,呈现了内隐的某个部分,梦提示自己引起注意。

"陌生的是我们自己",陌生令我们感到害怕,但它"现身"给我们提供了一个与之交往的机会。如果我们能够正视、接受和整合这些陌生阴影呢?小颖这个梦,是对过去"巨婴"的告别,经过心理分析和体验，阴影以黑衣人的形象呈现并被意识层面接收到，此后精神状态发生了变化，自我觉察到心理成长。

 ## 03　被投射：他与他们的阴影

阴影作为一个人所有无法接受或厌恶的存储库，被激活时就开始投射，其过程在意识自我控制之外。德国作家黑塞有句名言："如果你憎恨某人，你必定憎恨他身上属于你自己的某部分，与我们自身无关的不会烦扰我们。"我们对他人表示厌恶时，事实上暗暗地也厌恶了自己藏着的同类心理。我们把"盗窃"的阴影投射给老鼠，把"脏、恶心、赖皮"的阴影投射给蟑螂，过去人们把"无情、不义"的阴影，投射给"婊子、戏子"。当把阴影透射出去后，阴影都到外面去了，出现在他人身上，反而自我越来越弱，敌对越来越强大，让人感到坐立不安。此时，会为自己辩护："都是他不好，都是他惹的事，他是骗子，他欺骗了我的情感。"当人们忘了他自己内心邪恶或卑劣的一面时，便会付诸行动外出追捕元凶，施加在朋友、配偶、家人、邻居、社会身上。"我们倾向于把阴影的特征投射在别人身上。把它知觉为是别人的。凡是于我们的种种阴影特点有关或至少有牵连的东西，就把他们当做令我们生气的替罪羊。"阴影投射后，就不能再建设性地去探讨自己的问题了，因为那已是别人的事情，对自已不能产生什么影响。

我们先来讨论人群相互之间投射阴影的几种情形。

（1）"我"对"他"的阴影投射。即某个体对另一个体的阴影投射。"我生了一天气，他听到楼下喊'都下楼免费吃河豚粉了'，非要去吃。"

这里的阴影有可能是河豚粉的味道、贪小便宜、赶时髦等。个体投射，最初往往先发生在家庭中。家庭有一个异己份子，如果没有也会制造一个。以生气和愤怒来防卫自己感觉到的羞愧，实现阴影转让。"我生了一天气"，就是对自己的阴影生了一天气。阴影伴有情绪色彩，影响意识判断。老两口都很抠门，老头子看到老伴宁愿米饭发霉也不给乞丐，就冲老伴发火"侬真小气，阿拉闻到那五盎司的米饭有馊味了"，其实他自己亦如此，但通过向老伴抱怨，就缓解了自己对"抠门"的阴影焦虑。

（2）"他们"对"他"的阴影投射。即某群体对某个体阴影投射。"我们家就他懒""一颗老鼠屎，坏了满锅汤，就因为她被客户投诉，我们营销部一季度奖金泡汤了"。再如青春期常见的某小团体将"迂腐、窝囊"阴影投射到某个同学，对其施加暴力。

（3）"我"对"他们"的阴影投射。即某个体对某群体阴影投射。如"我们单位'留日帮'乱搞一气""这帮小商贩，除了短斤缺两，还能干什么？"

（4）"他们"对"他们"的阴影投射。即某群体对另一群体阴影的投射。某些执法者刻板、严肃、训斥、惩戒，体现在将"自由职业"作为阴影不接纳，强行管制。

（5）被操纵的阴影投射。群体阴影投射，会形成"剧本"得以持续，但当剧情不符合自己投射时，就不承认剧情的结尾，集体要求更改。这种阴影投射，有时被人为操纵。我们虚拟一个"某学校学生跳楼亡故事件"进行分析。其投射及被操纵过程：发生之初，众人认定校领导这个"他者"有问题，受到"他者阴影"吸引，群体开始抱团。抱团是基于大家一起力量大，以补偿"自卑"阴影，不假思索将"腐败"和"强势"阴影，投射于校长及其"平日经常'提溜'家长的老师们"。接下来，操纵者隐形出现，一方面指责校方"就知道捞钱"，通过指责别人（假想敌）站在道德制高点；另一方面对跳楼者"投注"同情心，煽情的音频、短视频，以声音画面感官"冲击"进入围观者潜意识。校方未做回应。众人开始增加"傲慢阴影"投射于校方。从跳楼者联想到自己曾受的遭遇，情绪开始激动，去校门口，白天放菊花，晚上点蜡烛，发起给跳楼者家长募捐等"示恩"举动，继续投注"爱心"，以廉价同情心补偿内在缺乏的正义感。此时，外在"有心人"开始传播"内幕"，群体更加群情激昂，纷纷按自己的阴影"脑补"投射，进入"严惩"阶段，此时为阴影转移替代。待最后"权威发布"，发现事实不是"脑补"的那样。众人共同上演的"剧情"没法持续。群情激昂要求处理校方。无论如何，校方总有这样那样的责任，就以某人作为"替罪羊"被处理。此时，众人才同意"本剧终"。

现实中，比较常见的阴影投射，有以下几种。

欲望阴影。欲望，得到或毁灭。句式是："我恨不得杀死你！"人吃五谷杂粮，即产生欲望，欲望促进万物繁衍。广义上包括植物的授粉欲望。人类为繁衍生存共同面对大自然和内部隐患，约定俗成的社会伦理，成为集体无意识的部分组成。欲望须保持在适当的度之内。欲望在伦理面前，部分以阴影形式存在。对欲望，要么满足，要么毁灭。对钟爱的恋人占有不了，就在实际（毁容、动手、谩骂、散播消息）或意念（诅咒）中"置死地而后快"，爱恨情仇也，要么爱，要么恨。对盗墓者来说，贵重的文物弄不走，就在墓穴中将其摧毁，以免别人拿走。欲望，隐藏的是贪婪阴影。贪婪，方有安全感。独自拥有，方有安全感，如占有佣人

（奴隶）、异性、财物、食物、牲口、器皿、字画，甚或垃圾。独自占有，前面提到小颖三姐妹都曾萌生过"我是独生女就好了"的念头。

嫉妒阴影。嫉妒，自卑的补偿。自卑是挥之不去与生俱来的阴影，来自于分娩时被子宫抛弃感。个体心理学创始人阿德勒认为："因为我们每个人对自己所处的位置都不满意，都希望加以改进，所以我们每个人都有或多或少的自卑……人类地位提升的原因正是源于自卑感……如果我们一直保持着勇气，便能通过直接实际的方法改进所处的环境从而脱离这种感觉。"如"我不是行长，不如我的人当了行长"这件事，说出来的话就是"他也就会搞关系，才……"以此将自卑感、无意识演绎为优越感，以获得自我认同，减缓自卑阴影痛苦。

美好与丑恶阴影投射的转换。句式是"这么多年，终于看清他了"。这个"他"，即"他者"。一般是好友（闺蜜）、老师、领导、宗教人士或大人物，接触不多，凭印象，或者宣传广告，"我"先投射"完美"于斯，随着与其交往日渐增多，发现并非包装推介或自己理想投射的那样，尤其发现生活中的"蛛丝马迹"不符合"完美"的标准，与原来投射形成的"面具"出现落差，从而实现从完美到阴影的断崖式转换，结果是"终于看清"不是"水至清"。所谓看清，是指这个人"不好"，从而以自己的"上当"登上"道德高地"。这个现实中的"他"，如老师、领导，认为他们就应当身先士卒、表里如一，修行者就得严格持戒，闺蜜就得无边界、亲如一体。这些被完美投射的闺蜜、老师，总是处于被监督的尴尬中，不得不把面具戴得很紧，但总是被抓住"当面一套，背后一套"的小辫子。原先的恋人，成为仇人。某县城男女两公务员，各有家室，双方互相爱慕已有四年，后来终于分别离婚走到一起，仅半年就分道扬镳了。在我看来，他们没有真正生活在一起的时候，双方都戴着面具，将自己理想的阿尼玛、阿尼姆斯，分别投射在对方身上。生活在一起，放下面具的时候，牙也不刷了，妆也不化了，懒惰也忍受不了了，阴影部分就袒露出来，互不接受。最后还说："呸，终于认清他（她）了！"

阴影投射导致症状。"大众本能的冲动，是无意识补偿过程以症状形式的表现。"某高二男生，对于其他同学"无拘无束、活泼"很反感，正是这个阴影导致人际关系障碍。患有洁癖的人，阴影就是肮脏，把内心的"不洁感"投射到现实生活中，以洁癖的行为来对抗这种乱七八糟的阴影。某中年女性，有强迫症，反复洗手，喷洒消毒液。她的意象是"周围都很肮脏"，其梦多是房间灰暗，出现死老鼠、蟑螂、蝙蝠、蜘蛛网。对于这类阴影，咨询方法是陪伴其在放松状态下"盯着看"发生的"意象"，同时感受躯体。在沙盘中，即使呈现出明显的面具沙具，也会有阴影的存在，甚至更有价值。阴影是黑色的，具有陌生感、诱惑性和吞噬性，会为此感到刺激而着迷，如说本来知道（意识、面具）不该去追那个美味（异性、钱财、癖好），那样会使自己的面具受损，可是还要"上瘾"去追逐。"某某昨天在大会上讲反腐倡廉，今天就进去了"，从心理因素分析，当他们感觉到面具使自己绷得太紧的时候，就以贪腐的方式满足自己的另外一面。

04　被转移：替罪羊与替死鬼

阴影被转移到外部。转移到哪里？民间有"替死鬼"的说法。替死鬼，阴影的转移替代。只有你"死"了，我才能重新"活"。拉一个垫背的，找一个堵枪眼的,放屁怨丑的,都是阴影的转移替代。

为何由"羊"来替罪? 在西方基督教义里,用羊羔做为献祭的祭品。有个叫亚伯拉罕的闪族人暮年得一子。某日耶和华突然降临要他杀子以撒献祭。以撒不知自己是祭品,便跟父上山。亚伯拉罕正将儿子放上祭坛时,天使飞来拉住其手,告诉他说可改用羊做祭品。替罪羊,来自西方古代赎罪仪式。在这个仪式中,有两只山羊,一只被杀掉烧烤,血被献祭给上帝,对自己犯下的错误感到后悔,它不是阴影,是被用来献祭的。另一只羊,身上写了好多罪的字样,被赶到围墙外面去,这只羊是阴影,所有的罪行,都由这只羊来担负着,被赶到城市外面让它自行灭亡,象征着把所有的能量赶出意识之外,我们似乎就看不见了。

中国古代也有类似故事。《孟子齐桓晋文之事》记述了这样一个故事,齐宣王坐在大殿上,看到有人牵牛从殿下走过,问做什么用? 那人说准备用它的血涂在钟上行祭。齐宣王不忍看到牛恐惧战栗的样子,就说用羊来换它吧。孟子问:"您如果痛惜它没有罪过,却要走向死亡的地方,那么牛和羊又有什么区别呢?"齐宣王笑了:"这究竟是一种什么想法呢? 我也说不清楚,老百姓认为我吝啬吧。"

羊,被替罪,担负着人类的阴影。羊,是无辜的。狼把自己的阴影,转移到小羊身上,《伊索寓言》讲述了狼和小羊同时在一条小溪边喝水,狼找各种借口要吃小羊的故事。

为何由羊来替罪? 如果由蚂蚁替罪,就像诸侯找来替罪的不是大臣,而是乡野村夫,显然不能服众;当然也不可能有"替罪狮",因为不敢。由羊来替罪,一是相对安全,羊性情好,食草动物,不像牛一样出力,与生而为人食用的猪相比,它干净,长得也好看;二是羊也是有"身份"的，它的胡子足以和"智慧老人"相媲美，由它"替罪"，说明主人更厉害。另外山羊喜欢跑出群体乱窜，较易当作被攻击对象。团体中与众不同的人，较易成为被攻击的对象，因而在团体中，它的积极作用是可让团体更有凝聚力。它有角，在西方宗教里山羊和恶魔是同义词。

替罪羊的出现，无意识间实现了阴影转移。人们因为无法或无力去对抗，以致感到沮丧或受挫，便需要一个替罪羊作为发泄渠道。职场中常会出现替代性攻击现象，由于痛苦和挫折引起敌意，当遭遇挫折的原因令人胆怯或莫名其妙时，经常转移敌对方向。如领导与下属的利益经常冲突，下属的工作及生活一般不如领导，在遇到困难受挫时，常将坏情绪转变为不喜欢此时比自己得意的领导。再如出现舆情事故，领导会找"临时工"、分管或部门负责人作为替罪羊予以惩罚。

每个人都倾向于过完整的生活。偏重于投射阴影的人，往往比较偏执，常常用非黑即白的方式来看待事物。我们把手指指向他人，但四根手指却是指向自己的，指向的那个人就成为替罪羊。"都是你不好！都是你的错！"有些阴影是团体共有的。如果把这种共有的、难堪的事情拿到台面上来，大家在本能层面都挂不住，便把这种集体阴影投射到"替罪羊"身上，阴影被"围观"。被转移到他人身上，自己就与阴影做了切割，且有了优越感。对于别人是非的津津乐道或幸灾乐祸，正是这样的心理机制起作用。

屎尿为人类的集体阴影，食物消化后的无用部分以屎尿的形式被排出体外，作为不再被身体所接受的"异物"，加上其味道、形状，自然成为阴影，所以在私密处排泄，被用作骂人投射在"他者"身上，如"你这个臭狗屎""屎尿不如"。作为人类进化由原始状态过渡到文明状态

(阉割)的载体,屎尿便首先成为人类共有的阴影。下里巴人允许这样骂,是因为下里巴人的身份在无意识里也是低下的。但是被集体无意识认同本应高雅的"诗",如果加进了屎尿因素,就动了集体的阴影,绝不接受高雅的诗歌(面具)粘上屎尿(阴影)。假如有诗人的过往作品出现此类字眼,因加入某团体引发"狂殴",此便为"替罪羊"事件,诗人"替罪",无意间成为"献祭者"。某篇本非他写,但"被"他写,不明就里的人以讹传讹,谁都过来踹上一脚,破鼓乱人捶。其实,屎尿入诗自古有之,如苏轼"但寻牛屎觅归路,家在牛栏西复西"、黄庭坚"淤泥解作白莲藕,粪坏能开黄玉花"之类。有"幸"成为替罪羊,被公众拿来出气,除了传说加入某"大雅之堂",更因无法言说的情绪,包括那些"你懂得"又说不出的"压抑",此时有了文弱秀才,既能宣泄又保险,就毫不留情地将其当"替罪羊"撒气了。因此,替罪羊不外乎有三类:第一类是不能入围某团体而有利益竞争关系的同行,主动而本能地鞭挞以宣泄嫉妒阴影;第二类是对某些现实不满者,将其作为替罪羊予以替代性攻击;第三类是"吃瓜"群众作为笑话围观,因集体在无意识下对于屎尿阴影的"好奇"。阴影强度不同,但都不同程度地实现了阴影替代转移。其间自然有无意识的"策划"身影。

一场集体共同参与的"事故"(责任各不相同)之后,总会找出"替罪羊"担责,把阴影转到"替罪羊"身上,大家同仇敌忾,这种方式可以一定程度缓解大众的焦虑和逃避责任,甚至把自己的过错转移到"替罪羊"身上。如盗卖"古董"者,内心不安,外部面临有可能被追责,既想逃脱内心拷问,又本能逃避责任,就说"都是那个谁、那个时代的原因"之类,把阴影(责任)悉数转移出去,好像与阴影(犯罪)划清了界限,自己就会心安理得。"那个谁"就成了替罪羊，自己就成了无辜者、旁观者。在意识和无意识层面感觉到自己洗白了，轻松了，从而再一次站在审判者的道德高地。

谁容易成为"替罪羊"？不合群者易成为替罪羊。例如，校园欺凌事件多为因阴影转移而发生。被欺凌者，其内在"无意识"部分，正在邀请"被欺凌"发生。青春期的反叛，实际来自自我确认的需要，不再依附于他人、追求内在独立，采取的方式是过激不稳定的"另类"言行，通过与众不同使独立得以外在标榜。那些被校园欺凌的同学，大多看起来懦弱、自卑、微胖、说话声音小，没有特点。有同学的父亲是执法部门的领导，地位和财富是这个家庭的标签，可自己却受到持续五年的校园欺凌。该生父母经常吵架，自己成为家庭矛盾的替罪羊，到了学校同龄人的环境，便被当成"标的"。过于张扬被别人感受到威胁的同学，亦如此。某七年级转学的同学，被"班委会"群殴，之所以成为"阴影转移标的"，在于他学习好、张扬，新来没朋友、胖乎乎的，且试图竞选加入班委会。顺从、懦弱、无特点的同龄人，对于追求独立和标新立异的同龄人来说，自然是他们不被接受的阴影。施辱者把这个群体的阴影，投射在了受辱者身上，对"阴影"的"替罪羊"大打出手，从而缓解自己对于这个年龄段集体阴影的焦虑。

阴影转移的时候，先由阴影携带者使用"刻板印象"。面具有时是职业角色赋予的，这个职业在不同人群眼里有不同的"阴影"。我在给银行系统客户服务的心理讲座中，就遇到有柜员反映"客户把我当成行长这些贪官谩骂"，发泄客户对社会"既得利益阶层"的不满。这个最基层、最辛苦的柜员，就是那位客户给戴上了"银行行长"的面具，引发该客户对行长腐败的阴影投射转移到柜员身上,"行长"成为腐败的替罪羊,柜员又成为行长的替罪羊。

作为习惯被别人(团体)当成替罪羊的人来说,需要找到属于自己的英雄之路,最后成为自己。每个人都有受害者和破坏者两面。没人能逃离痛苦,重要的是我们做了什么。最糟糕的是我们在痛苦中不自知,浑浑噩噩沉浸其中。

05 被看见:沉寂、活力与辩证

鸟喜树阴密,鱼游荷影凉。适当的隐藏,比之始终在光天化日下要舒服。网名、昵称,适当展现面具又能呈现部分真实,既有所顾忌又无所顾忌,有些现实中看起来木讷腼腆、中规中矩之人,在网络上犹如"捣蛋鬼"露露脸。阴影不那么刺眼,虽陌生却也是滋养地,如果比作污泥,荷花出其中。阴影是诱惑也是契机,发现更多的阴影,一张立体心灵地图开始呈现,一定程度的整合之路就开始启程了。阴影总能带给人们新的领悟。不理解症状背后的阴影,怎么探索自己呢?把阴影转移掉,就回避了探索自我的路标。有矛盾才会有张力。真正的治愈,正来自我们的内心深处。

阴影也有积极的一面吗?回答是肯定的。国际分析心理学协会、精神分析心理学协会主席维蕾娜卡斯特认为:"接纳阴影能使我们自我安全感,更可信真实,更与自己统同,当然也更平常。如果我们能接纳自己的阴影,不仅能使我们更有自我安全感,能与自己更同一,而且还能较少有心理疾患,因此我们更有自尊……由此也形成了一种新的真实性,我们必须放弃一种完人的自我形象,这样我们就更真实,更有活力。"阴影不是完全消极的,阴影的积极方面包括生命力和活力,可以赋予人格以真实的品质。荣格说:"这所谓阴影却仅仅是些低级、原始、笨拙和不能适应社会的东西,它们并不完全是坏事,而且甚至还包含着一些幼稚原始的素质,这些素质在某些方面可以使人的生命变得更富于生气与活力,然而它们却遭到习俗和惯例的禁止,受过教育的公众作为现代文明之花,早已脱离了自己生命的根,而且注定了将要脱离整个大地。"

有一篇题为"我是一个丑女孩"的网络征文:

> 知道吗？做丑女孩的感觉好棒。
>
> 我是丑女孩,所以我可以和男生们打成一片,
>
> 而不会被别人在背后指指点点;
>
> 我可以和他们一起谈天,踢球;
>
> 还可以毫无顾忌地被称作"小子";
>
> 也不会因为收到男生的信或贺卡而脸红心跳。
>
> 丑女孩与男生们是纯粹的"哥们"……

美丽可能就娇弱,要和"男生打成一片",就要变得丑陋些。要活得更有活力、更自在,就做一个"丑女孩"。

一个人的成长过程,总是始于对自己阴影的觉察,尽管这是痛苦的,但它给予了我们实质性的宝藏。只有觉察到自己的阴暗面,才会体验到我与其他人一样是人。只有将阴暗面融入其中,人才能变得完整。

透过阴影，看到阴影，把阴影意识化以后，我们就走在完整性的路上了。整合阴影意味着我们要觉察到自己不喜欢的部分，把它们从阴影中带出来，跟阴影建立一种创造性的关系。通过自我觉察及直接面对面交流，去治愈我们内在的关系。这样就可以发现之前埋葬了的潜能部分，去安抚它们，让它们安静下来，以驱散时不时在生活中冒出来的负性情感，就可以远离愧疚以及羞耻。这意味着之前我们推开的部分，现在要把它接回来，以达成更好的自我接纳。

比如《易经》中的睽卦。"睽"，反目不视，即意见乖离相违背。由内兑外离两卦重叠而成，离在上为火；兑在下为泽。离火向上，泽水下润。两体相背，故为乖离相违之象。离在外为光明；兑在内为喜悦。前者多外向，爱显耀；后者多内向，孤芳自赏。两者志趣相异，故有乖离不同之象。卦辞曰"小事，吉"，人生中常有乖离之事，如分离、意见相左等。此卦说的是在小事情上因磨擦反而能知己知彼，故有吉。

对于睽之乖离问题，当作小事来处理，并不是说轻视、忽略它，而是更加重视它。老子曰："见小曰明"，"图难于其易，为大于其细，天下难事必作于易，天下大事必作于细，是以圣人终不为大，故能成其大"。解决睽离，求同归，才是大事。"有缺点的战士终竟是战士，完美的苍蝇也终竟不过是苍蝇"，每个自我都有阴影，当阴影出现的时候，我们原谅自己，接纳自己。阴影是一个挑战整个自我人格的道德问题，如果没有通过道德努力，就无法意识到阴影。意识到它，就必须看到真实存在的人格中黑暗的一面。这是自我认知的必要条件。

在认识到阴影的同时，需要持辩证思维，不可对阴影泛化，比如不能认定"所有你讨厌的人都是你的阴影"。有些你讨厌的人或行为，是由现实因素所致,如由理性判断而非情绪性投射的那个"凶残的人",就不能通过算在他身上而承载你的阴影。

对很多观点需要在不同语境下去理解、体悟,需要辩证分析和区别对待,特别区分投射与镜映。如果我们的生命中,真的遇到一个非常邪恶的人,首先是要保护自己,"君子不立危墙之下",远离、躲避、自卫,而不是把邪恶"整合"进我们自身。绝对化会出现问题。如"境由心造",内在冲突造成外部关系出现问题,即由于投射产生的"境",当属"心"造。但是当一只狼扑到自己身上的时候,这只客观的狼,会立马使自己毙命。如果从绝对意义上讲,这是无意识"感召"而来的,也可以说的通,问题是我们并没有达到并时时刻刻在"绝对意义"的时空里。

辽远的相遇：自我探索之旅

第六章

情绪来袭：溯洄从之探
源头

情绪来袭，我的 **情绪** 谁做主

情绪出口，我的 **身体** 我的意

情绪溯源，**代际传承** 兮

情兮结兮，我 **心** 蕴结兮

惟恍惟惚，其中有 **象物**

第一节　情绪来袭，我的情绪谁做主

情绪说来就来了。情绪从哪里来？它到哪里去？现在我们讨论情绪，以及由此延伸的代际传承、情结、原型等问题。

"水是对无意识的最普通的象征。山谷中的湖就是无意识，它潜伏在意识之下，因而常常被称作'下意识'，但这个词通常带有一种自卑意识的贬蔑的含意。水是'谷之精灵'，水是'道'的飞龙，它的本性像水一样，一个怀抱在阴之中的'阳'。因此，从心理学的角度来说，水是变成了无意识的精神。"荣格曾引用"上善若水，水善利万物而不争，处众人之所恶，故几于道"阐述水的意象，正是道的本性与特征。在这里，我们把情绪以"水"为喻，以"堰塞湖"来形容情绪堵塞的状态。

01　觉察：情绪来袭

S，大三女生："春节放假这些天，天天哭，年初二那天在沙发突然就想哭，我用羽绒服把头盖起来哭。"我问："什么情绪？"S答："就是想哭。"我问："怎样的哭？做一个分辨。"

N，街道办副主任："我一看到儿子玩手机就来情绪，再有36天就高考了。"我问："看到他玩手机，是什么情绪？"N答："担心。担心影响高考，担心他的视力。"一般以为"孩子高考前玩手机"是"愤怒"或"焦虑"，他的情绪词是"担心"。从此情绪看到父子关系、家庭关系内在的"互动模式"。在后来的咨询中，其爱人、儿子的主导情绪也是"担心"。这就找到了较深层的原因。

从何途径分辨觉察情绪？我总结了"三具"：

（1）具体化。我的情绪有几多？一是对情绪进行觉察：什么情况下容易产生情绪？有什么主导性情绪？每周发作几次？哪个人、哪件（类）事容易引发绪？持续时间多长？失控还是能觉察？二是对情绪分辨，有几种情绪？氤氲弥漫的情绪，单一的情绪？想起情绪这个词的时候，对情绪的定义？想到哪种情绪？可能会说"情绪就是指愤怒、悲伤之类吧"，有的说："我很平静，没有情绪。"

通常认为，人有喜、怒、哀、惧四种基本情绪。我国古代有喜、怒、忧、思、悲、恐、惊"七情"说；美国心理学家普拉切克提出悲痛、恐惧、惊奇、接受、狂喜、狂怒、警惕、憎恨八种基本情绪。

我认为人有三种情绪状态：静、躁、郁。这是我在心理咨询中体验到的三种主导情绪。一般情况下情绪组合"打包"，莫名的、冲动的、朦胧的、混乱的、被裹挟的，如在雾中，混杂情绪的冲击下，思维退化，不易分辨。对情绪一旦"具体化"，就容易"看清"和"面对"了。

对哭及其情绪做一个分辨，就是对无意识的情绪进行意识化。如哭伴随的情绪：悲苦、悲酸、悲辛、悲伤、悲怆、悲哀、哀伤、哀戚、哀痛、无助、无望、孤独、伤心、愤怒、悲愤、委屈、难过、悔恨、惨苦、苦涩、辛酸、凄惨，还有激动的哭、高兴的哭等。哭的状态：痛不欲生的哭、号啕大哭、嘤嘤的哭、无声的哭、潸然泪下、泪水涟涟、泪水在眼眶里打转、哭干了泪、泪流满面、眼泪一把鼻涕一把、呜咽、抽泣、哀鸣、哀号等。我在初中学生心理班会有个项目，就是征求"情绪词"，看看谁想到的、体验过的情绪最多。集中度比较高的有纠结、开心、伤心、憋屈、烦躁、愤懑、生气、讨厌、紧张、高兴、焦虑、郁闷、疯狂、美滋滋、苦恼、害怕、兴奋、乐开花等。我们共同找到了 500 个情绪词。情绪与年龄段和职业有关，上面这些情绪词多出现在青春期，恋人的甜蜜情绪多见，家长的焦虑情绪多见，老年人的平静情绪多见。

（2）具象化。看看情绪是啥样？为揭去情绪面纱，把情绪"意象化"具体感受。以躁、静、郁三类情绪为例：在纸中间画一道水平线，水平线及上下相近部分，是"静"的情绪体验，在来访者体验中，一般是无色、蓝色或浅绿色。水平线相近的向上部分为"躁"，随距离水平线由近及远，程度逐级递增，温度一般体验为"温、热、燥、烈"，颜色为"粉、红、紫"等，如感受"喜悦"，是一种慢慢向上弥漫的淡淡暖色调；"愤怒"，直接向上冲的红色，如斗牛士用的"红布"。水平线相近向下部分为"郁"，一般体验为"凉、冷、寒"，颜色为"深绿、灰、黑"等，感受"失落"这个情绪词，表现为失手、落下；"委屈"，缓慢游弋向下弥漫；"悲伤"绿色或深绿色的滴落；"郁闷"，想挣扎但不通透、被包裹着的灰色自由体下坠；"抑郁"是放弃，依本能沉入谷底，黑色的，有时是黏稠状，有时黑铁或石头或黑夜。"意气风发"，如旭日东升；"丧心病狂"，如烈日烤炙；"心灰意懒"，如夕阳西下；"心如死灰"，如子时沉夜。

古人称抑郁症为癫、躁狂症为狂，病人两种症状交替出现为"癫狂"。现代医学以"双相情感障碍"命名。前面讲到小颖案例，躁时，全身充满愤怒的红色火焰，扔、砸东西；郁时，躲在黑暗屋子感到寒冷难耐，像落入无底深渊。当不能区分的时候，直接"看"情绪的样子。如清晨的阳光、天高云淡、甜丝丝、一团乱麻、一块大石头堵着、被石头压着、被一座铁塔压着、雾霾、虫子蠕动在脚面、红色的血浆喷发、没一点火星的灰、从悬崖向下坠落、站在云朵上面、叶片上的水珠、绿色呕吐物、后面有青面獠牙在追、干裂的农田、房子塌了。这些都是来访者出现情绪的"模样"。说不出来，但能想象出来，画下来。在不"打扰"无意识的情形下，让这些意象以真实的画面呈现出来，更容易接近它。给来访者准备一张纸，准备各种颜色的笔。告诉他："回到当初的情绪中。你觉得，这种情绪，是什么颜色和形状？可以画下来。也可以把感受涂抹出来。"

（3）具身化。尝尝情绪啥滋味？情绪发作与躯体相关联，先有躯体反应，后有情绪反应，因为躯体更本能。高考生描述紧张情绪：手发抖；腿像悬空了；心腾腾跳，快要跳出来；头上冒汗；手心出汗；脊背发凉；五味杂陈。某女士因人际关系来访。谈到女同事的时候呈现嫉妒情绪，感到"酸"的味道，继而说最近和婆婆吵了一架，气得难受，感受到这种情绪的味道是"苦"，后来说到的自己哥哥，回忆起十来岁时跟哥哥在一起的情景，感受到"舌根分泌出甘甜唾液"。

接下来，我们觉察情绪的发作过程。哪个"他者"惹我生气？哪个"他者"使我心情荡漾？什么时间郁闷？什么地方令我阳光明媚？这段情绪使我联想到什么？在过去的记忆中，这情绪何曾相识？以往的情绪因何引发、如何开端、如何收尾？循环模式？

情绪发作过后再"回放"，以此觉察：当时情绪中，自己的躯体反应如何？说了哪些话？与以往此类情绪的强度、频率、发作目标有何异同？如再次回到该场景，情绪如何？如在当下，先按暂停键，深呼吸，与激发情绪源暂时做个切割。观察情绪的样子，以"我忍不住发火"为例：

第一步，"昨天又发火了！"发生了才觉察到，没关系，觉察到就好。

第二步，"发了一半的火，停下了"。因为上次有觉察了，这次正在发作过程中，停下。

第三步，"真想发火"。动了发火念头之后，停下了。

第四步，"过去遇到此类事情，就发火了"。动念头之前，停住。

第五步，"没必要发火"。形成新的循环，此时外在因素不再引起你发火，同时由于自己发火的念头没有了，循环被打破，外在也变了。

一则，觉察生活中涌上来之细微念头。某女性来访者主诉："夫妻不睦，自己生气，很受伤。"冲突模式为：丈夫 A 行为（酗酒回家），妻子 B 反应（摔东西，骂丈夫祖宗），丈夫 C 反应（揪妻子头发扭打），妻子 D 反应（大哭，更大声音骂）。我对此建议"觉察"：当丈夫重复 A 行为，自己正欲惯性 B 反应时，先觉察，按暂停键。觉察之时，深呼吸。觉察了，妻子即使依然做出惯性 B 反应，亦被允许；再次丈夫做出 A 行为，依然觉察，按暂停键。或者把 B 反应转换为其他模式，如此熏习，现实生活则可出现变化。B 反应减弱，A 反应随之减弱。当妻子觉察之时即从外在"境"（丈夫酗酒）拉回，关注内心。

二则，在烦恼中觉察。苏轼居黄州时，占诗"稽首天中天，毫光照大千。八风吹不动，端坐紫金莲"以"开悟"自居，差人送往佛印法师。法师回执"放屁"二字。苏轼急怒乘船过江欲讨说法，在禅室门板看到"八风吹不动，一屁过江来"几个字，立刻觉察到自己情绪来袭了。八风者，称讥毁誉利衰苦乐也。先从八风入手，从烦恼入手，从觉察开始。

三则，觉察阴影投射产生的情绪，觉察内在冲突而反映在外的情绪。

四则,觉察情绪模式的规律性。从酝酿(触景生情)到发作、高潮到消退,周而复始,找到这个循环圈。

02　我的情绪谁做主

关于情绪,"它一方面具有显著的身体上的神经刺激的特征,另一方面则是对观念作用过程的一种特殊的扰乱。"情绪状态,是指在一定生活事件影响下,一段时间内各种情绪体验的一般特征表现,分为心境、激情和应激。心境是一种微弱、平静和持久的情绪状态,使人们整个生活都染上某种情绪色彩。激情是一种强烈、爆发式、短暂的情绪状态,往往带有特定指向性,伴随着生理变化和明显的外部行为表现。应激是出乎意料的紧迫情况所引起的急速而高度紧张的情绪状态,积极的反应如急中生智,消极的反应如惊慌失措。

我们先了解情绪的能量与流动。情绪是一种能量,来自无意识本能的力量。情绪是流动的,即使沉寂在某种情绪里面,也是有变化的。来访者形容情绪像云朵,风来,吹过来;风过,吹走了。情绪是一种体验,非理性的,与躯体密切相关。请听来访者的一段叙述:

> 我下班回家,看见婆婆在我大衣橱里扒拉东西,一头火就上来了……我气不打一处来,把门使劲一摔……我气得站在窗台打哆嗦,站了一会,看到楼下一个中年男人在与邻居打招呼,很像我哥哥。小时候,我受了委屈,他总是过来保护我,他可聪明了,长得特别帅,理科特别棒……唉,谁知道好男无好妻,我

嫂子又懒又丑……

这一段话，就呈现了情绪的能量、非理性、流动性和躯体体验。情绪是一条条的小河，流到自己的心田。超我压抑本我，理智之我管控情感之我，得不到平衡就成了"拧巴人"。情绪之暗流涌动，超我和自我形成同盟，筑起拦水坝，就成了堰塞湖。堰塞湖水越来越多，压抑得不到泄洪，就会出现问题。老人们常说："小事能死人，大事不死人"，是说情绪大多由偶发事件或累积引起，小事情不假思索，往往不计后果，点火就着，触到内在创伤的一句话，甚至一个眼神，都有可能伤及人命。大事不一定"死人"，原因是大事要通过逻辑思维，非理性让位于意识主导，减少了情绪干扰，故相对镇定。

我们再来讨论压抑与沉溺。压抑，是不让本能的冲动得以释放。本能，像洪水；压抑，如大坝。压抑的益处是使人得以升华，做一些创造性的事情，如青春期的性压抑，在学习和体育运动中得以转移升华。压抑过度，使人活得不痛快，出现心理障碍。压抑有三种发展方向：第一种，可能保持长期平衡，如堰塞湖水平面不动，因有适当出口，上游进水与泄洪相当。第二种，可能一方压倒另一方，进水多于出水，大坝暂时尚能承受。第三种，进水越来越多，出口很小，甚至没有出口，问题愈来愈多，情绪愈演愈烈，冲突愈来愈强，淹没或决堤。沉溺，也是心理能量，在某种情绪循环里面，一波未平一波又起，长期深陷其中不能自拔，如果没有其他能量的介入，沉溺或者维持在一定水平上，或者愈演愈烈，但是不会消失。

情绪能听懂道理就好了，三岁小孩就会讲道理了。问题是情绪不听"道理"。"有理走遍天下，无理寸步难行"，这里的"理"指的是"天理"。情绪不听道理，是因为道理不在点子上，是情绪没听懂。说到点子上，情绪就能听。别人对自己，比如"嗨，钱被人骗了就当是喂狗了"，"下次再争取，别难过了"。可是，无效。自己对自己，比如"我不能生气，对身体不好"，"我要忘下这件事"，"面试的时候，千万不要紧张"。可是，无效。某来访者说："我到公园散步，看到树下一只毛毛虫，就担心毛毛虫的毛到我身上，回家怎么洗，也觉得痒。我知道只是看到而已，并没有动它。我还是控制不住去洗。我好痛苦。"

身不由己，情不由己。对于普罗大众来说，意识面对情绪，经常无果而终。从这一侧面，也说明了"心灵真实性与自主性"，无意识在某种情形下绕过意识而发挥"自主性"。一般而言，道理往往是在软弱无力之时使用的无效工具。如在孩子青春期，家长实在没办法了，只能讲"大道理"。在一个风正气顺的单位，上下同欲，无需讲道理。如果领导开始"讲道理"了，就说明"不通了"，如果领导开始表达"发火"情绪了，说明更加"堵塞"了，此时发火讲道理的领导，就成了"弱者"，被逼无奈通过"情绪"发作来"发号施令"。

03 呈现之，面对之

心理能量会在适当的心理状态下自发产生，有些是被本能力量激发，包括性本能和攻击本能。心理能量流动通畅，则心理健康。有些本能在受到触动后就会从心里冒出来，如果心理能量做了它想做的事情，不会有什么心理问题。有些男性在酒桌上讲"黄段子"，可视作无意识通过这种方式消耗被压抑的性能量。现实的伦理保持了人际关系的边界，道德感超我和理智自我，会自发压抑这种本能，前意识对潜意识进行审查，不符合的就压回去。微信信息在短时间内"撤回"，撤回的信息，大致属于潜意识想表达的，在前意识放行后，意识经过分析觉得不妥，便予以"撤回"，但压回去的心理能量还在，就储存起来了。

中医讲究肺之"宣发"、元气之"敷布"、脾之"输布"、肝之"疏泄"，使能量得以在全身散布、运化，使身体得以畅达。大禹治水的秘诀是"疏而不堵"，"禹开九州，通九道，陂九泽，度九山，疏通河道，因势利导，十三年终克水患"。对于情绪堰塞湖，与上所述相同，宜疏不宜堵，宜泄不宜积。

如何看待情绪管理？某负责人邀请我给员工做讲座："员工有各种情绪，出现过一起轻生行为，急需情绪管理。"当晚我做了一个梦。梦到有好多蜿蜒的溪流，从后背流到我的胸前，胸前筑起了堤坝，水泄不出去，堤坝随水的扩容逐步加高，一步步从小腿肚到膝盖、大腿、臀部、腹部、胸部，这时候感到呼吸困难，水位继续增高，到达肩部，我被紧紧固定着，前面就是堰塞湖的深渊，令人感到窒息。这是我在听到对方领导的要求（包括语气）时，共情到其下属员工的感受，以堰塞湖象征呈现。有了这种切身感受，再去工作就会有的放矢。领导和员工沟通了，情绪对立状态就减轻了，堰塞湖就不会那么窒息或毁灭性决堤了。单方面"情绪管理"，只能使情绪累积加剧。

作为个人来说，每一次的情绪来袭，都是一些细小的河流。这条小河，从后背汇流到自己胸前，汇流到自己的身体里面。自我和超我，便本能地压抑，不让情绪发泄，因为如果发泄，有失社会伦理，有伤自己的面子,有失个人前途,甚至因小失大会有更坏的结局。就这样一直压抑。一件事情发生了,有了情绪,这条小河的水就流进来。另外一件事情有了情绪,小河的水又流进来,这样水就越来越多。流进小河的水,就是这样的心理能量,就储存在"身体"里面,就形成了堰塞湖。压力是导火索,内在超我的、面具的,外在生存压力的方方面面纷至沓来,空穴来风,风云际会,云聚成雨,涓涓细流,各种情绪汇入堰塞湖。一则不能有效宣泄,超我高高在上,监控情绪不能任意发作;二则上游水流不断,情绪之河向自己的情绪堰塞湖"蓄水"。终有一日,决堤形成"事故"。抗压力很重要。当担子压下来,不当回事的、抗压强的人就能挺过去。这涉及意志力与情绪的抗衡,意识与无意识的过招,也包含度量、性格、敏感程度多重因素。我们需要找到情绪的来源。如果继续通过外在的力量去"管理",如同继续增高堰塞湖的堤坝。

有的情绪是愉悦舒服的体验,有的是糟糕的情绪体验。对于自我探索的读者来说,情绪恰恰提供了探索无意识的良机。前面提到的大学生 S,深有感悟:"当情绪袭来,意味着收到了一封用不为人知的密码写成的信件,通过情绪展现给你,提醒你去破译。"

作为心理咨询师,有关情绪的讲座多是"让情绪呈现""面对与转化"。

呈现,即是疗愈。情绪是对压抑的"顽固"对抗,当你"许可",让它呈现之时,就意味着它无需对抗了。如果用"情绪管理"这个词组,那么第一步就是通过你的"彻底倾听",允许情绪"全然呈现"。

面对,即是疗愈。对于具有能量尤其原型能量的情绪来说,本人与他人都是恐惧的,因恐惧而"藏匿"。但作为一种存在,总在寻找机会

"来袭"，突发的情绪让人措手不及，打个人仰马翻。如果情绪来袭，就要抓住时机，有勇气去拆开这封"信"，去面对。如果要成长自己，跳出"情绪循环圈"，只有面对之道，不逃避，不继续藏匿，不人为"管理"，在安全情境下，通过情绪看深层的阴影。

呈现和面对，不是刻意打压情绪，但也不意味着让情绪失控。需要在"安全、受保护的空间"去做，需要"过来人"指导。

04 境界：宠辱不惊

如果不挂碍于心，就不会生起情绪，自然不会有伤害。我们虽都是"凡人"，都有"未了情"，但必定会有"不挂碍于心"的时候。如在自己获得巨大成功，或者情绪很好的时候，别人非议自己并不耿于心；投脾气的 A 开自己玩笑，不耿于心，而看着不顺眼的 B 同样的话，就有情绪。宠辱不惊，不是压抑，不是做作的扮相，是不记挂于心的一种境界。

"劫火烧海底，风鼓山相击。真常寂灭乐，涅槃相如是。"劫火把海底都烧干了，风把山鼓起来相击打，都不能"动心"。宋代苏洵《心术》曰："为将之道，当先治心。泰山崩于前而色不变，麋鹿兴于左而目不瞬。"宠辱不惊，"八风"吹不到，不管好事坏事，都不会影响到情绪。个人冷静到了极致，"宰相肚里能撑船"，容器足够大，就是上述处惊不变的情绪状态。"敌军围困万千重，我自岿然不动"，当有如此"定力"，"情绪"这个"敌军"即使"万千重"，"我"自然会"岿然不动"。

《道德经》阐述了世人情绪受制于外来事物的原因，以及如何达到"宠辱不惊"境界的路径：

宠辱若惊，贵大患若身。

何谓宠辱若惊？宠为下，得之若惊，失之若惊，是谓宠辱若惊。

何谓贵大患若身？吾所以有大患者，为吾有身，及吾无身，吾有何患？

故贵以身为天下，若可寄天下。

爱以身为天下，若可托天下。

老子说，宠辱若惊的人，成功了，就骄傲自满；失败了，就悲观消沉。如果视物为自，就会对受宠、辱没而一惊一乍。有形之物，无从把握，它有自己成住坏空的过程，得与失是必然的。如果把物的顺逆，等同于自身的荣辱，无论得、失，总有各种纷杂的情绪来扰乱心智。如果以天道为身，人与天合而为一，同于虚无，那我何身之有呢？又有何患？既无可得可失，又有什么好患得患失的呢？故贵以身为天下，若可寄天下。视物为己，则以身殉物；以身合道，以道为贵，那天下就可以寄予这样的人了。在老子看来，宠辱不惊的境界，不存在情绪管理，而是符合天道的天人合一的自然状态。简单说来，就是《商君书》说的"王者之兵，胜而不骄，败而不怨"，范仲淹说的"不以物喜，不以己悲"也。

第二节　情绪出口，我的身体我的意

上面我们讨论了面对情绪，第一步，分辨、厘清情绪，感受情绪，以免被混杂的情绪所裹挟茫然不知所措；将情绪呈现，继而面对；也谈到了对待情绪的最高境界。在还没有达到此境界的情况下，第二步，就是情绪的宣泄，如何使堰塞湖水安全流出。

 释放情绪：他们怎么做？

情绪来袭，怎么做？有了情绪，继续"憋"着，还是发泄？如何发？如何泄？面对不同群体，我问："当遇到负性情绪，你如何做？情绪出口是什么？"

公务员答：做家务（女），夜里哭（女），喝酒，兜风，购物（女），旅游，忍，折腾，催报表，安排下面做事，下乡检查。嘘，宰相肚撑船。

女村民答：出坡，刨地，打狗，骂街，骂鸡。俺山庄是长寿村，脾气好，有啥气生？

村妇女主任答：骂一阵就好了，买东西，喂兔子，洗衣服，扫地，背地里哭。

男村民答：喝酒，刨地，踢狗。人吃五谷杂粮，不都正常嘛！

青春期同学答：对着镜子大声喊，到操场跑步，打球，撕纸，找好同学说,洗脸,打沙发,喝凉水,深呼吸,就是不哭。

家长答:出神,自责,懊恼,撕作业,网购退货再网购,刷短视频,报辅导班,敲他(孩子)门,吼叫。

一是把无形情绪以有形事物替代。作为有度数的液体,酒成为心理宣泄的首选工具。古有李白"举杯消愁愁更愁"和李清照"三杯两盏淡酒,怎敌它晚来风急""浓睡不消残酒"。当今闺蜜小圈子茶馆聊天,哥们搓一顿猜拳行令或喝闷酒借酒宣泄。情绪如水,故以"水"(酒)疗"水"(情绪)。

二是倾诉疗法。作家写书,歌手唱歌,画家作画,文人指桑骂槐,凡人发朋友圈,得到共情后,将情绪转嫁。李清照"怎一个愁字了得"倾诉听众,李白"我寄愁心与明月,随风直到夜郎西",且具"随风"吹走意象。

三是直抒胸臆,任由情绪爆发。对情绪毫不掩饰,伴以躯体张力。英雄岳飞"怒发冲冠……抬望眼,仰天长啸";窦娥直抒胸臆"为善的受贫穷更命短,造恶的享富贵又寿延。天地也,做得个怕硬欺软,却元来也这般顺水推船。地也,你不分好歹何为地? 天也,你错勘贤愚枉做天! "

四是行为宣泄。林黛玉借花自喻,一边吟诵一边"未若锦囊收艳骨,一抔净土掩风流";中学生在操场呐喊、疾步奔跑以驱散情绪阴霾;恋人重逢以拥抱宣泄思念。葬花、呐喊、拥抱,方式不一样,皆通过躯体行为宣泄情绪。情绪之苦难以忍受,有些中学生划破胳膊出血以缓解心灵痛楚。

五是需有共情的宣泄。诗人倾诉富有诗意,倾诉得到共鸣,但鲁迅笔下祥林嫂反复向人诉说自己的孩子阿毛被野狼吃了的悲惨遭遇，在满足了街坊好奇后遭人厌倦，没有听众共情、没有觉知的重复倾诉也就没有疗效。这说明情绪的排遣宣泄，需要有能共情的听众，需要有觉知的宣泄。

无论是上面谈到的各年龄段、不同职业群体对于情绪的处理应对，还是古人及文学作品中的情绪表达，都是自发形成适合自己的宣泄方式。

02 三套语言：不同表达

前面描述过"三个小人开会"的场景，分别在腹部、心、大脑有三个小人，躯体我、情感我、理智我，分别使用原始认知、情感认知和现代认知方式。在情绪袭来的时候，也会分别或同时使用这三种认知方式去处理，使用相应的三套语言系统。

《易传》曰："书不尽言，言不尽意。然则圣人之意，其不可见乎？子曰：圣人立象以尽意，设卦以尽情伪，系辞焉以尽其言。变而通之以尽利，鼓之舞之以尽神。"从表达这个视角，上述提出了"书""言""立象""鼓之舞之"等方式。又《乐纪》曰："礼主其减，乐主其盈……夫乐者乐也，人情之所不能免也。乐必发于声音，形于动静，人之道也。声音动静，性术之变，尽于此矣。"礼主张消减欲望，乐主张盈满情怀。声音和动作表现人们内心思想情感的变化，"故乐者天地之齐，中和之纪，人情之所不能免也"。又西汉《毛诗序》曰："诗者，志之所之也，在心为志，发言为诗，情动于中而形于言，言之不足，故嗟叹之，嗟叹之不足，故咏歌之,咏歌之不足,不知手之舞之足之蹈之也。"其中"言"为逻辑表达,"嗟叹之""咏歌之"为音声意象表达的递进,"手舞足蹈"为躯体表达。从上述引言,我们看到了古人描述的三种表达方式。

第一套系统:逻辑语言,逻辑表达。这属于现代认知层次,工具为"词语"。一般而言,七岁之后的主要表达方式,遇到情绪问题分析判断,进行取舍。人多数表面上"不露声色""面不更色",但会落下"压抑"的"痕迹"。在这套语言系统失灵的情况下,转向下面的方式。

第二套系统:意象语言,意象表达。这也可称作"梦语言",属于原始认知层次,2~7岁时期使用的主导语言。说不清,画一幅画就能"讲"清楚。遇到情绪问题,通过梦的意象向意识呈现,通过意象(绘画等)宣泄。若这套系统失灵,又转向下面的方式。

第三套系统:身体语言,身体表达。这属于远古认知层,更本能的表达方式,是人在0~2岁时期主要的使用方式。如婴儿饿了哭,气得肚子疼等。

以上三种方式,是人们无意识经常使用的表达方式,可视作情绪"出口",在不同情境下随时使用。并不是说成年人只用逻辑思维,只不过在成人中,思维型心理类型的人相对于情感型有更多的理性判断。

且听下面某银行行长在中层干部会议的讲话:"……(冷峻的眼神,鸦雀无声)今天,早上!(拍桌子,把话筒震歪,出粗气)暗访,发现!中山南路支行营业员,没有验码,让押运员把钱箱子扔下,就走!那有垃圾桶不知道吗?(站起来,坐下,再次站起,指向保卫部经理)你说!你干什么吃的?(坐下,大口喘气,喝水,停顿片刻,语速慢下来)制度呢?制度成了遮羞布?是脱了裤子放屁,还是戴着手套抠鼻眼儿?你是早饭炸油条熬豆汁，还是晚餐撒尿舀大粪汤？脚底板子剥了皮，能当袜子穿？同志们啊，安全第一呀！到什么山，唱什么歌，到哪山，砍哪柴。你哥俩好，喝起酒来不分你我，可以，你把库款不验码，能行吗？你想想，要是押运员给你的是假包呢？还有！（转向另一旁，语速加快）你那个市场部，喝了三箱台窖，2024 年了，集团那个户，未见开账呀，台窖，还抬轿呢，连个虱子毛也没见，什么时候把经费户转过来？公司部，中间业务收入，你说，市场占有率掉了几个点？我的嘴抹了石灰，白说了？你的耳朵眼，塞了驴毛？（右手拍桌子，后用左手中指有节奏弹桌面）私生子，路边没人捡？我不相信……算了，不说了。（长吁一口气，咳嗽一声）下面，请尚副行长传达上级会议精神，夏副行长部署下季度指标。"

上面这段话，三种方式交替运用，把这位行长内在的愤懑，包括早上在家被妻子数落一顿的火、青春期儿子迷恋游戏的恼，酣畅淋漓地发泄出来。堰塞湖的水，就从他这里宣泄出来，流到其他与会者那里。

我在某银行做"我与情绪"心理讲座。一位主管问："如何用三种表达方式，处理挨'训'的坏情绪？"我分析了挨"训"的"训"，字面意思是"用言语（贯通）使人心思如河流般流淌"。同义词"挨熊"的"熊"，大篆为"小鸟叼食物，被火烤"的意象。明了字义，这是逻辑分析的开始。

训斥者。一是训斥有何目的：训诫，警示，考验，爱的方式，做给别人看，恨铁不成钢，宣泄，营造气氛，掩饰，先下手为强，报复？二是言辞是否夸张：你总是这样！我看你是改不了了！你能得上天了！简直就是笨蛋！三是语气态度：严肃斥责，尖刻讽刺，挖苦打击，刻薄激怒，冷嘲热讽，正话反说，调笑，指桑骂槐，咆哮，谯谕（阴阳怪气）。四是肢体语言：拍桌子，踢，摔东西，喘粗气，眼神。

挨训者。一是从感受挨训时场景开始,感受当时的情绪有哪些:生气,委屈,愤怒,窝囊,灰心,憋屈,羞辱,羞愧,羞怒,自责,恼恨,悔恨,平静,解脱,感恩,发狠,发恨,开窍,开心,丢人,沮丧,麻木,好玩? 二是感受挨训时的躯体:冒虚汗,打冷颤,要喷火,憋气,垂头,捶胸,嬉皮笑脸,钻地缝,跳起来,软塌了,脸发烧,木然? 三是逻辑分析:训斥者与挨训者关系,是上级对下属,年长对年幼,权威对受众,有理对无理,平行之间,还是相反? 四是情绪反应:有的能接受斥责,可能不接受被讽刺(受不了那态度和语调),有的挨了批评一会就好了,有的觉得挨训是看得起自己,有的挨训不服去找领导,有的郁郁寡欢(生病),有的则思过(动力),有的记仇。再来看父母打自己孩子与别人打自己孩子的区别,老师打自己孩子与邻居打自己孩子的区别。训斥者的讲话、情绪、语气,使我联想到什么? 产生怎样的回应? 我的回应模式是什么?

分析透彻了,放下了,就不会有挂碍了,自然不会产生压抑情绪。逻辑表达不通,需要进行意象或身体表达宣泄。当然具体问题具体解决,非心理层面的问题,需根据现实情况按照规则处理。

03 逻辑表达:思也?

情绪是智力的最大杀手。作为社会人,首先是用逻辑思维来应对和处理问题。在公众场合,没有条件随意宣泄,也不允许无意识去呈现。

第一,对情绪甄别,人、事分开。最基本的就是逻辑思维,尽可能找出原因。表面流露的情绪,有其它潜藏的原因吗?被老板骂?老婆嘟囔?

我对此事的看法如何？其他人对此事看法如何？联想到哪些？哪个时间、哪个地点、哪个人、哪句话、眼神，导致我情绪失控？因为 A 导致 D 对 E 发火？情绪，取决于对这个问题有怎样的看法。逻辑语言，即可了结情绪，或者说通过"思"的阐述、理解，来"终结"情绪。

思，客观存在反映在人的意识中，经过思维活动而产生结果。"思"字，从金文、战国文字及篆文字形观之，思从心，表示内心状态；从囟，表示头脑思维。思，用心思考也。遇到情绪时进行斟酌、分辨、判断，以超强的洞察力、意志力、逻辑思维能力，穿透现象直至本质。情绪，是被某件说得清或说不清的"事"所引发。常见的是自己或他人的某句话、某件事、某个想法引起情绪，如"遭遇恶意客户投诉"，一方陷入内疚自责，一方埋怨指责；学生考试没考好，学生难过，家长指责，学生反叛，家长大加指责，如果进入这种情绪对抗状态，就失去了理智。此时要发挥逻辑功能，使情绪得以"听明白"道理。事是事，人是人，人和事要分开。具体问题具体分析，对事不对人。先静下来，恬淡应对。

第二，理入、行入，故能放下情绪。可能认为做到用逻辑语言"说服"情绪的概率微乎其微，除非大政治家、宗教家在纷乱的情绪面前不为其干扰，还能做到不在潜意识层面存有"压抑"。其实不在于有无"情"，而在于是否通达，是否得道，是否"大无畏"。"放下了"，"想通了"，不仅是意识层面通过逻辑思辨，在无意识层面也如此。第五章提到"一米阳光"的姥姥，因对其前女婿的愤怒发泄在外甥女身上，妈妈因为婚姻不幸导致自己身体出现病变做了手术。她说："突然一天我完全想开了，豁然开朗了。病也不翼而飞。"病，是身体表达，逻辑思辨"大彻大悟"，就不用身体表达了。

从"理"上如何对待情绪？先得理上通，先自己说服自己。如果自己（意识）敷衍、欺骗自己（无意识），就会陷入"情绪不听道理"。情绪问题，小道理不管用，唯有明大道之理，才能真正解决脑与心的问题。还要"行入"，读书是学习，使用是更重要的学习，自然是最好的老师，社会也是最好的老师。"三人行必有我师焉"，谦卑的态度是进步的基石，在此基础上进行判断、思辨，去面对问题、面对情绪。禅宗特别重视"明心见性、悟后真修"。达摩禅法的核心内容是"二人四行"，曰："夫入道多途，要而言之，不出二种：一是理人、二是行入。"理人属于教的理论思考，行入属于禅的实践，即禅法的理论和实践相结合的教义。四行包括报怨行、随缘行、无所求行和称法行。如此，如老子云"涤除玄览"，对宇宙大道体悟通达，人之道被涤除，以天道阅天下，"能无疵乎"？

其三，观察者角度。以某校八年级男生"我"为例，看三个视角的不同观察。"我"的视角：处在情绪之中，观察到的是妈妈在不停地唠叨，自己对此产生强烈的主观情绪；"妈妈"的视角：也处在情绪之中，相对于情感漩涡中的儿子，妈妈有客观观察的部分，同时有主观投射的部分，她是以"要求、期望"的视角来观察儿子；"咨询师"的视角：不带投射，客观观察母子冲突，能镜映双方"症结"。如果母子都以"咨询师"视角去观察，就会发生变化。主要方法就是采取"第三人称叙述"。

说理说在点子上，口服心服，同时说理者口说心行，身体力行。"劝人方"讨人嫌的原因，在于凌驾于别人之上，忽略对方感受。比如"你家境这么好，还抑郁呀，要学会知足。人家某某工资不够房租，还整天乐呵呵。"某抑郁女士听完这些话，不知所终。"你才十五岁，怎么能不上学？"某初三男生听某咨询师说完，"呸"一声转身走开。"你的风筝放在排椅上，被人不小心坐坏了，你很生气。如果一个盲人给你坐坏了，你还生气吗？就当是盲人给你弄坏的就是。"某男士的风筝被人在沙滩排椅弄坏，听了这番"道理认知"，悻悻离去。上面劝人方所言，不属于"观察者"视角，而是先入为主，带了主观成见。

其四，环境影响情绪的预警。一是身处环境的影响，如空间、气味等环境对情绪的影响。二是天文对情绪的影响，如老人嘱咐"初一、十五多注意""二十四节气交节，说话当心"等。因为月盈月亏形成的月球引潮力变化，也像引起海洋潮汐变化一样对人体中的水分产生引力，形成人体的"生物高低潮"，造成情绪波动大于其他时段。《灵枢》云："人与天地相参也，与日月相应也。故月满则海水西盛，人血气积。"知道这些，就可以在理智上做出预警，避免情绪无意间失控。还有从五运六气来看每年主气、客气对人身体情绪的影响。三是来自自身生理因素的影响，例如人体的生物节律对体力、智力、情绪的影响。德国医生菲里斯和奥地利心理学家斯瓦波达发现，人的体力循环周期为 23 天，情绪循环周期为 28 天，智力循环周期为 33 天。这些循环从出生时开始，分别按各自的周期循环变化。可根据公式推算自己处于不同的阶段，提前做好预案。

04　意象表达：梦乎？

我们把一个内心的情绪感受体现为一个"象"，即意象。有些是记忆中的意象，不一定是现实中发生的，但在无意识里一直以画面的形式储存，如不做处理，"心灵的真实性"原理，未来会在现实中被激活而发生作用。

那么如何看待意象的价值？分析心理学认为，逻辑语言形成的概念化，维护了自我稳定，但限制了自我体验的范围和深度。意象则打破了自我的这种防卫，使得自我有机会获得一次直接的体验，这就是意象的直接性意义。意象是自我探索进入无意识的"彩虹桥"。当遭受重大创伤的时候，意象对创伤进行修复，使创伤降低到能够承受的范围，成为内在心理治疗系统的一部分。意象是与现实并行不悖的真实存在，也是现实情绪的重要表达方式，情绪宣泄的重要而有效的渠道。

如何看待情绪的意象表达？梦，是最常见的无意识传递给意识的"意象信号"。所以需要对梦进行工作，体验梦，向梦请教。上述那位银行行长开会发火，与会者某中层干部晚上做了一个梦："一只狗狂吠，我踢了狗一脚。"这意味梦者在梦中宣泄了情绪。梦的意象，就是情绪的出口，从而使堰塞湖水位下降。梦的工作，是在咨询师帮助下重新回到梦中，对梦中意象重新扫描，重新面对和感受，挖掘更深层潜藏的无意识。我们会发现该意象有独立生命，并不是由梦者或咨询师能够控制的。在某中年妇女的梦意象里，一只黑色小老鼠盯着自己看，感到恶心但挥之不去。意象是生命真实的表达，如在沙盘中，来访者把骷髅、黑白无常摆放上来，或者把人头插在沙子里。这都是在表达内在情绪，通过沙画得以呈现和宣泄。

如何与意象打交道呢？

方法之一，把情绪"翻译"为意象。我所指的"翻译"环节，是将意识词汇或说不清的情绪转换成"画面"，此为将逻辑语言或情绪"翻译"为意象语言，以意象呈现情绪感受。某城商银行分行参加业务技能比赛，第一届是团体亚军,第二、三届因为参赛紧张而溃不成军名落孙山。在第四届集训期间,参赛选手再次紧张,甚至个别选手情绪崩溃。我受邀做心理辅导,其中第二次的心理辅导项目就是"翻译转换",把"成功"这个"逻辑词语"转换成"一幅画面"。每人发一张白纸,在上面写上"成功"两个汉字。经过合眼、深呼吸放松,从想象"成功"两个字进入,慢慢浮出画面,之后睁开眼睛画在这张纸的背面。呈现的画面有冠军领奖台、古战马、红旗摇动、百米冲刺、焰火划破夜空等。不出所料,此次比赛获得团体冠军。

我给初中同学班会做过"纠结与愿望"主题绘画的心理辅导。绘第一幅图前,回想自己纠结的事情,一幕幕画面涌上心头。然后合上眼睛,感受这些纠结,体会躯体感受。之后睁开眼睛,把它涂抹出来。画第二幅图画前,想象自己的美好愿望得以实现,这个愿望是清晰、单一、具体的。放松之后想象实现后的情绪和躯体感受,沉浸其中,充分感受,待自然而然出现画面时,睁开眼睛,把这幅画面画下来。我对二十多个初中班级做过类似的心理辅导班会,老师反映"不知不觉这些学生变好了",学生说"心里敞亮,开心了"。

把意识词语翻译为意象,包括五官所能感受到的。我使用的引导语是:"你现在身临其境,充分感受当下情绪,让情绪完全出来……你感觉一下,这个情绪,如果有颜色,是什么颜色,有多大,什么形状,质地,温度,也可以听一下,听到了什么,闻一下,什么味道,或者摸一下,触感如何……你可以盯着这个画面,面对它,靠近它,盯着它……"

方法之二,意象的呈现与互动。把情绪"翻译"为意象画面,再与意象画面对话。上一章小颖对其父亲的意象"翻译",平常像石头,很少说话,也不理人;发起火来,是狮子;自己,有时像小兔子,有时像猫,爪子会抓人。她还描述过曾经有过的情绪"我的心里就像一团乱麻;头上长满了草;乌云密布;一只翠鸟在梦里唱歌;漆黑漆黑的夜,永远是漆黑,暴雨永远下个不停,干枯的树下全是碎了的陶器"。把情绪转换成"意象",就可以"直面"并与其交流。在意象呈现的同时,对意象进行加工,顺其自然地对画面加以"修改",有助于减轻情绪的强度。

巧儿,八年级女生。抑郁,休学。躯体症状:胃疼,失眠。情绪低落,恐惧。梦意象:"一个黑斗篷的男人,五十多岁,很狰狞。穿黑色衣服,黑色皮鞋。长头发。拿着刀有六七十厘米。眼嘴都流血,手拿着刀,嗜血。"恐惧评估:0~10 分。梦中恐惧程度:10 分。在咨询师陪同下,她把梦中的人物画下来。黑色的衣服、狰狞的面目、黑色的大刀、刀刃上滴血的红色,很醒目,画面具有冲击力。此时的恐惧程度:7 分。

画的过程,是一个能量流动的过程。画黑衣人轮廓的时候是落笔流畅的,画到一半,斗篷遮了眼睛,画嘴巴的时候,能量变得阻滞,似乎是困在那里。接下来画大刀,最后画嘴唇。这意味着绘画过程中的再现、表达、能量流注、修复、再次呈现。虽能量阻滞,但透过绘画表达了出来,此过程释放掉一部分恐惧,可表达的这种阻滞,就具备了修复的潜在性。

在这里,当面对某个意象恐惧的时候,那个意象是有生命的。需要咨询师充分共情和鼓励、陪伴,一起去面对。我告诉她:"专注看一会这幅画,感受这幅画……你可以和图中的某个部分说说话,听听他说什么……如果你愿意的话,现在可以对这幅画面做一些处理。凭感觉就行。这里有各种颜色的笔。"巧儿小心翼翼地抚摸了一会儿纸,把手停在黑色大刀上面。然后开始动手处理，先在刀下画了西瓜，黑色衣服做了绿边，左下角空白处开始画一些圆圈，后来圆圈被画成了糖块。又把黑衣人的嘴角画成往上翘。刀刃上的血染成了梅花。最后，把那人的嘴巴涂上红色，修成樱桃小口。

此时的恐惧程度：2 分。这幅作品背后隐藏的现实创伤实在太多，加上童年对于恐惧、失控的无意识添加。巧儿说："过去都忘了，看到这幅画，才想起小时候有次放学后，在楼道被一个黑衣男人猥亵，被他老婆遇到，就诅咒我，看到她嘴唇一张一合喷出黑色刀子、绿色蛇、苍蝇。"过了好一会，说："好了，都从心里掏出来了，掏干净了。"

方法之三，意象行为化。在对意象工作中，我在咨询实践中进行了探索。把情绪翻译为意象画面，进而面对、对话，自然会发生转化。意象，不仅仅是梦或做沙盘、绘画，还可以"意象行为化"。

一是冥想"意象行为化"。某来访者从胎儿就开始了"创伤经历"，包括怀胎时母亲被踢、刚出生下来没奶喝、大班时被性侵、小学被欺凌，一直到婚后遭丈夫暴力、工作被同事欺负，一幅幅画面在她心灵深处。我帮助来访者把这些经历的画面、场景，想象成一张张照片，像雪片一样，飘落到一张"魔法纸"上面，这些"照片"融化在上面，只留下雪片融化后各种颜色的痕渍，再想象把这张纸折成一只飞机（或船），在想象中放飞（行）。这个过程须经受训的专业咨询师陪伴以确保安全。

二是行为"意象行为化"。在放松之后，把需要处理的情绪画面"涂抹"在纸上，折成"小船"，由咨询师陪伴实地去河里"放生"。楚楚，高一女生。她在上小学时受到某同学欺凌，进入高中后又遇到那位同学在一个班级，不敢面对，就不去上学。我建议她把小学时"那位同学把唾沫吐到自己水杯"和"她们在我后面骂我胖猪"这两个场景画在纸上，折成小船，我陪她到河边放船。晚上该女生做了一个梦："我原来穿的那件小时候的脏衣服，被河水冲走了。"第二天她就到校了。巧合的是，那位欺负过她的女生，次日在 QQ 上对她问候，自述有点"受宠若惊"。这有点类似于"行为艺术"。一位上小学的男生，比较懦弱，周末与同学郊游，偶遇蜂巢，听同学说"蜜蜂蜇人，吃了蜂蛹就能也像蜜蜂一样厉害"。他硬着头皮吃了一只蜂蛹后，感到自己"厉害"了，现实中从此也没人欺负了。这可称作"蜂蛹意象"。

　　方法之四，完成"未完成"。很多情绪不得释怀，往往是"不接受、未完成"的现实事件。如因未得到恋人而失恋、老人临终没能送终，句式一般为"如果……就好了"，我使用的方法是在意象层面"达成愿望"。这类似于"画饼充饥""望梅止渴"，名曰"实现未实现"。"我（意识）想把这段往事忘记，可就是（无意识）忘不下，（情绪）就难受"。俗话说"不怕贼偷，就怕贼惦记"，没完成的事情会萦绕于心，在咨询师陪伴下，通过意象"了断"，就"安妥"了。

　　宁一，中年人。其因初恋女友出国而分手，婚后十年仍念念不忘。宁一坦言："十年来总放不下，越想放下越放不下。其实我现在的爱人对我很好，很优秀，可我总走不出来。想起那次我送她去机场的情景就难受。"咨询时，采取意象对话"达成愿望"。在意象中，依次出现的"画面"：如愿和初恋情人结婚；两人牵手在公园；两人在西餐馆；有了孩子在海边散步；到外面的城市创业，自己有些不舍得离开父母。"愿望"实现了，自己感悟到："和她结婚就是这样，没一组镜头是在家里的，她只能入厅堂，不能入厨房。我内心想找的，实际就是安分的家庭主妇。"我

辽远的相遇：自我探索之旅

们讨论了"阿尼玛"，出国的"初恋情人"是一种投射。情，就这样"了"了。

方法之五，团体意象工作。来自外界超出一般常人经验的、对人的心理产生长远且具备破坏性影响的心理创伤，不仅仅是这些事件的受害者、亲身经历者，也包含目击者，甚至救援者。我曾受邀为某单位做心理危机干预讲座，有员工自杀，多名女员工目睹了这一过程。事后几天，这些员工出现恐惧情绪，以及失眠、恶心呕吐等躯体症状。当时我们选择了有主席台的会议室，在主席台让她们围成一个圈，立刻不约而同回到当时场景中，感到脊背发凉，有的开始打哆嗦，脸色蜡黄，有的开始啜泣。在咨询师的共情下，她们把情绪完全释放了出来，然后发她们每人一张纸，把这种感受涂抹在纸上，再折成飞机，站起来，向主席台下面扔。扔完之后，她们不约而同长吁一口气。她们的情绪得到了一定程度的宣泄，脸色开始恢复正常，紧抱在胸前的双臂也放松下来。在主席台上是"被瞩目"的感觉；围成圈，较易回到当时状态，只有回到情绪起点，才能进行工作；向台下扔纸飞机，形成居高临下的"放飞"意象；台下有"观众"，便能得到"共情"。

方法之六，借助中药、穴位意象。中医使用"中药意象"，有味中药叫甘澜水，也叫千扬水，取"水扬千遍"意象。用此水煎煮药物，首见《内经》半夏秫米汤。"劳水即扬泛水，张仲景谓之甘澜水，用流水二斗，置大盆中，以杓高扬之千遍，有沸珠相逐，乃取煎药。盖水性本咸而体重，劳之则甘而轻，取其不助肾气而益脾胃也。"其心理内涵，扬水刚开始的时候，会有祝福、愿望，等一遍遍做下来到一千遍的时候，再烦的问题、再多的心事，也会在与水的单调互动中静下来，甚至祝福愿望也没有了，如同"洗心"，自然而然、不知不觉进入"寂寂如初"状态。一遍遍扬起来礼花般溅起的水花,水中充氧,也充满了生机和喜悦。井水、泉水、河水、雨水(中医称无根水)、海水,各有其意象。运用在咨询上,就是针对不同的情绪,用不同的"水"意象去清洗"情绪垃圾"。在不同"水"的意象中洗澡,感受是不一样的。心理咨询中,根据来访者的情绪状态,选择做不同"水"的"沐浴"意象。除了中药意象,还有穴位意象。每个穴位都有一个意象名字。在咨询中与情绪感受身体的某些穴位,进行意象扫描和对话。

意象疗愈最早出自《黄帝内经》而非现代西方。"黄帝曰:余闻五疫之至,皆相染易,无问大小,病状相似,不施救疗,如何可得不相移易者?岐伯曰:不相染者,正气存内,邪不可干,避其毒气,天牝从来,复得其往,气出于脑,即不邪干。气出于脑,即室先想心如日,欲将入于疫室,先想青气自肝而出,左行于东,化作林木;次想白气自肺而出,右行于西,化作戈甲;次想赤气自心而出,南行于上,化作焰明;次想黑气自肾而出,北行于下,化作水;次想黄气自脾而出,存于中央,化作土。五气护身之毕,以想头上如北斗之煌煌,然后可入于疫室。"正气出之于脑,即屋内先要集中神思,觉得自心象太阳一样光明。将进入病室时,先想象有青气自肝脏发出,向左运行于东方,化作繁荣的树木,以诱导肝气,逐次至黄气自脾脏发出,留存于中央,化作黄土,以诱导脾气。有了五脏之气护身之后,还要想象头上有北斗星的光辉照耀,然后才可以进入病室。

民间流传的画符、叫魂等也属意象原理。"上古神医,以菅为席,以刍为狗。人有疾求医,但北面而咒,十言即愈。古祝由科,此其由也。"《黄帝内经》中,黄帝提出疑问:"余闻古之治病,惟其移精变气,可祝由而已。今世治病，毒药治其内，针石治其外，或愈或不愈，何也？"岐伯对曰："往古人居禽兽之间，动作以避寒，阴居以避暑，内无眷慕之累，外无伸宦之形，此恬惔之世，邪不能深入也。故毒药不能治其内，针石不能治其外，故可移精祝由而已。当今之世不然，忧患缘其内，苦形伤其外，又失四时之从，逆寒暑之宜，贼风数至，虚邪朝夕，内至五脏骨髓，外伤空窍肌肤，所以小病必甚，大病必死，故祝由不能已也。"祝由科产生的时代环境与当今迥然不同，神秘色彩日渐浓重，故祝由科方术及疗效也产生了变异。窃认为，意象疗法的前提，是咨询师清空投射、来访者身心放松，双方达到"以营为席、以刍为狗"状态。

相对于逻辑表达，意象表达更容易处理非理性的情绪问题，更容易进入到无意识层面，不经意间穿越面具防御，也保护了个人隐私。如果意象表达不能奏效，无意识就自发启用"身体表达"了。

05　身体表达：病乎？

身体表达，如跳跃、踢门、摔东西、喘粗气、拥抱、分泌唾液、打滚、生病等。观察来访者一家人的关系，最直观的就是看他们各自的姿势和距离，这是无意识内在关系的外显。

有一些无意识被意识压抑了，有一部分压根儿就没出现过，没被意识过，当然也就不存在被压抑的情况。"他"可能趁你不注意，就"鸠占鹊巢"了。荣格把躯体症状称为"无意识的强行闯入"，他说："作为一种事实，我把这位病人的癌症视为一种自发性的生长，它起源于心理中并不等同于意识的那一部分。它仿佛是一种强行闯入意识中的自主形式。人们可以说意识是我们的心理存在,然而癌症却有独立于我们之外的它自己的存在。"身体表达,这里作狭义概念,是指人的情绪问题没有很好的充分释放,没有被自己的意识所感知和接纳,通过一些身体症状的方式来表达,即情绪造成的心理问题转为身体问题。俗话说"百病生于气",《黄帝内经》亦论述:"怒伤肝、喜伤心、忧伤肺、思伤脾、恐伤肾。"

(1)症状,为情绪买单

身体语言,相对于意象语言和逻辑语言,是更原始、动物所具备的本能表达。遇到危险,身体先本能逃跑,相应的恐惧情绪其后才发生。

首先,我们来了解身体的储存记忆功能。文化原型学者罗建平认为:"身体犹如皮囊,装载着各种器官。在古人看来,这皮囊不仅包裹着躯体器官,更重要的是里面镇守着皮囊的主人:灵魂。原型心理学认为,身体是人的无意识的巨大容器,储存着远古以来乃至生物进化以来的历史原型。因此我们讲的身体是包含着躯体和心灵两方面属性的,而在原本意义上,这两方面又是融为一体的。"身体作为容器,具备了承载、储存的功能。"过去的并没有过去。意识不接受的部分成为症状",无论是无意遗忘,还是有意遗忘,无论是没有觉察的,还是不能处理、被压抑的部分,都进了"容器",在逻辑和意象之前已经"装进"身体储藏。那位在幼儿园因尿裤子被老师处罚的男生,到了青春期路过十多年前的幼儿园,还是会莫名地"快步走"。快步走,就是对应无意识储藏的"身体语言",以进行对那个情绪的"身体表达",以至于中考前拒绝参加考试,把自己关家里,以此"居家"的身体语言,来表达"我封闭好裤子,以免尿湿被处罚"。幼儿园尿裤子乃常事也,何以该同学出现问题？因当时被处罚而羞辱的"难堪"情绪，被身体"容器"承载、储藏。骑车、游泳之类，学会之后本能地就去做，这都来自身体的储藏记忆。

其次，身体成为情绪出口。身体会享受愉快的情绪，愉快的情绪也回馈身体。平静的发自内心喜悦的情绪，身体产生舒适感。反之，情绪问题直接进入身体，以症状的形式让身体买单，身体成为不被意识接受部分的替罪羊。有些来自内部冲突，如"我恨死自己了"，"我的命好苦"；有些来自外界侵入，如"被他欺负死了！"有些是情绪堰塞湖水满之后，在逻辑语言无效、意象语言没被读懂的情形下，以决堤的方式通过身体呈现。如恨得牙根疼；气得肚子疼；羞得脸红；憋得喘不过气来；揪心窝子的疼；瘆得慌，脊背发凉；脑子蒙了，出了一身汗。

再次，情绪通过身体"症状"表达。这是最具破坏性、最标准、经典的"恶性宣泄"方式，自残式表达。某八年级男生，考试前肠痉挛、腹泻。肠，被称为第二大脑，正所谓"脑满肥肠"。中医认为，小肠与心相表里，肠本身就具有容器、承载、储藏、流转等生理功能，所以牵肠挂肚、断肠人在天涯，考生是把紧张情绪通过腹泻来做身体表达。某中年女士，因患抑郁症病休。自述"感到自己太胖了，从小学就开始减肥"。用精神分析观点，胖是因为安全感不足，潜意识以食物囤积的方式确保脂肪足够，以便应付有可能的"食物短缺"。她的情绪一直没有得到宣泄，结婚生育后即产后抑郁。经过一个阶段咨询，"意识"体验到"无意识"的需求，对于"缺"的部分做了"补偿"，体重不经意间降到了符合自己"身架"的标准。

美国露易丝·海《生命的重建》和德国德特雷福仁、达尔可所著《疾病的希望》两本书,对于症状与身体所表达的密意进行了解读。后者提出:"生病的认识在意识层面失去了次序或和谐,症状了解身体和心理的秘密,也是唯一能从内在真实了解我们的朋友。疾病只有一个目标,就是使我们变得完整。"如有小肠疾病的人大多会倾向于过度分析和喜好批评,症状为腹泻,代表与某种恐惧有关的问题,治疗对策就是需要放下和扩展,成为有弹性、不强求的人;大肠最常见的问题就是便秘,表示不愿意给出东西,抓住不放是因为贪婪,便秘代表企图关紧无意识、压抑锁在里面的内容,留在黑暗(大肠)里面;低血压的人以退缩到无意识中来回避冲突;高血压的人则借由过多的活动和过度的活力,使自己和周围的人不去注意冲突;失眠是无法放下意识控制、害怕自己的无意识,与生命阴暗面的和解是绝佳的安眠药;成瘾的人渴望得到某种东西,却过早停止寻求,而卡在某种代替物的层面中。民间都知道,百思不得其解,有很多想不开的事情,会头疼;咽不下这口气,憋得喘不过气来,会得肺病;怎么也消化不了,胃病;夫妻感情问题,妇科病;生育欲望被阻拦,子宫肌瘤;不想听唠叨,耳鸣;重视面子,脸上长斑;你不听我唠叨,就咳嗽久治不愈。

什么样的情绪导致什么样的病,"心病还须心药医"。一方面,身体成为替罪羊,另一方面,可以通过身体来修复情绪,疗愈心灵,作为探索自我的"向导"。身体语言作为症状出现,有时是无意识的自我保护和防御。"我眼皮跳不停,腾腾地跳,过去每次跳,都出事,今天跳的厉害,就没敢出门。"这不是迷信,是无意识通过身体语言,告诉意识"有可能发生什么"。"我眼皮跳了两天,去沙盘室摸沙子,不知不觉就好了",这是无意识通过身体表达未果,通过沙盘意象表达了,意象表达了就不用身体再表达了。

最后，终结生命的"表达"。身体表达的极致者，在情绪无以排解形成死结的时候，通过"绝症"或不惜有意伤害身体和终结生命来表达。如果说划破皮肤、烫伤自己、揪头发等自伤是解决情绪，自杀就是以自己的意愿去结束生命。

跳楼。本来已经极度压抑消沉，在"漆黑无底深渊"的意象里，还是忍受不了抑郁情绪，便从高处往下跳，呈现"继续下沉"的意象得以满足，缓解、消除难以忍受的情绪。其主要发生在抑郁症患者群体，从学生到成年人，从董事长到官员，无以排遣的抑郁情绪，于是"一跳了之"。有些非常严重的抑郁症患者，初期无力跳楼，有时做一段时间咨询，开始有点力量了，就有跳楼的想法或行为，所以需要格外注意。

跳河。受人诬陷，感到自己被栽赃，百口难辩，情绪驱力冲击下以跳河方式宣示"我是干净的"。某女士情感被骗却被诬陷为"小三"。她说："那天我听到隔壁办公室有人议论我，就一阵冲动，想跳河。"

上吊。幽怨、含冤、受辱，无法诉说表达，死亡方式是"上吊"，死后让舌头呈现被逼吐出的画面。且记：要口下留情，让人把话说完。

服农药。别人的言行太毒、太刻薄了，侵犯到我的自尊，以别人对待自己的方式，以象征性方式转向自己，那就以农药来伤害我的五脏六腑吧。异物进入身体，仿佛那些闲言碎语进入心灵。

服安眠药。不像农药那样浓烈，安眠药是逃避的方式，因为已经很虚弱，无力承担也不愿承担，如蚂蚁般苟且无声无息离去。我至今记得那位花季少女喃喃自语："我像空气一样，像蚂蚁一样，我找不到安眠药"，当她说出来的时候，其实已经"表达"了，还有力气来"求救"。

打开煤气罐。这是近期我接待的青春期来访者中使用最多的轻生方式。表达了对于弥漫的毒素无以排遣，多人对自己误解且被误解的时间持久，这种误解致自己于死地，唯以此宣誓"我以这种象征方式，让你们看到我被如此对待，有毒空气使我窒息"。与服安眠药类似的是无力感，"睡死过去"，与服农药类似的是"你们这样待我，我也以你们待我的方式待我"。还有一种"无意"的煤气中毒，往往是一家人中毒，无望呼吸到新鲜空气，对弥漫的看不到尽头的"封堵"失去信心。

撞墙。头，代表信念、观念、自我。所谓"士可杀不可辱"，头撞南墙表明"信念大于生命"，古代大臣为证赤血丹心不惜在殿堂以头撞柱自杀。鲁迅笔下的祥林嫂，在被婆婆抓回许给贺老六时，"她就一头撞在香案角上，头上碰了一个大窟窿，鲜血直流"。香案，象征了宗法，以刚烈的头撞香案之躯体行为，表明"不从"之"信念"。

（2）何以故？内在生命力的表达

意识想不开，"百思不得其解"，意象不能呈现和识别，"年少不解其中味"。荣格讲过一个案例："他是一位思想家，他把一切都强行置于理性不可动摇的法则之下，而自然却不知在什么地方逃脱了他的掌控，并且带着复仇的愿望卷土重来，使他蒙受无法予以打击的无稽之谈，使他产生患了癌症的致命想法。这正是无意识的聪明手法，它用这种手法使他感觉到自己仍是他的主人。这是最坏的打击，是他所有的理性主义理想和他全能的意志力量最难以应付的打击，这样一种情形只能发生在由于自己的自负而惯于滥用其理性和智力的人身上。"出现类似癌症的问题，无疑是某种不自觉的补偿，但对于它的内容、性质和特征，我们的意识却全然无知。

首先，身体"想不开"。大多数的情绪难题，都是产生于有问题的防御和情感的结合。因为我们习惯用心理防御，把不愉快感受拒绝在意识之外。《心灵的面具：101种心理防御》一书，运用精神分析理论，形象地介绍了心理如何掩藏其自身，而得以把某些感受排除在意识之外的若干途径。等到这些"防御机制"最终在更深层无意识面前败下阵来，身体就成了最真实、最后的表达。这些被压抑、隐藏的情绪是有能量的，这些能量就是堰塞湖的水。如冲突、受伤、受损，我们的思维把错过方指向外界，口服心不服也好，口不服心不服也好，"我不认错"。错的债务，无意识得以逃避，却由最诚实的身体来承担。身体是最本能、最本质、最原初的表达，不会说谎。意识能够想得开，身体"想不开"。它存储了所有的情绪，包括有害的垃圾情绪，那些没有被意识消化而"逃避""丢弃"的情绪，都会储存到身体里面。这些情绪是有"生命力"的，虽被存储在那里，但遇到情境激活，就会"发作"，即使没有被激活，时间长了也想出来"溜达溜达"让你看到。有些是无意"储存"，如在争执中"我终于赢了"，但在内心深处会产生出不易觉察的不安。一段时间以来，流行"精神救赎"一词，尝有言："我们的精神和行为都已污秽不堪"云云。这表明有一定的意识去觉醒检讨，试图打开"储存器"去"救赎"。有些压抑是有意的，即因为"面具"和当下利害的取舍而压抑。当然这种压抑是成年的标志之一，如不能"当众大小便"，当众指责领导会被"穿小鞋"，但是一而再，再而三，要么憋出病来，要么"起义"。不能接受的部分，没有满足的部分，没有完成的部分，没有得到有效处理（宣泄）的部分，都会成为一个结，储存在身体的某个地方。如与生气有关的情绪储存在肝部，与想不开有关的情绪储存在头部，与边界交往有关的累积在皮肤等。

开始,情绪不能释放,情绪发作或压抑;继而,身体不舒服,西医查体无异常;继续下去,身体症状加重,西医检查指标出现异常;情绪仍不得宣泄且加上身体不适,一方面心理问题躯体化,另一方面躯体问题心理化,身体症状继续加重。情绪固着成为雾状,雾状不解成为实体,实体不解,越加实心,越加膨胀,最终以破坏性的方式向自己和他人呈现。身体表达的潜台词:"你看,我都生病了。"身体为情绪买单,因为那些被压抑、被隐藏、被忽视的情绪,即我们的生命,我们的生存诉求,被压抑、被忽视,不能够去真实自由地呈现,只能用身体来表达。何况,还有我们并没有意识到而从未压抑过的,那些来自家族、文化、集体无意识的部分。

其次,病给你看。"我说了你们也不信""我不想说""我难受""我很委屈""我是不行了""我就是要你们家断子绝孙""对不起你",等等。自己说服不了自己,别人说服不了自己,自己做的梦不知什么意思,信了"那些什么"也"不管用"。我用身体症状来表达,让你看见"我病了""爸爸妈妈,你看因为你们离婚,我活不下去了""领导,我咽不下这口窝囊气""我已经都这个样子了""我在这个世界上,以这种方式生存过""我努力了""我痛苦的样子""我离开世间的样子"。一位肝病患者的经历:"我很愤怒! 我一直很努力,可是他把我的职务拿下来了,我想不开,可又报复不了他。我找不到人说心里话。不能让人家看出来我没教养,不能让人说我是个官迷。我实在咽不下这口气。我用旅游爱好也转移不了我的愤怒。我没有食欲。我看到油腻的食物就恶心。我肝不舒服。我只是亚健康。这口窝囊气简直受不了。我很愤怒觉得无名火,看谁都烦，觉得活着没什么意思，死了倒是解脱。"一位妇科炎症患者，通过身体炎症表达内在愧疚："我当时鬼迷心窍，去爱丁堡出发在宾馆偶遇初恋男友就那个了。再也不了。删掉他的联系方式。洗澡。不干净。瘙痒。医生说有炎症。我吃了消炎药，还是不行。"一位家长说："奇怪了，小孩说头疼，不去上学，学校路上量体温发烧，回来烧就退了。"

乃常，小学一年级男生。身体症状为抽动，一年有余。最早的记忆是奶奶把瓦盆砸在妈妈头上；爸爸揪姥姥的头发；几万个人（意象认知）堵在奶奶家门口；牛魔王在门口吓唬我（意象认知）。家庭背景：其曾祖父因盗窃被判刑，爷爷生性懦弱，被村里人欺负；爸爸酗酒，暴躁；妈妈内向，很少说话；奶奶、姥姥强势。他多次被爸爸暴打。潜台词：我很压抑！我说不出来！我看到了你们的攻击性！我看到了伤口！我害怕，不敢说！我通过抽动来释放我的攻击性！

非生理性抽动症，包括家族、个人那些压抑的、难以言说的情绪，用身体来表达。对此类来访者，通过绘画、沙盘游戏等呈现、释放情绪，处理焦虑紧张，获得可掌控感，从而激活自我意识，有较好效果。这是一个较长的过程，同时需要家庭的改变，创造一个安全空间。有时一个人身体出现症状发出"呼救"，其他家庭成员都以此为契机，家庭气氛和情绪都得以转变。遗憾的是，我了解到的部分心因性多动症、抽动症孩子的家长，除了焦虑和找偏方或计划做头颅手术，并不去寻求真正的疗愈。这也说明孩子的身体表达，其背后是更深层家族无意识无以名状的压抑、控制与较量。可悲的是，家族（家庭）的情绪，由孩子通过自己的身体症状来买单。

其三，关系是药物。情绪可以导致身体不孕，情绪和人际关系改善了,也就能够怀孕了。某女士,婚后迟迟不孕,寻尽名医无果。自己以为"婆婆看不起娘家人",发生过几次冲突导致关系疏远,萌生了"让你们家没有后代"的想法。后来通过心理分析,她认识到内在自卑阴影外投,加上原生家庭和各自性格差异造成诸多误会。她与婆婆关系正常后,情绪变得平和就怀上了。

当我们看到这些,感受到这些,就有了改变的动机和可能,我们的身心就有可能获得真正的健康。同样,在持续心理分析和成长过程中,会发生未曾有过的身体症状或旧病复发。这是因为当向内部世界走的比较深入时,就会触及更深层次的情结,自然会发生新的"身体表达"。某青春期抑郁症患者来访者持续了两年的分析,初期每次来,都要进卫生间排便(腹泻),后来腹泻痊愈。一段时间之后,该患者又开始在每次咨询前,先到卫生间排便。

(3)何处去? 与身体对话

当我们不再以过去的破坏性形式, 通过身体为情绪买单之后, 就意味着问题开始解决。没有觉察的时候,身体成为替罪羊。如果知道身体是一个情绪宣泄的出口,反而能为我所用。利用身体作为觉知宣泄的承载,不仅是容器,还是通道,情绪的能量从身体流经,清理垃圾。

其一,聆听身体语言。身体知道答案,是说将身体最本能地连接到无意识。清空大脑,不带意识地去感受身体,采取彻底聆听的恭敬态度。

某中年女士,抑郁,肥胖,伴有三高,因抑郁做心理辅助治疗。回到"饱餐之后,眼睛仍然盯着餐桌"的状态,将此身体动作固化成"雕塑状",右手敷在腹部,左臂耽在餐桌,扭头看盘中"扒鸡"。此时觉察身体,等候身体"说话"。朦胧间听到"我冷",她很有悟性,说:"我知道了。"此后一段时间,体重下降,抑郁症状也明显减轻。使用这一方法,先使自己进入某种情绪发作时自己惯常的身体姿势,然后保持这一姿势成雕塑状。闭上眼睛,静静问自己的身体,然后等待、聆听答案:"您要告诉我什么?"当身体的这句话被自己听到、领悟到,身体的表达就完成了,就不再用症状表现了。我用这一方法,配合意象转化,对于消除考前紧张、减肥、戒酒等方面较有效,不仅能消除当下症状,还能挖掘到深层情结。

某高三女生考前三天来访,说"突然一点状态也没有了",担心高考出问题。我让其合上眼睛倾听自己这句话,此时觉得肚子不舒服,肚子说了类似"好烦躁"的话,同时感受肚子此时的意象是暗红色布匹拧在一起。最开始说的"没有状态",实则是由于过度紧张导致对即将临战的逃避,通过与身体对话,找到了自信的身体感受,情绪由"不在状态"到"期待"。

其二,觉察与扫描。对身体保持敏感,对其变化规律与生活事件、心理历程的联系,对家族遗传的联系等有觉察,同时对自己面临内在和外在冲突时的应对、防御方式都有哪些,尤其不易觉察的惯性部分,对身体症状做"自由联想"和"扩充分析",找到无意识层面的连接。最重要的是情绪与躯体的关联度,觉察发生机制、运作模式、循环模式。扫描躯体,就是确保在安全的空间里,在放松状态下想象身体扫描。这个过程中,有问题的器官会发出"声音",传递出"话语"。此需在专业咨询师的指导下进行。

其三,身体症状意象化。如果通过意象方式,把压抑宣泄出来,就不用那么排山倒海般爆发了。其方法是把身体症状转化成意象,让"意象"呈现,并按照其内在意象生命自主发展,来访者和咨询师"静待花开",切忌对意象进行主观干预式"揠苗助长"。

奕睿,九年级男生。自述头疼(阵发性疼,疼时想撞墙)、腹疼(左腹部,针扎般疼痛)、失眠半年余,久治不愈,医生说无病理支持。出现的意象:头,爸爸发怒的样子;腹部,妈妈唠叨的声音;失眠,讨厌自己。其间与父母关系出现问题。该生早期创伤的情绪淤堵,通过头疼表达了与父亲关系的僵化;通过腹疼,表达了与母亲关系的冷漠;通过失眠,表达了对自己的失望与不接纳。当这些意象出现,开始涌现出更多早期记忆,通过意象修复创伤,觉察并修复与父母的关系,随之躯体症状得以改善。

昊炎,八年级男生。患溏泄一年多,近三月加重,每日七至九时,有60~90分钟在卫生间大便,不能上学逾两月。趋省城及当地各医院,检查肠胃及大生化相关指标均无异常。来访者意象:父母是两只大白鹅,脖子都栓了红布,自己在大白鹅中间。心理不能"消化"之问题,由躯体之"肠"来承担表达。潜台词:"我夹在中间,受不了了,你们整天吵架!""我不能消化!""你们吵架,都是因为我不好!""我说不出来,我不敢说,不能说! 不知怎么说! "从中医看,吵架由耳入,耳主肾水,肾"在志为恐"。肾水虚则肝血不足,而胆弱易恐。"恐则气下",水不能封藏。父母吵架入耳致"恐","恐惧致泄",传递及脾胃,伤土。土不能运化。小肠与心互为表里,五行属火,心主思考,肠之形状,盘旋如大脑皮质。肠承担思考之职,行情绪之状。突遇应急事件,现腹痛腹泻,乃至肠痉挛、肠梗阻。他面对强势父母不能吸收"吵架内容"而宣通,且有惊恐,大肠属金,便不能收敛。腹泻,也可看作青春期对权威的挑战。大肠者,传道之官,变化出焉。小肠者,受盛之官,化物出焉。身体症状乃无意识发出的呼救。当进入咨询,疗愈便已启程,压抑得以表达,身体症状随之消除。

其四,意象与身体的结合。意象体现技术,就是运用身体容器宣泄情绪进而得以疗愈的方法。在身体疼痛方面,该方法颇为有效。"我们在心灵和身体之间工作,用意象影响身体……当我们有助被试从习惯性视角脱离出来,进入到非自我视角时,疼痛感会更加降低。"(申荷永主编:《意象体现与中国文化》)

朔风,男,职业画家。自述:胃疼,医院未有病因。与他确认胃疼等级,疼痛评定等级为 0 级到 10 级,0 级代表没有疼痛,10 级代表无法忍受的疼痛。他说最疼的时候大概 7 或 8 级,现在大约 6 级。我让他想一段感到安全的记忆。他说:"三四岁时,在老家,村子里,四合院,院子里有棵大梧桐树,妈妈在树下,哼着曲子,一手扇着蒲扇,一手抱着我。妈妈穿的衣服是粗布印花,胳膊还有肥皂香味。她的头发,有时飘到我脸上。"

疗愈分为三步。第一步,从自我视角入手。回到三四岁的视角和妈妈在一起,感到安全和放松。感受妈妈的状态、妈妈的神态,此时胃疼程度降到 4 级。第二步,从自我视角中脱离出来,进入妈妈的视角。先感受自己在妈妈怀中的感受,自己的头在妈妈的臂弯中,自己身体一侧依偎在妈妈的腹部、胸部,感受与妈妈身体接触时,自己那部分身体的感受。第三步,进而转换成妈妈臂弯、腹部、胸部的身体感受,继而感受自己成为妈妈,感受妈妈的感受,进入"我(妈妈)一手扇着蒲扇,一手抱着儿子(自己)"的视角。维持这个视角,让身体记住此时的感受。

两分钟后,胃疼指数降到 0 级。关键点在于,认同非自我视角后,疼痛指数会下降。伯尼克对此的解释是:"人们有特定的疼痛本体。当感到疼痛时,会认同本体,身体会做出特定的反应。通过脱离疼痛本体,进入完全不同的身体,就不会再感到疼痛。"

其五,直接使用身体这个工具。想说什么就说什么,想哭就哭,想骂就骂,呐喊,扔石块、扔枕头,有咨询师的共情、守护,用"身体"去发出来,有畅快淋漓的感受。精神分析的技术是强调要说、要暴露,只要说出来就行,不需要思考,大声说,脏腑被震动,唤起的情绪更剧烈。不想说,就坐下来,让念头自动浮现,冒出来。要么写下来,要么画出来。

千米,女,复读高考生。自述考前"崩溃",失眠,学过的东西全忘了,胸疼。她在家里想哭,又哭不出来。她来到工作室,眼泪像倾盆暴雨冲垮大坝,一泻千里,时而捶胸顿足,时而痛骂自己、痛骂老师、痛骂父亲、痛骂该死的考试。而后雨过天晴。回去当晚,她就睡了一整宿,第三天周考顺利。

百勇,男,九年级。长期忍受校园欺凌,不敢反抗。有次他来到工作室,说喘不过气来,在家开煤气灶轻生被母亲发现。我带他到河边,让他呐喊、扔石块。他开始发不出来,蹲在河滩。后来他在沙滩画了"小人",用脚踩、跺,从幼儿园欺负他的那些同学开始骂起,一边扔石块,一边打嗝。

对此类压抑过久的来访者,首先建议用中医调理,针灸、推拿、中药兼施,"以躯对躯",让那股硬性压下去的"窝囊气"出来;意象宣泄的同时,在安全环境下择机躯体宣泄。紧张导致躯体症状,躯体症状加剧紧张情绪。这在参加考试的人群中较多出现。我有时会给冲刺的同学做"目标物转化"体验,以训练在躯体层面保持"专注"。

深呼吸、攥拳头、跺脚,这是我指导考前紧张同学的口诀。看似简单的"三部曲",实则最安全、有效。通过关注呼吸,能够与干扰自己的外界因素进行隔离,形成屏蔽保护;通过深呼吸,能够使身体充氧、放松,弱化紧张。攥拳头,是一个肌肉收缩的过程,与其相关的机制包括细胞渗透、肾上腺素反应等,生理上起到注意力集中的作用,避免散乱、昏沉;同时在心理上起到"宣誓"作用,给自己鼓劲,如将士出征。跺脚,即与过去"告别",专注"目标正前方",意味启动、行动。情绪造成的身体问题,直接用身体解决,快而有效。

其六,通过身体感觉,找到积极的感受。如安全岛方法,通过积极想象找到安全感和积极感受,身临其境地体验安全感受,觉察自己的身体姿势或动作是怎样的,以后只要一摆出这个姿势或做这个动作,就能帮助自己在想象中迅速地回到这个地方来,并且感觉到舒适。这是用身体记忆方法,把安全的感受做成某种姿势雕塑,即回到相应的情绪感受。还有蝴蝶拍技术,想象找到进入一个安全、自由且受保护的空间,充分体验安全放松的躯体感受,想象一个过去经历中给自己带来积极体验的事件,并体会身体的哪个部位感受到了这种积极体验,然后在胸前交叉双臂,右手在左肩、左手在右肩,手放在让自己舒服的位置,双手轮流轻拍自己的肩膀。慢慢轻拍4~6轮,心理和躯体同时得到一种稳定的状态。

其七,接纳,无为,立定。我们已经知道了身体的疾病,是绕过防御在躯体上最直接的呈现,它携带了内心最深处的意愿信息表达。

那就接纳吧。接,接受已经发生的一切,那些过去发生的创伤情绪,已经在身体记录并呈现了,先去接过来,不排斥。纳,"察纳雅言",收入进来,作为能使荷花绽放之"污泥(肥)"。接纳而不排斥,故能交,能交,故能进入,进入"虎穴",方得"虎子"。许可,高二男生,患有强迫症。我告诉他:"那就允许自己拉拉链。"他开始专心去拉。一边拉,一边念叨:"我允许这样反复拉拉链。"允许,许可,就不反抗了。不反抗,就软下来了。

开始有了无为的态度,就不再紧绷了。身体带有强大的本能,我们的意识必须对其保持足够的敬畏和臣服,就需"无为"。觉察到不再把身体当成破坏性的情绪出口,身体被感知到,意识层面再树立新的观念,身体就自然而然发生正向变化。越努力,越苦恼,乱作为,往往会适得其反。

立定,就是"静待花开",定生慧也。

第三节　情绪溯源,代际传承兮

通过情绪来袭,我们去认识情绪为何物,我的情绪有几何,我的情绪往何去,把情绪堰塞湖做适度宣泄。但是如果不找到源头,水还是继续源源不断,堰塞湖还是有决堤的风险。需要探讨我的情绪从何来? 在心理咨询过程中,发现来访者陷入情绪不能自拔,从自己身上、从原生家庭找不到原因,等待咨询到某个阶段,其家族中的一些"事件"便会以"不经意"的方式呈现出来,或者随口而说,或者在梦、绘画、联想中呈现出某个象征意象。下面我们讨论家族无意识相关的代际传承话题。

从"溯洄"开始

我们在情绪感受的堰塞湖，回首，望向上游，不同水流蜿蜒曲折，或徐缓，或湍急，迎面，迎胸而来。溯洄探寻的路途险阻且漫长，难攀，曲折。且看《诗经》古画风：

蒹葭苍苍，白露为霜。所谓伊人，在水一方。

溯洄从之，道阻且长。溯游从之，宛在水中央。

蒹葭萋萋，白露未晞。所谓伊人，在水之湄。

溯洄从之，道阻且跻。溯游从之，宛在水中坻。

蒹葭采采，白露未已。所谓伊人，在水之涘。

溯洄从之，道阻且右。溯游从之，宛在水中沚。

《尔雅·释水》曰"逆流而上曰溯洄，顺流而下曰溯游"。"溯洄"能找到"伊人"，但是"道阻且长"，"溯游"呢，只能依稀感到"宛在水中央"，"伊人"虽隐约可见，却遥不可及。对于情绪，前面讨论了觉察、面对，进而宣泄。但仅此是不够的，要知其然，还要知其所以然。这就需要继续探索、溯源。这里，我们把"伊人"象征为"情结"。我们面对情绪，尽管路途"道阻且长"，但需要"溯洄"，去找到"泉眼"。

逆流，向"情绪之流"的上游出发，可称作溯源之旅。从当下发生的情绪,溯洄,连接当下与之前,包括婴幼儿、乃至胎儿。婴幼儿与胎儿时的感受,在心理成长到一定阶段的时候,就会感受到,术语曰"退行"。

继续溯洄:原生家庭,父亲,母亲,养育者,他们的生活经历、情绪模式、人生脚本。

继续溯洄:父母的原生家庭,父系,祖父母,曾祖父母;母系,外祖父母,外曾祖父母,他们的生活经历、情绪模式、人生脚本。

继续溯洄:种族、文化的传承,情绪特点、行为模式……

"我高血压,老爸也是高血压",说的是生理遗传。"龙生龙,风生风,老鼠生来会打洞",说的是生物遗传。"书香门第,五代进士",说的是性格(命运)遗传,代际传承。"他祖上就缺德,他太爷爷为了领日本鬼子的犒赏,把八路军伤员送给鬼子;他爷爷把生产队集体的牛,喂药毒死;他爹生产黑心棉;他当人贩子,拐卖人口",说的是文化遗传,精神基因。

对于"遗传",心理学家有时不认同:"当你说遗传的时候,就等于是把责任推给了你的家族。"有时又认同:"你目前的心理问题,来自家族代际创伤。"这是分别对应不同症状的来访者,在不同角度讲的。探索我,了解我,需要去探寻自己的家族,发生过什么,经历过什么,有什么模式。

 02 代际传承与"随"

代际传承具有普遍性。家族成员之间情绪的相似,就是俗语说的"你脾气随你爸爸""他随他爷爷,像一头倔驴倔脾气""他三脚踢不出一个屁,他三叔就这样""她的性子慢,她奶奶就这样,手巧""媳妇随婆婆,她婆婆那么孝顺她老婆婆,她也很孝顺她婆婆"。某村,婆婆和三个儿媳,均在壮年去世,剩下老少两代四个光棍汉。从俄狄浦斯情结理论解释"找婚姻的另一半,以自己性别相异的父母为标准",儿子找的妻子和父亲的妻子相似,即三个儿媳也像婆婆一样过早去世。无意识语言是,"我是这个家族中的一员,我选择了这个家族的模式"。如何看待这个代际传承的"随"呢?

随,即传承,血缘、非血缘的祖祖辈辈传承。非血缘关系,包括婆媳、妯娌、领养等关系,领养者与被领养者虽没有血缘关系,但是在性格、情绪基调上具有很强相似性,这不仅仅来自耳濡目染、相濡以沫的共同生活,更来自文化层面的无意识。我将非血缘父母称为文化父母。对于某些与继父母一起生活,或者知晓自己是领养者的来访者,我会与他们探讨血缘父母与文化父母对自己的情感认同,证明更多的维系纽带来自无意识的文化认同。代际传承发生在政治人物身上,也更加引人瞩目地"随"。日本前首相安倍晋三街头毙命,巧合的是其外公也曾任首相,在其七岁时(六十年前同月)遭暗杀。其一,外孙作为外祖父生命的"延续",通过完成其使命表达忠诚;其二,之所以由他来"传承",是因为外祖父遭暗杀的事件印刻在了"七岁少年的无意识里",那时估计就写好了"脚本",无论是当首相还是遭暗杀;其三,因崇拜而践行。自述自幼崇拜外祖父,"我的政治 DNA 更多地继承了他的遗传"。代际传承,是因为祖、孙双方,起码有一方有"传承动机",无意识机制便会以出其不意的方式为其"圆梦"。

随:代际传承的"跟从"与"反向复制"。随者,不动脑也,耳(阝)听了,有,跟着走(辶),跟从也,无意识随从。因为这样的方式,从小到大,一辈辈都是这样过来的,无师自通。复制父母或家族的"境遇",有时是直接复制,有些则"反向复制"。"反向复制"即原生家庭对我如何,我就反着来,以"补偿"的形式出现,其目的都是一样的,完成家族之"未了的愿望"。"反向复制",按照分析心理学,是"补偿机制"起作用。"补偿,意味着平衡、调节和补充……在正常情况下,补偿是一个无意识的过程,即对意识活动的一种无意识调节。"经常有这样的情况:爸爸强势,儿子懦弱;妈妈懒惰,女儿勤快。某位男生小时候目睹了父亲家暴妈妈,到了青春期对爸爸更加不接纳,尤其不接受爸爸的盛气凌人和自大,变得日益女性化,涂脂抹粉。即"反向复制",是另类的"随"。某家长说:"我小时候经常遭受家暴,天天提心吊胆。现在我要无条件给孩子爱。"结果过犹不及,儿子十一岁了还看动画片。某婆媳关系糟糕,婆婆想要生一个孙子传宗接代,儿媳为对抗婆婆想生一个女儿。结果是男孩。男孩从小就被妈妈无意识虐待。男孩长大后同性恋,扮演女性角色,几次想做变性手术,"随"了妈妈心愿。

随:自我保护的本能。从古至今,我们祖辈经历了饥荒、瘟疫、战争,和平短暂,残酷灾难多发。弱者淘汰掉,强者留下来。天道有常,不以尧兴,不以桀亡。我们的祖先,尽人事、听天命,所以至今我们能以其后代的身份得以生存,成为祖先生命的延续,这里面自然有祖辈对自然、社会独特有效的应对方式,必然内含足以传承的生存密码。代际传承是一种"祖传适应术",在不同时代,按照其适应原则"动态调整",但万变不离其宗,故有"命运传承"。如发生一场瘟疫,横向观察,有的躲避在家,小心谨慎躲过风头;有的频繁外出,多方打听流行疗法,反复尝试各种方案;有的听到风就是雨,热衷听信传播消息;有的尝试各种免费疗法;有的惊恐而强迫、抑郁;有的操百姓于掌中,僭越天条趁机弄权;有的招摇过市欺世盗名敛财害命;有的默默奉献救民于水火之中,"事了拂衣去,深藏身与名"。同等强度的社会事件,导致不同程度的情绪状态,同样的恐慌,个体感受到的烈度有明显差异。如果追溯到祖辈,纵向来看,就会发现有趣的"情绪与应对方式"的明显传承。家族在过往岁月中,根据其生存情境,探索适应的自我保护,植入家族文化无意识中,后代本能地去按这一模式做情绪反应和应对现实。

随:表达忠诚而"圆梦"。通过随,我要像祖辈那样,因为他们赋予了我生命。在无意识里,"我代替家族,去承担未完成的部分,或为其担责"之动因,如海灵格指出的是来自"爱跟秩序的冲突,是所有悲剧的开始和终结"这一"密码"。一般以为,父母对孩子的爱,远远大于孩子对父母的爱。但,不尽然。因为在孩子的无意识里,是父母给了他生命,孩子对父母的爱远远大于父母对孩子的爱。所有爱都源于对于给予生命的尊重与感恩。由此,孩子便在无意识里以复制父母(幸福或苦难)的方式来"爱"父母。乞丐的后代,也是乞丐或做乞丐行业,或者在精神等方面行乞。无意识通过职业选择表明"我是父母所生,我只能以比他更甚来报答他们"。

京女士,其母为官太太。高中时谈了个男朋友为农民家庭的同学,婚后该"同学"摸爬滚打成为"高官"。女儿复制母亲也成了"官太太"。内在逻辑是无意识通过人生经历表明,"我是妈妈生的,妈妈的人生是成功的,她嫁了高官,只有我嫁给一个更高的高官,才能表达对妈妈给予我生命的感恩"。

郡女士，其父酗酒。郡女士对此非常不接受，发誓绝对不找"酒晕子"做丈夫。按这个标准，丈夫不喝酒，但"嗜烟如命"，脾气性格、走路说话甚至属相和星座，都与父亲一样。无意识的语言是"我爱爸爸，我爱妈妈，我是他们的复制品。我随妈妈，我找个丈夫随我爸爸"。

鲁女士，公职人员。从小学习优秀，但自卑，大学谈过男朋友，可因为觉得配不上对方而主动"回撤"，在考研之前退出考研，大学毕业没有勇气走出家门。自述"脸疼，不明原因突然就哭"，她回想到童年时期一个场景，"自己大概七八岁，跟妈妈在商场挑衣服，过来一位阿姨说你女儿真漂亮。妈妈说漂亮什么，你看单眼皮"，妈妈可能是出于谦虚，但"单眼皮"嵌入了她幼小的心灵。以实际行动"忠诚"于妈妈的"评价"，"单眼皮"使其陷入自卑。

对父母、家族的无意识"忠诚"，会带来"病理性认同"，即认同父母传达的消极心理暗示。孩子敬重的某位长辈，看起来很偶然的一句话，有可能会影响他一生。放暑假了，爸爸找了一辆车，让八岁的小明和奶奶一起回老家度暑假。爸爸说："小明，长大了！爸爸今天没时间，你代表爸爸，送奶奶回老家！"一个"送"字，小明感到自己是主角，男子汉的责任担当，引以为傲。阿姨说："小明跟回去呀，奶奶还带行李，能顾过来吗？别丢了。"一个"跟"字，小明感到自己是配角，别人的累赘，就产生挫败感。未来可能就不能担当，进而陷入复制"跟别人后面当累赘"的循环。

03 无意识的"代际创伤"

"代际传承"如果是中性的，那么"代际创伤"则是以负性、症状的形式出现。创伤事件，除对亲身经历者的伤害，还潜移默化影响后代，以象征的方式在家族重复上演"爷爷被蛇咬，孙子怕井绳"的剧情。

小虞，女，博士。抑郁，坠楼身亡。"爸爸检测公司老板，妈妈监管所长，家庭幸福。她一直读到博士，怎么会跳楼？"这是旁观者眼中的小虞。除却小虞本身的心理原因，分析师在给其父母做应激创伤康复中，找到某些代际创伤。其祖父当年因为被挚友误解背叛，备受打击以坠楼方式结束生命，小虞是祖父的真实翻版，隐私被闺蜜告密男友，反目成仇备受打击。同时其父坦然"自己做检测生意，有时无奈做些……睡不好。"其父的"亏心"之无意识，也会被家族某一成员感受到。

小凯，男，七年级。多次用圆规划破腹部。咨询师在沙盘游戏中，觉察到家族"未了创伤"。经访谈得知，其祖父性格懦弱，某次因车位与物业发生争执，被物业请来的城管员踢伤腹部，祖父郁郁寡欢含恨去世。如果这件事情惩罚过错方或双方得以和解，"心理创伤"算是做了处理，但其祖父命终时，愤愤不平的情绪仍未"宣泄"，就留存在家族无意识中，遇到合适的"土壤"就会"复制"。

04 传承，僭越，寻根

从儒家观点来看，近朱者赤，近墨者黑，耳濡目染。这也是来自周围影响形成的"脚本"部分。传承,来自言传、身教、习得。言传,就是祖祖辈辈把他及上一辈那套以"叙事"方式,口口相传,"听妈妈讲那过去的事情"形成了早期印象。身教,处理问题时的态度、情绪、方式,被孩子模仿到。习得,如妈妈总是很严谨、利落,孩子习得"玩完玩具,放回原处"。简言之,以祖祖辈辈依靠意识化的言传、身教和晚辈生活习得,加上无意识家族文化遗传,某一家族中的晚辈,对某位长辈(或先人)的身份认同,以象征性方式复制、呈现,从而实现长辈的未了愿望。因业力感召来到这个家庭,是佛教的观点。民间在评论某家族后代时,会用"来报恩、来报仇"阐述。佛教讲临终至投胎前这段时间为中阴,被其"业力"牵引投胎到"有缘"去处。从这一观点可以解释代际传承,是因为这个家族的人有相似的"业力",同类相吸、相求。有些是以愿望形式呈现,去完成未了的心愿,正所谓"子承父业";有些是身份认同,如妈妈是"官太太"自己也成了"官太太"。

这样,就可以在自我探索的这个阶段,从与家族有关的情绪部分,有针对性地利用逻辑思维、意象表达、身体表达,去呈现,去面对,去处理,去转化。我们看到了祖辈的情绪行为模式,我们感恩他们给予的生命,我们也在延续他们的生命,传承光复祖先的伟业、美德。这些年我受聘为市级非物质文化遗产的评委,接触了大量非遗传承人,在他们身上就具备一脉相承的"家风",即"家族无意识传承",不仅仅在非物质产品技术上,更在于其品行性情的传承。

家族传承的创伤部分,需要"切割",暂停或隔离。因为有惯性,如"驴拉磨"蒙上眼一圈圈转,始终走不出"创伤怪圈"。对于负性"循环圈"需要打破,做心理层面的切割;对于父辈特殊情境(如战争、自然灾害)受到的创伤,有些属共性,有些属个例,但会传导给后代。有的祖辈酗酒,下一辈有酒瘾,到了清末民初抽鸦片,新中国改造了这些诸如娼妓吸毒的社会毒瘤,此类社会现象被涤荡,但后来死灰复燃,下一辈又旧病复发,以吸毒的方式重复之前祖辈的酗酒、吸食鸦片,开始新一轮以电子烟方式的复制。对此类,需要心理层面进行"疗伤、告别、切割"。有些革命家出身于剥削阶级家庭,觉悟后毅然背叛家族所代表的阶级。这就属于"切割"。

如何继承又切割? 就是不去"僭越",不为祖先"替罪"。何谓"僭越"? 晚辈超越本分行事也。何谓"替罪"? 晚辈超越本分替长辈(主要指已故)担责受罚。系统疗法认为,家族中相对较弱的人较容易成为"替罪(受难)者"。在心理咨询中,我常采用"意象哀悼"仪式,通过意象层面的仪式感,对创伤、哀伤、未了事宜做哀悼处理,与创伤和解,完成"未完成",心愿已了不再惦念。类似的方法如"隔空对话""祭祀与告别",包括格式塔"空椅子技术疗法"等。从情绪溯源观点,找到问题来源并处理掉,这条情绪之河就断流了,堰塞湖自然不会形成。

血缘、家族、种族,作为生物人和集体意志、文化无意识,被深深地铭刻在后代血脉中。这也就是华夏文化"不孝有三、无后为大"的根源所在。赵氏孤儿的故事很有代表性,《史记》载:"赵朔妻,成公姊,有遗腹,走公宫匿……然赵氏真孤乃反在,程婴卒与俱匿山中。"故事情节曲折,跌宕起伏。大意是,赵氏先祖在晋景公三年曾遭族诛之祸,赵朔遗腹子赵武在公孙杵臼和程婴的佑护下侥幸免祸,后赵武长大,依靠韩厥等人支持恢复了赵氏宗位。引用此例是作为种族之"种",这个种子就是基于血脉的文化传承,表达了对祖先的忠诚。"忠义门第"的后代多为堂堂正正之人，大多汉奸的祖辈多为猥琐的"二狗子"。

与种族传承相关的，在华夏文化里有维护"道义"之说，即为"礼"而复仇的思想。《诗经》曰："兄弟阋于墙，外御其侮"，意思是内有分歧，不影响抗击外侵。《礼记》曰"父之雠，弗与共戴天；兄弟之雠不反兵；交游之雠不同国"，对杀父的仇人，直到杀了他才罢休；对杀害兄弟的仇人，随时携带武器遇见就杀；对于杀害朋友的仇人，如果他不逃到别国去见即杀之。《春秋公羊传》曰"九世犹可以复雠乎？虽百世可也。家亦可乎？曰：不可。国何以可？国君一体也；先君之耻犹今君之耻也，今君之耻犹先君之耻也"，公羊评价齐襄公灭掉纪国是为国复仇，所以不但九世可以复仇，百世也可以复仇。

君不见"我"的甲骨文即是"斧钺"？"國"的金文左为城堡象形、右为"戈"？以"戈"确保"我""國"的存在、延续、繁衍。此皆为延续血脉、保持种族纯正以繁衍，使我族生生不息。污蔑五千年华夏文化、数典忘祖的"香蕉人"，居心叵测，不仁不义，不可交，当远离。

第四节　情兮结兮，我心蕴结兮

从生物人的血脉到民族认同的文化，在此发现历史上"刀光剑影"的"血与火"。找寻到比家族无意识带给情绪更深广的源头，种族、家国、文化的部分。再继续寻根，就来到"原型"层面，这里有更为广阔的视野，更为久远的过去，更为漫长的过程，经历"水火不相容"的对立，而达"水乳交融"之统一，一直到和解与整合。

这一节，我们回到个体，先讨论情结话题。

 情结为何物

在我们遇到情绪并宣泄之后，就开启了对情绪之流的溯源之旅。我们发现了一些发生在自己早年、原生家庭，以及祖辈的情绪循环反应模式。再缜密地探索下去，就会沿着这一条条情绪之流，看到一个个"泉眼"，大的、小的、汨汨涌出的、已经干涸的、季节性干涸的、单个的、成群的，那些若干"泉眼"。虽"泉眼无声惜细流"，但这是一路逆流而上找到的一个能够目测到、感受到的"源"。进一步考察，这些"泉眼"并不是终结，只是流露出来能够目测到的"源泉"。这些"泉眼"，姑且将其比喻为"情结"，包括个人情结、文化情结。后者指在这广袤荒野上各个小的、单一的"泉眼"组成的相关类型联系的"泉眼群"。我们把那些更为深藏、久远、为"泉眼"提供源源不断"活水"的，在更为广袤原野和远古、影响到当下的能量部分，姑且比喻为"原型"。"泉眼"，更直观一些，但"情结"更像是一片"沼泽"，混浊而黏稠，并不那么有清晰、有边界，也不像"泉眼"那样相对独立。

朵朵，北漂大龄女。她说："这些天本来情绪挺好的，前天与同事聊天，聊的都是我感兴趣的国外旅游、流行服饰之类话题，就因她说了一句'再一个月就回家过春节'了，我就顿时焉了。"回老家过春节，恐惧"亲友团逼婚"，这形成了属于她自己的"春节恐惧情结"。这个情结比喻为一个"泉眼"，在没有这位同事说"再一个月就回家过春节"之前，从"泉眼"到"堰塞湖"之间的情绪之河,是干涸断流的。所以没有"恐惧"情绪袭来。别人提到这个词语,就激活了"泉眼",情绪之流就流进"堰塞湖"。如果由对"春节恐惧逼婚情结"导致对整个春节民俗的恐惧,此情绪泛滥,进而形成"厌恶",再牵连出恼怒、自卑、愤恨、后悔、伤心、惭愧等情绪混合体,以致对中国文化产生相似的情绪,那么就会出现"情结泛化"。这个泛化,就是一组泉眼群,或者沼泽。在某个较长时期形成主流、众多相似的"泉眼群",就相当于由一般意义上的"个人情结"形成的"文化情结"。

情。从心,从青。青,从生,从丹。生,本义是"象物生时色也",即春天草木萌发的绿色。东方是木对应的方位。广义的青色包括蓝、绿、黑这类大范围的色彩。狭义的青,即正青,是雄鸟羽毛艳丽的深蓝。青为木,木生火,火即丹。青生丹,即木生火。青为五行之木德本色。"青,东方色也。"丹,矿脉。古人心目中的矿,如大地母亲的卵巢、生命的种子。有情之情结,觉悟即化解情结。"情伪相感而利害生",说的是人与人相交往而生利害关系。情,发于自然意念,或因外界事物刺激所引发的心理状态。《礼记》曰"何谓人情? 喜、怒、哀、惧、爱、恶、欲七者,弗学而能",本能也。

结。本义为打结,形声字。甲骨文的"结"字左边为糸,意思是线绳可以打结;右边为"吉",上边为兵器形状,下边是装置兵器的器物,有善、好之义。意思是"结"能很好地连接线、绳。"结"也比喻心情烦闷,心里有结,如"心结"。"上古结绳而治,后世圣人易之以书契","事大,大结其绳。事小,小结其绳"。此结为动词,表明汉字起源,记事符号。有事打结,事毕解结,扩展为"释恩怨"。《诗经》曰:"庶见素鞸兮? 我心蕴结兮,聊与子如一兮",此"蕴结"为"思之不解也"。与本节中的"情结"最为接近。"其仪一兮,心如结兮",此结为"坚固、诚实"解。当"情"遇上"结",就积也,聚也,蓄也,蕴藏也,就成了"情结",情如结绳,蕴情而结,心如结兮。

对于情结理论的研究汗牛充栋,这里直接引用荣格分别在《情结学说》《情结理论回顾》《情感基调性情结及其对心理的普遍影响》等经典论文中的论述:"我认为情结是想象的群集,是自主性的结果,相对独立于意识的中心控制,任何时候都有可能击败或穿越个人意图。有某种范畴而言,自我在心理学上的意义,只不过是一种由身体感知聚集并固定的一堆想象的情结";"人类对精神的普遍信念就是对于无意识的情结结构的直接表述,事实上情结是无意识心理的活跃单元。只有通过这些单元,我们才能推断出无意识心理的存在和构成";"通往无意识的王者大道,不是弗洛伊德所认为的梦,而是情结";"情结通常和最私人的秘密有关……所以情结大部分处于压抑状态……对于情结自我来说,情结占据一个相对独立的位置";"情结事实上是心理碎片……一般说来,任何情结都是显著无意识的。而这当然保证了它们有更多的活动自由。在这种情况下,它们的同化能力特别明显,无意识甚至能够帮助情结同化自我,从而导致人格暂时的无意义的改变,这被称为与情结认同";"情结本质上并不完全是病态的,而是心理的特征性表达。无关于这个心理是已经分化或是原发的。结果我们发现,在所有的种族、所有的时代,都有准确无误的情结痕迹。"

情绪宣泄,并不能解开情结。这便是讨论情结与实现自我整合之现实意义。

02　症状缔造者

"情结是梦和症状的缔造者","症状源于情结,而且情结自主性越大,症状就越强烈越顽固","情结会干扰反应","情结是心理不安的真正焦点"。在此我们选取几种常见的情结,以经手个案予以呈现。

一是俄狄浦斯情结。我接触的部分青春期男生来访者,症状多为失眠,居家"闭关",感觉"很黏"。共性经历是均与妈妈分床很晚,有些到初三还偶尔到妈妈床上睡觉;独子或长子;多数其父在外地工作。家长疑惑:"为何老二听话,老大让人操心?"这便是我们最先讨论的俄狄浦斯情结。

俄狄浦斯故事梗概是,忒拜国王作为父亲,担心"会被自己儿子杀死"的神谕实现,在儿子俄狄浦斯生下后,把他抛到喀泰戎荒山中,后被牧羊人救下,被邻国国王收养并被定为王位继承人。神殿的神谕说他会弑父娶母,俄狄浦斯了解后,担心神谕变成现实,便离开并发誓永不再回来。他在旅途中与一老人(实为生父国王)发生争执,将其杀死,因破解了斯芬克斯谜语而拯救了忒拜城,受到人民推崇被选为国王,按照习俗与失去丈夫的王后(实为生母)成婚,应验了"弑父娶母"的神谕。

这个故事也被寓言诗人拉·封丹"人们总是在试图逃避命运的路上,遇见自己的命运"这句话所诠释。弗洛伊德的观点是,这种凄惨的内容存在于每一个人的潜意识中。他根据病例判断在男性潜意识中存在把母亲当作爱的对象同时敌视父亲的冲动,并因持续压抑这种冲动形成了情结,即"俄狄浦斯情结"。他认为,在所有的情结中,俄狄浦斯情结是最基础的,其他情结均由此派生而出。通常将对双亲中异性家长的亲近感及对同性家长的敌视情绪,统称为俄狄浦斯情结,即"恋父情结""恋母情结"。

情结是一种感情复合体,错综复杂地混合着爱憎双方面的情感,时常以不同的态度出现。在很多情况下,不能简单地断言俄狄浦斯情结就是儿子爱母亲恨父亲、女儿爱父亲恨母亲。毋庸置疑,此情结因影响到自我而产生障碍。以此理论分析"父亲外出工作"这件事情,俄狄浦斯情结导致长子在潜意识层面,在与爸爸、弟弟争夺妈妈的战争中,爸爸失利"出局",看起来是冠冕堂皇到外地工作。在家庭动力方面,是儿子把父亲排斥到外地工作去了,从此"独占"了妈妈。不去上学,是为了在家看着妈妈。家,是妈妈的领地。家象征了"子宫、容器"。某位六年级男生说,听到一个声音回旋耳边:"你在家,别的男人就进不来。"弟弟则因不是老大而产生"自卑情结",把注意力转到其他方面,通过到外面去"疯"而获得存在感,俄狄浦斯情结就相对弱。精神分析认为,俄狄浦斯期发生在3~6岁,此前经过了口欲期和肛欲期。对于俄狄浦斯情结带来的家庭冲突,我给出的建议是,父母要成为"一体",如"爸爸妈妈要一起干什么去了""爸爸妈妈在一张床睡觉"之类的言行,孩子知道"妈妈属于爸爸",通过"父母一体"来实现"母子分离"。

需要明确的是,不能教科书般理解、套用某一情结,并不是人人都有俄狄浦斯情结,甚至出现症状,因为情结具有多重构造,不能断定某一种情结必然具有根本性的意义。情结来自个人体验。实际上,每一个词语、理论的提出者,都有源自个人体验部分。

对弗洛伊德来说,母亲年轻美貌,父亲年老且严厉,童年萌生乱伦的潜意识。弗洛伊德作为精神分析奠基者为此不惜暴露"隐私",以其坦诚勇敢的牺牲精神予以揭示,为性本能提供了理论和临床依据。对他来说,俄狄浦斯情结是一个非常重要的问题。

对同时期的个体心理学创始人阿德勒来说,认为自卑情结最重要,因为他作为次子出生,弯腰驼背,在已经久负盛名的弗洛伊德面前容易出现自卑情结,这对于他具有根本性意义。

对荣格来说,他的母亲不仅丑陋,还有精神方面的问题,所以也没有类似的情结。荣格的视野更为广阔,他赋予了俄狄浦斯情结更多文化方面的内涵。他认为孩子被妈妈的性吸引这件事是存在的,但不是唯一的存在,因为这个面向的象征层面,指的是被创造性的源泉所吸引。因为母亲"能生产人",被孩子认为是创造性的源泉。这也是一种要回到我们的源起之处,从那里生起,成为一个新的人。

二是该隐情结。其中包含来自兄弟或姐妹之间的竞争,以及人类深层的情感复杂状态。故事说的是,兄长该隐种地,把谷物奉给上帝,弟弟亚伯牧羊,将肥羊献给上帝。上帝因此喜欢亚伯。该隐心生妒恨杀了弟弟亚伯,被上帝逐出原土地,住到了伊甸园东边。由此将兄弟间敌对感情及延伸出来的对同事等的敌对感情,命名为该隐情结。"这属于人类心灵深处的情感,没有一眼看上去那么单纯……该隐情结,如果简单用同胞的敌对感这样一个词就能说清楚的话,就没有必要特意去给它冠名干预。所谓感情并不是单纯的一面。单纯的敌对感不会纠缠和成为情结。"(河合隼雄《情结》)

我们看一下大丽的故事。"爸爸应该属于我自己,是她们抢走了我爸爸"，这是大丽对我念叨最多的一句话。她来访时 28 岁，因在公司出现严重人际交往障碍而辞职居家，谈了几个男友均无果。自述胸闷、头疼、经常出冷汗，控制不住情绪。其父介绍："上来情绪的时候，就像换了一个人。""换了一个人"，就是说"自我"被"情结"附体了。大丽和继母一起生活了 23 年，在她五岁那年，爸爸离异后带她和继母生活在一起。她在六岁时有了同父异母的妹妹小丽，四口人关系磕磕绊绊也算可以。在大丽的认知中，"是继母和小丽夺走了本该属于我自己的爸爸"。在小丽考研后，家庭关系出现危机。某天大丽外出回家，看到小丽放假回来，跟爸爸有说有笑在客厅聊天，就气不打一出来，闹翻了。大丽说："我本来对继母不讨厌，可是当我看到妹妹的时候，火一下就上来了。"大丽对继母和同父异母的妹妹小丽，进行了打包捆绑。

　　心理咨询中经常会遇到家庭式"丛集性"情绪困扰，家庭成员未分化，边界不清，即便是成年人，一大家子人都呈现了早年母婴共生的状态。整个家庭处在漩涡中，每个成员都形容家里鸡飞狗跳，焦虑、烦躁、愤怒、沉郁，各种情绪混杂在一起，成为这个家庭的底色。在这个过程当中，我会把每一个人的情绪明晰化，分辨哪种是主导情绪？哪种次要情绪混杂其中？ 在大丽的叙述过程中，出现频率最多的词，一是"生气"，一是"小丽"。这就指向狄浦斯情结和该隐情结交织在一起，心理年龄固着在爸爸离异后带她出来的那一年。她和继母、妹妹争夺爸爸，又对妹妹产生嫉妒，尤其小丽竟然先于自己考研了，自己也不能像她那样"和亲生父母在一起"。情绪像长满了野草的荒原，她理不出头绪，只有无名的烦躁。她与继母、妹妹闹翻了，与同事闹翻了，痛苦得像吃了毒苗的野兔，满地打滚挣扎难受，无人理解。这些情结黏稠而厮缠，像陷入泥泞沼泽，每蹒跚一步，都消耗很多能量。案中的继母自我觉察能力较强，但无法与大丽建立起小丽考研后糟糕的母女关系，似乎过去那种和谐关系一下子消失殆尽。假如继母也"未分化好"，就可能陷入与两个女儿抢夺丈夫的"宫斗戏"。俄狄浦斯情结和该隐情结结合在一起纠缠不清，身陷漩涡。下游的堰塞湖水宣泄了，可这里的沼泽地泥泞黏连，这里的泉眼还汩汩喷涌着呢。

三是母亲情结。家庭关系错乱，带来情绪困扰。表面伦理的关系是夫妻，可能内在是母子关系。母亲情结，缔造了症状。

上官女士，消化科医生。因外甥不上学，求助咨询。"我外甥十三岁了，就不去上学，玩手机。我都急死了。我什么办法都用了。我心急如焚，上火，嘴上长疮。我削了苹果递到他嘴边，他竟然看也不看。我操那么多心，竟然说我多管闲事，说我算老几？我能不管吗？他妈妈爸爸工作是我找的，房子是我买了给他家住。我家离学校近，从小学就接来家住，也好辅导功课。可是他就是不去上学。我小时候家里穷，他的妈妈，也就是我的妹妹，为了让我上学，自己放弃学业，我考上医学院。我能不帮吗？你说说，都十三岁了，还在看动画片。我恨铁不成钢。你说我这姨妈，有多失败。"

上官女士充当多个母亲角色，对于妹妹一家和外甥的大小事都亲自张罗，事无巨细。对妹妹而言，上官女士是母亲角色，为其找工作，提供房子住，为其照顾孩子，这意味着把妹妹、妹夫当"大孩子"照顾，没有认可他们的人格独立，妹妹一家永远依赖自己这个"母亲"。对外甥而言，大姨直接就是无微不至的"母亲"，朝夕相处，代替生母成为"母亲"，因"报恩"产生"母亲情结"，上官女士与情结认同。外甥在青春期，独立情结开始萌芽，不接受大姨这个"母亲"管制，出言不逊说"你算老几"，是要断绝与大姨"母亲"的共生状态。试图以不上学来摆脱大姨母亲情结的纠缠。上官女士悟性极高，觉察到"母亲情结"之因，正巧一个月到外地进修。一周后，外甥就上学了。后来几次反馈"那件事我没管""我让他自己拿主意"等，边界感清晰起来了，关系就理顺了。

四是性欲情结。荣格认为，"最强烈的和最持久的影响，尤见于性欲情结，例如未得到满足的性欲会让情调持久存在"。对此情结，大多是通过置换方式宣泄或转化。有些在无意识层面压抑，而在后代中以"反向形成"的方式以"症状"呈现。孔女士，年轻丧夫一直守寡，对正常异性交往也有"洁癖"般恐惧。其长女八年级就开始与男生同居，年过三十仍独身。该女士试图将次女在青春期时送修道院未果，后因发现次女色情网站账号而情绪失控。

一朝被蛇咬，十年怕井绳，因创伤仍在。这件事虽当时放下了，但是一旦杯弓蛇影，影子出现了，恐惧就会被唤醒，情结就会出来控制我们。

03　形成与运作

分析心理学认为，情结的发生发展是正常的，从我们一出生就开始了，并且开始跟我们周围的环境和人互动。情结存在于个人无意识中，就在意识的阈限之下。除了我们意识到的一部分，"被分裂出去"的部分体验，沉积在无意识中。每个情结都像是一个独立的"心理人格"来占据我们。

情结是如何形成的？荣格把情结比喻为"被劈开的心灵部分"，认为许多情结是因心灵受伤形成的，是发端于"道义上的冲突"，该冲突与整体人格不能认同有关，"产生思想情结的显著缘由是情结的痛苦特性"，"一方面，重大情结包含无数的躯体神经支配；另一方面，由于强烈情感对身体有力的和持续的刺激，它们可以群集大量的联想。通常，情感能够以不确定的方式继续起作用（以胃病、心脏病、失眠、不安等形式）"。

情结形成于当初强烈的情感，并持续发生作用。当遇到某些现实情境的时候就会被激活，有时哪怕是最微弱的刺激，情结也会卷土重来。一个曾被狗咬过的小孩，仅仅在远处看见一只狗，就会恐怖尖叫。被客户恶意投诉而受到处罚的银行女柜员，自述"一看到总行电话号码，心就怦怦跳"。在废墟里逃生的地震幸存者，看到地震那一幕场景，与未经历过此灾难的其他人是不一样的。对于情结的影响，荣格将其分为两类：一是持续很长时期的影响，这是由只发生一次的情感产生的影响；二是长期的影响，因为情感处于连续的兴奋状态，这种影响是永久的。

情结干扰意识的路径：第一步，预设立场；第二步，确定方式反映；第三步，本能自动发生。

茜儿，九年级女生。来访原因是，"受到校园欺凌，感到抑郁了，想躲家里不出门"，她哭诉说："同学给我起外号很难听，叫苏菲亚。我不是娇气的公主。"童话故事中的苏菲亚并不娇气，十来岁，是个善良、可爱的小姑娘，由于妈妈跟国王结婚，就随妈妈一起住进了城堡，是个正面形象。但是茜儿被同学称为苏菲亚而出现"症状"。在后来咨询中，发现了她的"乞丐情结"。重男轻女的家族观念，不接受自己的性别。作为长女，她从小学一年级就通过帮助同学"抄作业"获取"报酬"，八年级后通过在网上给人作画"勤工俭学"，还有自己的网店。她看起来长得像苏菲亚，聪明可爱单纯。不认可这个称呼的，是茜儿人格化的乞丐情结，是"乞丐"不认可"苏菲亚是公主"而导致"快抑郁了"。另外，还有意识层面的不认可。童话中的苏菲亚十来岁，自己十五岁了，同学们称呼自己为苏菲亚，意味着还是"小孩子"。这个过程，首先是"预设"的"乞丐情结"立场；其次，进而以确定的方式，躲家里；再次，进行反应，呈现出"拥有自身特定能量"的心理碎片的群集形成的情结，这便是"本能发生的自动过程"。

04　情结与自我

关于情结与自我的关系，荣格分析师河合隼雄认为，一是自我几乎意识不到情结的存在，也不受其影响，实则情结是在无意识静悄悄积蓄力量，要么过度到下面的第二种状态，要么到达第三种状态；二是自我在某种意义上受到情结的影响；三是自我和情结完全分离，交替行使主体性（双重人格）；四是自我与情结保持和谐的关系。

我们面对的主要是第二种。很多时候，自我并没有意识到情结的存在，但情结已经对自我产生了影响，如体验到感情的波动，心烦意乱或消沉，对什么事都提不起精神来，感觉自己情绪不稳定，周围的人也能感觉到。处于这种状况时，通常我们难以意识到与情结的关系。随着情结力量渐强，先是自我会本能地尽其所能采取各种手段压制情结，以维护自己的稳定性，避免被情结控制。如果情结被压抑或被割裂，阻止正常的心理活动，情感压抑就会出现症状。当然，情结也可以孕育新生活方式的萌芽。

情结和自我具有互补关系。荣格认为，人们"拥有情结"不那么为人所知，但更具有理论重要性的是，"情结也会拥有我们"。一个活跃的情结，会暂时把我们置于强迫性的思考和行动的强迫状态。如"鬼魂附身"，说的是自身被情结所控制，情结相当独立于自我，并强加给自我一个几乎外来的意志。有时不经意的一句话，可能刺到"痛点"，这个点就有可能是情结。前述谈到有位银行行长开会妙语连珠，其中一句"私生子，路边没人捡"说者无心，听者有意。其中一位中层干部当时就有莫名其妙的烦躁。他说："我一听开会就发慌，有时想站起来，我怕控制不住自己情绪。"在对其做词语联想测验时，他对"撒谎"的反应词是"私生子"。对该中层干部的过激反应，读者可能已经心领神会了。

接下来，我们讨论关于对付情结的防御机制问题。在自我与情结较量中，情结往往被压制。如果几个回合压制不住，就会转而依赖其他的自我防御机制。这里通过几个案例，看看自我防御机制的应对。

（1）投射。把自我实在难以接受的东西转嫁给他人，自己就轻松了。衣着朴素的高二女生，自述"这两天精力不集中开小差，满脑子都是前排女生的口红，猩红猩红的那种。学习这么紧张，还涂口红"，她把"口红情结"的厌恶感投射到那位同学身上。

（2）自卑情结的反向行成。对自卑情结无法接受，自我采用反向行为以维持自身稳定。小宁，大二女生。自卑情结时隐时现，反向形成"一定要出人头地"。她问："慕强这种心理一般来说是很普遍的吗？班里的同学会对成绩好的同学很迁就，我以为这种是慕强。我感觉我好像不慕强，跟身边很多人都不太一样。"希望自己也这样被别人"慕强"，但表面讨厌这样。因为自卑所以想"出人头地"，但他们都"慕强"，看起来很势利眼，而我"不慕强，跟很多人都不太一样"，就以反向形成的自我防御，减弱了自卑情结的冲击力度。

（3）反向形成的弥赛亚情结。自卑感和优越感微妙的混同，以此为基础派生出另一个奇妙的情结，表现出强烈的"拯救他人"倾向。看见别人有一点难处，马上热情地提供那些不需要的帮助，超出常理而夸张的"公益"举动，被称为"弥赛亚情结"或"救世主情结"。病态的此类情结隐藏着自卑感，承认这一点非常痛苦。这与现实中的奉献精神不是一回事，对于某件事情意识到自己的差距与劣势，跟自卑感也不同，这些都需要区别开来。

（4）补偿。如果自我无法容忍情结的诉求，则会选择与情结原本诉求不同的方向作为补偿。如怀揣"贞节情结"的女人，独处时行为放纵。

（5）转向自身。对某人感到生气，但是却反而攻击自己。

（6）行为置换。对某个人有感受，但是把它转移到了另外事物的身上。如因为伦理而不能实现的性欲情结发作，就去讲色情故事。

（7）放大。如自己有吝啬情结，看到别人就认为"估计他家到处都是垃圾塑料袋舍不得扔"。现实是他家什么垃圾都不舍得扔。

（8）情结同化。表现在青春期同学身上，如有的初中同学，在家长眼里"从小懂事，一直很乖"，但是突然因为某句话，甚至无缘由就不去上学了。之前父母占有了他的自我，被家长"同化"。等到了青春期开始自立，他的自我又被青春期自立情结同化。家长惊讶发现"他完全像变了一个人！"

05　情结的组团

　　家庭情结、同类情结团体、同类文化情结等，我将其称之为情结组团。前述大多为个人情结。个人是在社会中的，自然而然是多个情结混在一起。如一片沼泽有多个显性、隐性的泉眼，每个泉眼的水温各异、色彩各异、流量各异。

　　（1）家庭情结组团。家庭成员之间各种情结混杂相处而形成"家庭情结"。有些家庭比较简单，有些家庭相对复杂。家庭成员每个人都有不同的情结，在家庭中遇到性格、观念、利益、情感、血缘、关系冲突时，就会把面具撕掉，上演你死我活的现实版宫斗戏。面对关系复杂、内部动力纠缠、情结组团出现的家庭，要达到相互间各自归位，秩序相对稳定，需要一个艰难漫长的过程。某家庭，两个离异家庭重组，男主人带大女儿过来，女主人带儿子过来，又生了一个小儿子，五口人。表面维持伦理关系，主要依靠女主人大度忍让，但内在关系混乱无序，各不在位，位无"神"主，内在暗流涌动，相互之间、每个人内部之间都在冲突、纠缠。女主人有小媳妇情结，一方面忍让，一方面不堪负重，压抑自我，致使胃病复发。她受到被丈夫带来的大女儿"欺负"时，激活怨女情结、自卑情结。男主人在外有英雄情结，回家反向形成为和事佬情结。俄狄浦斯情结的缘故，女主人带来的儿子与其争夺妻子，他带来的大女儿与女主人争夺"自己"。作为"姐姐"的大女儿和作为"哥哥"的大儿子，该隐情结，明争暗斗，共同面对作为"弟弟"这个小儿子时，又形成被抛弃者情结团队,来对付"爸妈都是亲生"的小弟弟。夫妻之间,既有伦理的夫妻关系,也时常出现"父女关系",即丈夫像父亲,妻子像女儿。父女之间,俄狄浦斯情结导致"女儿独占父亲",女儿有时无意识以"母亲"角色"进入"这个新的家庭,以"生母"的"被前夫抛弃者"面目出现,以"恶作剧精灵"来"捣乱"。如在十岁时,让"男友"捉了蜜蜂放在继母被窝里。女主人时刻担心,生怕什么时候飞来一只幺蛾子。在母(继)女之争面前,男主人尴尬,左右摇摆之后"偏袒"女儿,理由是"她还小",无意识里含有因自己离异导致女儿不能与生母在一起的愧疚,以此作为补偿。女儿则似乎受到鼓励,一面保持强势,一面以"被抛弃者"身份,"乞讨"来自爸爸的"偏爱"。

（2）共享情结组团。同病相怜,如自卑情结的某些人,惺惺相惜,报团取暖,依仗人多虚张声势,靠自卑感的反向形成来捍卫自己。这类组织,如果阿Q组团,因为成员共同有疤癞情结,如果谁喊"疤"就会被群起而攻之。在情结组团情形下,不用精神胜利法也能转败为胜。现代网络为其相同情结,提供了极富效率的"群集",在大千世界找到相同情结的同伴易如反掌。一部分是情趣爱好组成的共享情结组团,另一部分是职业阶层形成的共享情结组团,如行业、职业协会及秘密团体、门阀精英等"情结组团"。

（3）文化情结。一个种族,一个国家,也有成长的过程,在其生命历程中,经历了磨难与创伤,成就与辉煌,与此形成了共同基本情调的文化情结,如家国情怀、助人为乐、集体主义等情结。山西省洪洞县大槐树,可视为中原寻根寻祖的一个文化意象,亦即文化情结。

06 面对与相处

情结造成症状。"教育的整个目标就是在孩子身上植入持续的情结。情结持续活跃的情感基调能确保情结的耐久性";"事实上他不可能忽视情结,因为情结不会忽视他,情结是心理构成的非常重要的部分,也绝对是每一个个体身上最具偏见的东西"。情结躲之不及,躲也躲不掉。那我们来讨论如何面对与相处。

首先,了解发现情结的方法。情结似乎是一些微不足道的小事,但事实上它是使我们羞耻的部分,会尽可能隐藏。积极想象、沙盘、梦,都会发现情结的影子,其中词语联想测验是最初发现情结的工具。荣格有个案例,某女士曾被诊断为精神分裂症,通过联想测验发现她是个杀人犯。这正是她患抑郁症的理由。两周之后出院且再也没有复发过。荣格说:"若能知道病患的秘密,我就找到了治疗的线索……有时可以用联想测验来打开局面;分析梦或与病患长期保持颇具人文关怀的交流都可以。"

其次,让其发生,与其面对。压抑只能延缓能量的发生,却会激起情结的报复性反弹。情结的发生,正是一个契机,正是自我探索所求的。如果我们不体验和面对生命中的各种牵绊,就无法将自己从各种牵绊中分离出来。只有通过对情结有深入的了解,当有觉知的时候,就和情结拉开距离了。与其交互中,理性认识有助于从意识层面理解其运作,但概念化限制了体验的范围和深度,这就需要借助于意象,使我们有机会获得直接体验,无论其过程痛苦与否都不回避,此时情结的破坏性力量就会减弱。

再次，与情结共处。申荷永讲到他的分析师瀚德斯一百岁时，有学生问："您还有情结吗？"瀚德斯说："我还有情结，知道在哪，我可以绕着走。"情结产生后虽稳定但不能消除，可以被有意识地进行修正和重构，心理分析的治愈潜能也正有赖于此。我们的人生说到底，就是持续与情结的对决中，实现自我不断扩大的过程。

情结，像个闭环系统"轮回"的"循环圈"。《中阴得度》一书描述了人死亡后历经临终中阴、实相中阴、投生中阴三个阶段。佛教认为人死后 49 天之内未投胎之前这个时期，亡者的"灵体"叫中阴。"临终中阴"描述死亡的瞬间灵魂所经验之事物；"实相中阴"指死亡期间的一种梦幻状态，这种状态是因业力而生起的一种幻觉；"投生中阴"描述想要再度转世的本能冲动，以及诞生前的诸多事务。荣格认为，"弗洛伊德的精神分析，如依《中阴得度》所述，乃是中阴身最后的阶段，也是最低的本能领域，这样的中阴身名之为'投生中阴'。此时的死者无法接受最高的'临终中阴'与中间的'实相中阴'的指引，受困于性之幻象，被男女交合的影像深深吸引，因此，到头来遂不免吸入子宫，再度转生尘世。如此同时，正如大家可以预料到的，俄狄浦斯情结开始发挥作用。如果死者的'业'注定了死者将要投生为男性，他就会爱上未来的母亲并对父亲充满憎恨和厌恶，与此相反，未来的女儿则会被父亲深深吸引而对母亲大为不快。""谁如果以纯粹生物学的观点去透析无意识，他就会被封死在本能领域，而不能再前进一步，就会一次又一次的被推回肉体存在的轮回。"

走不出来，就是一个"闭环系统"，犹如情结在焦虑循环圈、生死循环圈里面打转转,深陷其中。

第五节　惟恍惟惚,其中有象物

老子曰:"执古之道,以御今之有。能知古始,是谓道纪。"此古为鸿蒙之古,道本无物,是为古始。"迎之不见其首,随之不见其后。"老子这句话,对现代人从症状、情结现象,深入到原型层面理解,有纲领性作用,其境界、格局远超西方心理学之要义。荣格提出的是针对现代人疗愈作用具体的"术"(理论与方法),在没有"古始"情境和达不到其境界"道"的情形下,其原型理论为寻求灵魂的现代人找到了一条路径。

01　原型、原型意象与心理遗传

从带着浓重私人色彩的个人情结,不觉间我们已进入了远比情绪症状更为深广的领域,来到了集体无意识的原型层面。集体无意识作为一种状态,无论意识到还是意识不到,它都在那里。"由集体力量的汹涌所导致的性格变化是令人惊奇的。一个温和而通情达理的人可以变成一个疯狂而野蛮的野兽。"我们意识到集体无意识,比探索"情结"还要"溯洄从之,道阻且长"。因为"集体无意识的内容从来就没有出现在意识之中。因此,也就从未为个人所获得过。他们的存在完全是得之于遗传。个人无意识主要是由各种情结构成的,集体无意识的内容则主要是原型。原型概念对集体无意识观点是不可缺少的。他指出了精神中各种确定形式的存在，这些形式无论在何时何地都普遍地存在着"。

原型与本能。在荣格语境下，集体无意识是人类共通的，经过了漫长的积累进化，是跨文化的，包括本能和原型两个层面。原型，通过原型意象得以呈现，而本能不是只有人才有。本能主要指行为模式，是与生俱来的模式。如婴儿吃奶、猫捉老鼠就是本能。讨论原型的时候，会更强调原型是人类社会、人类心灵的普遍模式，人所拥有的模式。文化本身就是原型，不同文化下内容也不一样。荣格认为"原型在本质上是无意识的内容，我们意识到和知觉到的原型已经发生了改变，它借力个体意识并在意识中显现自身。如所有神圣的内容一样，原型具有相对的自主性，它们不能简单地被理性方式所整合，而是需要辩证的程序，真正地达成妥协……原型通过梦象或伴随梦象来表达自身。"

原型与原型意象。"原始意象介于原型与意象等感性材料之间，起一种规范意象的桥梁和中介作用；而原型则是指一种与生俱来的心理模式。原型是体，原始意象是用；二者的关系既是实体与功能的关系，又是潜在与外显的关系。原型是一切心理反应的具有普遍一致性的先验形式，原始意象可以被设想为一种记忆，蕴藏一种印痕，或者记忆痕迹，它来源于同一种经验的无数过程的凝缩。在这方面它是某些不断发生的心理体验的沉淀，并因而是它们的典型的基本形式。"原型可以让我们更生动、活泼，但有时会压倒我们，如同精神病人认同魔鬼等原型性的人物、强迫上瘾等行为，都是被比自己大的力量控制了。总之，原型生成象征，并为象征提供意义。

原型与情结。个人无意识的构成是情结，情结也有原型的核心，每个情结中心都存在一个原型。以母亲原型和母亲情结为例，荣格说："母亲原型是所谓的母亲情结形成的基础。"集体无意识和个人无意识有重叠，如"自我"情结，主要是意识的，也有一部分处于个人无意识部分，同时有原型核心，有集体无意识部分，两者都有原型的表达和投射。个人无意识更多受到人、外界环境的影响，集体无意识很少受到外界影响。

原型与心理遗传。我们讨论过人生脚本的"天生部分"。这个天生部分，我们可比作"出厂设置"。荣格将其称为"心理遗传"，认为"存在着一种无所不在却又各有分殊的心理结构。这种心理结构是与生俱来的，它必然要把特定的形式提供给种种经验……心理遗传确实存在，也就是说，某些心理特征确实是与生俱来的……而所谓原型，则简直可以说是前理性之心理器官，它们是一些永恒的、与生俱来的形式，一开始并无任何特殊的内容可言，只是随着个体生命的展开，当个人的经验逐渐被纳入这些形式时，其特殊之内容才逐渐呈现。"

如上所述，原型是情结的核心，原型生成象征，并为象征提供意义。既可以生成事物，又可以赋予事物意义的存在，它既然存在且影响着我们，但又很难意识到，但我们可以通过"原型意象"感受到。

 02　《道德经》的描述

原型作为荣格心理分析的核心理论，是一把通往进一步探索自我的钥匙。荣格并不认为原型是他的首创。他说："奥斯古丁以前的时代就已使用"，在后期，荣格接触到东方文化，多次引用阐释《道德经》，坦言在华夏文化中找到了根。

我们看到了情结散布的荒原，继续下去，如何行动？然后就"惟恍惟惚"，不知从何处下手了。我们祖先说："其中有象；其中有物；其中有精；其中有信。"何为集体无意识原型？这里的"夷、希、微、恍惚"，老子用来对道的描述，对于荣格来说，类似特殊的无意识语言，几近于对原型之不可描述的描述。道之为物？曰惟恍惟惚。即混一未开，非有非无。万物生于道，万物未生前的样子。虽惚兮恍兮，但万象、万物莫不出于道。故其中有象，其中有物。道窈窈冥冥，但万物的种子蕴藏其中，是以为大道之至精。至精虽不昭然彰显于外，但它恒常地生化万物之真，故为至信之信。道未有终始，本不可名言之，而谓道之名，以便阅览万物之生。

03 原型面面观

荣格宣称："原型是经验的复合体，就像命运一样，在我们个人的生活中，会感受到它们的影响。"

原型意象第一层，社会的原型意象：阴影和人格面具。

第二层，灵魂的原型意象：阿尼玛和阿尼姆斯，即人内心的异性自我。

第三层，父亲和母亲：父亲原型意象如智慧老人、长者；母亲原型意象如大母神、女巫。养育者母亲和女巫破坏性共存，父亲和母亲共存。

还有处在中心的自性原型。

在现实生活中,我们会发现无处不在的"原型意象"。伦敦心理分析师马丁,介绍了如何识别咨询室里的神话和原型:

"我不想成为每个人都希望我成为的人,我要改变世界。"(英雄原型)

"我只想确保我的孩子和家人幸福并得到良好的照顾……我真的不关心我或其他事。"(大母神原型)

"我想做上帝要我做的事,为他服务并将我的一生投入到为他服务之中。"(宗教原型)

"我只是想要保持正常:找到一份稳定的工作,结婚,生孩子,和其他人一样。"(正常或循规蹈矩原型)

"我只有找到真正的灵魂伴侣,真正想要与之在一起的人,真正爱我的人之后,我才会感到幸福。"(罗曼蒂克原型)

"我不想变老,不想让自己陷入令人厌恶的工作,照顾丈夫和照顾孩子的烦琐中,我想保持年轻,充满活力和兴奋。"(永恒少女原型)

"没有人像我这样倒霉,其他人都很幸运。我没有得到我应得的东西,只有坏运气。"(受害者原型)

现将日常出现较多的原型意象做一介绍。

(1)母亲原型。荣格认为:"像其他原型一样,母亲原型也会以难以计数的面目显现。首要的是个人的母亲和祖母,继母和岳母;接着是与之存在关系的其他女人,例如护士或家庭教师;也可能是远古的女性祖先。再有就是那些象征性的母亲……母亲原型通常与象征丰饶、多产的事物和处所相关联……与母亲原型相关联的特质是母性关怀和怜悯,女性的神奇权威,超越理性的智慧与精神境界。任何有所助益的本能或冲动,所有这些特质都是温和而仁慈的,会呵护维持并促进生长和繁育……从消极的一面来看母亲原型, 可能意味着任何隐秘、潜伏、黑暗之事物、深渊地狱冥府,具有吞噬性、诱惑性和毒害性的任何事物,这些事物异常可怕,而且像命运一样无法逃避……母亲的三个基本方面:哺育和滋养的仁慈,激荡的热情,幽灵般的邪恶。"

(2)巫婆原型。巫婆,是西方传说中具有操纵超自然力量的老妇人。现实中在用针扎婴儿的恶保姆、教唆引诱少年儿童性混乱的"性学大师"身上,都能找到巫婆原型的影子。

(3)魔鬼原型。魔鬼来自不安全感,不得不通过现实中看得见、摸得着的行为,尽可能地控制外界,满足自己的无限放纵,这时的力量带有强大的本能,驱使其登上"宝座"的实为"魔鬼原型"。

(4)上帝原型。某九年级男生,以"龙"自喻,言谈举止"君临天下":"我要改变东西方的教育制度"。因学校恐怖症,家人带他看过某直辖市和一家省立医院,至于是狂躁症还是精神分裂,各执一词。有争论的地方在于他有明显的现实感。别人看起来的"狂妄"实乃上帝原型发作,此时被上帝原型占据。因此遭受同龄人"嘲讽、欺凌"。他不屑于做沙盘,愿意跟我讨论问题,他说:"我对别人不理解自己而苦恼。"上帝原型就是要"拯救人类"。

(5)死神原型。在日常咨询中,部分来访者带有死神原型。他们无意识认同"死神"的话语："放弃,放弃外界,放弃自己。"谋划、实施诸如割腕(不仅仅是划破皮肤)、吞药、上楼顶、写遗书等。婉儿,十岁,三年级女生。她说:"那天傍晚,我和表姐在河边散步,听到有个声音反复说'跳下去',表姐过来喊我,就离开了。"这位女生的真实经历自己并不知晓,其母反馈说"那天天黑前,在郊外路边捡到的,当时奄奄一息"。婉儿说曾梦见"像阴曹地府一样阴森恐怖的地下建筑,有一堵墙,一道门"。有些来访者被死神原型控制,一再试图轻生。

(6)受伤者原型和治疗者原型。临床心理咨询,这两个原型最为普遍。来访者认同"受伤者原型",将"治疗者原型"投射到治疗师身上。治疗师认同"治疗者"原型,感觉自己能够帮助他,将原型的"受伤"部分投射到来访者身上,对患者的痛苦产生共情。对于我们每个人来说,一部分是我们内在的病人,感觉自己生病了,需要帮助;另一部分觉得我们是可以治愈别人或自己的,如我们去安慰别人,或者提醒自己不去生气。当我们认同了其中一极的时候,我们就会把另一极投射出去。作为治疗者来说,荣格认为:"受伤的医生才是治愈者。反之若医生抱着一种刀枪不入的人格,他的治疗则不会有效,我认真严肃地对待我的病患,也许我会遇到和他们一样的问题,病患经常恰好是专治医生伤心事的一剂良药,因为医生会遇到同样的困境,或者说医生会遇到别无二致的困境。"

(7)赤子原型。《道德经》三处提到"婴"。婴者,赤子也。"众人熙熙,如享太牢,如春登台;我独泊兮,其未兆。如婴儿之未孩;傫傫兮,若无所归","为天下溪,常德不离,复归于婴儿","专气致柔,能婴儿乎?"现实中,赤子原型特质,一般变现为纯真、天然、朴素,以充分的爱、纯粹自然无添加的爱，去本能地信赖周围，为理想献身而无所畏惧且幸运，充满生机，意气风发又无为，自然之子，上天之子，大地之子，没有面具，不善算计，单纯幼稚，不成熟。这是基于他感受到的爱，体现出足够好的胎内环境和养育环境，并镜子一般折射到外部世界。呈现赤子原型的人，受到神灵保护，因为没有"心机"，故不会招惹到危险，便自然无畏。天人合一感，激活他热忱而不加防范地爱世界。接触到这样的人，感到安静、干净、透明，无论年龄性别或经历怎样，都觉察到他未受污染，有时像不谙世事的孩童，有时像鹤发童颜的寿星。其真诚和对外界的不加防备，以致被"成年人"误读成"虚伪"或"不可理喻"。

（8）汉字原型。有多少种情结，就有多少种原型。由此我们认为，伟大而神奇、古老而常青的汉字，就是一个个栩栩如生的"原型意象"。天垂象，地成形。我们古人当初创造的汉字就是八卦符号，后来出现甲骨文，那一个个铭刻在甲骨上面的汉字，本就是"自然造化"。汉字历经劫难，每个汉字都隐藏了一段历史和故事，但是作为句子或词语使用的时候，其历史和故事只能是被遮蔽而处于无意识的昏暗中了，但依然潜移默化影响着使用它的人们。这正是说汉字是原型意象的原因。就原型意象而言，简体字更接近删繁就简的甲骨文所表达的原初意象。大为深邃的文化和深刻的思想，只有伟大而神奇的汉字能够表达。

子人格图谱与心理类型

辽远的相遇：自我探索之旅

第七章

人格侧面：子人格与心理
类型

我 和另一些 我

子人格：窥见众生相

心理类型:察人观 己

多重视角： 人格 归类

第一节　我和另一些我

我们常常发现有时"我不是我""我不像我"，那"我是谁"？"当面正人君子(字正腔圆)，背后男盗女娼(谎话连篇)"，说的是同一人的面具与阴影。"花慕兰女士，上得厅堂，下得厨房，工作时是领导(狮子)，对待农民像学生，对待纪律像包公，乘坐火车时是乘客(排队的企鹅)，回家面对丈夫是妻子(绵羊)，面对儿子是妈妈(老母鸡)，面对妈妈是女儿(小白兔)"，说的是不同情境下的不同侧面。"都高二了，周末回家，就管不住自己了，任性打游戏，说急了就骂。到学校就正常了"，说的是社会人(学校社会环境)和本能人(在家情境)的不同侧面。"你就是孙猴子七十二变，我也能认出你来"，说的是"万变不离其宗"。"我不像我了"，说的是某特定情形下所表现出言行的"我"，不同于一贯稳定(自我和外部认可)的"我"。

对于人格的探求，是我们不断认识"我是谁"这一问题的长期过程。我们的人格不只是我们的名字，也不仅是我们的社会角色。我，一是起主导作用的恒常显现部分，被认为是"我"的那个人；二是不被觉察而隐藏的，被认为是"非我"的部分。十七岁的高二学生回家后，八岁的"我"复活，八岁男孩就是十七岁高二学生的"另一个我"。花慕兰随不同情境转换的角色，就是不同侧面，组合起来，就是这个叫作"花慕兰"的人。民国名人胡适在《藏晖室日记》中，记载了他1910年1月24

日至 3 月 23 日打牌 15 次，喝酒 17 次，进戏园、捧戏子 11 次、逛窑子嫖妓女 10 次。日记记录："打牌……在这家妓院出来，又进另一家妓院，妓家关门睡觉了，敲门而入。"次年胡适赴美留学，在美国依然如此。回国后拉着徐志摩一起去嫖妓。他在日记中说："自省，你怎么能如此堕落！先前订下的学习计划你都忘了吗？子曰：吾日三省吾身。不能再这样下去了！""自省"的是胡适，"逛窑子"的也是胡适。

01　相续而稳定的"核心人格"

"多少年了，你一点都没变"，"山难移性难改"。之所以能分辨出每个人，是因为从时间纵向跨度来看是一个稳定的个体，尽管经过不同人生阶段，但具有恒常稳定性。这就是日常说的"我"，稳定的"自我"。

人都有独立的人格，我们平常说的这个人，实际是说那个起主导作用的核心人格。社会关系中常以面具呈现。这一概念与阿德勒"整体人格""人格统一性"相同，"每一个体都是一幅精美的人格画作，画作的作者就是个体本身……儿童的所有活动都是他整体生活和整体人格的外显，不了解行为中隐含的生活背景，就无法理解他所做的事。我们把这种现象称为人格的统一性。人格统一性的发展就是行动及其手段相协调成为一个单一模式的过程。这种发展从童年就开始了。生活迫使儿童整合并统一自己的反应，而他对不同情境的统一的反应方式不仅构成了他的性格，也使他所有的行动个性化，从而与其他儿童区别开来。"

纵向来看，核心人格是一以贯之的本人"常模"。常模是一种供比较的标准量数。从出生,到幼儿,到壮年,一直到老年的连续性。人格的形成开始于自我感觉,然后是被界定。婴儿时,是通过"投射",看到妈妈而感到有"我","妈妈"证明了"我"的存在,没奶喝就"慌"。两岁之前,渐渐意识到身体的各个部分属于自己。按照马勒儿童发展理论,两岁后开始"建立客体恒久性",比如知道自己的名字从而被界定,之后有了自我概念和自我评价。待到青春期,与更多的经验结合在一起,逐渐形成一个有个性的人,人格逐渐形成。我是独特的,我是有血肉之躯的人;我是我所经历的和记忆的;我是我所从事的角色;我是属于我的和我所属的;我是自己所描绘的人;我是别人眼中的人。"人格是一种自我意识,它可以被描述为同其他人既统一又差异的'我'的概念,一个贯穿生命过程的整体的存在,人格既是由我们的离群性,也是由我们的合群性所建构的。"这个"常模"是纵向的。相续稳定的核心人格,是说一个人的自我观念, 是自己的认知与外界的交互作用而形成的。包括了伦理性的约定、被规定且自我认同的内在性称号,以及他人对我们的期望、与他人相关联的决定。核心人格即自己的意识,包括我们对自己的评价和将自己介绍给别人的方式。人格的基本作用是提供连贯性和连续性经验。称之为核心人格,是因为起主导作用,是相续的过程。从绝对意义上讲,这一时刻的自己不同于上一时刻的自己,但从相续上讲又没有变,如"花慕兰"是从小时候长到现在这个样子的。

从横向来看,作为衡量的这个常模,还包括社会常模。如某时代、某区域、某行业、某类人、某年龄段普遍共有的人格作为一个参照。你属于哪类心理类型等。某人的核心人格,是区别于他人的,表明"我"不是"他",又不脱离社会。之所以认得你是张三,不是李四,在于你符合公众无意识认同的所属群体的那个"你"。荣格认为："无意识中的一切都寻求着外在的表现，人格也渴望着从无意识状态中发展起来并作为一个整体来体验自身。"这里说的稳定人格，是相对狭义的被我们称为区别于别人的那个人格。如我们上面提到的"花慕兰"这个人，我们眼前就会出现她的样子，从小到大（纵向），在不同的场合（横向），都是"花慕兰"。

人是可以改变的。某位男士一直脾气很暴躁，以严厉苛刻为特点。但他一下子改变了，变得平和了。这表明他的主导人格发生了变化，可能来自自身的修养。如来访者经过自我成长，性格发生了改变，甚至外貌都会发生了变化；也可能是来自上级或下级的重大帮助（教育改造）。如溥仪，由一位伪满洲国"皇帝"，被改造成了人民的一员，一名劳动者。还有一种可能，比如某人言行风格突然改变，当下表现与本人常模不一致，就是平常说的"如果他改了，就不是他了"。有一位爱热闹的领导，在某次"领导干部夏季读书会"上，每次饭后就远离人群，坐在海边不说话。他偏离了自己的主导人格常模，医院诊断为抑郁症，会议结束就住院了。

总之，"我"是一种心理过程。"核心人格"是符合自己和别人已有经验和预期，以大众社会常模为参照，作为独特个体相续且以面具呈现的。使用"核心人格"概念，是为了与下节重点讨论的"子人格"相对照。

第一人格与第二人格

　　第一人格和第二人格，这是荣格使用的名词。我理解分别为意识与无意识的人格化，但不等于意识和无意识。荣格在《回忆梦思考》中说："人类穿着可笑的服装往往又卑鄙，又虚荣，又虚伪，还自负的恶心，作为一个 1890 年的高中生，我的第一人格，我也是这样……我知道我不愧为我自己了，我就是那真实的自我，每当我独自一人，我便会进入这种状态，我也因此而找到平静和隐居的另一个人，我的第二人格。第一人格和第二人格间的作用与反作用贯穿了我的一生，但与一般医学意义上的分裂性人格和精神分裂毫无关系，相反他在每个人的生命中都扮演了角色……当第一人格想起第二人格时，感到沮丧的是第一人格而不是第二人格，第一人格想从第二人格的压迫和压抑中解脱出来。"在荣格的体验里，是意识被迫服从于无意识，这也就验证了我们的命运是被无意识所主导。

　　意识从无意识诞生、演化而来，无意识对于意识的支配是绝对的。意识永远都是新的，无意识永远是老的。比如作为无意识的阴影，自然要比意识更久远。当面对"后生"的意识，无意识因"老道"，其防御也更年老，因为它们处于阴影中，因为它老，所以更有权力，去"压迫"表面看来能自作主张的第一人格。作为"成年人"，在以意识为主导的第一人格那里，作为第二人格的无意识并不总咄咄逼人，只是偶尔露"峥嵘"。每次意识想要把无意识的东西意识化的时候，无意识会呈现一种抗拒姿势，呈现一种阻抗。无意识也会抗拒，它不会让意识所做的努力那么容易实现。

03　心理碎片与"另一些我"

荣格还提到"自主性潜意识片段"概念。"自主的心理片段在不断起着作用,根本的潜意识心理结构不会受任何变化无常的意识波动的影响。"伦敦心理分析师马丁讲道:"每个情结都有原型核心,中心是原型。情结是子人格,我们有很多。其中一部分是原型倾向,还有一部分是在经验中造成的,如对父亲母亲的真实体验。"情结既具有自主性,也是心理碎片,是一个具体而微小的人格结构,并且它本身又构成了一个独立的人格子系统。日本荣格分析师河合隼雄在谈及情结时说:"就像永远无法完全理解一个人一样,我们也永远无法完全理解一个情结。通过将情结人格化,我们就有了对话的对象,这真是一个绝妙的做法……日常我们能够翔实地体验情结的人格化的地方就是梦。在梦中很多情结都会以人格化的形式出现。"

这里引述上面经典原著的用意,在于清晰"主导人格"内含的诸多以情结群集的"碎片",其人格化既是"主导人格"的一部分,又相对独立存在,或被压抑、隐藏、潜伏在"后台"。现实事件被激活之时会冷不丁出来,也可能是一直在"前台",也可能"轮流执政"。如上面所述高二男生,分别在学校和家庭行使"十七岁"和"八岁"子人格。八岁的"我"可看作无意识的人格,因为此时缺乏意识主导,其行为也可视作"梦"。

我们来看"梦"中呈现的"另一些我"。荣格在自传中讲述了自己的一个梦,我认为就是他的"情结群集碎片"以多个子人格出现:"在一处岩石陡坡附近，我看见了两个人，一位是白胡子老人，另一位是美丽的年轻姑娘。老者解释说她就是伊利亚。而那位姑娘竟自称是莎乐美，她是个盲人。有一条黑色大蛇跟他们生活在一起……另一个形象又从无意识中出现了，他是从伊利亚的形象发展起来的，我称他斐乐蒙，是异教徒。"荣格解读到，"心灵中存在的一些事物，并非由我制造出来，而是自发出现，拥有他们自己的生命……所有这些情结都表现得就像一些拥有自己精神生活的继发人格或局部人格似的。""关键之处在于将这些无意识内容人格化，以把自己和他们区分开来，并同时使他们与意识建立联系，这些方法可以剥夺他们的力量，把他们人格化并不太难，因为他们总是具有一定程度的自主性，有它单独的身份，他们的自主性是最令人感到不舒服的，让人难以适应，不过真正这是无意识呈现自己的这种方式，让我们得到了操纵它的最佳手段。"我们常常发现，自己发出来的声音不是自己的，有些举动也非本意，更为严重的就像"附体"。咨询中我注重捕捉这些"只言片语"，刨根挖地，就能挖到"大瓜"，原来是"情结人格化"在作祟。

石丽，高三女生，高考前夕"躺平"。在做意象体验时，我看见她不经意地抽搐了一下，下意识左手掌放在左胸前。我建议她把左手继续放在那里，呆一会，听听这个地方会说一句什么话。她说听到了一个严厉男人的声音："事败，先败于心！"她说："奇怪，这是我们初中班主任说的一句话。"这表明"善于说丑话"已经内化为她心中一个有生命的形象了，持续从内心发出信号，在现实中干涉她，一直提醒她"事败"。我说："尝试一下，听一下你的内心，如果你愿意的话，用右手去温暖这个地方，轻松而坚定地对它说'事成，先成于心'。"这时该女生已经换了一种自信的表情,她的"另一侧面"出现了。

第二节 子人格:窥见众生相

认识自己确实是一个漫长的人生历程。"每逢触及内心最深处的体验,突破到人格的核心,使很多人都会屈服于恐惧而逃之夭夭。"但是当我们如实面对自己,真正深入下去的时候,就会发现无论多么艰辛的路,都值得走。一路走下去,也许沿途发现很多情趣,见识许许多多何曾相识又似乎陌生的人、动物、草木、神仙,在很多现实中不曾见到的奇奇怪怪,关键是那里有一座宝藏。

01 初识:群集呈现

初识子人格,好像进了大观园,遇到众生相。这些不同情结组成的子人格,一旦关注,就有些令人眼花缭乱了。

我们先看中国古代身内"神"的"意象群"。第二章以人的"神性"为题讨论过《黄庭经》。从子人格角度,再看这部晋代的著作会有新的发现。其中介绍,人身每个部位都有神,修炼就是要想象、忆念这些身神的名字、形象,使之回归身体。人身"泥丸百节皆有神","千千百百自相连,一一十十似重山",各有名姓、衣饰和性格。如:脑,泥丸神;发,太元神;眼,英玄神;鼻,灵坚神;耳,幽田神;舌,正伦神;齿,罗千神;心,守灵神;肺,虚成神;肝,含明神;肾,育婴神;脾,魂停神;胆,威明神。五代烟萝子《内境图》也把器官描述重点放在意象上面,粗于物象而精于意象。这就出来了人身体里面"神"的子人格及子人格分解、子人格意象。

分析心理学认为,人的心灵是一个破碎的系统,每个情结或原型发作,都像是一个独立的人格在起作用。古代神灵意象正是由此产生。承认"神"的外在性、自主性、人格性,这样做就等于认可了人类心灵最深处"自主的、破碎的心灵系统的相对真实性","从而使他们被意识吸收成为可能"。《黄庭经》身内意象的呈现方式,是荣格原型意象理论的一个证明,其身神体系是一个更基本、更稳定、更精确的原型体系,达到了物象与意象的完全统一。一般说来,意象总是歧义众多的象征,但《黄庭经》的意象却与物象完全匹配。只有心灵感受能力极度深入、细腻,才能感受到并表达出这种心与物的统一。如果没有荣格对意象这一人类感受模式的心理辨析,如果没有荣格对原型意象的发现,我们现代人在匆忙奔波中,不可能从深层心灵意象角度,重新解读和发现以《黄庭经》为代表的中国传统道教修炼的真实心理意蕴。从这个角度,要感谢荣格为"寻求灵魂的现代人",通过现代心理学的方式,找到了当下人们通往华夏古文化的捷径。

接下来我们讨论子人格与子人格意象。相对于"核心人格",人格碎片、人格断面或次级人格、情结群集、附体都处于从属和零散状态,是无意识自发的,同时具有真实性、客观性、自主性。中外心理学家对此做了不懈的探索。朱建军教授创立了人格意象分解技术,在心理咨询和个人成长中有着非常好的效果。当利用意象的象征意义将整体人格进行分解时,人格就形成了一个个特点鲜明的具体形象,我们称其为"人格意象"。被分解出来的各个人格侧面被称为各个"子人格"。

对于子人格的探讨，可以说是拆分以探微，区别以分辨；拆解以通达，整合以归真。

下面，按照人格意象分解方法，通过两个案例，让子人格"露个脸"。

夷宁，中年女性，某银行分行监察室主任。因焦虑来访。她说："我梦见我变成了穿粉色裙子的少女，依稀看见三八节表彰会上的那位女律师，走近看，是一位知性的中年女性，转眼的工夫，她穿得衣服像我婆婆做饭拖地板那样的，皱巴巴、脏兮兮，系了围裙。然后我看到，六十多岁老和尚在村头的背影，穿着灰色破袈裟。梦中情绪五味杂陈。"她坦言目前的状况，在自己身上确实少女（有时浪漫单纯）、女律师（职业是监察监督）、知性女士（热衷茶艺）、穿围巾的婆婆（工作和家庭辛苦）、破袈裟老和尚（其戒律也与监察岗位纪律相关、夫妻情感匮乏、近期经济拮据）几个身份同时存在。女中层干部、知性女性的面具呈现于外，齐耳短发、工装外加点缀，同时少女、婆婆、破袈裟老和尚的子人格压抑在内。某天心血来潮买了粉色裙子不能穿，偶尔莫名其妙地抱怨。在咨询实践中，第一个和最后一个出场的，尤其最后一个出场的，往往最有探索意义。

伊尔，大一女生，抑郁，休学在家。服用抗抑郁药物，医院建议进行心理咨询。她在第九次咨询时，对其子人格"点名"。其中包括前期咨询期间在梦、沙盘、积极想象、意象对话，以及咨询师在谈话中捕捉到的。第一次以这样的视角观察自己，看到了这些"情结群集"所呈现的子人格。我和伊尔在对这些此前出现的子人格"点名"让其"露面"的时候，建议她可以随手在一张纸上涂抹。此时觉察到生活中最重要的"爸爸"没有出现。伊尔是在无意识层面的这个阶段"刻意隐藏"了，待下一个咨询阶段"重点"出面，那一定是与更深层创伤相关。当把这些子人格"列表"完成后，看到伊尔在纸上画的很凌乱，好像很多杂草。我建议伊尔什么也不想，盯着看一会，再合上眼睛去"看"，她说感觉像"柴火妞"。

通过心理扫描，看到这么多子人格，如同到了乡村集市或城市广场。

发现：甄别命名

第一步的工作，就是去发现子人格。这些子人格，平常以"碎片"形式潜伏，即使无意识呈现出来也没被意识到。现在，我们看到了一部分，发现了些许踪影。怎么发现子人格？朱建军《你有几个灵魂》一书介绍了诱导的基本方法、子人格出现的一般规律等技术要点。咨询中，我常用的方法就是寻找无意识的蛛丝马迹。

（1）通过梦发现。梦是我们内心"原始人"最原汁原味的表达。在第四章开篇我们讨论过 Mermaid 的梦，里面有学长 a、学长 b 及出租车女司机、警长等，分析了这都是她本人子人格在梦里的呈现，以人格化象征了自己曾自杀、想伤害别人、自救等内在部分。接下来在第二个梦中，Mermaid 开始去战斗，像女战士，结果被敌人打了三枪，右下腹被击伤，父亲来包扎，之前对父亲是排斥的。第三个梦，梦到非常好的闺蜜同学，在受到校园欺凌时曾保护过自己，但联系不上了。三个梦子人格的相续性在于,第一个梦中的出租车女司机、警长,第二个梦中的爸爸和第三个梦中闺蜜,都是她的内在生命力——子人格。随着自我探索的深入,轻生的念头逐步弱化,内心自我成长的力量一步步地出来。第三个梦,闺蜜是在唤醒自己,可梦里找不到了,渴望回到和成为"闺蜜"这个子人格的状态。

(2)在沙盘中发现子人格的变化。选什么样的沙具,放在哪个地方,当时的表情,都需要观察。前述有位男生,从幼儿园一直到高三均受到过校园欺凌,自我封闭,躯体和心理都呈现僵硬状态。第一阶段选取蛇的玻璃雕塑,放在中心位置,表明当时的主导子人格处于"冰封、凝固"状态;第二阶段选取游动的蛇,开始放在左下角,后来放在底部;第三阶段开始选择盘坐的蛇,放在中间。这几个阶段蛇的意象,体现了"蛇"在三个过程中"子人格"的变化成长。与之相应,现实中也与社会逐步融合,人际关系渐渐得以改善,自信开始萌生。

(3)在投射中发现。"你就是那样的人",把自己心理视野中的某个子人格,投射到到现实的某人身上。其中对于现实世界和心理世界混淆的部分,需要澄清剥离,"疑邻窃斧"的典故就是此类。如"看那个人像老鼠",感觉他鬼鬼祟祟,就想去审查盘问,就鄙视他,其实现实中跟这个人并不相识。这种厌恶感,就是内在子人格投射到现实中的。

(4)通过意象对话发现。在专业咨询师的守护下,子人格会以各种不同的意象涌现出来。有些子人格会"揣摩"主导人格(意识)的"好恶",带了"意识"出现的子人格,往往经过"伪装"。"让其发生"是积极想象技术要点之一。无论精神分析流派的自由联想,还是荣格流派的积极想象,都需要一个安全空间。我一般不使用有限制性的"场景",除非按照方案特别的疗愈主题,尽量减少规定性。我说:"想象跟着你的脚走,脚走到哪,你就跟到哪。你看看来到了一个什么地方,看到了什么,听到什么,闻到了什么……"脚,相对于大脑是更本能的存在。

(5)对话时观察发现。对方说话的时候,重复的词组或句子,有可能是某个重点子人格说的。这时候咨询师需要职业敏感。一是盯住言外之意的子人格。某女士来访,聊一些看似漫无目的的闲话。我听到她两次说"生孩子太可怕了",这句话就是她的"难产子人格"说的,她需要解决的是婚后三年不愿怀孕的"恐孕情结",其来源是"五岁时父亲矿难去世后,母亲身怀遗腹子(二胎)难产夭折"事件。二是找到说"关键话"的子人格。一位银行国际部内勤,不经意地说:"一旦我不知道别人对我的看法,我就不知如何行动。"我对她说:"现在我们听到一个人说'一旦我不知道别人对我的看法,我就不知如何行动',放松,我们看看,说这句话的是谁? 什么年龄,性别,衣服……"这句话里面就隐藏了一个子人格。三是分辨是哪个子人格说的。一位高三男生:"我担心高考的时候,出现英语听力紧张的情况,可是我又不甘心去复读。"需要感受这句话是谁说的? 这个动作是谁做的? 我对他说:"我好像听到一个叫'担心'的和一个叫'不甘心'的两个小人在纠结。"这样,就做出了分辨。某位立志考南开大学的高三男生,考前两个月"学不进去了,成绩一塌糊涂",他很随意地说:"压力大,我不想追求特别好的成绩,不想失去应有的分数。"接着又继续说其他事情,我打断他,让他回到这句话,再重复说三遍,找到了潜意识里"不想追求特别好的成绩"和"不想失去应有的分数"两个子人格,当下症状呈现的是前一个子人格战胜了后面的子人格。

（6）通过主动设置去发现。一是，最简单又快速切入的方法是"动物聚会游戏"，在实践中我对其作了扩充，应用到考前辅导、建立关系、自我成长等方面。动物处在潜意识底层，以动物象征呈现子人格，可减少来访者防御，增强安全感。二是，以开放式的态度，询问开放或半开放问题，以观察来访者当下的主导子人格。我问："你的愿望是什么？"来访者反问："哪一类的？"我就是故意模糊空间。有位腰疼的女病人，其愿望是"儿子赶紧找对象"。"她"显然不是治疗自己身体病痛的子人格。某高三女生的愿望是"到南京小姨家玩"，其主导人格并没有把"高考分数"放在身上，子人格是贪玩"小男孩"。有时我会直接开放式提问："说吧，想说什么？"不做道德评判，提出开放式问题的时候，就处在一个宽松的空间里，来访者感觉到安全，子人格就会出来，就可以找到情结所在、心理动力所在。

（7）在日常行为举止中发现。子人格常常以"突然的举动""口误"等方式出现，看似偶然，实则是子人格将隐藏的部分公开呈现。"我说服不了自己"，这里起码有两个子人格，一个是想说服自己的"我"，另一个是"自己"。再如"我拿不定主意"，觉察这个"我"是哪个子人格？也可以在"不搭配"中发现子人格，如"扮嫩"的中老年妇人，喜欢穿"算卦"衣服的外科大夫，中年男性说话"娘娘腔"。人高马大的某公司老总，性格粗犷嗓门大，写的字却很娟秀，写字时是女中学生子人格。

第二步的工作，就是甄别命名。这些子人格，原是一些情结碎片、次级人格，处在无意识黑暗中。当被我们发现，以意象方式呈现出来，也就意味着开始进入意识层面。对其进行"命名"的过程，就是意识清晰化的过程。前面所举伊尔，她出现了那么多的子人格。最后纸上无意画的"柴火妞"，实际是当下主导人格。这个柴禾妞有一种贫乏感、被抛弃感，现实生活中表现出自卑，由此导致约好的事情临时放弃、觉得自己庸俗、不配使用贵重物品，大多是这个"柴火妞"所为。当提到"柴禾妞"这个词的时候，容易引起先入为主的评价和本能情绪反应而形成干扰。我建议她再仔细"看"，直到清晰分辨出来一个活生生的人。"她叫苏娜，曾用名苏秀芬。"说完笑了，继而抽泣。这样我们就可以和"苏娜、苏秀芬"去工作了。有一个名字，是对子人格的尊重，子人格作为无意识的意象，本来就有真实性和自主性，因为名字的确立，就更容易与其打交道了。

伊尔："中午吃撑了。"

我："哪个子人格吃撑了？"

伊尔："苏娜。"打了呵欠。

我："打哈欠的是谁？哪个子人格？"

伊尔停顿，觉察："说到'苏娜'的时候，打哈欠的子人格是一种回避，要探索自己的时候，一种发困的状态。她的名字'悠悠'，在刷短视频，头发凌乱，穿着黑色体恤，发困。"

接下来，让伊尔把前几次出现的子人格名字，一起写在纸上，写在什么地方都行（观察每个子人格的所处位置和字迹差异），包括苏娜、悠悠、苏秀芬、乐子、王强。其中有失恋的、不想活的、捂在被窝里哭的、获得硬笔书法一等奖的……逐一感受被抛弃者、承担者、担责者的感受，有被支配感，无奈和麻木的感觉，苦、酸苦的感觉。下次来访时，发型和服装都换了。发现伊尔身上同时存在着"公主"和"柴禾妞"两种子人格。

> 我："你对今天的发型和穿的这件衣服，有什么感觉？"
>
> 伊尔："随意穿的，嗯，我感觉像是公主。"
>
> 我："感觉一下公主的感觉，公主和柴禾妞的不同？"
>
> 伊尔："柴火妞生活困难，在山地里干活，手很粗糙，小麻花辫子，头发很乱。公主的头发是卷烫的，皇宫里有很多人照料她，被很多人保护起来，时间长了，自己就习惯了，适应了这种被保护，也不想出去，等到年龄大了也不想出去。公主常常使性子，以自我为中心，把自己看得很高很重，不会干活，眼高手低，也控制不住自己情绪，就像六七岁永远长不大的孩子，想发火就发火。"
>
> 伊尔笑了："原来'苏娜'是公主，'苏秀芬'是柴火妞。是外人看起来'家境优越'，而自己认同'命苦'的一个内部冲突的人。"

03　特点：自主表达

当探索到子人格分解的时候，就会比较清晰地觉察到一部分子人格了，再经过命名，就有了立体感的子人格。其自主性，表明这些子人格是一种生命形式的存在。荣格说："具有自主性的潜意识心理内容是非常普遍的经验，这些潜意识心理对意识有着瓦解的作用。但是除了这些普通人已经比较熟悉的影响之外，还有很多更微妙和复杂的潜意识内容是不能够被简单地描述的，它们是潜意识心理系统零碎的片段。这些支离破碎的片段越复杂就越具有人格特点。作为心理人格的构成因素，它们以'人'的形式呈现在我们面前。"其特点：

（1）自主性。子人格是自主性的结果，相对独立于意识的中心控制，任何时候都有可能击败或穿越个人意图。它有生命，不易被觉察，关键时候自作主张，在特定情境下不知不觉就出场了，有时甚至是控场，跃跃欲试越过意识阈限"干预"现实。

（2）非理性。"突然爆粗口"，"大庭广众之下，他竟然……"，看起来很有修养的人大爆粗口，就是子人格的非理性。如对部下突然撒泼的女官员，事后可能后悔，但当时就被无意识的子人格"控制了"。

（3）表达性。平时被隐藏，机会现前自发表达。媒体报道某县副县长到检察院视察，看到审讯室中犯罪嫌疑人坐的椅子，就坐上去双手扶着扶手，低着头左看右看，不停地说"感觉不错、不错"。一语成谶，后来因涉嫌受贿坐上了"感觉不错"的椅子。可看做他有一个"罪犯子人格"，受审的椅子在前面时，就身不由己坐过去了，也可以说罪犯子人格与椅子"内感外应"。

（4）对立性。有一部分子人格是作为阴影存在的，表现出很强的隐秘性，被主流认同的子人格，则彰显为面具。这样就形成显性、隐秘两部分以相互对立的形式存在于一身。如教授和小混子，清官与贪官，欲女和修女，吝啬者与布施者，富豪和乞丐，神与鬼，孙悟空和妖怪。比较常见的是"两面人"。正人君子子人格冠冕堂皇，西装革履处于大庭广众，极度压抑自己天性和人性部分，不被社会接受的小混子子人格没有适度宣泄。一方面高高在上，认为什么都懂；另一方面极度封闭、警觉。

（5）间歇性。大多数符合社会规范的子人格出现在社会生活中。但也不是恒定的，子人格的呈现转换非常快，甚至觉察不出来。像前面讨论的伊尔"吃撑了"和"打呵欠"两个子人格的转换非常快。有些人有时挥霍无度、一掷千金，突然间又斤斤计较，与转眼之间的前一刻大相径庭，富豪铺张子人格与吝啬子人格间歇出现，报载某贪官每日在储藏室数钱与为省钱下乡买鸡蛋跟摊主讨价还价，这两种行为间歇出现，即属此类。

（6）多样化。子人格具有多样性。既有现实中的人物，也有去世的人物，还有艺术作品中的人物；既有熟悉的，也有陌生的，还有各种动物，飞禽走兽。只有想不到，没有梦不到。有穿墙飞檐、上天入地的本领，也有动而不动、刹车失灵的无奈。有英雄与魔鬼、神仙、鬼怪，乃至上帝、宇宙、拟人化的山川河流、草木矿藏，还有一类子人格是作为背景出现。某来访者每次感到有力量的时候，总是在一棵老槐树下坐着，哗啦啦的树叶像是在和他说话。

（7）多变性。同样一个人呈现不同面孔，以变色龙示现，看似自相矛盾，实则是"适应"策略使然。如有老年男性，有时用官话冠冕堂皇，有时吴侬软语或外语，有时口气像包工头、妓女、无赖，有时又像遗朝异族再世，让人分不清到底是哪个人在说话。

来源：因应而生

子人格的来源，是"因应"产生。有其存在的"因"，有外在的"应"。

"人格的整体性及其独特的生活目标和生活风格并不是建立在客观现实的基础之上，而是建立在个体对客观事实的主观看法的基础之上。也就是说，个体对客观事实的看法绝不是事实本身。所以，尽管人类生活在同样的现实世界之中，但却各自以不同的方式来塑造自己。每个人都根据他自己对事物的看法来塑造自己。"阿德勒如是说。

以"被抛弃者子人格"为例。在咨询中，我发现很多来访者带着"被抛弃者原型"和"被抛弃者情结"，以"被抛弃者子人格"的面目出现。人从天而降，落地而生，胎儿脱离母体，离开了子宫天堂，带有本能的"被抛弃者认同"。这种感觉来自自卑感。"在每个人身上，自卑感和追求优越都是密切相关的。人之所以追求优越，是因为他感到自卑，力图通过追求富有成就的目标来克服这种自卑感。"正像与生俱来的自卑感在过度的时候才成为"自卑情结"一样，"被抛弃者"则是心理创伤造成的。情绪被"被抛弃者子人格"控制，表现为没有存在感和安全感，过度担心多疑、自哀自怨，追求爱又逃离爱，不值得拥有的丧失感。某孪生兄弟同在一个幼儿园，奶奶负责接老大，姥姥负责接老二，各自建立了分别与奶奶和姥姥的依恋关系。孪生兄弟五岁时，姥姥去世。自此老二就有了被抛弃者的感受，青春期出现抑郁症状。被抛弃者子人格，也经常发生在年长者中，尤其在失去亲人的时候。

有的家长出于"好心"，为培养幼儿的自我防护能力，玩"失踪"却适得其反。伊尔在经过一段咨询后，说自己有被抛弃者子人格、出气筒子人格（别人总拿自己来出气）、担责者子人格（别人出的错往往自己被惩罚）。在她的记忆中，三岁时和爸爸在广场玩，找不到爸爸了（成了被抛弃者），哭了好久才"看到爸爸躲在大树后"，其父想看她"找不到爸爸如何应对"。这件事情记忆犹新，可见看似不经意的"考验游戏"伤害有多大。

由此，我们可以管中窥豹，子人格有些来源于先天的部分，如集体无意识、家族无意识带来的部分，有些源于社会互动，如伊尔早年的经历，有些是自我应对或他人教育出来的，如担责者、柴火妞。

还有一个来源是"被别人赋予"。本来没有这个子人格（或没显露），但被众口一词而赋予，如在第三章介绍过被村民起外号为"黄鼠狼"的人，被迫承认了黄鼠狼外号，随即具备了这一子人格特征。

也有别人人格内化成自己的部分，如时常表现出"美丽端庄女画家、优雅而有力量的初中物理男老师"的子人格，这就是外在经历中的人物，内化成自己子人格的一部分。内化为自己子人格的，多为父母等人生早期关系密切的人。有些领导的私人秘书，走路、说话和处理问题，颇似为其服务的领导风范，就是内化了这位领导的人格。荣格指出："许多人类早期的神祇都来自'人'的故事并演化为拟人的概念，最终固定为抽象的概念。这一过程的可能推动力就是被激活的潜意识心理内容，它们在初始阶段总是以外部世界的投射的形式出现。在这一过程的下一个阶段，意识逐渐消化吸收这种外部世界的投射，然后剥夺它们本有的自主性和人性特征，把它们整编为自己意识的一部分。"

05 运用：自知成长

诸多隐藏不被发现的子人格，组成了我们的整体。有时被隐藏，有时占主导，有时互相冲突，有的互不认识。通过子人格认识自己的不同侧面，进而增强自知，扩展意识边界，是自我成长的有效方法。自我成长，从一定意义上讲就是子人格的整合。

其一，如实面对，给予一席之地。人格平等，子人格也是平等的。从本质上说，每个子人格都是"中性"的，我们觉得不好的，往往是压抑的部分，不接纳的部分。比如说"教授"看不起"小混子"，如果有了"小混子"的感受，会发现之所以这样是因各种原因促成的。某位十八岁来访者有馋猫子人格，她认为十三岁妹妹好吃懒做，而外人看来却是她好吃懒做。通过对"馋猫"如实面对，看到它了，给它一席之地，就对这一部分有了新的认知，就有了转化可能。某高职大一男生，在沙盘中出现"老鼠"，不接受它，要"杀死它"，越这样想越是挥之不去。老鼠作为大自然中的一种生命，自有它存在的"因"。当去感受它的时候，也就意味老鼠子人格被"看到"了。它之所以顽强表现，就是被压抑了。讨厌"老鼠"的是自己的"核心人格"，而老鼠子人格则觉得"我是天经地义的存在"。

如果特别厌恶，先做"褪色"将其处理成"中性"。第一步，对某个不喜欢的子人格，让来访者说出三个词对其进行客观评价，再把他当成一种存在"状态"，把较强烈的道德评判和情绪、情感暂时隔离，然后中性地、以旁观者的视角去感受他。第二步，再以当事主（即某主导人格）

的身份去感受。第三步是进入（具身）这个厌恶的子人格。同样,对于特别喜欢、形成依赖的子人格,也需做"中性"处理。无论厌恶还是喜欢,都会造成执着而受其控制。那位银行监察室主任,其中的婆婆子人格、破袈裟子人格都是被压抑的。我告诉她:"周末的时候在家里,穿他(她)们的衣服,学他们的样子,把他们想说的话说出来,让他表现。"当你去压抑的时候,他要么反抗,要么变着法子出来,要么更加隐藏,但不会消失。表现,就是不压抑,不压抑了,就不必再"老是冒出来"了。当我们放松,以中性的视角,接近他,接受他,抱持他的时候,他才会出来,出来才能去面对,去交往,去转化。

其二,各尽所能,各施所长。每个子人格都有所长。在与初高中同学举行心理沙龙时,我经常和他们做"动物才艺展示"意象游戏。把自己的动物子人格部分找出来,让这些动物各展其长,同时自己模拟每一动物的特长部分。如果我跟他们说教"老鼠也是一种存在,它是中性的",同学们"口服心不服"。但他们自我感受时,告诉我"老鼠展示了繁殖力和生命力""虫子展示了能脱胎换骨变成蝴蝶""原来看起来很丑的鸭子在水里陆地都能生存"。这样自然就认同了自己的这一部分,并将其作为特长运用到学习生活中去。

鸿,男。每次考编都是笔试很好,面试出现问题,自述"超过三个人的社交场合就局促不安"。在子人格分解中,发现了绵羊、小白兔、大象。在进入意象场景感觉面试时,自己就是"绵羊",面对的评委是一群狼,就开始紧张地搓手冒汗。在心理分析基础上,找到"大象"的感受,让其去和"大象"交流,再感受"大象"的感受,进而变成"大象",其气定神闲、举重若轻、稳定稳重的感觉就慢慢出来了,在面试时"大象出场", 一举成功。

其三,相互尊重,相互包容。平常的好恶,多是出于个人感受和投射。同样是老鹰子人格,自己觉得很有力量,是展翅高飞的雄鹰,可小鸡子人格感觉恐惧灾难。这么多子人格,也成了一个小社会。前面说的"拧巴人",就是子人格之间不协调、相互矛盾所致。这种矛盾促成了进步,如果没有矛盾,就没有了生命力。矛盾是普遍存在的,事物是普遍联系的,我们去正视每个子人格及其主张,去虚心听取,他们就会感受到尊重。

对此,我采用的方法:一是通过"意象圆桌会议"进行民主讨论。某些来访者内在冲突激烈,各种子人格心理动力交织,甚至有暴力、轻生倾向。对属于心理咨询范围内的此类来访者,有时通过沙盘或意象对话,进行"圆桌会议",让有破坏性的子人格(如轻生)和其他子人格一起开会讨论,同时建议来访者作为"圆桌会议"的观察者列席会议,使其在意象中呈现并实现转化。二是"安放棋子"找位置。有些家庭纠纷,原因在于成员相互间不在其位。我画两个圆圈,一个是现实中的人物,让来访者对现实中的人物,想到谁,就给谁做一个"棋子",自由选择将其放在自己觉得合适和那个棋子感觉舒服的位置, 再感受那个棋子,再看这些棋子相互之间的位置、距离、感受,让其"自然"发生变动。另一个"圆",将意象中出现的子人格做成棋子,也进行这样的摆放。在这个基础上,无论现实人物还是意象子人格,都放到一个棋盘上来,感受相互关系,表达呈现,同时尝试建立一种建设性的关系。

其四,内在自知,外事觉察。内在子人格外投到他人身上,这是非常普遍的现象。如你有一个助人者子人格,正走路上,就会有人过来向你"问路",你也会去"感应"到求助者的子人格,然后去帮助他。"臭味相投,便称知己"是也。张三说:"丁书记,是我的贵人。"是说张三的弱小子人格被丁书记的贵人子人格所帮助,因为丁书记与张三有感应。张三同时还有小羊羔子人格,而丁书记的"牧羊犬"照顾"小羊羔",同样李四有求助者子人格,而丁书记不是李四的"贵人",因为"李四"同时有野狼子人格。前面提到的男生,不接受自己的老鼠子人格,就投射到化学老师身上,说"化学老师长得就像老鼠"。当我们无缘无故、莫名其妙地喜欢或讨厌某个人时,有很大可能是内部子人格之间的关系,外延到了现实中的他人身上。

其五,回观觉察,自我成长。某咨询师问:"当来访者向我表达,她感觉到咨询师非常懂她、关心她,感到很开心、很感动,但是一想到是因为自己付钱了,才有了这样的关系,又觉得自己很可悲,如何回应?"我答复:"如果我遇到这个问题,可能会问来访者'您觉得,对您来说,钱,意味了什么',待在这种'很可悲'的情绪中,感受当下情绪。此时,躯体有什么感受?您再感受一下刚才说这句话的,是一个什么形象,TA的性别,年龄,穿什么衣服,什么表情,TA有过什么样的经历?"此方法就是看看这位来访者此时的子人格。我同时建议这位咨询师:"您何不体会来访者的感受?她这样说的时候,自己的情绪觉察是怎样的?您急着询问如何应对,觉察自己心理动机?"

其六,团体关系中的应用。我们讨论过某银行参加总行业务技术比赛,当初选手压力很大。我的设想是除了团队协调,把心理建设放在每个选手攻击性子人格的发掘和选手子人格的相互协作上。从第一次工作,便自然呈现与攻击性有关的意象,这本就是选手的应战状态,只是被这种角色压制过多造成焦虑。需要重新建构这种"攻击性"，作为贯穿始终的主线，无论是老鹰捉小鸡游戏，还是发现子人格的草原动物聚会，以及沙盘测试中以攻击性动物角色进入比赛现场，都是一贯的，进而形成了健康、协作、持续的攻击性子人格，从而获得轻松力量感，最后大获全胜夺得桂冠。

第三节 心理类型：察人观己

人格以意象方式拆分，是在无意识层面，我们通过"慢镜头"觉察了"众生相"。现实中，我们作为整体的个体存在，是明显区别于别人的。这是意识的结果。

01 类型理论及其应用

每个人都不同于他人，都有自己的偏好。对这句"废话"来说，看到了，是"知其然"；进行探究，就是"知其所以然"。

甲领导："细节，决定命运！"乙领导："战略，决定成败！"

相应的行动策略是"举轻若重"抓细节或"举重若轻"谋长远。

甲同事："太好了，今天可以享受清静，好好休息了。"乙同事："今天干点啥好？一个人闷死了。"

相应的行动策略是"在家放松休息"或"出去找朋友，找点事干"。

甲女士："最近流行啥口红颜色？这道菜味道好鲜！我发型怎样？"
乙女士："深邃的夜空与繁星，遥远的旷古，浩瀚的世界，未来会发生什么？"

相应的行动策略是"活在当下"或"畅想未来"。

甲职员："我计划先去三亚、三峡，再去五台山、九华山，先看当地气候、线路、住宿、门票、回程。"乙职员："来一场说走就走的旅行！"

相应的策略是"周密计划"或"随遇而安"。

甲同学："别提了，毕业典礼，一听到音乐就哭得稀里哗啦。"乙同学："我在这个学校，学习了365日乘3年减去5个假期，而已。"

相应的策略是作为局内人"情感涌动"，或作为局外人"冷眼旁观"。

上述举例仅是讨论惯性的倾向态度、侧重点，如有的领导就是既重细节又谋大局。一种类型的人，会真正理解自己或另一种类型的人吗？来访者小颖说："我平时喜欢一个人静静地看书听音乐，可是在同学圈子里，我可疯了。这是怎么回事？"

我们先了解心理类型理论。《心理类型》这本著作奠定了分析心理学的理论基础。荣格写道："本书是我在实用心理学领域工作近二十年的成果，它渐次在我的思考中成形，取材自我在精神疾病治疗上的无数印象和经验，取材自我与社会各阶层男男女女的沟通和接触，取材自我个人与朋友和宿敌打交道的结果；最后，它也取材自我对自己心理特质的批判。"

心理类型理论认为，人的心理趋向是天生的，人人都有自己的独特人格，每个人也天生赋有一定的心理趋向、心理结构、性格类型。就像一种命中注定的自然要求,驱动着执拗地要成为我,而不是别人。是否依自己天性形成自己的个性，这本身就是衡量一个人是否正常成长、健康发展的重要标志。该理论假设人们在感知信息和作出决定的方式上存在差别,认为人们都以不同的频率和强度收集信息并作出决定,提出人们之间的差异模式,可以形成模型,以便使我们了解他人。这里说的"心理类型"不是指"人的类型",而是指"意识的类型",即自我在建立和区分个体内在和外在现实时所使用的性格取向。荣格将意识定义为"能够通过不同的基本态度和功能主导心灵的自我的中心"。简言之,心理类型是对意识的分类,是意识不同功能的展现。

根据心理类型理论,20 世纪美国心理学家伊莎贝尔·迈尔斯和彼得·迈尔斯将其扩展、完善成为"个性分析指标 MBTI",从原有四大类型发展为十六种外在状态模式。MBTI 是一种迫选型、自我报告式的心理类型评估工具,对于认识自我、观察他人,以至于个人规划、择业,家庭关系、公司人事管理、提升领导力、团队建设等方面,都有着显而易见的参考作用。

在 MBTI 基础上,美国心理类型与原型专家约翰·毕比,从原型理论阐释与呈现"心理类型"。申荷永认为该理论"是其对分析心理学的新贡献,堪称心理类型新论,尤其是已被国际公认的'毕比模型',对心理类型背后所包含的原型以及原型意象的心理分析。在毕比看来,每一个意识的类型位置背后,都有一个原型在参与,引领我们成为英雄、父母、儿童甚至异性。由此,能够使我们认识自己和周围的世界"。

四个观察维度

每人都有一定的心理偏向性。如外出旅游,某人偏向从地质学角度去分析所见的山峰(思维型);某人为它的美丽而感动赞叹(情感型);某人连山脚冰河痕迹也详细调查(感觉型);某人看到的不是风景本身而是其中的自然奥秘(直觉型)。人们也存在心理趋向的对峙性。如集中精力思考时,情感就处在相对压抑状态;嚎啕大哭之际,很难周密思考;高速公路驱车,眼睛耳朵等感知器官高度紧张,就不可能去玄想冥悟;沉潜到内心世界时,对外部环境就视而不见充耳不闻。

MBTI 体系是从四个维度去观察,对心理类型做以分类。

态度倾向:外倾(E);内倾(I)。

接受信息:感觉(S);直觉(N)。

处理信息:思维(T);情感(F)。

行动方式:判断(J);感知(P)。

外倾、内倾为态度类型;感觉、直觉和情感、思维为功能类型,其中前者为非理性功能,后者为理性功能。以下面这个事件过程为例,来看接收和处理信息的两组四个功能:

用眼睛看到一个动物,四条腿、有尾巴、有头,能够听到它会发出一种声音,闻到它身上的气味,这是感觉功能(S)。然后看它,分析它,长得像马,不在野外,可以用来拉磨、驮东西,像马而在户里的东西,那就起了名字"驴",这是思维功能(T)。接下来,会对它产生喜欢或不喜欢,感觉它有什么价值,这是情感功能(F)。接下来想,它来自哪里? 与别的动物有何联系？未来到哪里去？这是直觉功能(N)。

(1)注意和能量指向方向：外倾(E)、内倾(I)。表示我们心理能量的获得途径和外界相互作用的程度，以及注意较多的指向于外部的客观环境，还是内部的概念建构和思想观念。"态度类型由他们对于客体的态度而得到区分。内倾型态度是一种抽象的态度；在本质上，他总是企图从客体中撤回欲力，就像他不得不摆脱客体加在他身上的压力一样。相反，外倾型则与客体保持着一种过分信赖的关系。他信赖客体的重要性达至了这样的程度，他的主观态度总是与客体相关联，为客体所定向。"

外倾型(E)特点：关注外部世界；给生命以广度；友善健谈易被了解；情感外露；需要交往；感到被周围的情境拉向外部；与他人在一起感到振奋；行动，然后思考。内倾的人可能感到他们浅薄。他们是这样的人：赶时髦；相信广告并以此为依据消费；易被外部吸引，有人排队，他会过去张望打听；喜欢关注身边的新闻；喜欢结交朋友，"一起搓一顿"是口头禅；爱热闹，信息来源多；富于活力。他们说："外面的世界真精彩。"

内倾型(I)特点：关注内部世界；给生命以深度；冷淡，安静，不易被了解；情感内敛；需要独处；感到被周围的纷扰推向内部；独自一人时感到振奋；思考，然后行动。外倾的人可能觉得内倾的人孤僻。他们是这样的人：关注内在世界，"听雨打芭蕉的声音"；内省，爱独处；谨慎；滞后于社会时尚；对花花草草的关注不如对草根的关注。他们说："内观。"

(2)看待世界和收集信息方式：感觉(S)、直觉(N)。表示我们在收集信息上注意的指向,即倾向于通过各种感官去注意现实的、直接的、实际的、可观察的事件,还有对事件将来的各种可能性和事件背后隐含的意义及符号和理论感兴趣。

感觉型(S)特点:倾向与接收能够衡量或有证据的任何事物,关注真实而有形的事件;相信感官能告诉关于外界的准确信息,相信自己的经验,关心某一刻发生的所有事情;被视为较具有实际意识。他们是这样的人:以五官感受来获取外部信息;享受生活当下,讲究吃、穿、用的品味,打扮得一丝不苟;做重复的工种从不厌烦;关注特定的部分和细节;做可度量的事物;从亲自操作部件入手,以了解整体设计;喜欢成套程序,确立规范;喜欢看短视频;看说明书很简单;通过体检报告了解健康状况。他们说:"细节决定成败。"

直觉型(N)特点:自然地去辨认和寻找一切事物的含义;重视想象力,更注重将来;改变事物而不是维持现状;看到一个环境就想知道它的含义和结果;不局限于五官感受,而是追求无限可能性。他们是这样的人:吃饭穿衣不讲究;对宗教、哲学感兴趣;做梦往往应验;不用去实地看大约就知道;喜欢预测;关注整体模式和相互关系,认为万物有规律和联系;跳跃式思维和表达;喜欢发挥创造性机会、变化和多样性,对于重复性工作难以忍受;反复无常不切实际;喜欢中医,通过个人感受望闻问切了解身体状况。他们说:"战略决定成败。"

"某某出国少,所以视野就受到限制",这是感觉型(S)的认为。对直觉型(N)来说:"不出户,知天下;不窥牖,见天道。其出弥远,其知弥少。是以圣人不行而知,不见而名,不为而成。"荣格认为,感觉是把对身体的刺激传达于感知的心理功能,直觉是以一种无意识的方式传达感知的功能。某些心理内容来自一个比自觉意识更大、更完整的心理，它们往往拥有意识还无法形成的更为优异的分析、洞察和知识。不是你在制造直觉；恰恰相反，总是直觉来找你。你突然有了一种灵感，它自然而然就产生了，如果你手疾眼快、聪明灵敏，你能做的最多也只是迅速抓住它而已。

（3）做决定的方式：思维（T）、情感（F）。该维度用于表示我们在做决定时，采取客观的逻辑推理，还是主观的情感和价值。

思维型（T）特点：通过对情境客观、非个人的逻辑分析做决定；按原则办事，信仰公平、公正；注重因果关系并寻求事实的客观尺度；善于分析；注重别人的想法；善于发现问题与矛盾。如果领导是思维型（T）：用脑做决定，直率，严厉，不听耳旁风；按逻辑行事；以局外旁观者的身份看待问题："小王你的任务是上班，怎能请假给你父亲过生日？"善于发现缺陷，批评不留情面；擅长分析计划；没情商；"百分之十末位淘汰，就按分数来！"如果带队去检查，会把被查单位搞得鸡飞狗跳，一定要搞到水落石出。他们说："业绩是硬道理。"

情感型（F）特点：情感功能代表价值赋予过程。期望自己的情感与他人保持一致，理性判断的依据是个人价值观、组织及个体价值；不喜欢无人情味的原则；善解人意，注重别人感受；欣赏关心他人；喜欢融洽关系。如果领导是情感型（F）：用心做决定；按个人信念行事；关注关系和谐；以局内参与者身份看待问题："小王最近老是加班，他父亲今天生日，工会去送个蛋糕！"快速从个人角度看问题；善于发现优点，自然欣赏；不愿说不愉快事情；理解他人；显得头脑不清感情用事；"唉，辞退谁也下不得手"。他们说："家和万事兴。"

（4）对外部世界的态度及如何适应：判断（J）、感知（P）。判断、感知维度的偏好，是构成完整人格的最后一步，这一维度是确定我们主导心理功能的关键。

判断型（J）特点：喜欢井然有序的生活，喜欢确定的秩序和结构；对做出的决定感到快乐，爱决策、组织他人；喜欢清晰的界限和明确的分类；愿意建立起封闭的环境；事先计划按部就班完成；可能显得苛刻严厉，过分紧张吹毛求疵；制定遵循计划，做事有了断、有限制；墨守计划，忽略新事情；时间观念强。他们说："按部就班。"

感知型（P）特点：喜欢可变通的生活方式，随遇而安；喜欢生活中新情况的出现；对好奇心和发现新事物感到快乐；喜欢享有无限探索的自由；愿意维持开放的环境；显得没有条理、没有责任心；适应性强，不喜欢有限制；不喜欢做决定，把事情压到最后做；找出全部的可能方案，同时开始许多项目；推辞不喜欢的事；缺乏时间观念。他们常说："到时再说。"

现在，简单自我测试一下，您是哪一种偏好？

（1）放假一天。甲：太好了，在家好好享受。乙：啊？我今天干啥？

（2）来到陌生房间。甲：先环视一周。乙：发现细节，盯紧细节。

（3）需要辞退员工。甲：哪个也有感情呀！乙：业绩做标尺！

（4）十天后的工作。甲：详细计划，抓紧。乙：到时再说，不急。

03 八种偏好类型

荣格提出了意识取向的四种功能（思维、情感、感觉、直觉），以及使用这些功能时的两种态度取向(内倾和外倾)。态度类型是首要的，功能类型是以一种特定的方式从属于态度,分别结合,成为八种功能类型,《天生不同》对此作了详尽阐述。下述各功能关键词为约翰·毕比的阐述。

(1)外倾感觉(Se)。关键词:参与,体验,感受。

功能特点:关注事物本身,参与外部世界而获得体验。一是关注特定感官细节;二是热衷即兴行为,享受躯体运动经验产生的舒爽感,且与外界形成协调联动;三是融合于外部环境,从自身周边可触知的环境中学得知识,喜欢亲自动手完成的活动;四是行动迅速,根据实际随意改动;五是个性鲜明,采用不循常规的技巧吸引别人回应。

对号入座:一是面向客观现实,是什么,而不是可能是什么? 二是聚焦在五官刺激获得价值;三是不喜欢彩排,如学习游泳,"不用说了,跳下去就是!"四是精通生活细节,吃喝玩乐非常擅长;五是享受当下,"烹羊宰牛且为乐,会须一饮三百杯"。交流中,擅长谈论当下细节,关注迅速变化的信息;精力充沛,火急火燎,需要从他人那里获得即刻反应;缺乏深度,不顾及他人,有时显得杂乱无章。

(2)内倾感觉(Si)。关键词:落实,确认,计算。

功能特点:关注的细节只对自己有意义,遵循已被认可的知识、规则。一是相信专家、媒体和传统,习惯以平衡稳定的节奏开展常规性工作;二是敏感于自己经历过的细节数据并以此为依据,抑制尝试新经历的冲动;三是收集大量的信息来确认某个既有的标准,通过回顾历史经验而从中总结教训,支持并维护老惯例和旧制度。

对号入座:一是隐藏情绪反应,做事井井有条,时间金钱算计得很准;二是喜旧厌新,比如桌子一直放在某位置不准变动;三是将新老经验整合,通过对感觉刺激的个人反应来应对;四是享受身体的觉知,如就餐时味蕾享受;五是记忆中注意情境的细节且充满情绪体验。交流中,过去之事记忆犹新,以此诠释现在;注意感官信息和特殊细节,但不一定分享。

内倾感觉与外倾感觉的分辨:外倾感觉关注客体和事物本身,内倾感觉关注客体带来的主观因素;外倾感觉按空间顺序记忆,内倾感觉按时间顺序记忆;外倾感觉风风火火、风流倜傥,内倾感觉有些迟缓、墨守成规。

（3）外倾直觉(Ne)。关键词:开始,洞察,促使。

功能特点:透过表面看到未来的可能性,希望打破现状而发展变化。一是对客体有第六感觉,能读懂并喜欢隐喻方式;二是对自由联想很享受;三是捕捉创意意识流,从一串想法中感知出无限多的可能性;四是超强的视野广度,能随机将其他情境中的视角迁移到当前情境中,随意搭配;五是有立即实践可能性的冲动,不喜欢做决定,通过别人即兴改造环境。

对号入座:一是灵感突然冒出来,在外部客观世界看到更深层东西;二是常有预测性的梦在现实发生,如取消了原定旅游计划,而那个地区出现地质灾害;三是善于发现事物之间的本质关联,兴趣宽泛但对现状感到乏味;四是乐天派,新生事物中看到积极性。交流中,精力旺盛,兴奋、充满热情,目光炯炯,打破常规,富于幽默感;对新观点持开放态度,对现状永不满足;不做判断,回避精确细节;与人分享观点,但虎头蛇尾。

（4）内倾直觉（Ni）。关键词：想象，确信，预测。

功能特点：直觉是一种在事物出现在外部现实之前进入事物原型形态的能力，如果自己不是直觉类型，很难被人接受和理解。一是体验过对于预期之外事情的预先感知，会毫无征兆地凭空就"顿悟"出某件事答案；二是相信未来的变化，对未来变革的设想充满乐趣，深信未来会发生今天的预见；三是喜欢研究趋势和预测，依赖于诵经念咒或其他象征性的行为来预测，从精神净化或某种神秘状态中获得深邃的领悟；四是给出创新性解答，设想一种新奇的或象征性的方式去理解那些普遍存在的事物；五是存在可以"变形"，创造一种超越于具体问题本身的解答方法。

对号入座：一是着眼整体，关注事物之间的区别、原因、联系，从外部对象获得动力，但不会被外部可能性俘获；二是不讲究吃穿用和玩乐，寻找最深层的意义，创造而非发现，价值在于对生命的阐释及理解，通过对事物本质属性及它们相互关系的感觉获得感悟；三是赋予具体感官世界以意义和象征；四是确信会发生某事，带着某具体问题入睡，醒来就有答案了；五是乐意帮助他人心灵成长。在交流中，将具体经验与整体情况相关联来谈论事物的意义，指出资料数据的相互关系；讨论预见时无需证据；使用丰富而有深度的象征性语言，喜欢打比方；深邃、沉思、严肃、自信的语气，同时又看似复杂游离、不够具体、不懂变通、不接地气。

内倾直觉与其他收集信息方式的分辨：外倾直觉向外寻找可能性，对可能性的思考由点到片，存储的信息是一个水平面，提取时是在某一点上动态组成片并成片提取；内倾直觉擅长将每一个点联系起来以象征性赋予。以时间为例,Se:此时此刻。Si:当下与过去的比较 。Ne:未来一两年。Ni:长久的未来(如一百年)。

(5)外倾思维(Te)。关键词:调节,规划,执行。

功能特点:认为事物的规律是现场分析发现的,用逻辑思维进行处理。一是敏感于事物的因果次序,采用直线推理的逻辑方式;二是相信实证思维,只思考可观测可度量的现实事物;三是善于控制方法,将信息和观念整合进一个易于贯彻的程序中;四是建立客观流程,用计量方法和其他客观方法,为琐碎又复杂的任务制定工作程序;五是战略管理。

对号入座:一是朝向外在可观察的世界,对没有出土文物实证的"神话"绝不相信;二是善于发号施令,目标是解决实际问题;三是清晰把握工作进程,把"差不多"确定到多少毫克、微米;四是对事不对人,依据客观标准评价自己与他人;五是压制冲动行为,隔离个人感受和情绪反应,喜欢清晰的界限。在交流中,表现权威,不关心个人关系,以及对方是否接受其态度;使用双方都明了的外在现实逻辑并作出解释;重视时间、流程、规则和客观,习惯于对他人批判、指导、控制。

(6)内倾思维(Ti)。关键词:命名,界定,理解。

功能特点:认为事物规律必须符合自己的先验逻辑,不考虑外界实际情况,倾向于从逻辑上判断是否符合自己的准则。一是敏感于逻辑范畴,善于识别演绎推理,依据定义和模型归类、匹配信息和数据;二是重视辩证思考,喜欢定性,不喜欢定量;三是相信一切皆可解释,我相信是真则是真;四是游离于研究对象之外,从多种角度和多个出发点来分析对象,长时间内采用一条基础性的原则作为所有思路的基点。

对号入座:一是喜欢新观点胜过新事实,不重视事实本身;二是喜欢挑战性难题,倾向尝试寻找"通法"解决所有该类问题,注重字斟句酌;三是对待问题先否定再分析,打断别人建议且持批判态度;四是以严密逻辑去清楚表达并精炼模型,但无视现实问题和常规程序;五是注重细节,口头禅是"一具体就深入"。在交流中,不停地描述和解释自己非常复杂的理解,总是喜欢质疑的语气和神态,有时会让别人摸不着头脑,显得冷漠和固执。

外倾思维与内倾思维的分辨:外倾思维,立足于解决问题,注重实用性、分享性;内倾思维,立足于理解问题,注重质疑性、个人性。外倾思维是面对有形的客体,内倾思维是面对无形的主观。

(7)外倾情感(Fe)。关键词:确认,肯定,协调。

功能特点:给人一种价值赋予功能,让人感到自己是有价值且受欢迎的,需要和谐的社会生活。一是感受他人需要,以此赋予自己责任感;二是认可并忠实于社会价值观、公众情感和伦理规范;三是对他人关怀体贴,让别人感到舒适;四是表现亲密联系。

对号入座:一是总是善于发现别人的闪光点,散发出温暖氛围,可以让非常不安的人安静下来;二是亲和力,轻易地表达并与他人分享自己的情感,"别客气,像在自己家一样啊",能读懂他人的反应,在情感上能和别人融为一体,能轻易地将别人的需求和价值观念转移到自己身上,就好像自己真的也这么想;三是以和谐为中心处理关系,考虑最多的是给他人造成的影响,为了让他人开心而委屈自己;四是传播自己的价值观,将自身的存在价值依附于对某些团体、个人或对弱势群体的无私奉献;五是我对你友好,你对我也应该友好,会因团体不和睦、弱者受压制觉得难受;六是喜欢共情和包容,不喜欢区别判断。在交流中,显得亲切、贴心;围绕他人组织空间、时间及事情;微笑、点头显示理解;披露个人信息而鼓励他人表达自我;使用"我们"多过"我";回避冲突;过于关注别人感受,缺乏边界感,可能使人感到被侵入。

(8)内倾情感(Fi)。关键词:判断,评价,确立价值。

功能特点:依据内在客体进行价值赋予,从自身价值和信念进行判断,表现出"自我"倾向。一是以自己的标准界定并感受到来自外界的"善恶";二是笃信个人信念,遵从某绝对化理想的个人信念体系或某强势的身份认同;三是不断地反思自己的选择是否符合自己内在价值观和深层动机;四是建立内在和谐,能识别出并保护别人的真实需求;五是保持人性平衡,耐心在各种生活处境中平衡安宁与冲突的因素。

对号入座:一是常说"我觉得怎么样",为了让别人享受各自的快乐而尽力耐心去忍受别人,但会评估那些未被人们说出来或者察觉却又很重要的事物;二是绅士风度、淑女风范,知道怎样不以他人不安的方式行事,喜怒不形于色;三是自我价值至上,不被认可时会离开情境断绝关系,很难被说服,对他人内在和谐非常敏感,可以说出不受欢迎之事,导致当下"砸场子";四是生活中主要看情绪接受还是拒绝,而不是客观如何;五是信赖抽象的情感理想,但不让情感混乱而违反自己价值理念,通常不会与他人分享价值。在交流中,通过表情传达而非发号施令;内心深处感触很少用言辞表达,不鸣则已一鸣惊人;用"我"而非"我们"开头,为自己而不是为他人说话;展现人格尊严并知道如何显现雅致，难以接近和被说服，过快地判断他人，容易导致人际关系紧张。

内倾情感与外倾情感分辨：内倾情感通过对照情境原型的感觉，来检验人所表达的情感而赋予价值；外倾情感所有的价值，都是对别人而言什么是重要的。内倾情感不理会所有与目标不相符的客体；外倾情感让人感觉温暖和容易接纳。内倾情感聚焦于自己内在的情感价值，如"这是我无法接受的"；外倾情感是别人的价值才是重要的，如"未来我们会更好"。内倾情感的价值不被认可和支持，会离开情境断绝关系，会注意到权力及权力使用；外倾情感会分享自己情感，甚至牺牲自己的价值。内倾情感边界感强，试图保持自己的完整性，拒绝互惠；外倾情感边界感差，关注人与人之间的和谐氛围，要求互惠，礼尚往来。

04　十六种心理类型

不同的偏好组合，会使我们形成不同的兴趣、价值观、需求和心理习惯，并造就一系列可辨识的特质和潜能。伊莎贝尔、彼得对上述八种偏好作了扩展。她们认为，良好的人格发展需要辅助心理功能，辅助功能不仅要协调感知与判断之间的平衡，还要维持外倾与内倾之间的平衡。若非如此，个体就会陷入人格"失调"状态，退缩到自己偏好的世界里面，并有意无意地对另外一个世界产生恐惧。因此，判断、感知（JP）维度的偏好是构成其完整人格类型的最后一步，此维度是确定我们主导心理功能的关键。

基于此,八种人格类型扩展到十六种。内倾、外倾,感觉、直觉,思维、情感,分别与判断、知觉相互组合,形成了如下心理类型:

INTJ(如科学家);INTP(如设计师);ENTJ(如领导者);ENTP(如发明家);INFJ(如咨询师);INFP(如导师);ENFJ(如教师);ENFP(如倡导者);ISTJ(如稽查员);ISFJ(如照顾者);ESTJ(如监督者);ESFJ(如销售员);ISTP(如操作者);ISFP(如艺术家);ESTP(如创业者);ESFP(如示范者)。据此也可以分为:

感觉判断型的生活绿色:ISTJ/ISFJ/ESTJ/ESFJ;

感觉觉知型的艺术黄色:ISTP/ISFP/ESTP/ESFP;

直觉情感型的热情红色:INFJ/INFP/ENFJ/ENFP;

直觉思维型的高冷蓝色:INTJ/INTP/ENTJ/ENTP。

主导心理功能,亦称为优势功能。我们在决策时需要一种权威力量作为主导。如对于某些外倾直觉思维型(ENT)的人来说,直觉要比思维有趣得多,会将自己的直觉置于主导地位,而把思维作为辅助功能。其直觉享有绝对主导权,在生活中,他们会最大限度地享受、使用并信赖自己的直觉。

辅助心理功能,即第二功能。为了维持生活的平衡稳定,需要另外一种充分发展的心理功能作为辅助。如果主导地位属于判断维度,起辅助作用的功能就属于感知维度,辅助功能起着主导心理功能的补充作用。辅助心理功能还有另外一个职责,维持外倾与内倾、外部世界与内部世界之间的平衡,如主导心理功能为外倾时,辅助功能就呈现为内倾。

八功能与八原型

约翰·毕比博士根据心理类型理论,提出了心理类型八个功能、八个原型模型。他说:"我对类型理论的补充是,识别出这些功能的编号暗示着基于心灵的结构存在着八个位置,每一个位置对应着一个功能态度。"

第一(优势)功能:对应的原型是英雄/女英雄。

第二(辅助)功能:对应的原型是父亲/母亲。

第三功能:对应的原型是永恒少年/永恒少女。

第四(劣势)功能:对应的原型是阿尼玛/阿尼姆斯。

第五功能:第一功能的阴影,原型对应对立人格。

第六功能:第二功能的阴影,原型对应长老/女巫。

第七功能:第三功能的阴影,原型对应愚者。

第八功能:第四功能的阴影,原型对应恶魔人格。

约翰·毕比提出了若干原创性理论,尤其是"类型轴",其要点是:

(1)脊柱和它们的阴影。作者将第一功能和第四功能相关的这一对原型,形成一个垂直轴,称之为人格"脊柱"。第一功能与第四功能及其反向态度的阴影,与相关联的原型,形成了人格的核心,它们共同构成一个人意识活动中最具特色的部分。

优势功能:自我的一部分。自我是我们最能够掌控的部分,与胜任感和潜在的控制有关。来自英雄原型,是心灵中最愿意去面对挑战的部分。英雄/女英雄通常在儿童期开始分化,原生家庭对优势功能认识和重视越多,儿童就会表现得越出色,显得有能力和天赋。

劣势功能:羞耻感的来源,与阿尼玛原型有关。以谦卑的姿态承认接受这种羞耻感,是与无意识连接和认识自己寻求整合的必要步骤。通常劣势功能没得到很好发展,被迫使用时非常痛苦。尽管它带来羞耻感,但劣势功能是与灵魂或精神直接相连最理想的一个地方。我们事业或使命的能量都在心灵的这片区域,也是自身相对脆弱和无力的部分。大多数人无法意识到自己的对立人格或恶魔所携带的功能对他人施加的影响。

(2)双臂和它们的阴影。当转向第二功能和第三功能时,同样也构成一条轴(横向),即人格"双臂"。主要体现在与他人建立关系时采取的模式。如外倾情感在优势功能的位置上,与在辅助功能位置上是不同的。是原型把这个位置变成我们生活中的角色。

辅助功能:在大多数成人身上都能得到长足的发展,就像一个右利手人的右手一样,经常被用来做事去帮助和支持他人。辅助功能是父母(原型)般的功能,去帮助别人发展。优势功能是内倾时,辅助功能就是外倾功能。优势功能是外倾的人,在人际关系中辅助功能是内倾。

第三功能:更像一个右利手人的左手,有时具有新颖和创造性,但不稳定(少年原型),有时可靠性还不如劣势功能。辅助功能对他人的第三功能,特别具有吸引力。因为第三功能就像一个永恒的少年,至少需要一个行为良好的人去赞扬、支持、强化和引导它。

(3)脊柱与双臂的关系。脊柱可以被视为与我们自体相关的轴,能够意识到优势功能和劣势功能之间的这个轴(纵向),可以使人知道"我是谁",也让自己在与他人相处时保持完整性。双臂则可以被视为我们与他人建立关系的轴。辅助功能的父母原型和第三功能的少年原型是互补关系，他们或多或少被意识性地用来去支持他人或者被他人支持，为意识的脊柱（优势和劣势功能）提供一种平衡，使我们更加关注"我成为什么样的人"，我们能做什么，以及我们能为自己做什么。这两条轴是互补关系，一条轴是理性轴（判断），另一条是非理性轴（感知）。当我们太倚重非理性的脊柱时，双臂会使我们与人相处时变得理性，当我们太过依赖理性时，双臂也能够支持我们超越理性脊柱的僵化。

06 两例心理类型个案分析

下面介绍两例个案，分别一是从类型原型侧面，分析八个功能在实际生活中的呈现，二是重点放在辅助功能即社会化部分功能的应用以及与相关功能的关系。

第一个案例：八大功能与原型

岚，女，高考前来访。

类型分析目标：发挥优势功能，弥补短板，备战高考。同时根据心理类型，预备选择符合自己心理类型的大学专业志愿。

测试结果：INTJ。第一功能为内倾直觉 Ni，第二功能为外倾思维 Te，第三功能为内倾情感 Fi，第四功能为外倾感觉 Se。

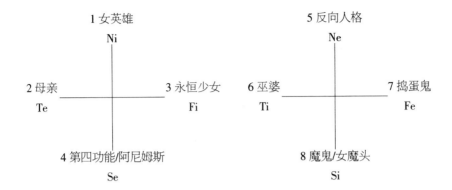

第一和第五功能:INTJ 的优势功能是内倾直觉 Ni,她会顿悟某些事情。如做梦,会预见未来的发生验证。"我做梦都很应验。回想当时中考完的第二天,梦到爸爸买一小鸡仔回来让我养,下午爸爸真的拿回两只小鸡仔。"不用分析就直接接近真相。外倾直觉 Ne 作为阴影出现时,是莽莽撞撞地向外寻找可能性,即第五功能(反向人格)。

第二和第六功能:来访者外倾思维 Te 的特质,以外在客观去思维,隔离情感,同学相处理性而友好。这一部分是母亲原型主导。阴影部分为第六功能内倾思维 Ti,作为巫婆原型,侧重点在于抽象和逻辑,消极自我形成自我攻击的部分。

第三和第七功能:第三功能作为永恒少女原型,在这里表现为内倾情感 Fi。有稳定的情感,且是自我价值判断。阴影部分为捣蛋鬼(愚者)原型,在第七功能表现为外倾情感 Fe。捣蛋鬼意味"两难",怎么都是错。

第四和第八功能:与优势功能相对应的是外倾感觉 Se。现实中运动技能差,对感官不敏感,讨厌有同学涂口红。阴影部分即第八功能内倾感觉 Si。这是最不被接受的部分。内倾感觉作为阴影出现时,把储藏起来的感官感受作为记忆库不愿意改变。

计划未来报考"动植物与环境"。内倾直觉的优势功能，"能听懂小鸟的意思，探索未知和未来的奥妙，找到生命的真谛"，外倾思维的辅助功能，能够进行严谨的逻辑思维和客观的考察分析，进行细致研究。此专业对自己来说得心应手。高考结束，如愿被某大学该专业录取。

第二个案例：第二功能及其相关功能的应用

有来访者询问："为何我是内倾，跟同学在一起的时候特别闹？"我们知道第二功能主要行使外部交往职能，在倾向性上是第一功能的补偿。如第一功能为内倾，第二功能就展现出外倾特质。判断型 J，主要指向理性功能（思维或情感），觉知型 P，指向非理性功能（感觉或直觉）。

裕，男，中年。某社工服务机构负责人。

心理类型：INFJ。第一功能 Ni，第二功能 Fe，第三功能 Ti，第四功能 Se。阴影部分，第五功能 Ne，第六功能 Fi，第七功能 Te，第八功能 Si。

类型分析目的：了解内倾性格的交往方式，促进自性化发展。

首先，第二功能 Fe 不经意间溜出来了。对第一功能为 Ni 的人来说，骨子里喜欢独居，沉湎于抽象之遐思畅想中，但热闹起来也是翩翩起舞的"中心"。第二功能 Fe 体现出外倾情感的日常用语"肯定"，追求人际关系的和谐气氛。Fe 总是看到谁都好，不易觉察就跑出来"考虑别人感受、为别人着想"。裕说："我曾在国企干行政中层，自己做的事情跟上级汇报说是部下干的，部下出的错归为自己，部下被提拔了，比自己被提拔还高兴。大家都把我当成兄长。"这就是第二功能的"父亲原型"，当发挥作用时正是外倾情感"时时处处为别人着想"的样子。"我能帮您做点什么"就成为自然而然最常使用的语句,此乃发自内心情感,并非"演技"。别无他求,就想要一个融洽人际关系。

其次,Fe 之受伤。助人过度乃缺乏"边界"。助人有边界,帮人须有度。裕说:"本来正忙着,有人求助,却说我没事;本来没时间,却说您过来就是。"Fe 帮助了别人,对别人的喜事感到高兴,但如果别人没有回应就心生烦恼。被提拔的部下没有表现出感恩的语言,甚至"人走茶凉"就受伤。Fe,需要回应,但不是物质回应,仅仅需要被肯定。好受伤,这是 Fe 的特点。Fe 认为大家都是好友,都与自己友好,遇到相反情形时,就受不了。

再次,Fe 之阴影 Fi。在我们容易陷入困境的情况下,可能是因为功能的阴影开始发挥作用了。一般来说我们不会在意识层面去使用它们,但是容易被激活,在不觉察之时就爆发出来。阴影部分体现了攻击性和破坏性。裕曾与"好友"发火:"咱俩关系这么好,我对你那么支持,你为啥这样对待我? 如果不是我们关系好,我也不找你发火。"通常在意识层面是辅助功能 Fe 处理与人交往,但是当破坏性发挥作用时,就使用其阴影部分 Fi 的负性特征去危害人际关系。同时,阴影也构成了无意识的吸引要素。比如对 Fe 来说,一方面不喜欢 Fi,一方面又被其吸引,甚至欲罢不能。因为阴影是被意识压抑的部分。这佐证了有些夫妻性格相反经常吵架,但并未离开的深层原因。

最后,第二功能与第一功能的关系。Ni 和 Fe,一个第一功能,一个第二功能,就像逗哏捧哏,配合默契。看似耀眼夺目之 Fe,实为"打工"者。Fe 自然知晓,本"宰相"出场,仅去辅助第一功能 Ni 也。Ni 在"运筹策帷帐之中",Fe 只能"躬耕不辍于南阳"而"鞠躬尽瘁"。所有 Fe 之言行都是为了"探究天地奥秘"之 Ni 功能。傅雷说的"又热烈又恬静，又深刻又朴素，又温柔又高傲，又微妙又直率"大概就是 INFJ 心理类型吧。

 07　察人观己以成长

我们先来讨论心理类型的特点。

其一，是中性的，秉持非道德评判。无论从四个维度的态度倾向、收集和处理信息，还是行动方式，都是中性的，没有优劣之分。在 MBTI 测试中，对迫选题很难抉择时，说明尚未分化好或已经趋向协调。但是当太过时，需要适当抑制。如果问"哪种好？那种不好？"回答是："无所谓好与不好，只有优势和盲点。"

其二，是发展的，在分化与趋中过程中。人在出生时就带有先天性气质和功能偏好，先天性是形成类型的主因。迈尔斯认为，随着发现自己最适合的偏好，将首先发展其优势功能，继而在成长过程中，逐步开始发展其第二功能，青年期是对偏好的明确和发展时期。在生命的中后期，开始发展早期被压抑和忽略的部分，即第三和第四功能。

其三，非绝对。测评量表的结论是相对的。

那么在实际生活中如何运用心理类型提升自己和改善关系呢？

（1）自知与成长。通过对自己类型的了解，知道不同类型的压力反应，找到不同类型舒解紧张的策略。如面对紧张，外倾型过去擅长与别人交谈，现在尝试笔记写下感受；内倾型过去习惯反省，现在尝试述说谈论；感觉型习惯于感官活动，现在尝试去幻想。多数人四个维度功能比较趋中,也有部分人较极端。在测评中,两者选择难度越大,说明中和度越接近,就越趋中。"高功能"是指测评中单一分值过高,指向集中,现实中显得极端。

木槿,中年妇女。高功能 ISTJ。其称与丈夫、公婆、孩子关系都紧绷。日常表现强迫。别人刷过的碗,自己必须再刷一遍才放心;对孩子正常的调皮视为多动症,要求孩子"站如松、坐如钟、行如风、卧如弓";对他人和自己要求标准都很高、且评价都很低。通过对自己习惯偏好的觉察、自知,进而在弱势方面适当增强。自知,还包括对于各功能"阴影"的觉察与矫正,处于阴影部分的四种功能,往往采取对抗方式使用它们,也就构成了我们"自我失调"的部分,使我们陷入困境。

(2)察人与沟通。知道别人是什么心理类型,就更容易理解他人,避免从品德层面揣测别人而造成人际关系恶化。关系弄僵,往往来自于对他人心理类型的"误读"。

涛,男,某监管所所长。高功能 ESTP。优势功能是外倾感觉(Se),对细节过度重视,日常生活挑剔,吃饭要反复"提审"厨师,对其色香味提出事无巨细的批评,眼见为实,从不听谗言,当然也不听建议;辅助功能是内倾思维(Ti),对外界客观不重视,只认同自己的理论架构推理;第三功能是外倾情感(Fe),偶尔会烘托气氛,擅长演讲;其阴影部分(Fi),偶尔会以主观信念当场故意羞辱人;劣势功能是内倾直觉(Ni),对战略、未来缺乏规划;P 觉知型,新点子多但不能落到实处,没有时间观念,开会延时,赴约迟到。对此,不必对该领导心生嫉恨,认为他是"故意刁难"品行问题,实则心理类型偏好指标指向集中而缺乏相对均衡的缘故。

对于不同类型之间的沟通,相互从对方类型特点考虑,如外倾对内倾,留出私人反省的时间;内倾对外倾,容许对方为澄清问题的"多话";感觉型对直觉型,先给出概貌,然后详细叙述细节;直觉型对感觉型,先说基本成型的具体观点,注意细节;思维型对情感型,考虑对人的影响,由一致意见开始;情感型对思维型,考虑原因和结果;判断型对觉知型,容许其工作方式的灵活性和不愿被控制的需要;觉知型对判断型,容许计划和结构,以及他人控制和决定的需要。

(3)在团队建设中,可根据每位员工的类型进行相应优化。

团队组合:外倾型(E)业务拓展+内倾型(I)内部管理

团队组合:思维型(T)内控+情感型(F)营销

团队组合:感觉型(S)实施+直觉型(N)规划

组合 1:领导直觉型(N)+部下感觉型(S)。部下根据领导总体思路去落实,井井有条。如书记抓全盘,市长抓落实。

组合 2:领导感觉型(S)+部下直觉型(N)。领导盯着部下细节,即使外出也随时督导。领导陷于琐碎事务,部下粗心,有点子用不上。

组合 3:领导直觉型(N)+部下直觉型(N)。都有新想法,计划落在实际环节出问题。云里雾里,眼高手低,一地鸡毛。

组合 4:领导感觉型(S)+部下感觉型(S)。双方过于追求细节,没有拓展创新。驴拉磨,原地转圈,没有突破。

(4)家庭关系中,运用心理类型以减少冲突。有些夫妻看起来男才女貌,但彼此却相互厌恶格格不入,两人看起来生活在同一个世界里,但在他们看来完全是两个世界,却不知当初为何结合。我在 2019—2021 年,做过 101 组家庭的"心理类型集群"调查采样,发现很多"争吵样本""和谐样本"。其中两组家庭濒临破裂,一组为完全相同,均为内倾感觉情感判断型(ISFJ),看起来像一母所生,但都称"对他(她)受够了",当初是看到对方像自己而相互吸引,婚后在对方身上看到的总是自己的阴影部分。另一组完全相反,妻子内倾直觉情感判断型(INFJ),丈夫外倾感觉思维觉知型(ESTP),双方互不容纳。当初相爱,是因在对方身上看到了自己缺乏的地方而被吸引,婚后看到了与自己不一样的地方,试图改造对方未果,却由此强化了对方该项功能成为"高功能"。

20世纪40年代,MBTI测验开发者伊莎贝尔在375对夫妻中进行了心理类型调查。在MBTI四个维度上,夫妻在两个维度一致的占33%;三个维度一致的占35%;四个维度都一致的占9%,超过两个维度以上一致的占77%。说明挑选婚姻伴侣时,倾向于寻找与自己相似的伴侣。情感型的人选择伴侣时,倾向找四个维度上都一致的人。思维型的人与众不同,在所有心理类型维度上都不同的夫妻中,几乎所有的丈夫都是思维型,前面举例的ESTP丈夫可佐证。尽管相同的心理类型可以带来心灵相似的融合感,但可能会在长久的相处中,反复地在相同问题上兜圈子。同样,我们也会被那些我们所不熟悉、不擅长的部分所吸引,相反的心理类型,能够让双方看到彼此的盲点,启发自我思索,以利于互补而整合。理解差异,是为了能够更容易地和我们不同的人相处,由此去觉察内在,以更包容的态度去看待彼此。

第四节　多重视角：人格归类

我们前面分别从无意识情结角度与意识分类角度，分别讨论了子人格和心理类型。《易传》曰："方以类聚、物以群分"，人亦如此。每个人在群体中都有异同，多重视角看，每个人都有不同的人格偏好、气质类型，无论是从生理角度，还是从社会规范习俗划分，古今中外、学术界与民间，都有不同归类，都可作为多侧面自我探索的工具。

01　儒释道等宗教及东方文化的人格归类

道家诸圣对于人格的划分比较简单，老子曰"俗人昭昭，我独昏昏；俗人察察，我独闷闷"，分为"俗人"（非道）与"我"（道）两类人，以对待"道"的态度又分为三类人，即"上士闻道，勤而行之；中士闻道，若存若亡；下士闻道，大笑之"。庄子亦同，将人比喻为两类树木"散木"与"文木"，散木，"造化"之木，永葆道施之德，"不祈畜乎樊中"。文木，"文化"之木，不葆道施之德，必欲"畜乎樊中"。"畜乎樊中"，圈养笼中也。若《齐物论》之天道、人道"两行"，圣人、众人"两行"。

儒学对人格多从道德划分。一是以小人、君子划分，包括从智力德行上的上智、下愚、中人的分类，孔子进一步细化分为五类，曰："人有五仪，有庸人、有士人、有君子、有贤人、有圣人，审此五者，则治道毕矣。"孟子依照道德品行分为善人、信人、美人、大人、圣人、神人六类。荀子将人分为通士、公士、直士、悫士、小人五类。以上均依德行分类。二是从气质禀赋分类,分为狂、狷和中行,即进取、谨慎与中和三种类型。子曰:"不得中行而与之,必也狂狷乎!狂者进取,狷者有所不为也。"

佛教有"六凡四圣十法界"之说。四川大学陈兵教授认为:"就人格分类而言,天台宗的'一心十法界',其实内涵最能代表佛教人格类型说的思想……十法界从主体方面讲,为十类有情:地狱、饿鬼、畜生、修罗、人、天人、声闻、缘觉、菩萨、佛,这十类原是对宇宙中从低到高的一切有情的归纳,有生命类型、精神境界层次的意味。"以此分别形成了相应的十种人格。如地狱型人格,自私、凶残、冷酷、阴险、卑鄙,很强的扩张私我欲,性格外向具有攻击性和破坏性,度日如年,极尽痛苦折磨;饿鬼型人格,自私、吝啬、奸诈、小聪明,具备乞丐心理、奸商心理,物质和精神生活极度匮乏;畜生型人格,轻信愚痴,平庸懒惰,当牛做马,贪吃贪喝;修罗型人格,好勇斗狠,贪着权位利益,嫉妒心理,专制,飞扬跋扈,逞强,反社会人格,黑社会打打杀杀;人型人格,具备人性与仁义礼智信;天型人格,光明正大,聪慧质直,纯善无恶,具备诸德行特质,不劳而获,物质和精神生活丰足,养尊处优。前六类属于"六凡夫",从声闻型人格到佛陀型人格四种,为"四圣者"人格。声闻型人格,通过教诲得以解脱,超凡脱俗,不受环境左右,较少关注世间,被称为"自了汉";缘觉型人格,无师自悟,超越物理和伦理生活,无我无求,跳出三界外不在五行中,但具孤寂与悲悯感;菩萨型人格,"不为自身求快乐,但欲救护诸众生",具远大理想,情操高尚,清澈智慧,自我牺牲服务社会,如雷锋,如发乎内心不求闻达而做公益服务人士亦具此情怀;佛陀型人格,高度自觉,智慧圆满,以大众一员自居,是为"大雄大力、雄猛大丈夫"。

另外,从易经来看,我们可以推导出"八卦型人格",细化为"六十四卦型人格"。如乾卦型人格,像父亲一样具有威望,与权力、责任、规律相关,能力强,责任大,有决断,比一般人操心,累、辛苦,追求完美,刚健有力,永不停息,但情商低,自以为是。离卦型人格,美丽,热情,亲和力,富于感染力,外向,急躁,进取。再如雷风恒卦型人格,特点是稳定,长久,实在,经得起考验,不会违背约定。地火明夷卦型人格,特点是怀才不遇,常被身边人不理解,内心受伤,做夜间工作等职业,白天提不起精神,夜间效率高。再如天山遁卦型人格,其特点是逃避,隐退,战略性转移似智者,如诸葛亮等待明君,陶渊明归隐自然,当临则临,该遁就遁。此易经卦型人格,可自我觉察,亦可作为玩味。

02　生理医学角度的人格分类

西方古希腊医生希波克拉底按体液中所含某种成分多少,将形成人格的重要因素的气质分为四大类型。胆汁质的人性格热情、直爽,精力旺盛,同时心境变化剧烈,易冲动,喜怒表现明显。多血质的人性格外露,思维敏捷,活泼好动,喜欢交际,容易接受新事物,浮躁,缺乏稳定性和一致性。黏液质的人情绪平静,沉稳持重,克制忍让,克制力和持久性强,不懂变通,因循守旧。抑郁质的人忧郁多愁,优柔寡断,行为孤僻,对于情感的体验深刻、持久。

日本心理学家古川竹二创立了"气质血型说"。通常被解读为:O

型气质,具有为信念而生活的倾向,富有活力;一旦确立了目标,就以非凡的毅力去实现;集体主义较强,希望与人真诚相交,对他人好恶敏感;争强好胜,固执己见;处事方法简单,有时会感情冲动;言谈话语有逻辑性,有创造性,尊重有个性的事物,善于靠视觉记忆;热爱自然和生物。A型气质,充满使命感和道义感;注重人际关系,有时缺乏耐性;尊重规矩秩序,重视合作,主张事物的是非曲直;为与社会协调,会压抑情绪,内心和外表有时相反;具忍耐性及对肉体痛苦的耐久性,富上进心;讨厌抛头露面,隐而不露,谨慎小心;对刺激反应强烈,饮食和睡眠易受精神影响。B型气质,往往我行我素采取主动行动,较少受环境的影响,讨厌受制约和教条的束缚,行动欠谨慎;兴趣广泛,把兴趣视为生存意义;思想方法灵活实用,应变性强,好出谋划策,韧劲较弱;好主观计划、预测未来之事,态度乐观,较固执自信;对人直率开放,好轻信,不善于世俗交际,态度冷热不均,难以保持平衡;感觉敏锐,感情变化较大,容易外露,感情用事;权欲少,精神状态很少受食欲和睡眠的影响。AB型气质,参加社会活动的意欲较强,有服务精神;热情助人,待人接物细致周到,与人交际保持一定的距离;具有分析能力,设计能力较强;批评尖锐,不爱出人头地,过于慎重;憎恨伪善,正义感强,喜好幻想童话之类,易沉没于戏剧性伤感中;对人为的环境有一种安逸之感。

《黄帝内经》对人格分类更深厚、深刻、全面、通达,从两个角度进行划分。一是侧重心理层面,从秉持阴阳之气多寡,在阴、阳人格分类基础上,细分为五种人格类型。曰:贪而不仁,下齐湛湛,好内而恶出,心和而不发,不务于时,动而后之,此太阴之人也;小贪而贼心,见人有亡,常若有得,好伤好害,见人有荣,乃反愠怒,心疾而无恩,此少阴之人也;居处于于,好言大事,无能而虚说,志发于四野,举措不顾是非,为事如常自用,事虽败而常无悔,此太阳之人也;谑谛好自贵,有小小官,则高自宜,好为外交而不内附,此少阳之人也;阴阳和平之人,居处安静,无为惧惧,无为欣欣,婉然从物,或与不争,与时变化,尊则谦谦,谭而不治,是谓至治。二是侧重生理层面,按照五行分类。如木形之人,有才,劳心少力多忧,劳于事;火形之人,有气轻财,少信多虑,见事明好颜;土形之人,安心,好利人不喜权势,善附人也;金形之人,身清廉,急心静悍,善为吏;水形之人,不敬畏善欺绍人。"先立五行金木水火土,别其五色,异其五形之人,而二十五人具矣。"意思是说,天地之间,宇宙之内,一切事物的变化,都离不开木、火、土、金、水五行,人也是这样。首先明确五种类型,然后再根据五种颜色的不同,辨别上述五种人的差异,这样就很容易知道二十五种人的形态了。

03　心理诸多流派之人格分类

多重角色、多重人格力量的并存与冲突,是普遍的人生经验。可具不同视角和功用进行分类。结构化人格测验,如国际通行的明尼苏达多相人格测验,目的是区分精神病患者和正常者,另有加利福尼亚心理调查表、杰克森人格调查表、NEO 人格调查表等。

在人格理论中较有影响的是"人格的大五模式",始于美国人格心理学家奥尔波特的研究。该人格理论包含人格的大五模式,分别是开放性,具有想象、审美、情感丰富、求异、创造、智能等特质;责任心,显示胜任、公正、条理、尽职、成就、自律、谨慎、克制等特质；外倾性，表现出热情、社交、果断、活跃、冒险、乐观等特质；宜人性，具有信任、利他、直率、依从、谦虚、移情等特质；神经质性，难以平衡焦虑、敌对、压抑、自我意识、冲动、脆弱等情绪的特质。我国心理测评专家根据国情编制了《中国大五人格问卷》《中文形容词大五人格量表》《中庸实践思维方式量表》。其中戴晓阳团队编制的"大五人格测评"（CBF-PI-B），含五个维度包含 134 个条目。另有通俗心理学如"九型人格"，将人分为完美型、助人型、成就型、自我型、理智型、忠诚型、活跃型、领袖型、和平型九种。读者可查阅人格类型测评量表等工具进行多角度自测。

在心理治疗与咨询临床中，还有自恋型人格、反社会人格、边缘型人格、依赖性人格、强迫性人格、表演型人格、分裂型人格，等等。

依据生活态度，也可分为两大类人格：应对型人格、自在型人格。

应对型人格，总是活在别人的价值判断里，为了证明给别人看，故向外求。其因是不认同自我价值，如重男轻女的家庭，女孩潜意识中不认同自己性别，为了证明自己优于男孩，学习工作很努力，出人头地，挣了钱给父母或给弟弟等男性。表面看起来风光，在满足证明自己后，一旦停下来，内在就感到空虚。"我不知道别人会怎么看我"即属此类。应对型人格的特点是"讨好、取悦"他人（环境）。某位来访者问："我如果不再应对了，不再讨好了，会不会就不优秀了？"我认为现实中有可能会变得平庸而不再优秀，但内心更接受自己，不再活得很累，更有可能是继续努力，更加优秀，但是内心已经变得平和，是为了成为自己而不是为了"活给别人看"而优秀。

自在型人格，接纳自己，"不畏浮云遮望眼"，活出自我，尽本分。

第八章

无心相遇：无因果的
共时性

共时性：无因果而意味深长的巧合

镜映：直截了当的 隐喻

相遇：无心感通

第一节　共时性：无因果而意味深长的巧合

共时性，是分析心理学中很有意思的一个现象。对于感觉型的人来说，难以理解，但共时性经常发生在我们身边。对自我探索者来说，可以更多地从中与未知的自己相遇。在这些无因果的巧合中，蕴含了集体无意识的"意味深长"。

01　共时性现象

关于一些巧合，我们都经历过或听说过。比如"说曹操，曹操到"；正想某人时，打喷嚏了，电话打来了，路上碰到了，夜晚梦到了。

宋女士："那天莫名其妙去男友住处，买了杨梅送去，却发现一个女士坐在那里。后来知道她叫杨梅。从此分手，男友和杨梅结婚了。"

薛女士，初次来到工作室，情绪有些不安。我让她先放松一会，后来发现她像睡着了。此刻，我闻到一股日光蒸腾下植物叶子的味道，出现夏至正午玉米叶子硕长的画面，非常鲜明的嗅觉和画面，此时传来两声小狗叫声。之前工作室整座楼道从来没有狗出现过。这时她微微睁开眼睛说："奇怪，刚才好像做了一个梦，可能太累了。梦里听到狗叫。"我问："你的梦境，有一大片玉米地吗？"她惊讶："是啊！梦到中午的时候去爸爸家，梦里他住在一大片玉米地中间。他年初去世的时候，我在外地没赶回来。"后来得知,其父坟墓即在一片玉米地中。她在摆沙盘的时候,我心中出现橘子树意象。她先是拿了一组沙发,结束沙盘游戏时拿了一棵橘子树,摆在正中间的位置。

发生在荣格自己和病人身上的共时性案例也有很多。1909 年,荣格在弗洛伊德家中谈及未卜先知和一般性灵学时,弗洛伊德认为是胡说八道。荣格在《回忆梦思考》记述:在弗洛伊德说这些话的时候,我有一种异样的感觉,我的膈肌好像一块铁板被烧的赤红,炙灼的跳动着,说时迟那时快,我们身边的书柜突然发出一声巨大的爆裂声。我们二人都被吓了一跳,站了起来,担心它会倒下来砸在我们身上。我对弗洛伊德说:"看吧,这就是一例所谓的催化性的表象化现象。""得了吧",他大声说:"那是胡说八道。""那不是胡说八道,您错了,教授先生,为了证明我的说法,我在此预言,片刻后还会有一声这样的巨响!"果不其然,我的话音刚落,书柜便发出了一声同样的爆裂声……直到今天,我仍不明白我怎会如此肯定,我只是确信这声音会再度响起。还有一个梦与现实的"巧合"。荣格叙述道:"梦中,忽然右边出现了一个长着翅膀的生灵,横穿天空……他长着一双翠鸟的翅膀,有着翠鸟标志性的颜色。我不明白这一梦中意象,便把它画了下来,以便让它印在我的脑海里,在我忙着画之后的那几天里,我竟在我的湖畔花园中发现了一只死去的翠鸟!我顿感青天霹雳,因为在苏黎世这一带翠鸟极为罕见,此后我再也没有在此地发现死去的翠鸟。这只翠鸟刚死不久,至多两天或三天,而且身上也没有什么外伤。"

还有一桩看起来离奇的"巧合"事件。一位受过良好教育的年青女子,由于她具有片面的逻辑思想,对荣格为减轻她理性主义所作的努力毫无反应。某天，荣格坐在她对面，背依窗户，聆听她关于前天一个印象极为深刻的梦：梦中有人赠她一只金色的甲虫，一件很贵重的珠宝。此时，荣格听到背后有轻拍窗户的声音，发现窗外有只相当大的昆虫正在飞撞窗棂，试图进入这黝黑的房间。此事颇为怪异，立即打开窗户，在昆虫飞进之际，荣格从空中抓住了它，是普通的玫瑰金龟子，那种黄绿的颜色，与女士梦中的金色甲虫极为相肖，荣格将之交给女士："这就是你的甲虫。"这件事情，打碎了她理智抗拒的坚冰，治疗得以持续且成效显著。

我们可以列举出更多文化上的共时性现象。如前几章讨论过的某些标识设计、某些建筑物。对于习以为常的现象，放大时间空间跨度，不加意识感受的时候，就会发现"意味深长的巧合"。如某类坐北朝南的办公大楼，原先从南门进院，南门入楼，事情是按常识常理和规则运行。搬迁之后，虽依然坐北朝南，但大楼南面是封闭的广场，进入此楼需从东西侧门或从北（后）门进入大厅上楼。建筑的无意识设计，与现实中的"走后门"潜规则现象不谋而合。坊间所传"某人大庭广众之下摔了一跤，单位出了事"，以及"白宫附近广场遭雷劈""美国最大星条旗被大风扯碎"等，也成为村夫野民饭后茶余所津津乐道并与此后发生事情验证的"无因果巧合"。共时性呈现，意味深长的巧合，往往是天人相应。蒋介石逃亡大陆之前，在成都军校阅场，第一项仪式升旗，正当大家全神贯注盯着升旗时，突然旗子和绳子一起滑落，重新绑好，蒋讲话时假牙掉了，接见学员时差点跌倒，次日早起散步，站岗的学员见到他声泪俱下说："银元被长官克扣。"这就是"不祥之兆"。蒋氏买办集团屠戮人民，卖国求荣，人神共愤，此时气数已尽。

02　共时性理论

上面说的这些已司空见惯,见怪不怪,或者认为迷信不足道。但从自我探索的角度,这是"心灵自主性"的呈现。荣格理论中,共时性是一个最抽象、最难捉摸的概念。荣格把共时性描述为"两种或两种以上事件的意味深长的巧合,其中包含着某种并非意外的或然性东西"。事件之间的联系不是因果律的结果,而是另一种"非因果性联系的原则"。各种事件以意味深长的方式联系起来,即内心世界与外部世界的活动之间、无形与有形之间、精神世界与物质世界的联系。这种结合只有在没有自我意识介入的时刻才能发生,它不是在精神的无意识中孕育,似乎是由精神本身秘密设计,它不必顾忌自我的有意识意图。这些比率或大或小的共时性活动,发生在大多数人日常生活中,正如梦一样,如不注意识别,是无意义的。

我们先来了解该理论的缘起与发展。讨论共时性,需先介绍一位与此有关的科学家鲍立。因为"鲍立是说服荣格写作此专论的关键人"。鲍立曾因家庭分裂、母亲自杀等事件处于严重心理危机求助于荣格,后来荣格将其转介另一位分析师,转而做其督导,后期两人成为朋友和同事。荣格研究了鲍立 1300 个梦中的前面 400 个梦之后,完成了《梦的象征及自性化的过程》。鲍立深受共时性理论吸引,荣格也十分赞赏鲍立对原型与集体无意识理论的独到见解。1945 年鲍立以其"鲍立不相容原理"获得诺贝尔物理学奖,这一定律解释了为什么宇宙没有坍缩的基本原因。两人于 1952 年合著《自然与心灵的阐释》,此书被认为对于心理学和物理学研究都极富启迪意义。两人的书信和对话部分，揭示了他们在探讨共时性当中的相互影响。在定义与理解共时性过程中，鲍立协助荣格系统阐述了"类灵"原型，由此将心灵基础根植于生物学以及自然当中，且万物得以在宇宙中相互连接，认为将意义增添至相互连接的那一瞬间，便可以得到共时性。国际分析心理学会前任主席坎布雷在《共时性：自然与心灵合一的宇宙》中说："荣格叙述许多贯穿自己生命的意外事件，从幼时到年迈都可视为属于超心理学的或者共时性的。然而，这些事件可以必须被区分出来。作为超心理学事件，可以推测出一个基于未知力量或超自然因果律的因果解释。于此之际，共时性仍将保持保有严格的无因果性。"荣格在生命后期才将共时性理论公之于众，这表明了他的慎重。

坎布雷博士将共时性归纳为三个关键要素：有意义的巧合、非因果性的关联、神秘性。所谓"有意义的巧合"和"非因果性的关联"，这是自然与心灵合二为一的最佳示范：当自然与心灵以有意义的方式交会之瞬间，"即时地一起落下"，即当"同一时间发生的内容"出现之际，事件也在"同一瞬间"发生，它在没有自我意识介入的时刻发生。荣格起初是"即时地一起落下"或一个"瞬间"，鲍立则提出复杂性瞬间。这有助于荣格去理解来自东方《易经》出现的，也普遍出现于科学前文化里发现的时间概念。

关于有意义的巧合。荣格认为"共时性则把种种事件在时空中的契合，视为不只是纯然的巧合，换言之，诸客观事件彼此之间，以及它们与观察者的主观心理状态之间，存在着奇妙的相互依存。"共时性的巧合是"有意义的"，如同荣格病人梦里的"金龟子"出现在现实叙述梦的过程中,荣格和弗洛伊德谈话时家具发出的声响,都彰显了特定的意义。荣格评价《易经》道:"古代中国人对宇宙的沉思,其方式颇有些类似现代物理学家。现代物理学家无法否认:他的世界模型完全是一种心理结构。微观的物理事件中包含着观察者的观察,恰似《易经》中的现实在其瞬间情境的整体性中,包含了主观的心理状态一样。"有意义,是对于咨询师和来访者来说,正如来访者薛女士梦里出现到父亲居住的玉米地(实则为其亡故父亲的坟墓在玉米地)时,我嗅到玉米叶子的味道。其意义可能指向当下的瞬间,也可指向过去或未来。什么样的事件可以称为共时性事件呢?荣格认为有两种情况,一种情况下,心境以及与之相符合的外在事件(多是同时发生的)两者相互巧合。但巧合的外在事件是在观察者知觉的领域之外发生,而且只能在事后验证。另一种情况下,心境以及与之虽相符合、但却尚未存在的未来事件相互巧合,这种事件隔着一段时间的距离,而且同样地也只能在事后验证,如荣格梦里的翠鸟。荣格解释说:"有些星相家甚至能在事先完全不知道你的生辰的情况下,便说出在你出生的那一刻太阳和月亮的位置何在,以及黄道带在地平线上是什么标记。面对这样的事实,我们不得不承认:特定的瞬间可以留下持久的痕迹。"巧合,意味着无心之作,非故意。事后被发现此"无意之作"。不发现,仍无意义。

关于非因果性的关联。荣格用共时性来解释无意识的显现,认为它是与因果原则一样重要的世界运转法则,他不是说事情一定要在同一时刻发生,而是说有着同样含义的事件不按照前因后果的顺序被连接在一起。共时性带领着荣格扩展它的原型理论。在这同时,他把原型归入为一般无因果性秩序的特殊子集合。荣格认为:"共时性由此而形成的观点恰好与因果性相反。由于因果关系仅仅是统计学意义上的真理而非绝对真理。"集体无意识具有无尺度、不规则的特性,更久远的、深层的无意识,是网状的、无时空的。无时空,便没有了因果联系。

关于神秘性。荣格说:"我坚决努力把那些玄学的东西晒在从心理学角度可以理解的阳光下,尽自己最大的努力防止公众受到邪门歪道的误导。"他极力要摆脱"玄学"这顶帽子:"心理现象的真实性不是科学问题,当心理现象超出了人所能觉察和判断的范围,将没有任何科学证据可以证明其实质。心理医师关注的不是这些情结的实质,而是心灵体验本身。可以确认的是,这些幻象是真实的心理现象,是人人都可体会的,而且具有不容置疑的自主性。"共时性的现实存在与意识层面无法解释,形成了神秘特质。坎布雷认为,共时性也可以当做是隐喻形成过程的一种特殊形式,向我们展现一个更广阔的世界观,让我们窥见这宇宙内在的相互关联性。

共时性的意义,对于荣格本人来说是"革命性"的。当他自己的共时性体验与卫礼贤翻译的《太乙金华宗旨》《慧命经》相遇,开始在新的高度认识共时性,他称之为西方和东方的"巧遇",东方的"智慧"和西方的"困难"相遇是共时性,之后我们还要与宇宙去相遇。这段话看得出他的兴奋:"当我开始我毕生的工作,精神病的心理治疗时,我还没有接触过中国文化。只是到了后来我才明白我使用的一些技巧,无意中与中国行家们千百年来使用的方法相合……是卫礼贤给了我探讨一本属于神秘东方思想的经典的勇气。同时,不可思议的是,书中的内容与我的病人的精神发展历程惊人的相似,而这些病人中没有一个是中国人。"荣格说道:"因此经验表明,在一定条件下,时空几乎可以化为零,因果关系也随之消失,因为因果关系是与时空的存在和物理变化联系在一起的,本质上是因果的延续。因此,共时现象原则上不能与任何因果关系的概念相联系。"那么对于我们来说,讨论共时性意义何在? 我们借由自己所体验到的共时性的现象,认识到"一种不是经由感觉器官传达的知识",这可能成为一种由原型过程所中介的无意识认知的形式。

我们过去是意识与意识打交道,意识与个人无意识打交道,进而探索到了情结、原型。人与人之间的相互作用,不仅仅是意识与意识之间的,还有意识与无意识、无意识相互之间的相互作用。共时性现象,则通过"无因果而意味深长的巧合",打开了与宇宙相遇的隙缝。

第二节　镜映:直截了当的隐喻

本节以一个案例,从另外的视角,展开对共时性话题的讨论。

01　隐喻:直截了当

蒲公英,女,某集团公司总经理助理。情感创伤,抑郁,病休三月余。她自述道:"实在没有动力走出门去,不想见任何人,不想说话。"蒲公英婚后因几次夫妻拌嘴而离异,后来认识的男友是个"骗子",三月前父亲去世。自述父亲去世到来访前这段时间,几乎每天以泪洗面。睡眠质量极差，每天只睡两三个小时；不思饮食，重复网购、退货的惯性动作；悲观至极，"如果不是为了孩子，早就不活了"。

咨询进行到第十二次，已经开始上班了。但其间多次反复，情绪时好时坏。先是反复表达："我凭什么原谅那个骗子？我要杀了他！"复仇情绪，间歇以自我否定、哀怨、清醒，"起起落落，周四哭一场，周六哭一场，今天中午哭一场，电话里跟我妈吵了一架，我又哭个半死。一哭就止不住"。此次咨询之前，她听到传言，有人说自己是第三者，整个情感就爆发了，"我本来被他欺骗，还说我是第三者！"蒲公英呜咽着打来电话，说"有不好的想法"。我问此刻在哪里？现场还有谁？当听到在公司，有同事在之后，告诉她深呼吸，然后说："你说有不好的想法，是不是想跳河？"蒲公英问："您怎么知道的？"我再次让其做深呼吸十次。后来，终于平静下来。

这次的打击，蒲公英似乎又回到了过去委屈、悲伤、自责、愤怒与留恋的复合情感。"我要他付出代价！""那时候我们感情那么好！"又开始了新一轮的诉说。

在我作了充分的心理咨询伦理评估之后，拟运用"外部力量"，让蒲公英进行"有觉知的宣泄"。"外部力量"，指的是杏花学校七年级的同学们，我是这个班的校外辅导员。原定的班会主题是"他者视角"，正好让蒲公英当"模特"。我征求了班主任及家委会的意见，征求了蒲公英的意见，对蒲公英和同学们双方的"伦理设置"也进行了严谨的评估与心理"安全阀"的措施保护。

在班主任陪同下，我带蒲公英走进教室，对同学们说："同学们，今天我们进行一次'他者视角'心理体验课，这位女士，我不告诉她的名字、职业,也不告诉她的任何情况。你们只需盯着她,就可以了。"

我让蒲公英站在讲台,对她说:"你现在可以想一件事情,或者一个场景、一幅画面,一种情绪,想完后到教室后面坐着就可以了。"蒲公英先是职业性地微笑一下,无意识地踱到讲台下,大约十几秒,说想好了。

我对同学们说:"大家刚才一直盯着这位女士,现在请你们合上眼睛,放松,调整呼吸。就想刚才她的样子,慢慢地,你的心里会出现一幅图画,清晰之后,就可以睁开眼睛,把它画下来,可以在画上注明总体什么色彩、什么情绪、什么季节,以及你感受到的相关信息。"

等同学们画完,我让蒲公英走上讲台,讲述自己当时想的是什么?蒲公英说:"我那会儿想的是,秋天,树木落叶,情绪嘛……"笑了一下。这时同学们兴奋地跳起来,"我画出来了! 就是秋天的树叶! "

班主任老师做了统计:全部45位同学的画中,29幅画的是树,占比64%;标注季节的34幅画中,有21幅注明的是秋天,占比62%;标注情绪的39幅画中,恐惧、悲伤、愤怒、孤独、失落、烦躁、紧张、悲喜交加等负面情绪的画有35幅,占比90%。除此之外,同学们的画还有几个特点:

一是集中出现的"三"。有18幅图画中出现三块云(像棍子)、三棵树(病树)、三个树桩、三朵花(枯萎)、三只动物。与蒲公英的离婚、父亲去世、前男友欺骗三次心理创伤暗合。其中一幅图,一只狼盯着三只羊,这只狼隐喻了蒲公英对三次创伤(羊)的耿耿于怀。她努力控制情绪也被同学的画面捕捉到了。

二是出现死亡意象。其中一幅画面上写了一行字"逝去的亲人",

多幅画面出现棺材、像十字架的树、坟墓、杀人兔，既感应了蒲公英对于父亲去世、感情死亡的过去，也描绘了曾经轻生的念头。

三是揭示过去、现在、未来的连接。多幅图画表达了对过去的感受，包括经过一段时间心理咨询后的现状，喜与哀、进与退等节点，以及面向未来的彷徨。其中一幅画面是：左下角一辆皮卡，车斗一筐苹果，写了"秋天"，右下角是棺材，写了"奠"，左中上部分画了一个老板桌，桌上有一个小玩偶，一把老板椅。这幅画具有共识性意义，过去的"棺材"（父亲去世等创伤）、当下的"皮卡"（告别）和未来的"老板桌椅"（象征职位）同在一幅画面。回来当晚，集团领导征求意见，拟提拔其为"副总经理"。"预测"未来的"晋升"应验。这次蒲公英"婉拒"，其在后三个月被晋升为集团副总经理。

四是通过图画解释现象背后的本质。有幅画的本是太阳，里面写的是"忧伤"；花盆上标注的本是"福树""福花"，可是花和树却耷拉着不开心。还有一幅，写的名字是"曾梅"，蒲公英的乳名叫"梅"。

蒲公英心里想的，包括发生过的、正在经历的、未来的，同学们竟然能够感知，意味深长的"巧合"。隐喻，以直截了当的方式直面呈现。

02 镜映之镜

首先，我们来感受投射与镜映。投射，是面对外在呈现的"面具"之时，"我"去搜索本有的和过往经验，以及外在内化后成为"我"的那个部分，投到外在。因为"面具"隐藏了真实部分，"我"对"面具"投射了"我自己的某部分"。如果对方是敞开的、真实呈现的，就有可能是"镜映"。孩童如白纸，他看到的外在，就能镜映到那个外在的真实。小孩遇见和蔼的老人会让老人抱，遇见歹徒(无论是否带笑容的面具)都会被吓哭。成年人多投射，如果"去染"，清空大脑，去除"己见"，也能镜映。我在老年大学做过这样的体验，提供一张媒体上某人的照片，分别让他们投射和镜映，往往大相径庭。

其次，关于镜映的"场域"。蒲公英有"展现给你看"的意愿，同学们有"接收而空灵"的无染心态，咨询师有"抱持"。无论蒲公英还是同学们，都相信咨询师的人格与伦理边界，所以能够"在包容基础上，把握住内在心理的涌现"。咨询师和展现者、接收者共同组成(无功利的默契)一个受保护的、安全的、自由的"场"。这是在无意识层面进行的。

借助于易经占卜的视角来看：

蒲公英为问卦者。有很强的"诚"(心诚则灵)，改变现状的强烈愿望和动机(一遍遍叙说以缓解情绪的无觉知宣泄)，类似于"拈取蓍草以起卦"，或者说蒲公英有"内感"。

同学们为卦。镜子一样，与晃动的影子(蒲公英当下的情绪)谋合，映现图像，摇出卦辞。类似于"卦爻的涵义，与起卦人主观所要了解的事件在性质上相契合"，在观察者(同学们)对其观察对象(蒲公英)有一种强烈的参与情感时发生。这是同学们的"外应"。

咨询师类似于问卦、起卦时的"场"，保持关注、共情，提供安全和受保护的空间。咨询师以似有似无的"存在"，促其与"道"相"交"。

从这个角度看，蒲公英(问卦者)成了"主体"，同学们(卦辞)成了"客体"，客体映现主体(内在)，构成特殊的互相依存关系。通过坚定诚信的心念来实现卦与事的契合，而"坚定诚信的心念"来自"抱持"的咨询师。起卦，是"感"同气相求，故而并不是什么人都"灵"。正如上述三者当时形成的"缘"（场），缺一不可，否则不会结"果"。愿望的频率，在主体、客体没有了分别的时刻和空间，就能感应道交。感应，某个人的心动，会在另一个人心中激起涟漪。信则灵。信指"心诚"，诚指愿望，"灵"即"果"。

再次，用心若镜。庄子曰："至人之用心若镜，不将不迎"，"圣人之心静乎，天地之鉴也，万物之镜也"。在此案中，同学们接收并表达出来，具备了"神入"。同理心成为"神入"他者内心世界的最主要方式，同学们正如另一个人（蒲公英）的内在生命来思考和感受。问题的关键在于同理心不是同情心，两者不可混淆，同理心是不以好恶悲悯情感的样貌呈现。有了"情"，就有了主观"偏好"，就显影失真，就不是"镜映"了，镜子是无情的。坎布雷认为："古代道家重视原本空的心灵，认为那是最能完全与自然发生共振的器官。从荣格学派观点来看，这种空无并不是一片单调的空白，而是一种接受性，具备不执著放掉偏见以及先入为主观念的特征，变得更能开放地面对原型的可能性。空无的心灵与世界共鸣，将产生一种心灵深度的经验，使其注意所带来的冲击。却不执着于所观察到的现象……我们心灵的共振和镜映能力，可以带来周遭环境的认识。"

在这样的场域，蒲公英在讲台上面，礼节性的微笑如果还在意识层面的话，那么不经意地踱到讲台下面，就进入了无意识：保持专注、催眠自己、不自觉地进入内心，此时"映现"的是秋天的树叶。同时，同学们盯着蒲公英的时候，是没有杂念的（同样被催眠），进而接下来的合上眼睛、调整呼吸、放松，内心自然就变得清净。

当内心清净的时候，就变成了"镜子"，就能够客观地(不带主观意识干扰，非投射)去映现。镜子不同于照相机，就在于不受"意识"扰乱，此时的意识，即"境"。不被境迁，故能成"镜子"，能映现，客观描述而已。此时，主体和客体，互换角色。同学们是观察者，作为主体，去感受蒲公英，蒲公英成为客体。

观察者清净无染时，感受客体(蒲公英)的内在，其无意识的载体"画面"，便被镜子(同学们)所观察，通过图画，来感知并以隐喻方式描述蒲公英与情感相关的过去现在未来。清净者，镜子也，心不散乱也。七年级同学涉世未深，原本干净单纯，加上"场"的"缘"，故此时能"映现"。《大珠和尚顿悟入道要门论》曰："喻如明镜中，虽无像，能见一切像。何以故？为明镜无心故，学人若心无所染，妄心不生，我所心灭，自然清净。以清净故，能生此见。"《易经》曰："易，无思也，无为也，寂然不动，感而遂通天下之故。非天下之至神，其孰能与於此？"

无思也，无为也，就是放下"意识心"，无意识就出来了。个人无意识对应于"小宇宙"，集体无意识对应无极，也就是完全未分化的状态，在这一状态中，个人无意识与集体无意识相连接，以至于融合。进而，如荣格所言："通过了解无意识，我们可以摆脱无意识的控制……我们可以摆脱一切内与外的纠缠。修炼者的生命脉搏被导向一种完全空掉的意识，同时一切又都可以存在其中。"《六祖坛经》云："屏息诸缘，勿生一念"，"若见一切人恶之与善尽皆不取不舍，亦不染着，心如虚空"。

需要指出的是，如果一方进入"无心"，另一方没有"至诚"，进入"无心"一方就会受到伤害，很多骗子的骗术，就是让受骗者进入"无心"状态，不加意识分辨失去判断而使诈骗得逞。某些来访者，也会因为某些心理咨询师缺乏严格职业伦理和咨询技能,因进入无意识状态而形成二次创伤。

最后,相互连接与同时出现。在同学们感受蒲公英的时候,好像有一种"神秘参与"的力量,否则何以解释此类"共时性"现象? 何为神秘参与? 某种与客体的特殊的心理联系,主体不能清楚地把自己同客体区分开来,它通过一种相当于与客体部分同一的直接联系而与客体捆绑在一起。"同一",主要是一种与客体的无意识保持一致。这种"保持一致",只有在没有自我意识介入的时刻才能发生。"愿望"是"因",是种子。"愿望"导致的"缘的组合"形成"场",愿望发出信号,自然会被"有缘者"感应(接收)到。另外,"共振"是另一重要因素,这是人的心理状态与自然事件之间的一种"有意义的巧合"。荣格视之为使人摆脱心理困境、医治心灵创伤的一种无意识动力。坎布雷告诫:"世界的相互联结,将是经由共时性而相互镜映的。但愿通过对这点的体验和理解,我们可以学到更深刻的反思。"

蒲公英(我)的那些情绪(痛苦、愤恨、纠结等),已被别人(无缘无故的同学们)知晓,何苦再去表达倾诉? 从此之后,蒲公英再无倾诉的动力了,转而更深刻地探索自我。经由这一"磨难",蒲公英开始觉察到过去的某种重复性循环,进而去面对、接纳与超越。如果没有这些与事件、咨询师、同学们的"相遇""对镜",或许整个一生都在无名状的循环里重复而不自知。可以说,这些同学成为她早期的治愈者。

第三节 相遇：无心感通

当代心理学的源头在哪里？毫无疑问在东方。荣格对此确信无疑。早在一千五百多年前的南朝，就有《世说新语》记载与共时性有关的"聊天记录"。铜山西崩，灵钟东应，是说汉武帝时，未央宫前殿的铜钟无故而鸣，东方朔说会有山崩。因为铜是山之子，山是铜之母，母子相感，所以钟鸣。后来南郡太守上书说山崩。

01 荣格的东方文化观

对于西方文化的落后及对中国的入侵，荣格有着清醒的认识："我们不可以忘记我们的历史背景。只是在一千多年以前，我们才在多神教残酷的初始阶段胡打乱撞地碰上了高度发展的东方宗教，我们半野人式的大脑才达到了与其精神发展不匹配的高度。"同时谴责了"欧洲对东方的入侵是一大规模的暴力行为"。他尖锐地指出："欧洲的大炮已经敲开了亚洲的大门，欧洲的科学技术、世俗主义和贪婪已经在中国泛滥。""中国人的洞察力来自一种最大意义上完整与真诚的生活方式，他根植于中国古老的文化，这些文化从未被打断过，我们对他永远是可望而不可及。"他对于东方文化认同，甚至到了顶礼膜拜的程度，丝毫不掩饰对中国文化的真诚欣赏："我同时以同样的真诚欣赏东方的哲学家和他们不敬神的哲学观。我感觉他们也是运用象征的心理医师，对他们的话按字面意思照搬就大错特错了。如果他们的本义本来就是一些纯哲学的东西，那对我们就意义不大。但如果他们说的是心理体验，那么我们不但可以理解，还能从中获益匪浅。""其实我们的无意识里充满了东方的各种象征，东方的精神就在我们的门口。因此我觉得在生活中实践人生的意义，实践对道的探索，已经成为一种普遍现象，这一现象的普遍程度比我们意识到的还要深得多……我们应该意识到，让一个直接面对正犯着病、到处找救命稻草的病人的开业医生去接触东方的治疗体系意味着什么。东方的精神深入我们所有的孔穴，直达我们最脆弱的地方。"

02　易经的心理学意义

我们最早的文字就是八卦，然后才有甲骨文，甲骨文是祭祀的结果，后有金文、小篆。如今阴阳、五行、易经这些概念被贴上了"迷信标签"，确实这些古代灿烂文化被后人阉割弄糟了，使人感觉玄妙、望而却步。其实这些古代文化正是对抗"迷信"而产生的。五行最早记载于《尚书洪范》，"五行：一曰水，二曰火，三曰木，四曰金，五曰土。水曰润下，火曰炎上，木曰曲直，金曰从革，土爰稼穑。润下作咸，炎上作苦，曲直作酸，从革作辛，稼穑作甘"。在殷商交替时代作为"五种元素"，以其朴素唯物主义概念，用以对抗周人假借天子的"上帝观"。《尚书大传》载："武王伐纣，至于商郊，停止宿夜，士卒皆欢乐以达旦。前歌后舞，假于上下。咸曰：孜孜无怠，水火者，百姓之所饮食也；金木者，百姓之所兴生也；土者，万物之所资生，是为人用。"五行，既是作为物理属性的物质抽象表达，也是一种运动状态，"行"者，行动也。表明相克相生、生生不息的宇宙规律。我们也可以"感受性"体验为古先贤之"五行"，即人心灵变化的五种基本模式，以木火土金水表示，人即五行，五行即人，万物一体。

易，变易，简易，本来就是说大自然变易的运动规律。最初是伏羲观察日、泽、火、雷、风、水、山、地，用以指导农业生产和生活起居。八卦从简单的八种方式来看待自然界的规律性。无论是自然现象还是人与人之间的关系，这里边有太多的可能性。而后周文王总结和条理化，把八卦演化成了六十四卦，更加理性地看待社会和大自然的规律性，标志着从"八卦"时代到了"易"时代，人类对自然界、对世界的认识也更深入了，有了更多的规律性。依此占卜，可以看作因应规律，与天地宇宙对话连接。我们可以感知到中华民族几百万年前到三五千年前积累的无比智慧，无论是龟甲、蓍草占卜，还是甲骨文，都是当时的时代能者和贤者发明、掌握、传承、光大，每一个汉字、每一段爻辞、每一卦符，都是宇宙观、方法论，都包含着无穷无尽古人的血泪、成败、荣耀与奋斗。易者，日月运行。从阴阳到五行、八卦、六十四卦，无不是变动，变动不是机械的变动，而是因"感"而动。易经以其"原始认知"的象征性，与无意识的关系比自觉理性的关系更密切，成为深度心理学当之无愧的鼻祖，共时性理论只能为其"注脚"。子曰："加我数年，五十以学易，可以无大过矣。"易经思想，自然成为华夏文化总源头。

那么易经有何跨时代意义？"没有哪部作品比《易经》更能代表中国文化的精神，千百年以来，中国最具智慧的人们一直在使用它，对它作出阐述。至少对那些明白它的意思的人们来说，无论它问世已经多少年，它都会万古长青。"荣格认为，《易经》是能够改变自己人生观的中国精神之精髓，自己已经成为东方精神的追随者。著名哲学家吴怡在《整体生命哲学和转化工夫》讲座中说："中国文化的重要本质是以温文儒雅之德，教化人民，以达到移风易俗的目标。这个文德就是中国哲学的重心，而风俗是社会风气和生活习俗，套句荣格心理学的术语，就是潜意识和意识纠缠不清所形成的生活习惯。这也正是中国哲学所要处理的对象。"

现代共时性理论在古老的《易经》中获得实证支持，当某人掷出三枚钱币或拨弄 49 根蓍草时，种种偶然的细节便进入整个画面中，并构成其中的一个成分。荣格感悟道："《易经》的科学不是建立在因果原则基础之上，而是建立在我称为同步性原则基础之上。我对无意识心理的研究使我在多年以前就开始到处寻找另一种释义体系，因为因果原则不能够解释一些无意识心理现象。我发现一些相互对应的心理现象不能够按因果关系相互连接，而是按事件的同时发生来连接……比如说，医师与病人之间好似碰巧出现的相同的思想、象征和心理状态。"他认为，中国人的心灵似乎完全关注着事件的偶然，所谓"巧合"，正是这一奇特心灵的主要关注所在。在古代中国人眼中，实际观察到的瞬间情境，更多是一种"机遇性命中"而不是可以从因果链条上得到明确说明的结果。其兴趣似乎更是种种机缘在观察之瞬间形成的概貌，而不是可以用来说明这种巧合原因的假说。当西方人小心翼翼地进行着筛滤、权衡、选择、分类、隔离等工作时，中国人的视野却囊括了所有的一切，乃至最微小、最无稽的细节，因为观察到的瞬间情境正是由所有这些成分所构成。

六爻与荣格心理学的意识层次遥相呼应。《易经系辞》解释六爻的位置与功用,曰:"《易》之为书也,原始要终,以为质也。六爻相杂,唯其时物也。其初难知,其上易知,本末也。初辞拟之,卒成之终。若夫杂物撰德,辩是与非,则非其中爻不备。噫!亦要存亡吉凶,则居可知矣。知者观其彖辞,则思过半矣。二与四同功而异位,其善不同;二多誉,四多惧,近也。柔之为道,不利远者;其要无咎。其用柔中也。三与五同功而异位,三多凶,五多功,贵贱之等也。其柔危,其刚胜耶?"

按照吴怡对上述的解读,初爻,是潜意识的我,躯体的我。潜龙匆用的"潜"字,意为潜伏,不能乱动。所以讲修德。二爻,意识我。代表多誉,到了地面,人才,君子,修德。讲重修德与求知。三爻,自我。代表多凶,下卦最后一爻,下面的最高,从内卦向外卦的转变,如由内向外时的面具,有内在欲望的冲动,外在的防御。四爻,"无我"的我。代表多惧,大臣位置,伴君如伴虎。讲应变的功夫。五爻,大我。代表多有功,君主位置,以"万物我"为我。大我是社会,为社会牺牲。讲能处变。六爻,真我。代表危,顾问身份,高处不胜寒,物极必反。意识不到的就是潜意识,虚无,很大。阴阳不测即为神。潜意识在躯体下面,也在上面六爻神上。"道"也称为潜意识。由此得出,初爻、二爻的潜意识和意识,是本能的,自然的;五爻和六爻是发展的结果,也是自然的;三爻和四爻,在整个易经六爻的解释中代表心,三爻是欲望的心,四爻代表理智的心。初爻讲需要什么样的德行,以奠定基础;二爻讲如何获得足够的知识;三爻讲事业有成时如何继续发展?四爻讲身为高级主管如何带领职员,如何应付最高领导;五爻讲身为最高领导如何用人、信人和为人所信；六爻讲事业发展到最高峰发展，如何守成，如何转型，不能忘本。其变动规律表现为，六爻的真我、道、神是虚位，不能停在那里，马上转下来，又回到初爻上，也即超意识和潜意识又变成一家了。

如何理解易经的真谛与术用？荣格于1950年在《易经序言》中指出："《易经》自始至终坚持对自己的自知。而实现自知的方法则容易导致各式各样的滥用。它因此并不适合生性浮躁、幼稚轻率的人，也不适合过于理智、过于自信的人，而只适合深思熟虑善于反思的人……《易经》之精神，对有些人可能明朗如白昼，对另一些人可能熹微如晨曦，对第三种人则可能晦暗如黑夜。不喜欢它的人，没有必要去使用它；反对它的人，没有义务去证实它。"对于荣格而言，对《易经》如此慷慨的褒扬，实在是当时对忽然到手的中华瑰宝与于自己以往理论验证的兴奋，以及以此为工具对西方盛行理性主义的当头棒喝，实为矫枉过正。对中国人而言，并不缺少"易经"的"上帝视角"，从顽童到耄耋老人，无不被其浸润。从某种意义上说，《易经》所代表的就是天人感应、天人合一的宇宙无意识。

凡事中道处之，不拘泥于"卜辞"。王充《论衡卜筮》曰："如实论之，卜筮不问天地，蓍龟未必神灵。"在天道真谛与具体占卜相冲突的情况下，对于《易经》当作大道来解，辩证善待，活用之。因为占卜者，往往带有很强的主观愿望，按照自己的愿望去解释卦辞。盘庚对于占卜的态度堪称典范。《尚书盘庚》载盘庚率众迁都，曰："肆予冲人，非废厥谋，吊由灵各。非敢违卜，用宏兹贲。"他对众人说道："我们为躲避水患到高处迁徙。这是敬畏天命的上帝旨意，迁徙这件事情，虽没有尊重占卜结果，但是我怎敢违背占卜的精神呢？占卜的精神实质是坚定我们开创伟大事业的信心。我们齐心协力建设好新家园,才是对占卜精神的弘扬。"

对待《易经》须谦卑。"夫易,圣人之所以极深而研几也。唯深也,故能通天下之志。唯几也,故能成天下之务。唯神也,故不疾而速,不行而至。"此乃古圣贤以出离投射和超越症状之见,感受得出的超越时空之作,被后世称为"群经之首"。在六十四卦中,唯"谦卦"六爻没有"凶"。卦辞曰"谦,亨,君子有终"。六爻分别为"谦谦君子,用涉大川,吉","鸣谦,贞吉","劳谦,君子有终,吉","无不利,㧑谦","不富以其邻,利用侵伐,无不利","鸣谦,利用行师征邑国"。之因谦卦有谦虚卑退之美德者,万事皆能亨通。天之道谦下,向下济助万物之生长而大放光明;地之道卑退,低处卑微而让万物欣欣向荣也。谦卦坤上艮下,地中有山。地体卑下,山高大之物,而居地下,以崇高之意而处卑下,谦之义也。谦卑,对《易经》如是,对人如是,对其他亦如是。

《易经》是镜子,因人而"易"。有的"不学"而遵其实质,这是文化无意识的潜移默化;有的口信心不信,只取自己所投射部分;有的重道轻术,有的轻道重术。无论不信、信者、诚者、迷者、智者、玩者,各得其属于自己的那一部分,各得其乐。

 03 **咸卦的启示**

本节开篇即说《易》以感为体。以感为体之"感",乃无心之"咸"也。"无心"才能感通,此心指的是意识心。

"易以感为体",那么我们看一下"无心之感"的"咸卦"。《易经》六十四卦,分为上、下两篇。上经乾、坤开端,下经咸、恒开篇。为何"咸"排在下经之首?《咸序卦》曰:"有天地,然后有万物;有万物,然后有男女;有男女,然后有夫妇;有夫妇,然后有父子;有父子,然后有君臣;有君臣,然后有上下;有上下,然后礼义有所错。"天地,万物之本。夫妇,人伦之始。故,下经第一篇便是"咸"。

《彖》曰:"咸,感也。柔上而刚下,二气感应以相与……天地感而万物化生,圣人感人心而天下和平。观其所感。而天地万物之情可见矣。"

《象》曰:"山上有泽,咸;君子以虚受人。"

《周易折中》曰:"咸,感也。不曰感而曰咸,咸,皆也,无心之感也。无心于感者,无所不通也。感。则必通,则利在于正,泛言感之道如此。"咸是感字无心,无心之感故感应,就是自然感应的"镜映"。

下卦是艮,艮在内,为山,为止,止于诚,故诚于内。就像是咨询师,不为名色利所动,如如不动如山,给人以安稳、踏实、依靠的感觉。

上卦是兑,兑在外,为泽,为悦,悦于外。悦,说话。以来访者为例,感受到山的安全稳定感,故能放松下来,放松下来,开始用言语表达,也会用"泪水",此时泪水是宣泄,故如泽水下流,而悦。

在感应之中,应把握贞固正道,不受外在事物牵引而失去自我。因有亨、利、贞之道,所以身份相合,方法正确,而有吉。

本卦提示"亨",即沟通之意,"贞",无心之感的前提是职业伦理,不要耍小聪明,即"绝圣弃知";诚笃,坚守中正之道,安定如山。否则就"然不以贞,则失其亨。而所为皆凶矣"。

下卦山,先以诚"感",上卦泽,后以悦"应"。故感通,故疗愈。

感通之道。易,无思也。寂然不动,感而遂通天下之故。感,是主体,有感而应。感应是很自然的，没有强烈目的，如万物的交流。"感时花溅泪"，对花来说，它无思，相当于镜子，是因为"我"感里面有应，不是花有"应"。钟子期作为樵夫，没有受到"知识污染"，如婴儿般纯净，虚无澄澈，自然用心若镜，故能镜映伯牙之琴。

故，《易经》无思维，没有应，只是每爻的"象"在那里，有它的智慧，你的感在哪里，它就在哪里应。感，是内在的；应，是外在的。咨询师对于来访者的美丑、穷富、香臭、尊卑不加分别，真诚对待，"若于一切处而不住相，于彼相中，不生憎爱，亦无取舍，不念利益成坏等事，安闲恬静，虚融澹泊"。如山之止定，便能映现来访者之情绪，来访者"应"，其内在之"悦"便会涌现。

咨询师与来访者的关系，除了艮止"感"、兑泽"应"，还一层相生关系。咨询师为艮，艮为土；来访者为兑，兑为金。稳固、虚心如"求雨者"的咨询师，能够"生""有缺口"（兑，一阴居上，下有二阳）的来访者。即这样的咨询师，克己生他，以其如大山一样"止"的功夫，"牺牲"自己作为献祭，去帮到（生）来访者。

第九章

返璞归真：路漫漫其修远兮

蝶变：炼丹 之术

向往：英雄 之旅

回归：自性化之道

第一节　蝶变:炼丹之术

前面我们从不同角度讨论了共时性现象。在个体心理成长中,借助共时性,可以更好地与原型层面的无意识相遇,走向更旷阔的时空。

在荣格后期的心理学中,除了共时性理论,还有炼金术心理理论。炼金术心理理论,本质上就是个人成长心理学,是说明并描述个人心灵对立面转化过程的心理学,即对立面结合,或者说心灵对立面结合的过程就是心理炼金术的过程。对立面结合,表达了一种将人类内在世界和外在世界相统一的世界观。对于这一问题的重视,缘起于1928年德国卫礼贤给荣格邮寄来他翻译的《金花的秘密》,其中包括《太乙金华宗旨》和《慧命经》,前者是道家修身养性的书,为明清扶乩托名吕祖所作;后者讲述人体内丹修炼整个过程。"金花"即"金丹"也。荣格发现此书所述"炼丹"过程,与其病人心理发展过程中所发生的事情有惊人的相似。职业经验告诉荣格,他在技术方法上,已经被无意识引向一条神秘的道路,而这条道路,东方圣贤早已捷足先登达几个世纪之久了。

01 黑化:原物质相遇

遇到现实的、心理的困扰,遇到危机,我们会自救或者求助于他人,如寻求父母、家人、团体的帮助,寻求心理咨询师的帮助。遇到危机,也就意味着开始了炼造自己灵魂的过程。

我们把这些危机称作"原物质",也可以看作意识与无意识、无意识与无意识的碰撞。真实面对自己,是主动性走进了这些危机,让平时忽略的无意识得以浮现,以此在危机中经历和体验。自我探索要回到自我本原的状态,借助"炼丹",找到打开心灵秘密大门的钥匙。荣格说:"人无疑比他自己想象和希望的要差。每个人都有他的阴影,这阴影越是较少地体现在个人的意识生活中,便越是黑暗和浓重。如果一种自卑被自觉意识到了,那么它就有机会得到纠正……我们携带着我们的过去,也就是说,携带着原始低劣的欲望和情绪,而唯有通过巨大的努力,我们才可望卸去这一包袱。"好像这些东西无处不在,不是我去找它,而是这些黑色的"原物质"与我们相遇、联结,包括由此引发的情绪"潮水"决堤一般横冲直闯,又如火山喷发,不被意识所控,不被意识所容。不仅人生旅途中的大事,一些鸡毛蒜皮的事情,也会影响心境。

"因过竹院逢僧话,偷得浮生半日闲","半日闲",对于现代人来说,多么难得。无论东方道家的炼丹,还是西方术士的炼金,这些大大小小糟糕状态的"来访原因",就是"原(黑)物质",也是心理成长的起始点。对已退休五年多的钱局长来说,就遭遇如此"黑物质"。他把资金投入 P2P 理财打了水漂,不敢让家人和同僚知道,羞愧难当,比吃了死苍蝇还恶心。"都是我不好,恨死自己了,当了一辈子领导,一辈子要面子,这次让人涮了,我丢不起那个人! 肠子悔青了。"他困局在自己的"后悔药罐"里,对待这些黑色的原物质,实在难以面对的时候,走进了咨询室。我说："那我们就回到这种状态当中去,让感觉完全出来。"心灵成长,并不意味着舒服,过程甚至是痛苦的,但这是必须经历的。

"昏沉而不知,与昏沉而知,相去何啻千里。"《太乙金华宗旨》这一说法完全适用于无意识对我们的影响。"长期压制无意识构成了心灵的潜在危险,因为这些心灵的构件会像其他任何被压抑了的内容一样促发错误的人生态度。这些被压抑了的内容会再次以颇具欺骗性的形式出现在意识中。"在事件发生时,也就是无意识显露时,此时要"知",去觉察、捕捉到这些浮现的无意识,然后把这些零碎、无序的"原初物质"放进"炼丹炉"进行处理。有些是压抑造成的,"但是也有一些情结此前从来就没有进入过意识,因而也绝不可能受到武断的压抑。它们在意识之外成长,最终凭借其不可思议和坚定不移的信念与冲动闯入到意识中来。"对这一部分,更要"知"。所谓"昏沉而知",就是对在"意识的桎梏和枷锁""昏沉"下出现的无意识进行觉知,这个特别有意义。

意识和无意识,一直在较量。通常认为,意识压制无意识,但在较量过程中,往往是无意识取胜。无意识无时无刻不去试图推翻意识的价值观。"在这种情况下无意识不可能与意识融合,当然意识为无意识所吸收也是不可能的。"超我主导的"道德体系"作为意识"强加性"的象征,一旦陷入意识强加而无意识拒绝接受的局面,内心不能和谐的冲突将促发心理疾病。等到意识被无意识统治得难以忍受,就出现症状。这些症状就带出了"原物质"。荣格认为:"这些无意识心理会不顾我们意志的反对固执地闯入我们的内心,无论我们尽多大努力去压制它们,它们还是会压倒人的自我意识并把自我置于它们的掌控之下……这些内容不可能被意识消化,因为意识已经否定了这些内容的存在。"

因此,对待这些"原物质"要"昏沉而知"。"昏沉而不知"的结果就是症状一直持续。"昏沉而知",其实这是一个呈现的过程,如实面对的过程,只要愿意体验,自主心灵部分是可以被感知的。否则,"被狭隘与偏执激励的意识离原型越来越远,人终有一天会崩溃。在灾难发生之前的很长时间,许多预兆已经显现,其中包括走神、焦虑、生活没有方向,以及在一些情境和问题上较真纠缠等"。

作为自我探索,我们自己需要对"原物质"进行感受,那么咨询师对于来访者的"原物质",同样需要感受。你的原物质未显现过,何以做一个炼金士? 常言说:"如果你没经历过别人经历的苦,就不要劝人大度。"有同行问我,来访者是怎么找到你的? 我说这是自带天线吧,无意识的牵引。来找我的来访者,是一拨拨的来。某个阶段的来访者多数是高中到研究生的女性来访者,全部与父亲关系出了问题;接下来的来访者几乎全部是男性,开始是青春期男性,与父亲关系出了问题;后来是小有成就的成年男性来访,与内在阿尼玛出了问题;又一波来访者有男有女,但全部是与继母关系出了问题,或自己就是继母;有时是轻生来访者密集;有时是母亲焦虑来访者密集。如我的某些情结处理好了,就会感应到有同样情结的来访者过来"疗伤";要么我正探讨某个课题,如探讨家族传承过程中,就有与继母有关的来访者过来;要么我此时正在面临某些情结不得而解,也会有来访者过来一起面对,这些来访者好像是对咨询师的"疗伤"。这也就是为什么咨询师说"向来访者学习"是真诚表达而非客套的真实原因。

对于相遇"黑色原物质",成功的治疗,包括理解和修通伤口。

小笛,大一男生。有轻生计划,"不想活了",原因是"无以言状的难受"，同时伴有失眠、厌食、无力、头晕等躯体症状。医院诊断为重度抑郁，建议辅助心理咨询。无法上学和社交，休学一年。

沙盘1：初始沙盘混乱不堪。灰色破旧的楼房斜插在沙子中，扭打的黑衣人倒在地上，黑色骷髅，黑色门柱，全部歪倒在沙子中。

沙盘2：桥断，坐轮椅的男士，胳膊缠绷带的少年，堵塞的道路，受阻的帆船，歪倒的粗黑树桩。做沙盘的过程中表现出窒息的苦痛，皱皱的脸能拧出泪水来。

这是最初呈现的"原物质"，黑色，难受，无以排遣的抑郁情绪，表达了受阻、被困、混乱的主题。

他完全把握不了自己，总是反反复复，只能任凭"痛苦事件"摆布自己。我便开始接受此案督导。此前小笛说做了一个梦"踩不住刹车"，督导前我也做了这样的梦："方向盘和刹车都失灵，任凭车在马路颠簸。"督导时发生了奇异的一幕，我的鼠标指挥不了PPT，它自动闪回，一会到后面页码，一会又到中间。此时我强烈感受到小笛当初"被事件摆布"的无力自控感。

咨询中我接触很多"轻生"来访者，最小的三年级男生，最大的退休主任医师。其中一位富豪不堪痛苦而轻生，方式是"生病"而如"愿"。轻生者有倔强的自我伤害意愿，如果咨询师不能感受和体验他们强烈的情绪，否则不能治愈，不能帮到来访者。发生在督导过程中的共时性现象，使我深刻体会到了小笛遇到"黑物质碰撞而无力改变"的感受。

炼金术中的炼金器皿是"玻璃瓶"，这样能够看到"原物质"的变化。那么，咨询师的共情、神入，特别是通过共时性事件来体会来访者的感受，也就得以"镜映""透视"来访者内心的"原物质"。它被看到了。

白化：收回投射

自"原物质"冲突中，在"昏沉而知"中，我们看到了自己的欲望，感受到情绪的波动。自己把阴影投射出去，知道自己的投射是很痛苦的。继续投射，意味着"错上加错"，收回投射，无处存放，能力不够。那么就把这些黑色的原物质放锅里煮吧。谁愿意把自己(投射的是自己)放在锅里蒸煮呢？除非孙悟空，那也是被迫关进炼丹炉，虽炼出了火眼金睛。

痛苦来临，这个过程开启了"蒸煮"模式。主妇把原料放锅里，点火，不断地调火候，加不同的佐料，原来生食导致腹泻的"原物质"被改造了，就可食用了。这自然是"生米煮成熟饭"的过程，也是"卵虫变蝴蝶""蝌蚪变青蛙""鲤鱼跳龙门"的过程；也是"死而后生""杀身成仁"的过程。荣格感叹道："我们长久以来膜拜包含人生终极意义的神，而忘记了实现我们自己的人生意义：自我觉悟。其实人们放弃觉悟自我会是比较舒服的一件事……其实每个人都可以通过自己的方式觉悟。这种对自己的诚实才是我们的目标。伟大的变革往往萌芽于最不可能的地方。"

小笛的沙盘，在我上次督导结束之后更加混乱。之后渐渐变得单一：一口井、一个院落，或者整个都是沙漠之类。此阶段有代表性的沙盘：

沙盘1：白衣女子堕楼，白无常，一个小孩杀死了另一个小孩，但没有难过，坟墓。

沙盘2：雪原，冰封，村子，河流，落满了雪，帆船停在河中。

沙盘表现出明显的"白色"元素。按照西方炼金术术语，由最初的"黑化"到了"白化"阶段。此时没了先前的"痛楚状"，显得轻松，也愿意和我说一些生活中的事情。我观察到的现象是，这几次来到咨询室，先到卫生间大便，把"毒素"排泄出来，且让咨询师知道。

这个阶段是有反复的。如同蒸饭的过程中自然会进行"化合"反应。但那个轻生的"子人格"还活着，或者说就像鲜黄花菜，没被经蒸、煮、晒干或炒熟之前，秋水仙碱毒素会刺激胃肠和呼吸系统，引发食物中毒。

可以说，咨询过程就是煮饭蒸馏的过程、炼丹的过程、炼金的过程，"毒素"死去。"死"去，不是肉身的消亡，而是自身内在某部分的消亡，让它离我们而去，这个离去，是给我们留出更多的空间，让我们有新的发展。唐僧将悟空自五行山解救，打死诸"眼看喜、耳听怒、鼻嗅爱、舌尝思、意见欲、身本忧"六贼，此后，尚回归自心。

对心理分析来说，就是运用积极想象和冥想技术，将心灵的无意识内容，通过想象投射出去并被意识所理解，从而摆脱潜在的状态成为真实的意识。不是简单指沉思或深思，准确说是内在对话，同一个看不见的人进行内在对话，或者是同内在的自己交流，通过面对自己的内心黑暗、混乱、毁灭，以及由此而带来的恐惧，承受他们，阻止自己逃避的感受，最终达到内心的整合，与死亡感在同一状态中接纳的状态。

此阶段最重要的是真实面对自己，如果找虚假的自己，则消耗越快。在意识与无意识的碰撞中，用意识的"逻辑"是无效的，因为要么意识压制无意识，要么无意识统治意识，要么意识根本意识不到无意识的存在。

03 黄化：智慧灵光

当真实面对自己，收回了投射，此时"人能静极，则天心自现"，"今欲保存元神，非先制伏识神不可。然制伏之法，须由回光入手。当回光之时，使身心两忘，心死神活，神活则炁息运转无不玄妙，此祖师所谓最妙者也。然后使神潜于腹中，炁于神交，则神与炁和合凝集，是为下手之法"。当黑色原物质不再压在胸间，心寂净下来。凡心杂念尘埃落定，神光就会乍现。荣格在自传中回顾他与弗洛伊德分裂之后陷入了低谷，跌入了"无意识的深渊"。直到有一天梦到"一个带翼的人从右边横驶过天空，我看出来这是个长着牛角的老人"，此即"斐乐蒙"，对荣格而言，斐尔蒙所代表的是更高级的洞察力。他说："我所有的著作，我的一切创造性活动"，均源于这些最初的意象，"我晚年所取得的一切均已包含在它们之中。"不仅荣格这样，只要愿意探索，如实面对自我，我们都会遇到属于自己的"斐乐蒙"。在东方文化语境里，我们称之为佛、老子、真人、老寿星、玉皇大帝、王母奶奶、伏羲，以及圣人、贤者、古君子、老哲，甚至"我爷爷""物理老师"。

小笛梦 1："……我终于不再逃课，决定参加高考。高考在一处工地，我找不到路了，遇到一位四十多岁的保安。他充满了智慧，说我坚持报考文科院校就好，感到他就是我的贵人。再看他的时候，大约 182 岁的样子。"

小笛梦 2："观音菩萨拿一盏白色的灯，照在我身上，像是给我消毒清洗身体；还一位菩萨持一盏黄色的灯，照在我身上，顿时觉得清爽。"

小笛的沙盘：一盏灯、一座塔、一座桥、一尊毛主席站立像。

这是内在的原型被启动，内在治愈的力量。火候到了，灵光就会突现。小笛的"灵光"分别来自"保安"、毛主席、观音菩萨、文殊菩萨。

越简单的事情，由于意识的参与反而越复杂，放下意识，反倒简单了。"那么这些解放了自己的人们，到底为了自己的成长做了什么呢？据我所了解，这些人除了顺其自然，什么都没做（无为）。正如吕祖在书中教导我们的，如果不放弃我们的执著，神光就会按照常规运转而外泄。无为而为，放下执著和随顺自然的艺术，是我打开通向道的大门的钥匙。我们必须让心灵随缘，而真正能做到的没有几个。意识总是不断地干预，帮助、纠正和否定，从来不放简单的心灵成长过程一马。"

解决之道只能来自非理性的自然本能，就是积极想象心理技术体现的核心要点"让其发生"。这是一个充满活力的"神人"过程。意识理解无意识，必须是一种心理实践。表达欲望，投射出来，然后被意识所理解。意识压抑无意识，就成为"伪君子"，压制产生痛苦；满足就会被带走，就世俗不堪；如被其占有，脱离现实感，就是"精神分裂"。对于欲望问题，不是压制也不是实现，通过积极想象，投射性释放。表层的欲望，只是一个结果，找到深处的洪流——欲望背后的洪流，发现之，表面的欲望痛苦就会消失。

04　红化：内丹初成

经过前面三个阶段，此阶段就是整合对立面，建立纯一的世界，由精神肉体结合带来的内在完整和统一,再经过外在环境的考验得以稳固,与世界的结合,个人与宇宙的统一。

小笛沙盘1:诞生场景。沙盘摆放了洁净柔软的凹型襁褓,铺了洁白的褥子,被三只蝴蝶环绕的婴儿舒展着四肢,一只棕色母牛卧在右面,白兔、白鹅、白色小狗围绕左边,近处是一棵高大的树,挂上了红灯笼,旁边是带有风车的红色房子。

小笛沙盘2:沙盘内容变得丰富起来,描述了一个有烟火味的故事。一条小河环绕,有了学校、小别墅等建筑物,有日常生活场景的门楼、桥、读书的人物。

小笛沙盘3:最后这次沙盘是一个圆。其中再次出现初始沙盘的灰色破旧楼房,现在被赋予了"这是银行,里面有钱币博物馆"。初始沙盘象征了"倾覆、破败",结束沙盘表达的是"银行、博物馆",象征了所经历的苦难及由此产生的英雄之旅是"财富"(银行是存钱的地方),是有价值被"博物馆"收藏的。一圈都是粗壮的大树,显得生机勃勃。

现实中的小笛发生了很大变化,变得阳光有朝气,顺利复学,参加了学生会工作,还牵头成立了心理互助小组。

一个新的我出生,虽是很弱小的。这只是一个开端,新的路程有新的羁绊。"只要我们还有所牵挂,我们就做不了自己的主,只要我们做不了自己的主,就证明还有比我们的自我更强大的东西。"只要愿意,就有可能。"回光者,消阴制魄之诀也。虽无返乾之功,止有回光之诀。光即乾也,回之即返之也。只守此法,自然精水充足,神火发生,意土凝结,而圣胎可结矣。蜣螂转丸,而丸中生白,神注之纯功也。粪丸中尚可生胎离壳,而吾天心休息处,注神于此,安得不生身乎。"借鉴到心理成长，就是"旧我"成了"新我"，就是"蝶变"，亦即"圣胎可结"。探索无限，一次次回炉，一次次锻造，一次次检验。

对立面的整合，需要探索新的可能性。这个新的可能性其实就来自生活。等到在"深山老林"相对寂静的环境里修得差不多了，再回到社会大熔炉，回到滚滚红尘的闹市来对镜、历练。获得自由，这是毕生的、漫长的过程。

第二节　向往：英雄之旅

人，要成为自己。这是一句耳熟能详的话。成为英雄，或者做自己擅长的事情，是一种与生俱来的本能。这个过程中，我们会经历很多，无论喜欢不喜欢、想要不想要，或顺或逆，或本能或自觉，就这样一路走来。我们有美好的心愿，与生俱来、超凡脱俗、神圣而自然的心愿，好像在遥远的星空，冥冥中若有若无地引导着自己；现实感更强大的愿望，带有血性的力量，面对竞争，包括所有的努力，都在意识层面向着那个目标进发，这是看得见的那块巨大"磁石"，我们找到了作为铁屑的潜质，这需要付出，需要行动；欲望，来自原始本能，愿望可能因欲望而生，也可能因心愿而起，这是最初的动力。我们现在讨论在实现愿望过程中，那些不屈不挠、一咏三叹跌跌撞撞的英雄之旅。本质上，这是寻找"父亲"的旅途。

01　青春期固着

早期婴儿有"无所不能感"，"想喝奶，乳房就来了"，把"乳房"等同于自己，"我是乳房，乳房是我"。婴儿渐渐长大，妈妈和他照镜子"玩"，婴儿知道了"我不是乳房"，"我和那个人（妈妈）不是一个"。

我们经历一次次的分离。出生分娩，是第一次分离，当脱离胎衣来到子宫外面，在物理上和母体分离，开始在子宫外面陌生世界成为一个独立的存在；第二次分离，断奶，意味着"我"不用依靠母乳也能果腹，得以营养而能够生存，在食物上与母亲分离了；第三次分离，上幼儿园，意味着白天"我"能够离开妈妈了；第四次分离，分床，晚上也不用跟妈妈在一起了！从此有了自己的"窝"；第五次分离，青春期，这是一次生理上身体快速长高和性的发育、心理上有自己主见的独立运动，全方位的分离，真正展现"我是我"主体人格的全方位与养育者的分离，这次是刻骨铭心的分离，青春期是动荡的阶段，甚至带有悲壮的味道，其意义仅次于分娩把脐带剪断；第六次是婚嫁与原生家庭的分离，则不再有多大的羁绊；未来还有老年阶段，与世界的分离，复归于天地。

这期间，经历了依恋与创伤。成长需要安全的环境，安全的依恋模式，比如父母倾听孩子的需要，以建立孩子安全感，妈妈真心爱孩子，鼓励孩子，孩子就会大胆探索。依恋理论创始人约翰·鲍比认为，对于心理健康至关重要的，是婴幼儿应该与他们的母亲拥有一段温暖、亲密、稳定而持续关系，且彼此都能满足和享受其中。所谓依恋，就是有那么一个人，会为我而存在的信心。现实不是教科书。创伤总是时隐时现。精神分析学家温尼科特指出，儿童凭借照料者的心理发现自己。儿童在他人心目中，对自己的感知，以及将这个感知融入自己的过程，成为儿童经验的表征和自我意识的决定因素。如果儿童无法从他人的心目中整合一个积极的自我形象，他会将另一个扭曲或虚假的自我表征融入自身，而不会融入健康的自我表征。当下最简单的安全依恋，就是能听到孩子呼唤，"妈妈不看手机看着我"。为何一再提及妈妈，是因为此阶段处于母性阶段，作为养育者，妈妈是主要依恋对象。接下来的青春期则复杂得多，渐渐转到父亲身上。

早期受伤，往往在青春期爆发，给分离和独立增加了重重阻力。如不良童年经历：躯体虐待、情感虐待或性虐待；身体或情感上的忽视；由于离异、遗弃或死亡而失去亲生父母；与吸毒或酗酒、精神疾病或自杀未遂成员一起生活；有家人服刑或受到社会公众歧视；校园欺凌等事件。

在心理咨询中，有父母离异（比如大动干戈的离婚意象记忆）等经历而受到创伤的来访者，在无意识里以"被抛弃者"自居的儿童，表现出浓重的遗弃创伤，在青春期"发作"的症状表现为：低自尊，无助，无力；缺乏安全感，无缘无故地经常担心被抛弃；超出正常发展阶段的分离焦虑；没有能力信任他人，怕遭到拒绝；害怕独处但又回避、退缩、隔离，同时又很黏人，试图去控制别人；需要不停的安慰照顾和爱的承诺；要求享受独自唯一的爱；无法与外界建立关系；心理年龄低于生理年龄；伴随的情绪是焦虑悲伤自责；不断折腾以获得别人关注；永远无法满足的近乎于病态的爱的需求。

无论是否有早期创伤，青春期无疑是一道坎儿。纠结是这个阶段的主题词，矫枉过正是其特征，反权威倾向是天然的本能，拥有一个小秘密（关房门等）是其独立征兆。身体的逐渐长大，思想的渐渐成熟，既要独立的空间，不想受到约束，又缺乏自控力，依赖享受照顾。此时的妈妈，一方面不想放弃对孩子的照顾（管控），一方面为孩子这么大了还不能自理而焦虑。孩子出现"不听话"，要么打压，视其为"逆反"，将"青春期独立"命名为"青春期逆反"，要么哭哭啼啼直骂孩子"不懂事、白眼狼"。

青春期问题陡然出现，家庭战争从此战火不断，硝烟弥漫。所以发生家庭战争，是因为缺乏建设性的家庭关系。母（父）子战争中，父母赢了，孩子被控制、被压抑，就"听话了"，就抑郁了；孩子赢了，就不去上学，他们知道"不上学"是对付父母的杀手锏。几十年前是散养，孩子从小要劳动，与现实的"泥巴"黏在一起；现在的孩子与虚拟空间和室内空调合为一体，现实感很弱，虚拟感极强。无论家境如何，家长都想让孩子过上养尊处优的生活，当下孩子既怕热又怕冷，离了空调受不了。

向前走，意味着努力竞争，去做"雄鹰"；往回缩，意味着回到子宫，甘当"巨婴"。这道青春期的坎儿过不去，就形成了"青春期固着"。"固着"来自精神分析理论，指的是儿童在某一阶段遭遇到某种特殊的创伤体验或过度满足，会导致力比多的大量消耗或滞留，自我没有足够的能量维持正常的成人心理机能。这样的成年人会表现出能量被固着了的那个早期阶段的特征。借用这个词来描述自我成长旅途中，在经过青春期这个特殊时期所产生的"停滞"。君不见，有些中年人还在"逆反"期，本能地习惯"反权威"，却了无建树，甚至一直延续到了老年，终其一生也走不出"青春期"，或者说青春期子人格占据了主导人格。大多数成年人在中年之前，都有青春期人格结构，到了中年，要么开始努力获得更大的整合，要么退回到潜伏期的刻板僵化状态，所有的人对于成年也都有着矛盾心理，部分人形成了"中年危机"。

青春期至关重要的引领人是父亲（父性），如果仅是生理而非文化上的父亲，而且也贪玩（打游戏、钓鱼）、逆反（牢骚、非理性）、退行（消极、自私、需要别人照顾），就会引起孩子更严重的焦灼不安。

02　父性的召唤

先从汉字"父"、名词"父亲"、心理术语"父性"进入这个话题。

父：甲骨文，右手持棒之形。"父，矩也。家长率教者。从又举杖。"我赞同郭沫若"父"与"斧"同源之义，手持斧表示从事劳作（狩猎）。

爹：我理解为父亲的责任，子嗣多，兼有繁衍之意，繁衍后代责任。

爸：爸比爹有更多的男性本能，巴，本为"蛇"，男性生殖器象征。爸，有集体无意识、本能的亲情含义。爹，有更多文化无意识在里面。

爷：依旧是父（斧头）。除爷爷本义外，古时称父亲为爷（花木兰"愿为市鞍马，从此替爷征"），沂蒙方言父亲即为爷（第三声）。爷，"父（斧头）"下面为扶腰、挂拐杖（支撑兼防御），表明年龄老，有权威之意。

人类社会早期，最初是母系氏族社会，这是因为当时男子只是外出狩猎，只能算是一个生物意义上的"雄性"，游离于"家庭与孩子"，尚未形成具备文化意义的"父亲"；而女人，既具有生物意义的"雌性"特质，也拥有了作为母亲的文化特质，生儿养女，是天然的"家长"。后期随文明进步,男性实现了"由雄性向父亲的过渡",而进入由父权主导的父系氏族社会。

父亲原型意象,可追溯到盘古、玉皇大帝、天帝、有巢氏、燧人氏、神农氏及黄帝、炎帝、舜帝、伏羲,太阳和月亮的父亲帝俊及开国领袖,都可作为父亲样本。

父性,体现在中国神话的父亲意象里,总体是:天理,胜任,责任,权威,力量,秩序,荣誉,尊严,胜利,除暴安良,天下为公,济苍生,救天下。父性,不仅仅指父亲,也指母亲身上的上述父性功能。

英雄的召唤,源自父性。毋庸置疑,当今"父性"在全球渐显稀薄。在我接待的来访者当中,超过七成与父亲的关系出了问题。而在青春期阶段的来访者几乎全部与父亲的关系出现了问题。在我 2018—2022 期间接待的来访者中,青春期厌学比例占 68%,年龄在 10~16 岁之间。父亲主动联系咨询的仅为 6%,其余男性家长似乎"空气"一样不存在。本该进入父性阶段,却失去了父性力量的指引,退缩至母性世界。这是全球性时代性的问题。意大利心理分析家鲁格·肇嘉在《父性》中说:"父亲作为一种意象已经缺席了,这种情形甚至比个体父亲的缺席更严重;缺席的父亲本身就是今天的父亲意象……对父亲沉默的谴责淹没了分析师的治疗室。每天,病人都在责备他们的父亲","父亲正在成为奢侈品。然而,父亲并没有被废黜;他们或者越来越频繁、越来越远地离开孩子们,或者只是走出了孩子们的生活"。

父性缺失表现为男性容貌焦虑。在我接待的男性青春期来访者中,有三分之一表示对容貌不满意,包括身高、体重、脸型、头发等。据央视报道:"八成'95 后'有容貌焦虑。2020 年至 2021 年,男士专用品牌同比增速达到了 56%，2020 年男性医美消费平均客单价是女性的 2.75 倍。"

父性缺失也表现在"英雄""胜利者"的父性身份渐次退出舞台，取而代之的是"小鲜肉""么么哒""小粉猪""别吓坏了宝宝"等粉色语汇。"先进""闯将""模范""标兵"渐次退出舞台，被"最美专家""美女市长""舌尖味道"等视觉、味觉感官词汇所取代。父性退行，不仅责任退行，甚至雄性也在退行，将"空心化"的苟且冠冕堂皇曰"定力"，阿 Q 精神大行其道。父性退行，并不意味着妇女地位的提高，反而更加重了她们的负担和焦虑。父权制与父性退行，"女权主义"与女性过度受压，就这样看似矛盾的并行着。

在我的问卷调查中，某三线城市国际学校六年级学生中，"理想中的父亲"在胜利者、教育者、养育者、爱和安全、性情好、品德高尚六个选项中，排第一的品质是性情好，53%的同学把胜利者排为倒数第一或倒数第二位。某省会城市实验小学六年级调查中，排第一位的是养育者，55%的同学把胜利者排为倒数第一或倒数第二位。本来作为胜利者的父亲，在所作调查的同学中渐行渐远。传统意义上，父亲品质排第一的当属代表父性最本质特征的胜利者（英雄），现在孩子是把"性情好"列在胜利者、教育者之前，表明"英雄"的消失。父亲从胜利者、教育者，已沦为脾气好的"养育者"。父亲缺失，不仅在于当下触目可及的父亲，一片玩心（游戏）或离异等原因，舍弃与孩子交流，更在于孩子对于父亲的"抛弃"。在我接待的来访者中，谈起父亲时说到下列语句：不想见他、厌恶他、谎话连篇、什么事也干不成、没能力、被拘留过、姥姥说他不好、恨死他了、酗酒、外遇、太自私了、丢人现眼、不要脸、我竟然鼻子长得像他、强势、虚伪、老封建、除了讲道理什么也不会、妈妈养活他、就知道折腾……因"父亲缺失症"导致同性恋,自我攻击,轻生割腕,躁郁症,抑郁症,不一而足。

我所做的调查数据,与鲁格·肇嘉在欧洲的数据不谋而合。"父亲未能成功,孩子们收回了他们对父亲的尊敬与爱,父亲也失去了对自己的尊重与爱",鲁格·肇嘉说,统计显示,有双亲陪伴成长下的家庭,非裔是 29%,拉丁裔墨西哥裔是 40%,美国白人是 55%,亚裔是 80%。50%以上父母离异的孩子有一年以上的时间没有见过他们的父亲,只有 1/3 的孩子表示至少一个月可以见一次。另一份报告表明,只有 20%的离异父亲至少一个月见一次孩子,一半人表示孩子进入青春期后,他们便中断了所有与孩子的关系。

我们有几个"父亲"? 对处于父子(女)对抗状态的青春期来访者,我这样问他们。我认为,其一,现实性父亲,或客观性父亲。作为现实中与母亲一起生育我的那个肉体"父亲",我们可能只了解他的某一方面。他有他的原生家庭和成长社会情境,他的所作所为是基于他的经历、信念在意识层面和潜意识层面,在遇到不同情境之下作出的最符合自我的选择。其二,感受性父亲,或被称为投射性父亲。与之交往过程中的场景、画面,形成了内在感受,感受性是基于自己感受到的"意象"和来自他人的评价,慢慢凝结成一个自己心目中的父亲形象。因此带有浓重的情感因素,有时会被情感吞噬,既有意识判断,也有无意识驱力,与现实性父亲有联系又不一样,慢慢成为一种符号。其三,应该性父亲,或称作理想化父亲。觉得爸爸应该是这样的、那样的,他们大多具有成功者、品端而真实、创业又顾家、友善有原则等特征。其四,替代性父亲。在父亲缺失的情况下，我们具有智慧的无意识，会找到一个现实(如舅舅、伯伯)或文艺作品中的男性作为替代性父亲。在心理咨询中，咨询师也常常充当"替代性父亲"，比如规则感的建立、稳定包容、对问题的面对等，使过于溺爱而缺乏父性引领的来访者感受到"父性"的力量。其五，内生性父亲。以上皆外投，向外注入心理能量以获得父性加持。每个人都有内在的父亲，即内在力量、勇敢、规则、进取、大度、责任的部分。内生性父亲的来源，一是内在本有但被自己忽视的父亲品质，二是现实性父亲的优点部分及家族中正向能量的传承，三是母亲的父性因素，四是家族、文化、社会中关于父亲的部分。上述被吸收"内化"为自己的一部分，综合成为"内生性父亲"。前面所述，除"现实(客观)性父亲"，后面皆属于"心理性父亲"，或曰"主观性父亲"。

父亲，是不能缺失的。青春期的他们，在进行一场寻父苦旅。责任、担当、边界、规则、进取、努力、上进、毅力、英雄，这些都是"父性"应有之意。对孩子，尤其是对于青春期男孩来说，"父亲的凝视既传递了记忆，也传递了凝视本身。父亲的凝视超越了瞬间，在时间中创造存在"，"父性总是一种文化的事实，而单纯生理上的父亲，对他们而言是不够的。因此，孩子在任何情形下都必须'找出'父亲，尽管孩子重新发现的父亲还是只是生理上的父亲，但是孩子必须报答他的选择，反过来选择他。否则，孩子就会将注意力转向一个可以作为启蒙仪式的引导者的父亲形象，转向一个个人经历指派给他的良师"。

作为咨询师，我也大声呼吁这个社会："父性，归来兮！英雄，归来兮！"

03 英雄与神话

　　谁没有成为英雄的向往？谁不是本来就有英雄的基因？谁没有听到过英雄的召唤？生命，本来就是英雄之旅。英雄，不是那些占据舞台者的专利。种子本能，呈现出自然的生生不息。每一个生命，都具有英雄原型，都有英雄的潜质与顽强。且看初生婴儿"毒虫不螫，猛兽不据，攫鸟不搏。骨弱筋柔而握固"。

　　先瞻仰华夏民族上古时期的英雄群像。《史记》开篇："黄帝者，少典之子，姓公孙，名曰轩辕。生而神灵，弱而能言，幼而徇齐，长而敦敏，成而聪明。帝尧者，放勋。其仁如天，其知如神。就之如日，望之如云。富而不骄，贵而不舒。黄收纯衣，彤车乘白马。能明驯德，以亲九族。九族既睦，便章百姓。百姓昭明，合和万国。"舜帝，司马迁记述颇为生动、惊险，在成长为英雄的路上堪称典范。还有华夏神话盘古开天、女娲补天、水神共工、火神祝融、精卫填海、愚公移山、夸父逐日、羿射十日、鲧盗息壤，最令我感叹的是"刑天舞干戚"之悲壮："刑天与帝至此争神，帝断其首，葬之常羊之山。乃以乳为目，以脐为口，操干戚以舞。"

　　从古代到现在，我们越来越近距离地看到现实的英雄。从放牛娃王二小，到杨靖宇将军；从手无寸铁的大学生反对丧权辱国"二十一条"，到铁人王进喜；从舍己救人的王杰，到"甘当一颗螺丝钉"的雷锋；从县委书记焦裕禄，到修建红旗渠的每一名社员百姓，不都是顶天立地的英雄吗？我们从他们身上，从"六亿神州尽舜尧"这句饱含深情的诗句中，看到了来自我们自己身上的"英雄"基因，看到了我们每个人身上的英雄原型和英雄情结。正可谓"独有英雄驱虎豹,更无豪杰怕熊罴","为有牺牲多壮志,敢教日月换新天。喜看稻菽千重浪,遍地英雄下夕烟"。

感受"英雄之旅",先从英雄"神话"开启。我们看到了早期创伤(如遗弃)带来的"青春期固着",也感受到了本有的英雄情结所激发的壮举。《史记》记述的舜帝,出身平民,父亲是盲人,生母亡故,继母凶狠,父亲、继母、同父异母弟,几次置死地(纵火、焚廪、埋井)而后生,贤能孝慈聪慧,农活手工无所不精,纵使入大麓,烈风雷雨而不迷,尧帝将自己的两个女儿许配给他。故事可谓精彩纷呈。

历史,是一个人背后故事的总和。尤其是英雄故事、神话故事,与自我探索有直接的关联,原因在于心理治疗帮助我们"识别和改写"我们生活的叙事,支持我们成为自己未来的作者,而不是过往的产物。英国作家克里斯托弗·布克声称:"世界上只有七个基本故事",所有故事都源于七种原型模式:一是克服怪物;二是贫穷到富有;三是探索;四是航行与回归;五是喜剧和浪漫喜剧;六是悲剧;七是重生。《千面英雄》作者坎贝尔说:"每个人都拥有他自己蕴藏强大能量的梦中的万神殿。"他认为:无论世界各地的风土人情、文化习俗如何不同,神话原型只有一个,神话中的英雄都会经历如下旅程:第一阶段,分离与启程。在凡人眼中,英雄与他们一样平凡。日常世界的英雄会受到召唤,催促踏上未知的旅程。第二阶段,启蒙中的考验与胜利。这是全新的体验,一切都要从头做起。保护的力量永远存在于心灵庇护所中,甚至存在于不熟悉的世界中。第三阶段,回归并与社会重新融合。英雄要经历一系列的试炼和考验,由此变得更强大。英雄的胜利改变了自己,也改变了他人命运。

这是一个循环。不要认为这只是英雄的历程，其实每个人都是英雄。你的考验、你的危机是什么？你取得过怎样的宝物？"在你不敢进入的洞穴里，埋藏着珍宝。"也许你不敢面对的是当众演讲，也许你害怕亲密的关系，也许你不敢违抗长辈意愿。英雄需要召唤。沧海横流，方显英雄本色。我们需要的，可能就是一个呼唤。既有那些英雄辈出的年代，也有精致利己主义者算计的时期。作为英雄神话之旅的第一个阶段，标志着命运对英雄发出了召唤，英雄的信念是"只有诞生能够征服死亡"，在灵魂深处，在社会主体中，如果我们想要长久的人生，便必然存在连续的反复出生，以消解反复不断的死亡。

对于青春期年龄段的学生来说，"独立"正是英雄所为。有些学生(包括成年人)网络成瘾(或酒瘾等)以逃避现实，意味在向着目标行进的英雄之旅的半途中，卡在了上瘾的"替代物"上。但这也可能是一种方式，如同以游戏方式，通过这个作为工具，在成长过程中离开家长，与同龄人一起结伙作伴，学到武功秘籍，最后打败恶龙、战胜强盗，成为大英雄。这个过程是所有心理健康发展的孩子，一定要经历的英雄之旅，尤其是男孩子。有的人在游戏世界中找到了自己，这对他们来说是一种补偿，通过游戏的世界补偿了现实的功能，满足了之后，可能就不玩了，就会回归现实。我辅导过很多高一迷恋游戏不能自拔、高二幡然醒悟、高三迎头赶上的学生。

在青春期，大多数同学身经百战、伤痕累累，以此翻过这道坎儿，长大成人。

第三节　回归：自性化之道

荣格家大门上面有这样的口令："呼唤与否，神灵永在。"其意是"提醒我自己，也是提醒我的来访者，没有神性，不能获得自性；没有自性就没有疗愈。"他说："我工作的主要兴趣，不在于治疗精神官能症，而是走向神圣的事物。然而，事实却是，走向神圣的事物才是真正的治疗，当你得到神圣的经验，就脱离了疾病的诅咒。"

前面讨论了依恋与创伤，涉及母性部分；讨论了"出发"，主题是父性；现在讨论"回归"，主题是自性化（道）。

01 人生旅途：自我与自性

关于人生阶段，古人如何划分？"子曰，吾十有五而志于学，三十而立，四十而不惑，五十而知天命，六十而耳顺，七十而从心所欲不逾矩。"我理解，十五岁之前为一个阶段（小儿阶段），十五至五十岁前为一个阶段（功名阶段），五十岁后为一个阶段（知天命到不逾矩）。

按照《大学》，则分为"小学"与"大学"两个阶段。小学阶段，求谋生之知与术，以此谋生，有的可能终其一生在这个阶段；大学之道，"自天子以至于庶人，壹是皆以修身为本"。可这样理解，与小学、大学相对应的则是"小我""大我"，如果一直是处于小我状态，意味靠本能活着，

"小人儒""犬儒"也。从天地造化理解,只有从小我变成了大我,才能称之为人。只有大我,才能谈得上修身、齐家、治国、平天下。

列子曰:"人自生至终,大化有四:婴孩也,少壮也,老耄也,死亡也。"我理解也是三个阶段,婴孩为在母性滋养中安全成长期,少壮为打拼建功立业期,老耄则"欲虑柔焉,体将休焉,物莫先焉"。

我曾将人生划为三个阶段:出生至求学期,为储备阶段;参加工作至退休前,为谋生阶段;退休后,为自在阶段。尽量缩短前两个阶段的时间,延长第三阶段。所谓自在阶段,即做自己喜欢做的事情,真实自我(内心)与目标自我(成为什么样的人)统一,给自己以自由度、广度与深度。

心理学家诺伊曼根据荣格理论,分为三个阶段:母性阶段(从出生到青春期前期);父性阶段(青春期后期至 45 岁左右);自性化阶段,从中年开始一直到生命终结阶段。第一个阶段,母性阶段。意味着母爱、保护、滋养、安全、包容,意味着家庭、养育,犹如"子宫"。无论父亲还是母亲,都具有这样的特性,当然女性养育者更重要。这个阶段,母亲是权威形象。第二个阶段,父性阶段。意味着原则、规则、边界,意味着社会化、进取、荣誉、功名,犹如"弓器"。父亲在这个发展阶段,要去做孩子的榜样。这个阶段,父亲代表权威。母性和父性,分别指的是态度、氛围,孩子得以在其中成长。第一个阶段,让孩子的本能与母亲的本能连接,如当孩子需要奶的时候母亲去哺乳,孩子就会得到满足而得以成长。第二个阶段,父亲要对孩子给出限制,如看动画片,母亲说可以看,父亲给出的限制就是可以看一到两集,但不可以连续看。第三个阶段,自性化阶段。自性,是权威的形象。

每个阶段中间都有过渡期。某个生命周期引起的心灵转化都会给日常生活带来改变、带来动荡或产生混乱的状况。一是通过婴儿期，从胎儿过渡到儿童，任务是建立安全依恋。二是通过青春期，从儿童过渡到成人，由母亲主导阶段进入由父亲功能为主导的阶段。此阶段的过渡是非常艰难的。他们非常怀念母亲提供的天堂，拒绝走向父性的世界，因为父性阶段需要去工作和努力，需要经历很多的价值判断，是一个具有阶级等级、存在权威为主导的世界。有些过不了社会化这一关，又回到"母性"的家庭当中，表现为巨婴。渴望回到童年，是这个过渡期最突出的症状。三是通过中年期，从前半生过渡到后半生，重新定位自己内在的视角和事业。从对外在世界的关注，开始尝试转向内在世界，转向无意识去寻找内在权威。四是通过退休期，从成年过渡到老年。返老还童的内在原因是不再需要"面具示人"，呈现真实的面向，智慧老人的面向。自性展开的这个阶段，经由意识自我得以扩展，同时重新开始指导外在世界。最终是要与世界分离，去做一个慢慢的仪式化告别。

这里涉及自我与自性的概念。禅宗所言自性"见自本性不生不灭，于一切时中念念自见万法无滞，一真一切真，万境自如如。如如之心，即是真实，若如是见，即是无上菩提之自性也"。荣格所述自性（self）概念，与禅宗的自性不完全等同。对荣格而言，自性包含了生命的所有可能性、能量、潜能，所有你能够变成的东西。自性的总和就是我们生命的"总愿景"，如果它能够全部实现的话。坎贝尔在《追随直觉之路》中说，自性是一个圆圈，你不会知道其中心在哪里。深埋在无意识中的这个自性的中心，一直都在推动着你的潜力和本能。随着对自性的觉察，自我也诞生了。自性是潜能的全部内容。自我是有意识觉察到的自性，是你认为的自己，是你认为自己拥有的能耐，它也会受到被你无意识保留的无能、限制等记忆的阻断。

申荷永在《荣格心理学的核心自性化》授课中讲到，在荣格的心理学体系中，我们普通意义上的自我，被称为"ego"，或意识层面的自我。在我们每个人的内心深处，还存在一种内在的自我，被称为"自性"，荣格用的是大写的"自己""Self"。自性，代表的是心灵的整体意识；自我，代表的是意识自我。我们需要保有自我跟自性之间的一个连接，就是保有一种开放性。在荣格分析心理学体系中，"自性化"所要表达的是这样一种过程：一个人最终成为他自己。自性属于人类全部潜能及人格整体性的一种原型意象。自性作为人类心灵内在的一种整合性法则，与一个人的心理生活，乃至其一生的命运息息相关，具有核心性的意义和作用。在我们每个人的生活与生命中，自性要求被认识、被整合、被实现。自性化，若是放在中国文化范畴来描述，所追求的是"天人合一"的超越性境界。

之所以从中年后进行自性化历程，是因为从母性到父性阶段的这些经历作为"资粮"，到了中年之后进行"反刍"，此过程可视为自性化进程。不"反刍"可能就停留在前面某个阶段。这需要"自觉"或"机缘"。《祖堂卷十四》载，石巩和尚原是猎人，马祖道一禅师为了点化石巩，问："一箭射几个？"石巩曰："一箭射一个。"马祖曰："一箭射一群。"石巩曰："彼此生命，何用射他一群。"只因听闻"汝既知如此，何不自射？"而"反闻闻自性"，说明只有到"此阶段"，才到开启自性化历程之"点"，方"拗折弓箭，将刀截发，投师出家"。振聋发聩"狮子吼"，当发生在"若教某甲自射，无下手处"时。由靠向外狩猎谋生，变为开启"自射"之"自性化历程"，偶然(遇到马祖禅师)中之必然。

自性化意味着告别母亲父亲的世界。一方面生物学意义的父母生育养育塑造了自己，一方面他们又成为横亘在自己与自然自在状态的"天父地母"相接的阻隔。突破自我，首先是突破"肉身父母"，回归"天父地母"间。《临济录》中临济禅师对众僧大喝："尔欲得如法见解，但莫受人惑。向里向外，逢著便杀。逢佛杀佛，逢祖杀祖，逢罗汉杀罗汉，逢父母杀父母，逢亲眷杀亲眷，始得解脱，不与物拘，透脱自在。"此为临济禅师以"呵风骂雨机峰峻烈"之禅风，对实现当下所言"自性化"的忠告。回顾以往，开始"反求诸己""反闻闻自性"，寻求自我探索和突破，开启自我成长之路。

"逝者如斯夫"，孔子发生在自性化阶段的喟叹吧！新我，有独特之个体特征，同时又与大地紧密相连，愈加浑然一体。鲤鱼跳龙门，成为它自己。

 02　反求诸己，觉察之道

我是谁？各有各的答案。如果回归"人"本初来看，则是因为"异化"导致不能知晓"我是谁"。因为一直被裹挟着，为生存而奔波停不下脚步，像织布机梭子，惯性穿梭，不会想到反求诸己。"你的生命比你能想象到的要深得多，也广得多。你现在活着的生命，不过是你的内在真我，以及赋予你生命广度与深度的那个东西的片断罢了"，神话学大师坎贝尔如是说。俗话说"自知者不愁人，知命者不愁天"，我们如何"自知？"

首先，觉察"异化"。所谓异化，即被染色或修改程序。异化成为普遍现象，因为沉浸在"众人熙熙，如享太牢，如春登台"的无意识情境间。当下语境用"温水煮青蛙"象征这种"蚀"。异化是因为"环境"差异，导致外观还是那个样子，但内在变了。"橘生淮南则为橘，生于淮北则为枳，叶徒相似，其实味不同。所以然者何？水土异也。"是说"环境"与本来的"天命"不搭配。大自然的老虎符合本性、天命，被囚禁饲养于动物园的老虎，成了被观赏者，这只老虎就"异化"了。"我是谁？我是老虎，又不是那个老虎。"

毋庸置疑，人不是单纯的生理和心理个体，是扎根于社会中的，不能脱离社会、脱离实际空谈心理分析。异化，意味着远离了"道"，远离了本来，这是产生痛苦的外在原因。对于普罗大众来说，痛苦之因，不能单方面强调"绝对"意义上的"所有外在冲突和痛苦，都是内心冲突的外现"这一观点，对背负生活重负的百姓来说，这样说的心理大咖是"站着说话不腰疼"的教条主义者。不同时代、不同区域的心理问题发病率包括自杀率差异，就说明了社会因素是如此关键。为了活命或无休止的欲望，要么在"驱力"下，变为上了发条的机器被程序驱动，要么"罪莫大于可欲、祸莫大于不知足、咎莫大于欲得"，甘愿舍命贵物，成为欲望的奴隶，成为被异化的"人"。

在革命导师马克思的语境里，"异化"一词，指在私有制统治下，人创造的产品最终站到了人的对立面，反过来侵害或统治了人，劳动者同人的本质相异化。马克思认为，人的本质是可以进行"自由有意识的活动"，即进行劳动。但是异化劳动把自主活动、自由活动贬低为手段，也就把人的生活变成维持人的肉体生活的手段。因此，本应出于有意识的创造性劳动而进行的人类劳动,却不得不沦为为了维持肉体生活(动物需求)而被迫从事的苦役活动,人在活动中便走向了自己本质的反面。不仅马克思所讲的剥削劳动形成异化,大规模资本媒体的"洗脑"如同批量生产"随众车间",使群体性无知达到"巅峰"。对喜欢追逐媒体和"专家"的群体来说,他们说啥信啥,因为独立思考会让自己很痛苦,"傻白甜"喜欢"正能量",甘愿"异化"。更严重的异化,是把"人"异化成"碳基AI""芯片人"。

对此,20世纪最具盛名的法兰克福哲学家、美学家马尔库塞指出:"毫不奇怪,在工业文明的最发达地区,社会控制已被潜化(introjected)到这样的地步,甚至连个人的抗议也在根本上受到影响……潜化意味着存在一种区别于甚至敌对于外部要求的内心向度,即能把公众舆论和行为撇在一边的个人意识和无意识。当个人认为自己同强加于他们身上的存在相一致并从中得到自己的发展和满足时,异化的观念好像就成问题了。这种一致化的过程并非虚构而确是现实。然而这种现实又构成了异化的更高阶段。后者已经完全变成客观的事实;异化了的主体被其异化了的存在所吞没。这里存在的只是一种向度,而且它无处不在、形式多样。"

其次,觉察"自知"。所谓自知,即"斯知仁矣"。知自己的本来,即仁、即天道。如激流裹挟中的鱼,行动上不能置身当下时空去选择,但可觉察到。有的说"觉察了更痛苦",意识层面的确如此。

"知,不知,尚矣。不知,知,病也",知道天道,不知道世俗的人道,尊崇天道也;相反,则病也。"能知古始,是谓道纪",道本无物,是谓古始;以道御物为"道纪"。明道知常,抱一守中,算是"知"。解读成"你知道自己不知道,尚可,如果你不知道,还以为自己知道,那就是病了"则属望文生义。故荣格心理学所言"毕生心理发展"之自性化过程,即是无限地与无意识接近并尽可能意识化,即逐步接近"道"也。道为"常道至道",德为"人道人伦",如果把"道"喻为宇宙无意识,那么可比喻"德"为意识伦理。约翰·毕比在《类型与原型》一书的前言中,以西方视角对此解读:"在这个世界上,人们对意识知之甚少。中国人使用一个非常古老的词来形容我们解释现实的智慧,这个词就是德,把德带入到与现实的关系中,就是道德。但是只有极少数中国古代先贤能够理解德是道的现实载体……荣格对自己的发现有了最明确的构思,即意识不属于努力适应现实的自我,也不是被用来去打败无意识的,而是让一个展现出来的自我寻找到实现客体心灵潜能的方式。"

孔子是从"人道"阐述。子曰:"人之过也,各于其党。观过,斯知仁矣,朝闻道,夕死可矣。"是说人之过,在于你所依附的那个团体,身在其中浑然不觉的缘故也。去观,去觉察,就几近于知晓"仁"了。那么,这便可称得上接近"道"了。《中庸》曰:"仁者,人也,亲亲为大。"《孟子》曰:"君子以仁存心,以礼存心。仁者爱人,有礼者敬人。"仁者是充满慈爱之心、满怀爱意的人;仁者是具有大智慧、有人格魅力、善良的人。仁者,内圣外王、内养外用。仁者,大我。知仁者,自知。观过,觉察。觉察,得以"醒觉",从异化梦中醒来,找到原本属于"我"的"我",真实面对自己。

我们看荣格的觉察,那是他晚年在《回忆梦思考》中的感悟:"我向来觉得,生命如以根茎来维系生存的植物,其真正的生息藏于根茎,并不可见……当我们想到生命和文明那无尽的生长和衰落时,我们难以摆脱那种绝对的虚无感。然而,我也从未失去对永恒流动之中存有生命不息的感觉。我们看到的是花开，或者花落，但根茎永在。"种子是繁衍一切的根本，种子里面蕴藏着宇宙天地的全部信息。万物中每一个物体，也都以个体的形式存储着这些信息。这就可以把所有种子称为"性"，我们知道了所有种子之性，进而又觉察自己是哪一类，以至于"我"的"性"，我的真实自我，我来到这个世界的心愿。这样去觉察自己的本源。再进行意识、无意识的探索，就有可能理解荣格"我生命中唯一值得讲一讲的事情，就是不朽的世界闯入了短暂的世界"这耐人寻味的话了，他是以这样的视角来切入、觉察自己的一生。

再次，反求诸己，自我觉察。《孟子》曰："行有不得皆反求诸己；其身正而天下归之。"《周易程氏传》曰："君子之遇艰阻，必反求诸己，而益自修。"是说遇到问题的时候，要反躬自问，从自己方面找原因。《道德经》云："故善人者，不善人之师；不善人者，善人之资。"这里说的"不善人者"，是指"不遵从天道之人"，在自我探索之旅中，我们可将其看作自己投射的阴影，也可以是现实中的"对立面"，老子教导说对此作为"资"，供"鉴"之"资"（资源）。故"不贵其师，不爱其资，虽智大迷，是谓要妙"。作为统治者（内在主宰），通过自知觉察"大道"，以达到不"贵""爱"世俗名利，以"道"治理天下（世间事物）是为要妙。比如心理咨询师，首先要觉察自己。一个好的医生，一定是一个曾经的患者或是被激发了对患者的感受，只有觉察自己才能去体验他人。

对探索自我的现代人来说，第一步就是如孔子所言"观过"，去觉察被迫和主动"异化"的那个部分。跳出惯性思维，因为惯性被无意识化而失去辨析能力；跳出具体的烦琐，因为烦琐成了羁绊，无暇去觉察。那就先从"真实自我"去看待"异化自我"。《鬼谷子》云："愚者易蔽也，不肖者易惧也，贪者易诱也。"跳出自己看自己，跳出团体看自己，跳出团体看团体，以更广的广度，更深的深度，历史地、全局地乃至于以宇宙观、上帝视角，来观察、觉察。固守固有认知，犹如知了龟在黑暗的地下与蝉在树梢、虫子在地面与蝴蝶飞起来的视野差异。

"观过"，属于借由对日常发生的"事件"去觉察，观察其全部过程，并非仅仅"过失"，以期寻找无意识情结。觉察的另一含义是"观空"，可理解为"屏息诸缘，勿生一念"。让意识臣服于无意识，随着体验进行，自然会看到以往受意识既有观念束缚看不到之"原野"，渐次接近无意识这个"一切潜能的发源地"。倘能内观，自然天人合一，与集体无意识连接，自性化之道得以进行。"无意识是自然现象，而且也同自然界本身一样是中性的，它包含了人性的所有层面，光明与黑暗、美丽与丑陋、善良与邪恶、深刻与肤浅。作为意识基础的阿赖耶识，是一切意识的源泉，是普遍心，它储藏了自太初以来的各种原始形式和经验。当他被相应的环境和联想唤醒时，潜在的内容就会出现在其他的意识中。"

03　归去来兮，整合之道

通过异化看到人的本质是什么，就要回到本源，否则南辕北辙的笑话，就不幸被精致利己主义大行其道的现代人所命中，落得个"好一似食尽鸟投林，落了一片白茫茫大地真干净"。虚拟信息社会的滥觞，使得现实感日渐式微。归去来兮。向往，外出，是为了回来，回归到踏实的大地。"英雄能够从时间幻象的世界跨越到因果关系的深层世界。英雄能够自由地跨越两个世界，从时间幻象的世界到因果关系的深层世界再返回来。这是主宰者的能力。它并不会使一个世界的原则污染另一个世界的原则，但可以使头脑借助另一个世界来了解这个世界。"

"树的一颗种子，如果不落地，就意味只是一颗种子，永远不是一棵树。自性化之道，就是这颗种子长成属于这颗种子性状的树的过程。"我在崴马崮的树林岩石上，听着松涛，嗅到松脂的清新味道，写下这段话。崴马崮，鲁中地区的一个小山崮，传说汉代时一匹战马在这里蹄子被乱石崴了，故得名。现在崮顶有残垣断壁，昭示着从汉代以来的历次存废兴衰。山顶崖畔，是新中国成立初期国营林场栽种的柏树，如今满目苍翠、郁郁葱葱。坐而论之，不如作而行之。种子的回归，就是落地，生根，内含的生命力开始在土壤里孕育，在适合的环境长出它的样子。以种子落地为参照，就是要"返璞归真"，繁华落尽，洗尽铅华。"夫物芸芸，各复归其根"也，道家就是让万物重新回到道的怀抱，道与器重新相逢；儒家观点就是从小我到大我；荣格心理学观点就是从自我到自性化，主观、客观统一于一体。

回归到哪里？回归到本来的"天性"，回归到自食其力的"劳动者"。劳动是天赋予人的天性，但是往往被"异化"，父母娇惯孩子，剥夺他劳动创造的天性，资本剥夺劳动者的超额利润。"有社会主义觉悟的有文化的劳动者"就全面阐述了回归之路，有觉悟，品德修养；有文化，学识能力；劳动者，作为人存在最为根本的体征。回归到符合自己天性的那个"我"及其天人合一的自然人文环境、建设美好社会的过程中。陶渊明《归去来兮辞》，对于回归的动机、乐趣、心愿，"自我"和"本我"都栩栩如生，了然纸上。

回归到"道"。自性化曰"道"。"道"为一，合二为一曰整合。2008 年出品的日本电影《入殓师》即是一部心灵整合之作。电影说的是大提琴手小林大悟,演奏水平遇到瓶颈,因乐团解散生活无着,回到乡下故居。为谋生,隐瞒妻子做入殓师,在为出于各种原因故去之尸体化妆、擦洗、换衣、纳棺的过程中,心灵碎片逐步整合。最后为从小就憎恨的父亲做入殓仪式,当掰开父亲双手擦拭时,目睹自己小时玩过的小石头攥在其父手心,其时影片中《Memory》大提琴音乐自然旋起,人格再一次得到整合,内心冲突得到和解。他的大提琴演奏水平无意间突破了,大提琴之音与天地自然合拍,与内心心灵合拍。

整合,意识与无意识的整合,天与地的整合,道与器的整合,"真人"(内在本有)与"伪人"(荀子语境"人为也",后天教化,非贬义)的整合。子曰:"质胜文则野,文胜质则史。文质彬彬,然后君子。"上面提到的"异化"之人,可谓"异人",自然不能与先天之"真人"、后天教化之"伪人"相提并论。而当下亦有"殖人",自不在华夏民族之列了。

在现实生活中,每个人作为独立的个体,以"主体"身份与外在的"客体"交互作用。既为主体,自然因为维护自己的意识而确保独立自我的存在,也是区别于他人的根本所在,此乃"我即主体、我是我、我看他"。将其他视为客体,这又带出一个问题,即投射的产生,主观与客观时有脱节,冲突原因在于"我"对客体之"误读"。如果主体能够体验到客体的感受,进而放下主体的"成见、执念、投射、利害",以"客体与客体"的方式交互,在我看来此刻就是"天人合一",就是对立面的整合。对此,我在心理咨询中深有体会,咨询疗愈的原因正在于此。客体与客体的方式,即回到本初状态,在本初状态真诚交互。这需要经过自我成长才能做到,足够强大的自我意识之后的自信,回归到婴儿状态,则能

"骨弱筋柔而握固"，如果自我意识不强，放下主体意识，就会出问题。所以需要一次次的历练，一次次的回归。

一次次的回归，一次次的整合，在"跳龙门"之前的"鲤鱼"，一次次的磨练，一次次的探索，一次次的创伤，一次次对创伤的弥合，是漫长的心理发展历程，充满挫折。树上的种子落到地上，意味着种子的回归，也意味着整合。种子(父本)与地(母体)结合在一起，方成为一个整体，孕育出"树"。整合之道，即自性化之道。整合面具与阴影，整合阿尼玛与阿尼姆斯，整合阴与阳，整合树冠、树干与树根，整合子人格，整合对立面。作为种子的内在心灵启动了，它就会自发运行，这是它的生命力之所在。就咨询目标而言，不是解决某些具体问题和冲突，而是心理动力层面之咨询，在其内在心理层面问题解决后，其外部人际关系及社会适应性等以症状形式表达出来的问题，才会相应得以改善，并以创造性的方式，发展出独有的应对模式。

整合的内在动力，在于"在出生时，心灵的两个半球，意识和无意识就分离了。意识是标志着所分离的被个体化了的元素，而潜意识是他与宇宙相通的元素。通过修行使这两者合为一体……意识必须进入无意识播种，然后无意识被激活并携手被加强了的意识以精神再生的形式进入一个超个人的(即全人类共同的)心智层次。这种再生首先会引起以分别心为基础的意识境界转变为自主思维结构，修炼的最终结果是消除一切分别，达到最终的生命整合，即超越二元对立的大自在。"卫礼贤解释说："他们通过整合人心灵中对立的力量来为死后的世界做准备。这样死后的灵魂就不仅仅是必定要化为乌有的鬼魂，而是一个有着清醒意识的精神体。"

没有消灭,只因发生了转化。心理问题的解决,不是外科手术。矛盾是普遍的、绝对的,在矛盾运动中,实现了对立统一,对立面的整合、转化。阿尼玛、阿尼姆斯的整合,形成了"雌雄一体"。

04 见素抱朴,自然之道

人类从远古洪荒进入文明,即与天然渐行渐远,现代人与上古真人已不可同日而语,不同程度地以向外投射的方式"外求",处于忙乱而心亡的空心状态,离本真远矣,故有"寻求灵魂的现代人"一说。用精神分析的视角就是人类被"文明阉割",处在妄想、谵妄状态。从自然视角看,文明社会之人已经远离天地自然,即以"症状人"与自然割裂的形式而非天人合一的原初共生状态存立于世。心理问题频发,每每揭示了"现代人"与天地自然对立产生的种种症状,想入非非,心高妄想,"不着地",心灵浮在上空无处安歇。"处方"就是回到内心,回到土地,回归自然之道。其要义在于"乾知大始,坤作成物",人需回归大地,去"法地"。此"地",象征为自然界中物体之"地",亦为感受性之"地"。

从自我成长角度,通过觉察,尽可能扩大无意识与意识的对接,觉知"我是谁",从被意识控制而去压抑无意识,或者无意识占据意识的偏执极端中醒来,继而实现两者整合。整合的过程即是创造的过程,种子落地生根,新我产生,是一个自然而然的过程。不是单纯物理的堆积,而是融合,是自然运动的结果。如"半亩荷塘"之"问渠那得清如许?为有源头活水来"。何为"活水"?"道"也。"寂兮寥兮,独立而不改,周行而不殆,可以为天下母","鱼不可脱于渊,人不可须臾离道"。

道在哪里？"道在屎溺"，屎溺乃自然。东郭子问于庄子曰："所谓道，恶乎在？"庄子曰："无所不在。"庄子先后说在蝼蚁、在稊稗、在瓦甓。东郭子曰："何其愈甚邪？"庄子曰："在屎溺。"东郭子不懂为何高深的道怎么越来越往下越加卑微了。庄子曰："夫子之问也，固不及质。正、获之问于监市履狶也，'每下愈况'。汝唯莫必，无乎逃物。至道若是，大言亦然。"庄子说司正司获官位的人，向市场监管的人问如何辨别猪的肥瘦，回答是越往下越真实。"道在屎溺"的启示就是"道在阴影"，阴影是自以为是的观念所规定、所赋予的。接受了"屎溺"，即在道中了。这需要谦卑的态度，如同大地般卑微。这也是为何古圣贤提出"人法地"的原因，"处众人之所恶，故几于道"。当自我探索、成长到一定阶段，自然会感受体悟（非逻辑性理解）到"地"的谦卑进而"法地"。庄子云："澹澹而静乎！漠而清乎！调而闲乎！"人们呐，淡泊而平静吧！静寂而清澈吧！调和而安闲吧！

何为自然？保持纯洁，保持天性，纯一而不杂。

一曰，自然即疗愈。自然，两层含义。一为大自然，天然非人造。高楼大厦久了，回到大自然怀抱，就能获得身心滋养，如参加体力劳动，这种滋养更透彻。与土地打交道，土地给予获得感，土地能够与我们的躯体、与现实、与古老连接，在这里获得交集。当挥汗如雨，腰酸背痛之时，也是心理放松之时。家住高楼不种农作物，只有书本上的间接感受。有了直接感受就会疗愈"不着地"的焦虑和悬空感。诸如剥花生米、择韭菜、捡豆子、刺绣这样单调重复的手工，即可调息，止念，使自己静下来，停下来，就能听到自己的声音，声音被听到，智慧就涌出，疗愈就开始。另一层的自然，实则道也，无所不包。自然曰道，为母,生出万事万物。以道御物,自然站得高;站得高,不为物欲遮蔽,自然会超越,升华。

二曰,守中如一即自然。"盖自上古圣神继天立极,而道统之传有自来矣。其见于经,则'允执厥中'者,尧之所以授舜也;'人心惟危,道心惟微,惟精惟一,允执厥中'者,舜之所以授禹也。尧之一言,至矣,尽矣!《黄帝阴符经》曰:"天性,人也;人心,机也;立天之道,以定人也。"意思是说天性构成了人, 宇宙自然赋予人的先天本质是人的核心能量,但是人心,会随着时间和环境变化。需要按照宇宙自然赋予的本质规律走,此与尧帝讲给舜帝的"十六字心经"异曲同工。

允执厥中,意思是诚信地保持这个"中"。允,诚信;执,保持;厥,其。细究下来,"中"为何物?从汉字起源来看,"中",甲骨文呈现的是这样一幅画面:在上古时期伏羲"圭表测影"时,中间的那个"竖",即竖立的木杆、旗杆(测量动态时间的工具,也是分割方位空间的中心轴),加上中间的椭圆(代表时间与空间的中表盘,也代表天球平面图宇宙周天图)。《说文解字》注"中,内也","云下上通者,谓中直或引而上或引而下皆入其内也"。

如何取"中"? 此"中"非"中间那一段",非调和,非"你好我好大家好"的无原则庸俗之"圆滑"。《中庸》曰:"喜怒哀乐之未发,谓之中;发而皆中节,谓之和。中也者,天下之大本也;和也者,天下之达道也。"我对"喜怒哀乐之未发"的理解即"原初状态",还未生发状态,"古始"状态,就是未分化为"二"之前"一"的状态。"夫中庸者,言用中也。尧之允执厥中,舜之执其两端,用其中于民,皆中庸也。盖中者,道体。用中者,道体以用耳。"中,代表时间与空间是恒定的"一","大一"状态,是"全部"包含其"中"的整合状态，"是以圣人抱一为天下式"，以此理解中为"道体"，将这个原则实施的过程是"道体以用"。"执其两端"，两端，阴与阳，面具与阴影。"执其两端，用其中于民"，我理解为以宇宙统一观，把握阴、阳两极，把"中也者，天下之大本也"用在具体管理事物上。故"致中和，天地位焉，万物育焉"。和，得位也，得道也。不可只讲"中间"而忽略道体，这是我对当下主流观点所特别申明的。

如何"允执厥中"？"见素抱朴，少私寡欲，绝学无忧"也。朴素，就是最初的状态。作为一个人来说，如赤子之心，本性没有被后天人为的思想熏染过，也没有被后天的技巧雕凿加工过。回归天然的本性为见素；守中、抱一而不散，为抱朴。天下复归于道，这便是自然之道。

三曰，顺从自然，静待花开。面对自然，唯有谦卑。谦卑者何也？知（行常道之大知），不知（弃巧伪之小知），故谦卑。道有三层：一者常道，道生无，无生有，有生万物；二者天道，损有余而补不足；三者人道，损不足以奉有余。常道，为第一因。每个人都有自身免疫力，有天然的康复疗愈能力。沙盘游戏疗法就认为，"治愈的因素在于沙子，在于来访者内在的动力，而非沙盘师"，如果心理咨询师说"来访者被我治好了"，这是咨询师的"自恋"，来访者得以疗愈，只说明咨询师起到了"提供来访者自我疗愈的空间"作用。"自性化本质上是一个无意识的、自发进行的过程，在这个过程中，心灵有一种自然而然的对整体性的渴望，这一渴望驱使着他竭力将意识和无意识内容调和一致。荣格观察到，他那些成功地摆脱了生命困境的奴役，心灵成长、整合至很高水平的病人其实什么都没做，只是让事情'发生'了而已。"（莫阿卡宁：《荣格心理学与藏传佛教》）

尊道贵德,自然自在,身段就会柔软,就会事事无碍。有道之人,崇尚返璞归真,处处由内而外显现"中和"之风,即便衣着简朴,也自有一种超然仙风道骨气度,喜欢在民间扶危济困、古道热肠。如深山崖畔之兰花,不趋闻达,随缘生发,表里如一、淳朴自然。"自然之道静,故天地万物生。天地之道浸,故阴阳胜。阴阳相推,而变化顺矣。是故圣人知自然之道不可违。"让它发生,就会改变。"功成事遂,百姓皆谓:我自然。"道育万物而身退,万物生命皆自然。谓之曰:我本来就是这个样子呀!

05 安身立命,有限与无限

前述我们主要以分析心理学的观点,从意识到无意识,从面具到阴影,从子人格到心理类型,从投射到镜映,从共时性到炼金术,多角度进行了分析。本书最后部分,尝试跳出心理学范畴,从华夏文化的视角进入。

一曰,知我何者得安身。人,生命的源头在哪? 生者何若? 去往何方? 在社会中存在,如何安身立命? 我们或许不以为然,认为这不是问题;或许理不清,没兴趣。知我何者得安身? 荀子曰:

> 天地者,生之本也;先祖者,类之本也;君师者,治之本也。无天地,恶生? 无先祖,恶出? 无君师,恶治? 三者偏亡,焉无安人。故礼,上事天,下事地,尊先祖,而隆君师。是礼之三本也。

荀子在这里通过"礼"，讲清楚了"我来自哪里"的问题。

我是"天地所生"。"天地者，生之本也。"汉代王充《论衡》阐述了"人禀气而生，含气而长"之人种"从何而生之谜"。华夏文化认为，道生天地，天地相合，造化万物。此即生命起源。万物唯气，天阳地阴，阴阳相推，一气周流，演化出万物。不同物种（生命的产生），乃因气的聚合不同。气之所以聚合形态不同，正像易经揭示的不同时间与空间形成的变化，此时的日月星辰、风雨雷电与此地的空间元素所形成的微妙变化使然，此时此地天地运行相合表现出来不同气的聚合形态使然。由此意义，我是"天父地母"所生。

我是"祖先后代"。"先祖者，类之本也"，"父精母血"予我以肉体生命，我是他们生命的延续。

我是"文化传承"。"君师者，治之本也"，脱离历史和文化的我是不存在的，我是社会一员，由关系构成和显现，"君师"的智慧教导了我，华夏社会文化赋予了我的心智。

我是"有限与无限"。我是有限意识与无限无意识的结合，有限生命与无限时空的交集，我是有限的，但我也构成了无限并在之中。

人，道生德畜，精神运化，得其时而生。寓于天地，生于天地，死后归于天地。人的生命是有限的，这一点决定了"死亡恐惧"。借此考虑，为何生？如何死？人生的意义是什么？存在感在哪里？根扎下去了，我们的身也就能安得住了。

二曰，法天则地以立命。人生世间的有限岁月，意义是什么？宇宙无边无际，时间无始无终。每一个人都在无边无际和无始无终的一个特定时空交叉点上来到人间。人生的实质是"信仰"。按照华夏文化，知道了人作为天地所生的本来状态,就要回归人的"天命",承天之道,行天之事。在己,以道正身;在家,以道正家;在集体(国),为以道治理;为天下,则以道正天下。《管子》曰:"道,在天为日,在人为心。"老天把人生下来,作为天地的造物,应该遵道贵德,法天则地,去做"人"该做的事,"替天行道"。作为祖先的子孙,就好好延续他们的生命,繁衍生息,养育万物,建设一个美好幸福的社会。作为民族文化与历史的产物,要遵天伦、守人伦,为人民服务,对整个社会,肩负起共同道义和使命,为国家和民族做贡献。这就是人活着的意义,古圣贤早已言明。

从心理分析角度,弗洛伊德说回到自己早期,找到压抑;荣格说通过原型,实现自性化;存在主义心理创建人欧文亚隆直白明确:"如果对人生目的的设计指向自身之外的某物或某人,如对事业的热爱,创造的过程,爱他人或爱某一神圣本体,它就会呈现出更深邃、更伟大的意义。"哲学、宗教、心理各有解答,心理各流派侧重点也不尽相同。从当下现代人现实层面看,荣格的学说更适合四十岁以上的中年人,欧文亚隆的存在主义也适合大众心理需求。因为"欧文亚隆宁愿相信,意义感产生于一个人投身于对生命拓展、生活充实、自我超越的追求。心理治疗师的工作是识别并帮助当事人移除投身于此种追求之路上的障碍。如果一个人真正沉浸在生活之河中,这个问题就会自行消散"。尼采认为,人活着的最高意义在于成为人。他把生命意志当成人类精神的母亲,他最为当下现代人引用的一句话就是,"每一个不曾起舞的日子,都是对生命的辜负"。

如果人生终将堕入绝对的虚无,那么及时行乐就是合理的人生选择,满足本能欲望的吃喝嫖赌都是理性的生活方式,"我死之后,哪怕洪水滔天"。但事实并不如此。人类之所以能够绵延至今，并创造了辉煌的文明，主要是因为人类创造了文化，通过文化来对治这种存在焦虑。以上述及从华夏文化到东西方宗教、到各流派心理学的观点便是。人各有志，多元化的当下，有的"人生自古谁无死，留取丹心照汗青"，有的物欲之乐也无可厚非，从无意识层面看，自然有其"合理性"。从心理学角度讲，个体感到"有奔头"，就有存在感，心理指标的常模就"正常"了。

三曰，服务大众以尽命。生死事大。"神龟虽寿，犹有竟时；螣蛇乘雾，终为土灰。"如何对待生命？面对死亡离别，人们无不感慨万千。南朝江淹《恨赋》对生死感叹云："已矣哉！春草暮兮秋风惊，秋风罢兮春草生。绮罗毕兮池馆尽，琴瑟灭兮丘垄平。自古皆有死，莫不饮恨而吞声。"司马迁认为："人固有一死，或重于泰山，或轻于鸿毛。"对于华夏传统文化推陈出新的真正共产党人来说，开辟的是以人民性为鲜明立场的华夏新文化。如何看待生与死，在毛主席"老三篇"中得以集中体现。

我是谁？我是人民的一员，我是公仆，一颗永不生锈的螺丝钉。

如何看待生的意义？"为人民服务"，"我们这个队伍完全是为着解放人民的，是彻底地为人民的利益工作的"。

如何对待死？"为人民利益而死，就比泰山还重；替法西斯卖力，替剥削人民和压迫人民的人去死，就比鸿毛还轻"，"我们为人民而死，就是死得其所"。生的意义找到了，所以死就不再意味着绝对的虚无。"今后我们的队伍里，不管死了谁，不管是炊事员，是战士，只要他是做过一些有益的工作的，我们都要给他送葬，开追悼会。"使牺牲者成为榜样,在后人的记忆中获得永生。荀子云:"生,人之始也;死,人之终也。终始俱善,人道毕矣","故事死如生,事亡如存,终始一也"。

要做一个什么样的人?"白求恩同志毫不利己专门利人的精神,表现在他对工作的极端的负责任,对同志对人民的极端的热忱","我们大家要学习他毫无自私自利之心的精神。从这点出发,就可以变为大有利于人民的人。一个人能力有大小,但只要有这点精神,就是一个高尚的人,一个纯粹的人,一个有道德的人,一个脱离了低级趣味的人,一个有益于人民的人"。这里面既包含了自身修养、觉悟,又有对现实社会生活的认识。

以何精神状态生活?"下定决心,不怕牺牲,排除万难,去争取胜利。"

对工作负责,精益求精,不是"外求"。失道的"外求"与尽本份做贡献是两码事。天地、父母给予我们生命,就要尽其道,完成作为社会一分子应尽的使命,敬天(遵从天道)事人(为人民服务)。大自然、社会养育了我们,就要报答。尽本份就是不荒废自己的能力,尽忠于社会,服务于族群,这是对生命的尊重。尽本份是真实自然的生存状态,不是贪求。逍遥,如庄子,放下巧诈,超然物外,回归大道本然;尽职,如诸葛亮,鞠躬尽瘁,死而后已;献身,如无数革命先烈,为祖国独立和人民翻身幸福而抛头颅洒热血,甘当一颗永不生锈的螺丝钉;平凡,如百姓,生儿育女,传宗接代,诚实劳动,养家糊口。皆尽本份也。

有一篇网文谈及生命的意义。其中写道:"重要的不是你所买到的,而是你所创造的;重要的不是你所得到的,而是你所付出的;重要的不是你的成功,而是你的价值;重要的不是你学到的,而是你传授的；重要的是你的每一次正直、怜悯、勇敢和牺牲之行为能够使人充实，让人强大或是能够激励他人，让他们以你为榜样；重要的不是你的能力，而是你的性格；重要的不是你认识多少人，而是在你离开时，有多少人感到这是永久的损失；重要的不是你的记忆，而是爱你的人的记忆；重要的是你为人所怀念的时间有多长，重要的是谁在怀念你，重要的是他们为什么要怀念你。"

四曰，"有限无限"与"为无为"。每个人出生的家庭、经历不同，所处的时代、地域、地位不同，感受自然不同，达到的境界也不可同日而语。古往今来悟道者灿若云星，而今有年轻的解放军战士雷锋悟到真谛："人的生命是有限的，可是，为人民服务是无限的，我要把有限的生命，投入到无限的为人民服务之中去……"雷锋通过现实世界的自觉锻炼，达到觉悟，找到了"有限"与"无限"之间的桥梁，自然能够跨越"此岸"和"彼岸"。

庄子也谈到有限与无限："吾生也有涯，而知也无涯。以有涯随无涯，殆已！已而为知者，殆而已矣！为善无近名，为恶无近刑。缘督以为经，可以保身，可以全生，可以养亲，可以尽年。"庄子讲的是养生，认为面对有限的生命与无限的知识，在"知也无涯"中，因循自然的脉络为常法，做好事不去追求名利，做坏事不去触犯刑法，将自然规律作为处事的法则，就可以保护生命，保全天性，养护精神，享尽天伦。为人民服务，既是"为"，也是"无为"，无造作之为，无欲、不争、去奢、去泰之为，以百姓心为心。

《道德经》要求君王无为，是为了百姓有为。"是以圣人处无为之事，行不言之教，万物作焉而不辞，生而不有，为而不恃，功成而弗居。"

在老子看来,不一定做"壁上观",行动是必须的。当天道沦陷、个人被侵犯之时,他提供的方案不是标榜为"定力"的"躺平",而是"以正治国,以奇用兵,以无事取天下。吾何以知其然哉?"无为与有为,作为辩证,庄子认为"知其无可奈何,而安之若命,惟有德者能之","夫为天下者,亦奚以异乎牧马者哉,亦去其害马者而已矣"。意思是人世间的很多事情无可奈何,只有真正有德行修养的人,才能够做到安之若命呀。无为就像牧马,马儿吃草,就不要去干扰,要是有坏东西来害马,就要把坏东西除掉。

华夏民族就是这样的"为,无为":天破了,自己炼石来补;御寒和吃熟食,自己钻木取火;洪水来了,自己挖渠疏通;疾病流行,自己试药自己治;在东海淹死了,就衔来石头和草木把东海填平;被十个太阳暴晒,就举起弓箭把九个太阳射下来。人在天地间,生生不息。

少则得,多则惑。多言数穷,不如守中。

一切尽在道中。一切包含其中。

辽远的相遇:自我探索之旅

参考文献

L.弗雷:《从弗洛伊德到荣格》,中国国际广播出版社,1989 年。

彼得·盖伊:《弗洛伊德传》,商务印书馆,2015 年。

高岚主编:《荣格文集》,长春出版社,2014 年。

《荣格作品集》,译林出版社,2014 年。

卫礼贤、荣格:《金花的秘密》,时代出版传媒公司,2011 年。

卡尔夫:《沙游在心理治疗中的作用》,轻工业出版社,2015 年。

茹思·安曼:《沙盘游戏中的治愈与转化》,中国人民大学出版社,2012 年。

河合隼雄:《情结》,东方出版中心,2019 年。

坎贝尔:《英雄之旅》,浙江人民出版社,2017 年。

坎贝尔:《千面英雄》,浙江人民出版社,2016 年。

乔·坎布雷:《共时性》,心灵工坊事业公司,2012 年。

罗比特·伯尼克:《探索梦的原野》,广东教育出版社,2007 年。

本雅明:《单行道》,华东师范大学出版社,2016 年。

维蕾娜·卡斯特:《人格阴影》,上海译文出版社,2003 年。

鲁格·肇嘉:《父性》,世界图书出版公司,2015 年。

伊莎贝尔·迈尔斯、彼得·迈尔斯:《天生不同》,人民邮电出版社,2016年。

约翰·毕比:《类型与原型》,洗心岛出版社,2014年。

庞勒:《乌合之众——群体心理研究》,浙江文艺出版社,2015年。

马尔库塞:《单向度的人》,上海译文出版社,2014年。

艾瑞克·伯恩:《人生脚本》,中国轻工业出版社,2016年。

肯·威尔伯:《意识光谱》,万卷出版公司,2011年。

申荷永主编:《意象体现与中国文化》,洗心岛出版社,2013年。

申荷永:《核心心理学》,中国人民大学出版社,2020年。

申荷永、高岚:《荣格与中国文化》,首都师范大学出版社,2018年。

朱建军:《你有几个灵魂》,人民卫生出版社,2015年。

苑媛:《意象对话临床操作指南》,北京师范大学出版社,2008年。

陈兵:《佛教心理学》,陕西人民出版社,2015年。

《黄帝内经素问译释》,上海科学技术出版社,1991年。

《墨子》,中华书局,2015年。

《荀子全译》,三环出版社,1991年。

李光地:《周易折中》,巴蜀书社,2013年。

刘文英:《梦的迷信与梦的探索》,中国社会科学出版社,1989年。

白云先生:《老子之道》,江苏凤凰文艺出版社,2018年。

王充:《论衡》,上海人民出版社,1974年。

杨国荣:《中国古代思想史》,人民出版社,1954年。

后　记

我能够写出这本书,是来自少年的夙愿。

在 8 岁那年, 我的理想是做一名播音员,16 岁报考大学的专业是考古,后来想当一名地质勘探队员、山村教师。可惜这些梦想都没有实现。阴差阳错,在不惑之年考取了心理咨询师,专攻分析心理学。在后来的自我分析中,恍然大悟,一直留存心底的"考古""地质勘探",岂不就是"自我探索"?"播音员""教师",岂不就是"传播"?现在做心理咨询,可视作另类的"考古勘探",去做心理讲座、写文章,可貌似"播音员"了。我通过心理咨询这个媒介,探索自我,帮助他人。

作为心理分析从业者,我非科班出身,可以说经历了成年人世后,回到少年梦象。真实自我与目标自我得以靠拢。

给我以信心的,当属卡尔夫和茹思·安曼。沙盘游戏疗法创始人多拉·卡尔夫,毕业于交响乐创作专业,45 岁才开始心理学的学习;国际分析心理学会资深心理分析家、国际沙盘游戏治疗学会前主席茹思·安曼,本是建筑师出身,50 岁之后才到荣格研究院接受训练。当然我与他们的天赋和所受的教育,有天壤之别,但这给我以信心。我成不了"榜样",但"榜样"是我力量的源泉。

给我以信心的,当属申荷永教授和冯建国导师。"不要嫌自己年龄大,45 岁以上正适合学习荣格"这句话鼓励了我。通过两位老师,我接触了最前沿的分析心理学研究成果,也与古老华夏文化有了更全面的接触。遇到了闻名遐迩的大师,也遇到了藏龙卧虎五年一起学习的候选荣格分析师学友。

给我以信心的,还有历历在目的来访者。是他们给了我信任、支持,我在他们身上学到了最重要的"课程",我是他们的咨询师,他们也是我的咨询师。我和他们一起成长。在这里,还特别需要对本书的案例作一伦理说明,书中涉及案例均为三年前且已结的个案,均得到来访者同意并作了技术处理。没有来访者的支持,就没有这本书。

在这里特别感谢天津人民出版社林雨老师,她对本书做了悉心指导,使其能够顺利与亲爱的读者见面。

特别感谢周立坚博士,从开始酝酿写作就一直在关心支持。感谢丁浩升、刘继明先生和李群、恒心等同行的支持。

非常感谢怀海弟对我的鼓励支持。感谢家人和亲朋好友的支持帮助。孙女秀悦对部分章节绘制了插图,孙子张忠每天都过来陪我写作,用已认识的汉字念书稿。这使我感到意义所在,无愧于心去写作。

这本书的名字《辽远的相遇——自我探索之旅》,是我在蒙山深处一条蜿蜒小路上不经意涌现的。随后在 2020 年"日出布谷鸣,田家拥锄犁"的那个晌午,在父亲给我的楸木书桌上,一下子就列出了九个篇章,旁边是母亲留下的"工农"牌缝纫机。这是潜藏于内心近在咫尺而又辽远的相遇。此时回响起悠扬而旷远的天籁之音,与碧空对接。在这之前的 2015 年,我为某银行做心理讲座,讲到"我是谁""我与客户"

"我与情绪"诸章,还有给学校、村居、妇联、家政、医护及市民大讲堂等进行心理讲座,讲到"知我"。从那时开始构思这本书,起因乃听众、来访者对心理知识的渴求,希望把所讲内容整理出来,作为"自我探索手册"使用。自 2017 年执笔,几易其稿,终不能成。

就在这静谧的途中,当定名"相遇"之时,写作便通畅了。我开始把时间一分为二:写作、咨询。所经历之事、接待之客,一张张面孔,一个个情节,一幅幅画面,皆涌现出来,栩栩如生。思绪喷涌而出,如春天溪水,汩汩涌动。走着,坐着,卧着,梦里,随时都回到这本书里来,像进入无人之境,在快乐的森林,在幽深的路径,在清澈的小溪,在陡峭的山崖,在辽阔的原野,去探险,去勘探,去考古,去体悟。写作的过程,是学习的过程,回味的过程,也是享受的过程,我陶醉在这本书的写作中。历时三年,终于脱稿。

此时,我停下思绪,只去看那斑驳的水面,听那隐约的童谣,闻那烟火气息,远望静谧山林……

2023 年秋 于上古村落